The Gospel of John

Gentle Greek Reader

The Gospel of John

Gentle Greek Reader

Complete Text in Greek and English

especially arranged as reading practice
for intermediate and advanced-beginner
students of God's word in Koine Greek

Greg Kane

Copyright © 2018 by Greg Kane

You are free to copy and distribute this work for personal or educational, non-commercial use, provided you 1) cite the original source [this book] and, 2) do not charge anyone for the copies you make or distribute.

No part of this publication may be reproduced, distributed, or transmitted in any form for commercial purposes. This work contains additions and changes to works in the public domain. These additions and changes, including their selection, organization and arrangement, may not be reproduced for commercial purposes without the prior written permission of the copyright holder.

The Gospel of John, Gentle Greek Reader / Complete text in Greek and English, reading practice for students of God's word in Koine Greek /Greg Kane.
First Edition
GentleGreekReaders@gmail.com

ISBN-13: 978-1722916541
ISBN-10: 1722916540
Printed in the United States of America

This work uses the following materials from the public domain
The New Testament in the original Greek. Harper & Brothers, Franklin Square. 1885.
http://www.perseus.tufts.edu/hopper/text?doc=Perseus%3Atext%3A1999.01.0155%3Abook%3DJohn%3Achapter%3D1

World English Bible. Rainbow Missions, Inc.; revision of the *American Standard Version* of 1901. http://ebible.org/bible/web
http://www.perseus.tufts.edu/hopper/text?doc=John+1&fromdoc=Perseus%3Atext%3A2008.01.0642

Fonts
Amiko https://www.fontsquirrel.com/fonts/amiko
Berylium https://www.fontsquirrel.com/license/berylium
Crimson Text, by Sebastian Kosch / https://www.fontsquirrel.com/license/crimson
New Athena Unicode https://www.fontsquirrel.com/fonts/new-athena-unicode
Quintessential https://www.fontsquirrel.com/fonts/quintessential
Tinos https://www.fontsquirrel.com/license/tinos

Οὐδὲ τὴν γραφὴν ταύτην ἀνέγνωτε;

THIS VOLUME includes a first generation scan of a book printed in the 1890s. The pages here reproduce the slurring, dropout and other printing artifacts of the original.

λαλέω

This is a practice book—a book *of* Greek rather than a book *about* Greek. You will learn to read Koine Greek fluently by reading Koine Greek a lot.

This Gentle Greek Reader has three parts. The body consists of the complete text of the **Gospel of John in Koine Greek, with an English translation on the facing page**. Cover the English, read the Greek and decide what it means. Uncover the English, see how you did. You will make mistakes. Good. You bought this book to make mistakes—and learn from them. See what is correct. Move on. With practice you will get better.

The **Greek-English interlinear** serves as a handy substitute dictionary and syntax unraveler. When you need the quick definition of a particular word or help puzzling out an unfamiliar Greek construction, turn to the interlinear.

The short **reference grammar** will jog your memory about the most common forms, saving you the distraction of consulting Mounce or Mastronarde. As you improve, you will need the grammar less and less.

This triple system lets you hold in one hand everything an advanced-beginner or intermediate level student needs to read and understand the gospel in Koine Greek.

HOW THIS BOOK WILL HELP YOU

Your Gentle Greek Reader will help you transition from grammar rules to reading comprehension. You will learn to recognize the elements and structure of a Koine sentence.

The elements are the subjects, objects, verbs and other parts of Koine clauses. You will recognize them first by the grammatical parsings you learned in your grammar study, and then by their locations in the various clauses.

The structure of a Koine sentence is the way it arranges words to form clauses and clauses to express thoughts. Than the of English than the of put-together-being of Greek the sentences different very. Some don't a verb! You will not read the New Testament with first-pass comprehension until you train your brain to think with this syntax. Your formal understanding will come from books (see Funk, below). Your training will include those happy hours you spend with this Gentle Greek Reader.

Of course it is always fun to have a go at an ancient text, but during the time you are struggling to parse verbs and recognize participles, extended reading may be frustrating. Enjoy the effort, identify your weaknesses and work on them. Come back later and try again.

The acquisition of Koine fluency is not an event, it is a process that will extend over years. Your Gentle Greek Reader will remain handy as your skill improves. You will consult the English less and less, eventually hardly at all. But until you get exceptionally good at Greek you will from time to time find yourself held up by some odd syntax or one of those surprisingly common uncommon words. If you are in the mood, break out your heavy books. If not, the Gentle Greek Reader will show you enough to let you keep reading.

Your Gentle Greek Reader is optimized for reading practice; it is not arranged for devotion or scholarship in Koine Greek. Those are important, but they will come later. With other books.

FUNK

You need a formal understanding of Koine Greek syntax. For this the very best book —there is no close second— is Volume II of A *Beginning-Intermediate Grammar of Hellenistic Greek,* by Robert Funk. ISBN-13: 978-1598151152. A copy is available free on the web. Google will take you there.

Be aware this is the same Robert Funk who founded the Jesus Seminar, so if you carry his text to Greek class at church, you may find it less embarrassing to hide it inside a copy of Playboy. And let not the beads the colored bring you.

TEXT VERSIONS

The Greek text in this Gentle Greek Reader is that of *The New Testament in the Original Greek,* published by Harper & Brothers, in 1885. The English text is a revision of the 1901 edition of the *American Standard Version.* Both are available free on the internet. See for example the excellent Perseus website, http://www.perseus.tufts.edu.

The interlinear pages were scanned and extracted from an original printing of *The Interlinear Literal Translation of the Greek New Testament,* Arthur Hinds and Company, 1897. The Greek is based on the Textus Receptus. The English was original to Hinds. Hinds included scholarly footnotes and an in-the-margin English translation not included here.

I THOUGHT I MADE A MISTAKE ONCE, BUT I WAS WRONG

Send error reports to GentleGreekReaders@gmail.com.

Contents

Part 1   Greek and English text 2

Part 2   Interlinear 177

Part 3   Reference Grammar 261

Part 1

Greek and English Text

ΚΑΤΑ ΙΩΑΝΗΝ

Chapter 1

Εν αρχη ἦν ὁ λόγος, καὶ ὁ λόγος ἦν πρὸς τὸν θεόν, καὶ θεὸς ἦν ὁ λόγος.

[2] Οὗτος ἦν ἐν ἀρχῇ πρὸς τὸν θεόν.

[3] πάντα δι' αὐτοῦ ἐγένετο, καὶ χωρὶς αὐτοῦ ἐγένετο οὐδὲ ἕν.

[4] ὃ γέγονεν ἐν αὐτῷ ζωὴ ἦν, καὶ ἡ ζωὴ ἦν τὸ φῶς τῶν ἀνθρώπων·

[5] καὶ τὸ φῶς ἐν τῇ σκοτίᾳ φαίνει, καὶ ἡ σκοτία αὐτὸ οὐ κατέλαβεν.

[6] Ἐγένετο ἄνθρωπος ἀπεσταλμένος παρὰ θεοῦ, ὄνομα αὐτῷ Ἰωάνης·

[7] οὗτος ἦλθεν εἰς μαρτυρίαν, ἵνα μαρτυρήσῃ περὶ τοῦ φωτός, ἵνα πάντες πιστεύσωσιν δι' αὐτοῦ.

[8] οὐκ ἦν ἐκεῖνος τὸ φῶς, ἀλλ' ἵνα μαρτυρήσῃ περὶ τοῦ φωτός.

The Gospel According to John

Chapter 1

In the beginning was the Word, and the Word was with God, and the Word was God.

[2] The same was in the beginning with God.

[3] All things were made through him. Without him was not anything made that has been made.

[4] In him was life, and the life was the light of men.

[5] The light shines in the darkness, and the darkness hasn't overcome it.

[6] There came a man, sent from God, whose name was John.

[7] The same came as a witness, that he might testify about the light, that all might believe through him.

[8] He was not the light, but was sent that he might testify about the light.

[9] Ἦν τὸ φῶς τὸ ἀληθινὸν ὃ φωτίζει πάντα ἄνθρωπον ἐρχόμενον εἰς τὸν κόσμον.

[10] ἐν τῷ κόσμῳ ἦν, καὶ ὁ κόσμος δι' αὐτοῦ ἐγένετο, καὶ ὁ κόσμος αὐτὸν οὐκ ἔγνω.

[11] Εἰς τὰ ἴδια ἦλθεν, καὶ οἱ ἴδιοι αὐτὸν οὐ παρέλαβον.

[12] ὅσοι δὲ ἔλαβον αὐτόν, ἔδωκεν αὐτοῖς ἐξουσίαν τέκνα θεοῦ γενέσθαι, τοῖς πιστεύουσιν εἰς τὸ ὄνομα αὐτοῦ

[13] οἳ οὐκ ἐξ αἱμάτων οὐδὲ ἐκ θελήματος σαρκὸς οὐδὲ ἐκ θελήματος ἀνδρὸς ἀλλ' ἐκ θεοῦ ἐγεννήθησαν.

[14] Καὶ ὁ λόγος σὰρξ ἐγένετο καὶ ἐσκήνωσεν ἐν ἡμῖν, καὶ ἐθεασάμεθα τὴν δόξαν αὐτοῦ, δόξαν ὡς μονογενοῦς παρὰ πατρός, πλήρης χάριτος καὶ ἀληθείας·

[15] (Ἰωάνης μαρτυρεῖ περὶ αὐτοῦ καὶ κέκραγεν λέγων οὗτος ἦν ὁ εἰπών Ὁ ὀπίσω μου ἐρχόμενος ἔμπροσθέν μου γέγονεν, ὅτι πρῶτός μου ἦν·)

[16] ὅτι ἐκ τοῦ πληρώματος αὐτοῦ ἡμεῖς πάντες ἐλάβομεν, καὶ χάριν ἀντὶ χάριτος·

[17] ὅτι ὁ νόμος διὰ Μωυσέως ἐδόθη, ἡ χάρις καὶ ἡ ἀλήθεια διὰ Ἰησοῦ Χριστοῦ ἐγένετο.

[18] θεὸν οὐδεὶς ἑώρακεν πώποτε· μονογενὴς θεὸς ὁ ὢν εἰς τὸν κόλπον τοῦ πατρὸς ἐκεῖνος ἐξηγήσατο.

[19] Καὶ αὕτη ἐστὶν ἡ μαρτυρία τοῦ Ἰωάνου ὅτε ἀπέστειλαν πρὸς αὐτὸν οἱ Ἰουδαῖοι ἐξ Ἱεροσολύμων ἱερεῖς καὶ Λευείτας ἵνα ἐρωτήσωσιν αὐτόν Σὺ τίς εἶ;

[20] καὶ ὡμολόγησεν καὶ οὐκ ἠρνήσατο, καὶ ὡμολόγησεν ὅτι Ἐγὼ οὐκ εἰμὶ ὁ χριστός.

[9] The true light that enlightens everyone was coming into the world.

[10] He was in the world, and the world was made through him, and the world didn't recognize him.

[11] He came to his own, and those who were his own didn't receive him.

[12] But as many as received him, to them he gave the right to become God's children, to those who believe in his name:

[13] who were born not of blood, nor of the will of the flesh, nor of the will of man, but of God.

[14] The Word became flesh, and lived among us. We saw his glory, such glory as of the one and only Son of the Father, full of grace and truth.

[15] John testified about him. He cried out, saying, "This was he of whom I said, 'He who comes after me has surpassed me, for he was before me.'"

[16] From his fullness we all received grace upon grace.

[17] For the law was given through Moses. Grace and truth came through Jesus Christ.

[18] No one has seen God at any time. The one and only Son, who is in the bosom of the Father, he has declared him.

[19] This is John's testimony, when the Jews sent priests and Levites from Jerusalem to ask him, "Who are you?"

[20] He confessed, and didn't deny, but he confessed, "I am not the Christ."

[21] καὶ ἠρώτησαν αὐτόν Τί οὖν; [σὺ] Ἠλείας εἶ; καὶ λέγει Οὐκ εἰμί. Ὁ προφήτης εἶ σύ; καὶ ἀπεκρίθη Οὔ.

[22] εἶπαν οὖν αὐτῷ Τίς εἶ; ἵνα ἀπόκρισιν δῶμεν τοῖς πέμψασιν ἡμᾶς· τί λέγεις περὶ σεαυτοῦ;

[23] ἔφη Ἐγὼ "φωνὴ βοῶντος ἐν τῇ ἐρήμῳ Εὐθύνατε τὴν ὁδὸν Κυρίου," καθὼς εἶπεν Ἠσαίας ὁ προφήτης.

[24] Καὶ ἀπεσταλμένοι ἦσαν ἐκ τῶν Φαρισαίων.

[25] καὶ ἠρώτησαν αὐτὸν καὶ εἶπαν αὐτῷ Τί οὖν βαπτίζεις εἰ σὺ οὐκ εἶ ὁ χριστὸς οὐδὲ Ἠλείας οὐδὲ ὁ προφήτης;

[26] ἀπεκρίθη αὐτοῖς ὁ Ἰωάνης λέγων Ἐγὼ βαπτίζω ἐν ὕδατι· μέσος ὑμῶν στήκει ὃν ὑμεῖς οὐκ οἴδατε

[27] ὀπίσω μου ἐρχόμενος, οὗ οὐκ εἰμὶ [ἐγὼ] ἄξιος ἵνα λύσω αὐτοῦ τὸν ἱμάντα τοῦ ὑποδήματος.

[28] Ταῦτα ἐν Βηθανίᾳ ἐγένετο πέραν τοῦ Ἰορδάνου, ὅπου ἦν ὁ Ἰωάνης βαπτίζων.

[29] Τῇ ἐπαύριον βλέπει τὸν Ἰησοῦν ἐρχόμενον πρὸς αὐτόν, καὶ λέγει Ἴδε ὁ ἀμνὸς τοῦ θεοῦ ὁ αἴρων τὴν ἁμαρτίαν τοῦ κόσμου.

[30] οὗτός ἐστιν ὑπὲρ οὗ ἐγὼ εἶπον Ὀπίσω μου ἔρχεται ἀνὴρ ὃς ἔμπροσθέν μου γέγονεν, ὅτι πρῶτός μου ἦν·

[31] κἀγὼ οὐκ ᾔδειν αὐτόν, ἀλλ' ἵνα φανερωθῇ τῷ Ἰσραὴλ διὰ τοῦτο ἦλθον ἐγὼ ἐν ὕδατι βαπτίζων.

[32] Καὶ ἐμαρτύρησεν Ἰωάνης λέγων ὅτι Τεθέαμαι τὸ πνεῦμα καταβαῖνον ὡς περιστερὰν ἐξ οὐρανοῦ, καὶ ἔμεινεν ἐπ' αὐτόν·

[21] They asked him, "What then? Are you Elijah?" He said, "I am not." "Are you the Prophet?" He answered, "No."

[22] They said therefore to him, "Who are you? Give us an answer to take back to those who sent us. What do you say about yourself?"

[23] He said, "I am the voice of one crying in the wilderness, 'Make straight the way of the Lord,' as Isaiah the prophet said."

[24] The ones who had been sent were from the Pharisees.

[25] They asked him, "Why then do you baptize, if you are not the Christ, nor Elijah, nor the Prophet?"

[26] John answered them, "I baptize in water, but among you stands one whom you don't know.

[27] He is the one who comes after me, who has come to be before me, whose sandal strap I'm not worthy to untie."

[28] These things were done in Bethany beyond the Jordan, where John was baptizing.

[29] The next day, he saw Jesus coming to him, and said, "Behold, the Lamb of God, who takes away the sin of the world!

[30] This is he of whom I said, 'After me comes a man who is preferred before me, for he was before me.'

[31] I didn't know him, but for this reason I came baptizing in water: that he would be revealed to Israel."

[32] John testified, saying, "I have seen the Spirit descending like a dove out of heaven, and it remained on him.

[33] κἀγὼ οὐκ ᾔδειν αὐτόν, ἀλλ᾽ ὁ πέμψας με βαπτίζειν ἐν ὕδατι ἐκεῖνός μοι εἶπεν Ἐφ᾽ ὃν ἂν ἴδῃς τὸ πνεῦμα καταβαῖνον καὶ μένον ἐπ᾽ αὐτόν, οὗτός ἐστιν ὁ βαπτίζων ἐν πνεύματι ἁγίῳ:

[34] κἀγὼ ἑώρακα, καὶ μεμαρτύρηκα ὅτι οὗτός ἐστιν ὁ υἱὸς τοῦ θεοῦ.

[35] Τῇ ἐπαύριον πάλιν ἱστήκει Ἰωάνης καὶ ἐκ τῶν μαθητῶν αὐτοῦ δύο

[36] καὶ ἐμβλέψας τῷ Ἰησοῦ περιπατοῦντι λέγει Ἴδε ὁ ἀμνὸς τοῦ θεοῦ.

[37] καὶ ἤκουσαν οἱ δύο μαθηταὶ αὐτοῦ λαλοῦντος καὶ ἠκολούθησαν τῷ Ἰησοῦ.

[38] στραφεὶς δὲ ὁ Ἰησοῦς καὶ θεασάμενος αὐτοὺς ἀκολουθοῦντας λέγει αὐτοῖς Τί ζητεῖτε; οἱ δὲ εἶπαν αὐτῷ Ῥαββεί, (ὃ λέγεται μεθερμηνευόμενον Διδάσκαλε,) ποῦ μένεις;

[39] λέγει αὐτοῖς Ἔρχεσθε καὶ ὄψεσθε. ἦλθαν οὖν καὶ εἶδαν ποῦ μένει, καὶ παρ᾽ αὐτῷ ἔμειναν τὴν ἡμέραν ἐκείνην: ὥρα ἦν ὡς δεκάτη.

[40] Ἦν Ἀνδρέας ὁ ἀδελφὸς Σίμωνος Πέτρου εἷς ἐκ τῶν δύο τῶν ἀκουσάντων παρὰ Ἰωάνου καὶ ἀκολουθησάντων αὐτῷ:

[41] εὑρίσκει οὗτος πρῶτον τὸν ἀδελφὸν τὸν ἴδιον Σίμωνα καὶ λέγει αὐτῷ Εὑρήκαμεν τὸν Μεσσίαν ὅ ἐστιν μεθερμηνευόμενον Χριστός᾽.

[42] ἤγαγεν αὐτὸν πρὸς τὸν Ἰησοῦν. ἐμβλέψας αὐτῷ ὁ Ἰησοῦς εἶπεν Σὺ εἶ Σίμων ὁ υἱὸς Ἰωάνου, σὺ κληθήσῃ Κηφᾶς ὃ ἑρμηνεύεται Πέτρος᾽.

[33] I didn't recognize him, but he who sent me to baptize in water, he said to me, 'On whomever you will see the Spirit descending, and remaining on him, the same is he who baptizes in the Holy Spirit.'

[34] I have seen, and have testified that this is the Son of God."

[35] Again, the next day, John was standing with two of his disciples,

[36] and he looked at Jesus as he walked, and said, "Behold, the Lamb of God!"

[37] The two disciples heard him speak, and they followed Jesus.

[38] Jesus turned, and saw them following, and said to them, "What are you looking for?" They said to him, "Rabbi" (which is to say, being interpreted, Teacher), "where are you staying?"

[39] He said to them, "Come, and see." They came and saw where he was staying, and they stayed with him that day. It was about the tenth hour.

[40] One of the two who heard John, and followed him, was Andrew, Simon Peter's brother.

[41] He first found his own brother, Simon, and said to him, "We have found the Messiah!" (which is, being interpreted, Christ).

[42] He brought him to Jesus. Jesus looked at him, and said, "You are Simon the son of Jonah. You shall be called Cephas" (which is by interpretation, Peter).

[43] Τῇ ἐπαύριον ἠθέλησεν ἐξελθεῖν εἰς τὴν Γαλιλαίαν. καὶ εὑρίσκει Φίλιππον καὶ λέγει αὐτῷ ὁ Ἰησοῦς Ἀκολούθει μοι.

[44] ἦν δὲ ὁ Φίλιππος ἀπὸ Βηθσαιδά, ἐκ τῆς πόλεως Ἀνδρέου καὶ Πέτρου.

[45] εὑρίσκει Φίλιππος τὸν Ναθαναὴλ καὶ λέγει αὐτῷ Ὃν ἔγραψεν Μωυσῆς ἐν τῷ νόμῳ καὶ οἱ προφῆται εὑρήκαμεν, Ἰησοῦν υἱὸν τοῦ Ἰωσὴφ τὸν ἀπὸ Ναζαρέτ.

[46] καὶ εἶπεν αὐτῷ Ναθαναήλ Ἐκ Ναζαρὲτ δύναταί τι ἀγαθὸν εἶναι; λέγει αὐτῷ ὁ Φίλιππος Ἔρχου καὶ ἴδε.

[47] εἶδεν Ἰησοῦς τὸν Ναθαναὴλ ἐρχόμενον πρὸς αὐτὸν καὶ λέγει περὶ αὐτοῦ Ἴδε ἀληθῶς Ἰσραηλείτης ἐν ᾧ δόλος οὐκ ἔστιν.

[48] λέγει αὐτῷ Ναθαναήλ Πόθεν με γινώσκεις; ἀπεκρίθη Ἰησοῦς καὶ εἶπεν αὐτῷ Πρὸ τοῦ σε Φίλιππον φωνῆσαι ὄντα ὑπὸ τὴν συκῆν εἶδόν σε.

[49] ἀπεκρίθη αὐτῷ Ναθαναήλ Ῥαββεί, σὺ εἶ ὁ υἱὸς τοῦ θεοῦ, σὺ βασιλεὺς εἶ τοῦ Ἰσραήλ.

[50] ἀπεκρίθη Ἰησοῦς καὶ εἶπεν αὐτῷ Ὅτι εἶπόν σοι ὅτι εἶδόν σε ὑποκάτω τῆς συκῆς πιστεύεις; μείζω τούτων ὄψῃ.

[51] καὶ λέγει αὐτῷ Ἀμὴν ἀμὴν λέγω ὑμῖν, ὄψεσθε "τὸν οὐρανὸν" ἀνεῳγότα καὶ "τοὺς ἀγγέλους τοῦ θεοῦ ἀναβαίνοντας καὶ καταβαίνοντας" ἐπὶ τὸν υἱὸν τοῦ ἀνθρώπου.

John Chapter 1

[43] On the next day, he was determined to go out into Galilee, and he found Philip. Jesus said to him, "Follow me."

[44] Now Philip was from Bethsaida, of the city of Andrew and Peter.

[45] Philip found Nathanael, and said to him, "We have found him, of whom Moses in the law, and the prophets, wrote: Jesus of Nazareth, the son of Joseph."

[46] Nathanael said to him, "Can any good thing come out of Nazareth?" Philip said to him, "Come and see."

[47] Jesus saw Nathanael coming to him, and said about him, "Behold, an Israelite indeed, in whom is no deceit!"

[48] Nathanael said to him, "How do you know me?" Jesus answered him, "Before Philip called you, when you were under the fig tree, I saw you."

[49] Nathanael answered him, "Rabbi, you are the Son of God! You are King of Israel!"

[50] Jesus answered him, "Because I told you, 'I saw you underneath the fig tree,' do you believe? You will see greater things than these!"

[51] He said to him, "Most assuredly, I tell you, hereafter you will see heaven opened, and the angels of God ascending and descending on the Son of Man."

Chapter 2

Καὶ τῇ ἡμέρᾳ τῇ τρίτῃ γάμος ἐγένετο ἐν Κανὰ τῆς Γαλιλαίας, καὶ ἦν ἡ μήτηρ τοῦ Ἰησοῦ ἐκεῖ:

[2] ἐκλήθη δὲ καὶ ὁ Ἰησοῦς καὶ οἱ μαθηταὶ αὐτοῦ εἰς τὸν γάμον.

[3] καὶ ὑστερήσαντος οἴνου λέγει ἡ μήτηρ τοῦ Ἰησοῦ πρὸς αὐτόν Οἶνον οὐκ ἔχουσιν.

[4] καὶ λέγει αὐτῇ ὁ Ἰησοῦς Τί ἐμοὶ καὶ σοί, γύναι; οὔπω ἥκει ἡ ὥρα μου.

[5] λέγει ἡ μήτηρ αὐτοῦ τοῖς διακόνοις Ὅτι ἂν λέγῃ ὑμῖν ποιήσατε.

[6] ἦσαν δὲ ἐκεῖ λίθιναι ὑδρίαι ἓξ κατὰ τὸν καθαρισμὸν τῶν Ἰουδαίων κείμεναι, χωροῦσαι ἀνὰ μετρητὰς δύο ἢ τρεῖς.

[7] λέγει αὐτοῖς ὁ Ἰησοῦς Γεμίσατε τὰς ὑδρίας ὕδατος: καὶ ἐγέμισαν αὐτὰς ἕως ἄνω.

[8] καὶ λέγει αὐτοῖς Ἀντλήσατε νῦν καὶ φέρετε τῷ ἀρχιτρικλίνῳ: οἱ δὲ ἤνεγκαν.

[9] ὡς δὲ ἐγεύσατο ὁ ἀρχιτρίκλινος τὸ ὕδωρ οἶνον γεγενημένον, καὶ οὐκ ᾔδει πόθεν ἐστίν, οἱ δὲ διάκονοι ᾔδεισαν οἱ ἠντληκότες τὸ ὕδωρ, φωνεῖ τὸν νυμφίον ὁ ἀρχιτρίκλινος

[10] καὶ λέγει αὐτῷ Πᾶς ἄνθρωπος πρῶτον τὸν καλὸν οἶνον τίθησιν, καὶ ὅταν μεθυσθῶσιν τὸν ἐλάσσω: σὺ τετήρηκας τὸν καλὸν οἶνον ἕως ἄρτι.

Chapter 2

The third day, there was a marriage in Cana of Galilee. Jesus' mother was there.

[2] Jesus also was invited, with his disciples, to the marriage.

[3] When the wine ran out, Jesus' mother said to him, "They have no wine."

[4] Jesus said to her, "Woman, what does that have to do with you and me? My hour has not yet come."

[5] His mother said to the servants, "Whatever he says to you, do it."

[6] Now there were six water pots of stone set there after the Jews' manner of purifying, containing two or three metretes apiece.

[7] Jesus said to them, "Fill the water pots with water." They filled them up to the brim.

[8] He said to them, "Now draw some out, and take it to the ruler of the feast." So they took it.

[9] When the ruler of the feast tasted the water now become wine, and didn't know where it came from (but the servants who had drawn the water knew), the ruler of the feast called the bridegroom,

[10] and said to him, "Everyone serves the good wine first, and when the guests have drunk freely, then that which is worse. You have kept the good wine until now!"

[11] Ταύτην ἐποίησεν ἀρχὴν τῶν σημείων ὁ Ἰησοῦς ἐν Κανὰ τῆς Γαλιλαίας καὶ ἐφανέρωσεν τὴν δόξαν αὐτοῦ, καὶ ἐπίστευσαν εἰς αὐτὸν οἱ μαθηταὶ αὐτοῦ.

[12] Μετα τουτο κατέβη εἰς Καφαρναοὺμ αὐτὸς καὶ ἡ μήτηρ αὐτοῦ καὶ οἱ ἀδελφοὶ καὶ οἱ μαθηταὶ αὐτοῦ, καὶ ἐκεῖ ἔμειναν οὐ πολλὰς ἡμέρας.

[13] Καὶ ἐγγὺς ἦν τὸ πάσχα τῶν Ἰουδαίων, καὶ ἀνέβη εἰς Ἱεροσόλυμα ὁ Ἰησοῦς.

[14] καὶ εὗρεν ἐν τῷ ἱερῷ τοὺς πωλοῦντας βόας καὶ πρόβατα καὶ περιστερὰς καὶ τοὺς κερματιστὰς καθημένους

[15] καὶ ποιήσας φραγέλλιον ἐκ σχοινίων πάντας ἐξέβαλεν ἐκ τοῦ ἱεροῦ τά τε πρόβατα καὶ τοὺς βόας, καὶ τῶν κολλυβιστῶν ἐξέχεεν τὰ κέρματα καὶ τὰς τραπέζας ἀνέτρεψεν

[16] καὶ τοῖς τὰς περιστερὰς πωλοῦσιν εἶπεν Ἄρατε ταῦτα ἐντεῦθεν, μὴ ποιεῖτε τὸν οἶκον τοῦ πατρός μου οἶκον ἐμπορίου.

[17] Ἐμνήσθησαν οἱ μαθηταὶ αὐτοῦ ὅτι γεγραμμένον ἐστίν "Ὁ ζῆλος τοῦ οἴκου σου καταφάγεταί με."

[18] Ἀπεκρίθησαν οὖν οἱ Ἰουδαῖοι καὶ εἶπαν αὐτῷ Τί σημεῖον δεικνύεις ἡμῖν, ὅτι ταῦτα ποιεῖς;

[19] ἀπεκρίθη Ἰησοῦς καὶ εἶπεν αὐτοῖς Λύσατε τὸν ναὸν τοῦτον καὶ [ἐν] τρισὶν ἡμέραις ἐγερῶ αὐτόν.

[20] εἶπαν οὖν οἱ Ἰουδαῖοι Τεσσεράκοντα καὶ ἓξ ἔτεσιν οἰκοδομήθη ὁ ναὸς οὗτος, καὶ σὺ ἐν τρισὶν ἡμέραις ἐγερεῖς αὐτόν;

[21] ἐκεῖνος δὲ ἔλεγεν περὶ τοῦ ναοῦ τοῦ σώματος αὐτοῦ.

John   Chapter 2

[11] This beginning of his signs Jesus did in Cana of Galilee, and revealed his glory; and his disciples believed in him.

[12] After this, he went down to Capernaum, he, and his mother, his brothers, and his disciples; and they stayed there a few days.

[13] The Passover of the Jews was at hand, and Jesus went up to Jerusalem.

[14] He found in the temple those who sold oxen, sheep, and doves, and the changers of money sitting.

[15] He made a whip of cords, and threw all out of the temple, both the sheep and the oxen; and he poured out the changers' money, and overthrew their tables.

[16] To those who sold the doves, he said, "Take these things out of here! Don't make my Father's house a marketplace!"

[17] His disciples remembered that it was written, "Zeal for your house will eat me up."

[18] The Jews therefore answered him, "What sign do you show us, seeing that you do these things?"

[19] Jesus answered them, "Destroy this temple, and in three days I will raise it up."

[20] The Jews therefore said, "Forty-six years was this temple in building, and will you raise it up in three days?"

[21] But he spoke of the temple of his body.

[22] Ὅτε οὖν ἠγέρθη ἐκ νεκρῶν, ἐμνήσθησαν οἱ μαθηταὶ αὐτοῦ ὅτι τοῦτο ἔλεγεν, καὶ ἐπίστευσαν τῇ γραφῇ καὶ τῷ λόγῳ ὃν εἶπεν ὁ Ἰησοῦς.

[23] Ὡς δὲ ἦν ἐν τοῖς Ἱεροσολύμοις ἐν τῷ πάσχα ἐν τῇ ἑορτῇ, πολλοὶ ἐπίστευσαν εἰς τὸ ὄνομα αὐτοῦ, θεωροῦντες αὐτοῦ τὰ σημεῖα ἃ ἐποίει·

[24] αὐτὸς δὲ Ἰησοῦς οὐκ ἐπίστευεν αὐτὸν αὐτοῖς διὰ τὸ αὐτὸν γινώσκειν πάντας

[25] καὶ ὅτι οὐ χρείαν εἶχεν ἵνα τις μαρτυρήσῃ περὶ τοῦ ἀνθρώπου, αὐτὸς γὰρ ἐγίνωσκεν τί ἦν ἐν τῷ ἀνθρώπῳ.

[22] When therefore he was raised from the dead, his disciples remembered that he said this, and they believed the Scripture, and the word which Jesus had said.

[23] Now when he was in Jerusalem at the Passover, during the feast, many believed in his name, observing his signs which he did.

[24] But Jesus didn't trust himself to them, because he knew everyone,

[25] and because he didn't need for anyone to testify concerning man; for he himself knew what was in man.

Chapter 3

Ἦν δὲ ἄνθρωπος ἐκ τῶν Φαρισαίων, Νικόδημος ὄνομα αὐτῷ, ἄρχων τῶν Ἰουδαίων:

[2] οὗτος ἦλθεν πρὸς αὐτὸν νυκτὸς καὶ εἶπεν αὐτῷ Ῥαββεί, οἴδαμεν ὅτι ἀπὸ θεοῦ ἐλήλυθας διδάσκαλος: οὐδεὶς γὰρ δύναται ταῦτα τὰ σημεῖα ποιεῖν ἃ σὺ ποιεῖς, ἐὰν μὴ ᾖ ὁ θεὸς μετ᾽ αὐτοῦ.

[3] ἀπεκρίθη Ἰησοῦς καὶ εἶπεν αὐτῷ Ἀμὴν ἀμὴν λέγω σοι, ἐὰν μή τις γεννηθῇ ἄνωθεν, οὐ δύναται ἰδεῖν τὴν βασιλείαν τοῦ θεοῦ.

[4] λέγει πρὸς αὐτὸν [ὁ] Νικόδημος Πῶς δύναται ἄνθρωπος γεννηθῆναι γέρων ὤν; μὴ δύναται εἰς τὴν κοιλίαν τῆς μητρὸς αὐτοῦ δεύτερον εἰσελθεῖν καὶ γεννηθῆναι;

[5] ἀπεκρίθη [ὁ] Ἰησοῦς Ἀμὴν ἀμὴν λέγω σοι, ἐὰν μή τις γεννηθῇ ἐξ ὕδατος καὶ πνεύματος, οὐ δύναται εἰσελθεῖν εἰς τὴν βασιλείαν τοῦ θεοῦ.

[6] τὸ γεγεννημένον ἐκ τῆς σαρκὸς σάρξ ἐστιν, καὶ τὸ γεγεννημένον ἐκ τοῦ πνεύματος πνεῦμά ἐστιν.

[7] μὴ θαυμάσῃς ὅτι εἶπόν σοι Δεῖ ὑμᾶς γεννηθῆναι ἄνωθεν.

[8] τὸ πνεῦμα ὅπου θέλει πνεῖ, καὶ τὴν φωνὴν αὐτοῦ ἀκούεις, ἀλλ᾽ οὐκ οἶδας πόθεν ἔρχεται καὶ ποῦ ὑπάγει: οὕτως ἐστὶν πᾶς ὁ γεγεννημένος ἐκ τοῦ πνεύματος.

[9] ἀπεκρίθη Νικόδημος καὶ εἶπεν αὐτῷ Πῶς δύναται ταῦτα γενέσθαι;

[10] ἀπεκρίθη Ἰησοῦς καὶ εἶπεν αὐτῷ Σὺ εἶ ὁ διδάσκαλος τοῦ Ἰσραὴλ καὶ ταῦτα οὐ γινώσκεις;

[11] ἀμὴν ἀμὴν λέγω σοι ὅτι ὃ οἴδαμεν λαλοῦμεν καὶ ὃ ἑωράκαμεν μαρτυροῦμεν, καὶ τὴν μαρτυρίαν ἡμῶν οὐ λαμβάνετε.

Chapter 3

Now there was a man of the Pharisees named Nicodemus, a ruler of the Jews.

[2] The same came to him by night, and said to him, "Rabbi, we know that you are a teacher come from God, for no one can do these signs that you do, unless God is with him."

[3] Jesus answered him, "Most assuredly, I tell you, unless one is born anew, he can't see the Kingdom of God."

[4] Nicodemus said to him, "How can a man be born when he is old? Can he enter a second time into his mother's womb, and be born?"

[5] Jesus answered, "Most assuredly I tell you, unless one is born of water and spirit, he can't enter into the Kingdom of God!

[6] That which is born of the flesh is flesh. That which is born of the Spirit is spirit.

[7] Don't marvel that I said to you, 'You must be born anew.'

[8] The wind blows where it wants to, and you hear its sound, but don't know where it comes from and where it is going. So is everyone who is born of the Spirit."

[9] Nicodemus answered him, "How can these things be?"

[10] Jesus answered him, "Are you the teacher of Israel, and don't understand these things?

[11] Most assuredly I tell you, we speak that which we know, and testify of that which we have seen, and you don't receive our witness.

[12] εἰ τὰ ἐπίγεια εἶπον ὑμῖν καὶ οὐ πιστεύετε, πῶς ἐὰν εἴπω ὑμῖν τὰ ἐπουράνια πιστεύσετε;

[13] καὶ οὐδεὶς ἀναβέβηκεν εἰς τὸν οὐρανὸν εἰ μὴ ὁ ἐκ τοῦ οὐρανοῦ καταβάς, ὁ υἱὸς τοῦ ἀνθρώπου.

[14] καὶ καθὼς Μωυσῆς ὕψωσεν τὸν ὄφιν ἐν τῇ ἐρήμῳ, οὕτως ὑψωθῆναι δεῖ τὸν υἱὸν τοῦ ἀνθρώπου

[15] ἵνα πᾶς ὁ πιστεύων ἐν αὐτῷ ἔχῃ ζωὴν αἰώνιον.

[16] Οὕτως γὰρ ἠγάπησεν ὁ θεὸς τὸν κόσμον ὥστε τὸν υἱὸν τὸν μονογενῆ ἔδωκεν, ἵνα πᾶς ὁ πιστεύων εἰς αὐτὸν μὴ ἀπόληται ἀλλὰ ἔχῃ ζωὴν αἰώνιον.

[17] οὐ γὰρ ἀπέστειλεν ὁ θεὸς τὸν υἱὸν εἰς τὸν κόσμον ἵνα κρίνῃ τὸν κόσμον, ἀλλ' ἵνα σωθῇ ὁ κόσμος δι' αὐτοῦ.

[18] ὁ πιστεύων εἰς αὐτὸν οὐ κρίνεται. ὁ μὴ πιστεύων ἤδη κέκριται, ὅτι μὴ πεπίστευκεν εἰς τὸ ὄνομα τοῦ μονογενοῦς υἱοῦ τοῦ θεοῦ.

[19] αὕτη δέ ἐστιν ἡ κρίσις ὅτι τὸ φῶς ἐλήλυθεν εἰς τὸν κόσμον καὶ ἠγάπησαν οἱ ἄνθρωποι μᾶλλον τὸ σκότος ἢ τὸ φῶς, ἦν γὰρ αὐτῶν πονηρὰ τὰ ἔργα.

[20] πᾶς γὰρ ὁ φαῦλα πράσσων μισεῖ τὸ φῶς καὶ οὐκ ἔρχεται πρὸς τὸ φῶς, ἵνα μὴ ἐλεγχθῇ τὰ ἔργα αὐτοῦ·

[21] ὁ δὲ ποιῶν τὴν ἀλήθειαν ἔρχεται πρὸς τὸ φῶς, ἵνα φανερωθῇ αὐτοῦ τὰ ἔργα ὅτι ἐν θεῷ ἐστιν εἰργασμένα.

[22] Μετὰ ταῦτα ἦλθεν ὁ Ἰησοῦς καὶ οἱ μαθηταὶ αὐτοῦ εἰς τὴν Ἰουδαίαν γῆν, καὶ ἐκεῖ διέτριβεν μετ' αὐτῶν καὶ ἐβάπτιζεν.

[23] ἦν δὲ καὶ [ὁ] Ἰωάνης βαπτίζων ἐν Αἰνὼν ἐγγὺς τοῦ Σαλείμ, ὅτι ὕδατα πολλὰ ἦν ἐκεῖ, καὶ παρεγίνοντο καὶ ἐβαπτίζοντο·

[24] οὔπω γὰρ ἦν βεβλημένος εἰς τὴν φυλακὴν Ἰωάνης.

[12] If I told you earthly things and you don't believe, how will you believe if I tell you heavenly things?

[13] No one has ascended into heaven, but he who descended out of heaven, the Son of Man, who is in heaven.

[14] As Moses lifted up the serpent in the wilderness, even so must the Son of Man be lifted up,

[15] that whoever believes in him should not perish, but have eternal life.

[16] For God so loved the world, that he gave his one and only Son, that whoever believes in him should not perish, but have eternal life.

[17] For God didn't send his Son into the world to judge the world, but that the world should be saved through him.

[18] He who believes in him is not judged. He who doesn't believe has been judged already, because he has not believed in the name of the only born Son of God.

[19] This is the judgment, that the light has come into the world, and men loved the darkness rather than the light; for their works were evil.

[20] For everyone who does evil hates the light, and doesn't come to the light, lest his works would be exposed.

[21] But he who does the truth comes to the light, that his works may be revealed, that they have been done in God."

[22] After these things, Jesus came with his disciples into the land of Judea. He stayed there with them, and baptized.

[23] John also was baptizing in Enon near Salim, because there was much water there. They came, and were baptized.

[24] For John was not yet thrown into prison.

[25] Ἐγένετο οὖν ζήτησις ἐκ τῶν μαθητῶν Ἰωάνου μετὰ Ἰουδαίου περὶ καθαρισμοῦ.

[26] καὶ ἦλθαν πρὸς τὸν Ἰωάνην καὶ εἶπαν αὐτῷ Ῥαββεί, ὃς ἦν μετὰ σοῦ πέραν τοῦ Ἰορδάνου, ᾧ σὺ μεμαρτύρηκας, ἴδε οὗτος βαπτίζει καὶ πάντες ἔρχονται πρὸς αὐτόν.

[27] ἀπεκρίθη Ἰωάνης καὶ εἶπεν Οὐ δύναται ἄνθρωπος λαμβάνειν οὐδὲν ἐὰν μὴ ᾖ δεδομένον αὐτῷ ἐκ τοῦ οὐρανοῦ.

[28] αὐτοὶ ὑμεῖς μοι μαρτυρεῖτε ὅτι εἶπον [ἐγώ] Οὐκ εἰμὶ ἐγὼ ὁ χριστός, ἀλλ᾽ ὅτι Ἀπεσταλμένος εἰμὶ ἔμπροσθεν ἐκείνου.

[29] ὁ ἔχων τὴν νύμφην νυμφίος ἐστίν: ὁ δὲ φίλος τοῦ νυμφίου, ὁ ἑστηκὼς καὶ ἀκούων αὐτοῦ, χαρᾷ χαίρει διὰ τὴν φωνὴν τοῦ νυμφίου. αὕτη οὖν ἡ χαρὰ ἡ ἐμὴ πεπλήρωται.

[30] ἐκεῖνον δεῖ αὐξάνειν, ἐμὲ δὲ ἐλαττοῦσθαι.

[31] Ὁ ἄνωθεν ἐρχόμενος ἐπάνω πάντων ἐστίν. ὁ ὢν ἐκ τῆς γῆς ἐκ τῆς γῆς ἐστιν καὶ ἐκ τῆς γῆς λαλεῖ: ὁ ἐκ τοῦ οὐρανοῦ ἐρχόμενος ἐπάνω πάντων ἐστίν:

[32] ὃ ἑώρακεν καὶ ἤκουσεν τοῦτο μαρτυρεῖ, καὶ τὴν μαρτυρίαν αὐτοῦ οὐδεὶς λαμβάνει.

[33] ὁ λαβὼν αὐτοῦ τὴν μαρτυρίαν ἐσφράγισεν ὅτι ὁ θεὸς ἀληθής ἐστιν.

[34] ὃν γὰρ ἀπέστειλεν ὁ θεὸς τὰ ῥήματα τοῦ θεοῦ λαλεῖ, οὐ γὰρ ἐκ μέτρου δίδωσιν τὸ πνεῦμα.

[35] ὁ πατὴρ ἀγαπᾷ τὸν υἱόν, καὶ πάντα δέδωκεν ἐν τῇ χειρὶ αὐτοῦ.

[36] ὁ πιστεύων εἰς τὸν υἱὸν ἔχει ζωὴν αἰώνιον: ὁ δὲ ἀπειθῶν τῷ υἱῷ οὐκ ὄψεται ζωήν, ἀλλ᾽ ἡ ὀργὴ τοῦ θεοῦ μένει ἐπ᾽ αὐτόν.

John Chapter 3

[25] There arose therefore a questioning on the part of John's disciples with some Jews about purification.

[26] They came to John, and said to him, "Rabbi, he who was with you beyond the Jordan, to whom you have testified, behold, the same baptizes, and everyone is coming to him."

[27] John answered, "A man can receive nothing, unless it has been given him from heaven.

[28] You yourselves testify that I said, 'I am not the Christ,' but, 'I have been sent before him.'

[29] He who has the bride is the bridegroom; but the friend of the bridegroom, who stands and hears him, rejoices greatly because of the bridegroom's voice. This, my joy, therefore is made full.

[30] He must increase, but I must decrease.

[31] He who comes from above is above all. He who is from the Earth belongs to the Earth, and speaks of the Earth. He who comes from heaven is above all.

[32] What he has seen and heard, of that he testifies; and no one receives his witness.

[33] He who has received his witness has set his seal to this, that God is true.

[34] For he whom God has sent speaks the words of God; for God gives the Spirit without measure.

[35] The Father loves the Son, and has given all things into his hand.

[36] One who believes in the Son has eternal life, but one who disobeys the Son won't see life, but the wrath of God remains on him."

Chapter 4

Ὡς οὖν ἔγνω ὁ κύριος ὅτι ἤκουσαν οἱ Φαρισαῖοι ὅτι Ἰησοῦς πλείονας μαθητὰς ποιεῖ καὶ βαπτίζει [ἢ] Ἰωάνης

[2] καίτοιγε Ἰησοῦς αὐτὸς οὐκ ἐβάπτιζεν ἀλλ' οἱ μαθηταὶ αὐτοῦ

[3] ἀφῆκεν τὴν Ἰουδαίαν καὶ ἀπῆλθεν πάλιν εἰς τὴν Γαλιλαίαν.

[4] Ἔδει δὲ αὐτὸν διέρχεσθαι διὰ τῆς Σαμαρίας.

[5] ἔρχεται οὖν εἰς πόλιν τῆς Σαμαρίας λεγομένην Συχὰρ πλησίον τοῦ χωρίου ὃ ἔδωκεν Ἰακὼβ [τῷ] Ἰωσὴφ τῷ υἱῷ αὐτοῦ:

[6] ἦν δὲ ἐκεῖ πηγὴ τοῦ Ἰακώβ. ὁ οὖν Ἰησοῦς κεκοπιακὼς ἐκ τῆς ὁδοιπορίας ἐκαθέζετο οὕτως ἐπὶ τῇ πηγῇ: ὥρα ἦν ὡς ἕκτη.

[7] ἔρχεται γυνὴ ἐκ τῆς Σαμαρίας ἀντλῆσαι ὕδωρ.

[8] λέγει αὐτῇ ὁ Ἰησοῦς Δός μοι πεῖν: οἱ γὰρ μαθηταὶ αὐτοῦ ἀπεληλύθεισαν εἰς τὴν πόλιν, ἵνα τροφὰς ἀγοράσωσιν.

[9] λέγει οὖν αὐτῷ ἡ γυνὴ ἡ Σαμαρεῖτις Πῶς σὺ Ἰουδαῖος ὢν παρ' ἐμοῦ πεῖν αἰτεῖς γυναικὸς Σαμαρείτιδος οὔσης; [οὐ γὰρ συνχρῶνται Ἰουδαῖοι Σαμαρείταις.]

[10] ἀπεκρίθη Ἰησοῦς καὶ εἶπεν αὐτῇ Εἰ ᾔδεις τὴν δωρεὰν τοῦ θεοῦ καὶ τίς ἐστιν ὁ λέγων σοι Δός μοι πεῖν, σὺ ἂν ᾔτησας αὐτὸν καὶ ἔδωκεν ἄν σοι ὕδωρ ζῶν.

[11] λέγει αὐτῷ Κύριε, οὔτε ἄντλημα ἔχεις καὶ τὸ φρέαρ ἐστὶν βαθύ: πόθεν οὖν ἔχεις τὸ ὕδωρ τὸ ζῶν;

Chapter 4

Therefore when the Lord knew that the Pharisees had heard that Jesus was making and baptizing more disciples than John

[2] (although Jesus himself didn't baptize, but his disciples),

[3] he left Judea, and departed into Galilee.

[4] He needed to pass through Samaria.

[5] So he came to a city of Samaria, called Sychar, near the parcel of ground that Jacob gave to his son, Joseph.

[6] Jacob's well was there. Jesus therefore, being tired from his journey, sat down by the well. It was about the sixth hour.

[7] A woman of Samaria came to draw water. Jesus said to her, "Give me a drink."

[8] For his disciples had gone away into the city to buy food.

[9] The Samaritan woman therefore said to him, "How is it that you, being a Jew, ask for a drink from me, a Samaritan woman?" (For Jews have no dealings with Samaritans.)

[10] Jesus answered her, "If you knew the gift of God, and who it is who says to you, 'Give me a drink,' you would have asked him, and he would have given you living water."

[11] The woman said to him, "Sir, you have nothing to draw with, and the well is deep. From where then have you that living water?

[12] μὴ σὺ μείζων εἶ τοῦ πατρὸς ἡμῶν Ἰακώβ, ὃς ἔδωκεν ἡμῖν τὸ φρέαρ καὶ αὐτὸς ἐξ αὐτοῦ ἔπιεν καὶ οἱ υἱοὶ αὐτοῦ καὶ τὰ θρέμματα αὐτοῦ;

[13] ἀπεκρίθη Ἰησοῦς καὶ εἶπεν αὐτῇ Πᾶς ὁ πίνων ἐκ τοῦ ὕδατος τούτου διψήσει πάλιν·

[14] ὃς δ' ἂν πίῃ ἐκ τοῦ ὕδατος οὗ ἐγὼ δώσω αὐτῷ, οὐ μὴ διψήσει εἰς τὸν αἰῶνα, ἀλλὰ τὸ ὕδωρ ὃ δώσω αὐτῷ γενήσεται ἐν αὐτῷ πηγὴ ὕδατος ἁλλομένου εἰς ζωὴν αἰώνιον.

[15] λέγει πρὸς αὐτὸν ἡ γυνή Κύριε, δός μοι τοῦτο τὸ ὕδωρ, ἵνα μὴ διψῶ μηδὲ διέρχωμαι ἐνθάδε ἀντλεῖν.

[16] λέγει αὐτῇ Ὕπαγε φώνησόν σου τὸν ἄνδρα καὶ ἐλθὲ ἐνθάδε.

[17] ἀπεκρίθη ἡ γυνὴ καὶ εἶπεν [αὐτῷ] Οὐκ ἔχω ἄνδρα. λέγει αὐτῇ ὁ Ἰησοῦς Καλῶς εἶπες ὅτι Ἄνδρα οὐκ ἔχω·

[18] πέντε γὰρ ἄνδρας ἔσχες, καὶ νῦν ὃν ἔχεις οὐκ ἔστιν σου ἀνήρ· τοῦτο ἀληθὲς εἴρηκας.

[19] λέγει αὐτῷ ἡ γυνή Κύριε, θεωρῶ ὅτι προφήτης εἶ σύ.

[20] οἱ πατέρες ἡμῶν ἐν τῷ ὄρει τούτῳ προσεκύνησαν· καὶ ὑμεῖς λέγετε ὅτι ἐν Ἰεροσολύμοις ἐστὶν ὁ τόπος ὅπου προσκυνεῖν δεῖ.

[21] λέγει αὐτῇ ὁ Ἰησοῦς Πίστευέ μοι, γύναι, ὅτι ἔρχεται ὥρα ὅτε οὔτε ἐν τῷ ὄρει τούτῳ οὔτε ἐν Ἰεροσολύμοις προσκυνήσετε τῷ πατρί.

[22] ὑμεῖς προσκυνεῖτε ὃ οὐκ οἴδατε, ἡμεῖς προσκυνοῦμεν ὃ οἴδαμεν, ὅτι ἡ σωτηρία ἐκ τῶν Ἰουδαίων ἐστίν·

John Chapter 4

[12] Are you greater than our father, Jacob, who gave us the well, and drank of it himself, as did his sons, and his cattle?"

[13] Jesus answered her, "Everyone who drinks of this water will thirst again,

[14] but whoever drinks of the water that I will give him will never thirst again; but the water that I will give him will become in him a well of water springing up to eternal life."

[15] The woman said to him, "Sir, give me this water, so that I don't get thirsty, neither come all the way here to draw."

[16] Jesus said to her, "Go, call your husband, and come here."

[17] The woman answered, "I have no husband." Jesus said to her, "You said well, 'I have no husband,'

[18] for you have had five husbands; and he whom you now have is not your husband. This you have said truly."

[19] The woman said to him, "Sir, I perceive that you are a prophet.

[20] Our fathers worshiped in this mountain, and you Jews say that in Jerusalem is the place where people ought to worship."

[21] Jesus said to her, "Woman, believe me, the hour comes, when neither in this mountain, nor in Jerusalem, will you worship the Father.

[22] You worship that which you don't know. We worship that which we know; for salvation is from the Jews.

[23] ἀλλὰ ἔρχεται ὥρα καὶ νῦν ἐστίν, ὅτε οἱ ἀληθινοὶ προσκυνηταὶ προσκυνήσουσιν τῷ πατρὶ ἐν πνεύματι καὶ ἀληθείᾳ, καὶ γὰρ ὁ πατὴρ τοιούτους ζητεῖ τοὺς προσκυνοῦντας αὐτόν·

[24] πνεῦμα ὁ θεός, καὶ τοὺς προσκυνοῦντας αὐτὸν ἐν πνεύματι καὶ ἀληθείᾳ δεῖ προσκυνεῖν.

[25] λέγει αὐτῷ ἡ γυνή Οἶδα ὅτι Μεσσίας ἔρχεται, ὁ λεγόμενος Χριστός· ὅταν ἔλθῃ ἐκεῖνος, ἀναγγελεῖ ἡμῖν ἅπαντα.

[26] λέγει αὐτῇ ὁ Ἰησοῦς Ἐγώ εἰμι, ὁ λαλῶν σοι.

[27] Καὶ ἐπὶ τούτῳ ἦλθαν οἱ μαθηταὶ αὐτοῦ, καὶ ἐθαύμαζον ὅτι μετὰ γυναικὸς ἐλάλει· οὐδεὶς μέντοι εἶπεν Τί ζητεῖς; ἢ Τί λαλεῖς μετ' αὐτῆς;

[28] ἀφῆκεν οὖν τὴν ὑδρίαν αὐτῆς ἡ γυνὴ καὶ ἀπῆλθεν εἰς τὴν πόλιν καὶ λέγει τοῖς ἀνθρώποις

[29] Δεῦτε ἴδετε ἄνθρωπον ὃς εἶπέ μοι πάντα ἃ ἐποίησα· μήτι οὗτός ἐστιν ὁ χριστός;

[30] ἐξῆλθον ἐκ τῆς πόλεως καὶ ἤρχοντο πρὸς αὐτόν.

[31] Ἐν τῷ μεταξὺ ἠρώτων αὐτὸν οἱ μαθηταὶ λέγοντες Ῥαββεί, φάγε.

[32] ὁ δὲ εἶπεν αὐτοῖς Ἐγὼ βρῶσιν ἔχω φαγεῖν ἣν ὑμεῖς οὐκ οἴδατε.

[33] ἔλεγον οὖν οἱ μαθηταὶ πρὸς ἀλλήλους Μή τις ἤνεγκεν αὐτῷ φαγεῖν;

[34] λέγει αὐτοῖς ὁ Ἰησοῦς Ἐμὸν βρῶμά ἐστιν ἵνα ποιήσω τὸ θέλημα τοῦ πέμψαντός με καὶ τελειώσω αὐτοῦ τὸ ἔργον.

John　　Chapter 4

[23] But the hour comes, and now is, when the true worshippers will worship the Father in spirit and truth, for the Father seeks such to be his worshippers.

[24] God is spirit, and those who worship him must worship in spirit and truth."

[25] The woman said to him, "I know that Messiah comes," (he who is called Christ). "When he has come, he will declare to us all things."

[26] Jesus said to her, "I am he, the one who speaks to you."

[27] At this, his disciples came. They marveled that he was speaking with a woman; yet no one said, "What are you looking for?" or, "Why do you speak with her?"

[28] So the woman left her water pot, and went away into the city, and said to the people,

[29] "Come, see a man who told me everything that I did. Can this be the Christ?"

[30] They went out of the city, and were coming to him.

[31] In the meanwhile, the disciples urged him, saying, "Rabbi, eat."

[32] But he said to them, "I have food to eat that you don't know about."

[33] The disciples therefore said one to another, "Has anyone brought him something to eat?"

[34] Jesus said to them, "My food is to do the will of him who sent me, and to accomplish his work.

[35] οὐχ ὑμεῖς λέγετε ὅτι Ἔτι τετράμηνός ἐστιν καὶ ὁ θερισμὸς ἔρχεται; ἰδοὺ λέγω ὑμῖν, ἐπάρατε τοὺς ὀφθαλμοὺς ὑμῶν καὶ θεάσασθε τὰς χώρας ὅτι λευκαί εἰσιν πρὸς θερισμόν:

[36] ἤδη ὁ θερίζων μισθὸν λαμβάνει καὶ συνάγει καρπὸν εἰς ζωὴν αἰώνιον, ἵνα ὁ σπείρων ὁμοῦ χαίρῃ καὶ ὁ θερίζων.

[37] ἐν γὰρ τούτῳ ὁ λόγος ἐστὶν ἀληθινὸς ὅτι ἄλλος ἐστὶν ὁ σπείρων καὶ ἄλλος ὁ θερίζων:

[38] ἐγὼ ἀπέστειλα ὑμᾶς θερίζειν ὃ οὐχ ὑμεῖς κεκοπιάκατε: ἄλλοι κεκοπιάκασιν, καὶ ὑμεῖς εἰς τὸν κόπον αὐτῶν εἰσεληλύθατε.

[39] Ἐκ δὲ τῆς πόλεως ἐκείνης πολλοὶ ἐπίστευσαν εἰς αὐτὸν τῶν Σαμαρειτῶν διὰ τὸν λόγον τῆς γυναικὸς μαρτυρούσης ὅτι Εἶπέν μοι πάντα ἃ ἐποίησα.

[40] ὡς οὖν ἦλθον πρὸς αὐτὸν οἱ Σαμαρεῖται, ἠρώτων αὐτὸν μεῖναι παρ' αὐτοῖς: καὶ ἔμεινεν ἐκεῖ δύο ἡμέρας.

[41] καὶ πολλῷ πλείους ἐπίστευσαν διὰ τὸν λόγον αὐτοῦ

[42] τῇ τε γυναικὶ ἔλεγον [ὅτι] Οὐκέτι διὰ τὴν σὴν λαλιὰν πιστεύομεν: αὐτοὶ γὰρ ἀκηκόαμεν, καὶ οἴδαμεν ὅτι οὗτός ἐστιν ἀληθῶς ὁ σωτὴρ τοῦ κόσμου.

[43] Μετὰ δὲ τας δύο ἡμέρας ἐξῆλθεν ἐκεῖθεν εἰς τὴν Γαλιλαίαν:

[44] αὐτὸς γὰρ Ἰησοῦς ἐμαρτύρησεν ὅτι προφήτης ἐν τῇ ἰδίᾳ πατρίδι τιμὴν οὐκ ἔχει.

[45] ὅτε οὖν ἦλθεν εἰς τὴν Γαλιλαίαν, ἐδέξαντο αὐτὸν οἱ Γαλιλαῖοι, πάντα ἑωρακότες ὅσα ἐποίησεν ἐν Ἱεροσολύμοις ἐν τῇ ἑορτῇ, καὶ αὐτοὶ γὰρ ἦλθον εἰς τὴν ἑορτήν.

[35] Don't you say, 'There are yet four months until the harvest?' Behold, I tell you, lift up your eyes, and look at the fields, that they are white for harvest already.

[36] He who reaps receives wages, and gathers fruit to eternal life; that both he who sows and he who reaps may rejoice together.

[37] For in this the saying is true, 'One sows, and another reaps.'

[38] I sent you to reap that for which you haven't labored. Others have labored, and you have entered into their labor."

[39] From that city many of the Samaritans believed in him because of the word of the woman, who testified, 'He told me everything that I did."

[40] So when the Samaritans came to him, they begged him to stay with them. He stayed there two days.

[41] Many more believed because of his word.

[42] They said to the woman, "Now we believe, not because of your speaking; for we have heard for ourselves, and know that this is indeed the Christ, the Savior of the world."

[43] After the two days he went out from there and went into Galilee.

[44] For Jesus himself testified that a prophet has no honor in his own country.

[45] So when he came into Galilee, the Galilaeans received him, having seen all the things that he did in Jerusalem at the feast, for they also went to the feast.

[46] Ἦλθεν οὖν πάλιν εἰς τὴν Κανὰ τῆς Γαλιλαίας, ὅπου ἐποίησεν τὸ ὕδωρ οἶνον. Καὶ ἦν τις βασιλικὸς οὗ ὁ υἰὸς ἠσθένει ἐν Καφαρναούμ:

[47] οὗτος ἀκούσας ὅτι Ἰησοῦς ἥκει ἐκ τῆς Ἰουδαίας εἰς τὴν Γαλιλαίαν ἀπῆλθεν πρὸς αὐτὸν καὶ ἠρώτα ἵνα καταβῇ καὶ ἰάσηται αὐτοῦ τὸν υἱόν, ἤμελλεν γὰρ ἀποθνῄσκειν.

[48] εἶπεν οὖν ὁ Ἰησοῦς πρὸς αὐτόν Ἐὰν μὴ σημεῖα καὶ τέρατα ἴδητε, οὐ μὴ πιστεύσητε.

[49] λέγει πρὸς αὐτὸν ὁ βασιλικός Κύριε, κατάβηθι πρὶν ἀποθανεῖν τὸ παιδίον μου.

[50] λέγει αὐτῷ ὁ Ἰησοῦς Πορεύου: ὁ υἱός σου ζῇ. ἐπίστευσεν ὁ ἄνθρωπος τῷ λόγῳ ὃν εἶπεν αὐτῷ ὁ Ἰησοῦς καὶ ἐπορεύετο.

[51] ἤδη δὲ αὐτοῦ καταβαίνοντος οἱ δοῦλοι αὐτοῦ ὑπήντησαν αὐτῷ λέγοντες ὅτι ὁ παῖς αὐτοῦ ζῇ.

[52] ἐπύθετο οὖν τὴν ὥραν παρ' αὐτῶν ἐν ᾗ κομψότερον ἔσχεν: εἶπαν οὖν αὐτῷ ὅτι Ἐχθὲς ὥραν ἑβδόμην ἀφῆκεν αὐτὸν ὁ πυρετός.

[53] ἔγνω οὖν ὁ πατὴρ ὅτι ἐκείνῃ τῇ ὥρᾳ ἐν ᾗ εἶπεν αὐτῷ ὁ Ἰησοῦς Ὁ υἱός σου ζῇ, καὶ ἐπίστευσεν αὐτὸς καὶ ἡ οἰκία αὐτοῦ ὅλη.

[54] Τοῦτο [δὲ] πάλιν δεύτερον σημεῖον ἐποίησεν ὁ Ἰησοῦς ἐλθὼν ἐκ τῆς Ἰουδαίας εἰς τὴν Γαλιλαίαν.

John Chapter 4

[46] Jesus came therefore again to Cana of Galilee, where he made the water into wine. There was a certain nobleman whose son was sick at Capernaum.

[47] When he heard that Jesus had come out of Judea into Galilee, he went to him, and begged him that he would come down and heal his son, for he was at the point of death.

[48] Jesus therefore said to him, "Unless you see signs and wonders, you will in no way believe."

[49] The nobleman said to him, "Sir, come down before my child dies."

[50] Jesus said to him, "Go your way. Your son lives." The man believed the word that Jesus spoke to him, and he went his way.

[51] As he was now going down, his servants met him and reported, saying "Your child lives!"

[52] So he inquired of them the hour when he began to get better. They said therefore to him, "Yesterday at the seventh hour, the fever left him."

[53] So the father knew that it was at that hour in which Jesus said to him, "Your son lives." He believed, as did his whole house.

[54] This is again the second sign that Jesus did, having come out of Judea into Galilee.

Chapter 5

Μετα ταυτα ἦν ἑορτὴ τῶν Ἰουδαίων, καὶ ἀνέβη Ἰησοῦς εἰς Ἱεροσόλυμα.

[2] Ἔστιν δὲ ἐν τοῖς Ἱεροσολύμοις ἐπὶ τῇ προβατικῇ κολυμβήθρα ἡ ἐπιλεγομένη Ἑβραϊστὶ Βηθζαθά, πέντε στοὰς ἔχουσα:

[3] ἐν ταύταις κατέκειτο πλῆθος τῶν ἀσθενούντων, τυφλῶν, χωλῶν, ξηρῶν.

{4} νοθιγγ το σεε ἐρε, μοβε αλογγ.

[5] ἦν δέ τις ἄνθρωπος ἐκεῖ τριάκοντα [καὶ] ὀκτὼ ἔτη ἔχων ἐν τῇ ἀσθενείᾳ αὐτοῦ:

[6] τοῦτον ἰδὼν ὁ Ἰησοῦς κατακείμενον, καὶ γνοὺς ὅτι πολὺν ἤδη χρόνον ἔχει, λέγει αὐτῷ Θέλεις ὑγιὴς γενέσθαι;

[7] ἀπεκρίθη αὐτῷ ὁ ἀσθενῶν Κύριε, ἄνθρωπον οὐκ ἔχω ἵνα ὅταν ταραχθῇ τὸ ὕδωρ βάλῃ με εἰς τὴν κολυμβήθραν: ἐν ᾧ δὲ ἔρχομαι ἐγὼ ἄλλος πρὸ ἐμοῦ καταβαίνει.

[8] λέγει αὐτῷ ὁ Ἰησοῦς Ἔγειρε ἆρον τὸν κράβαττόν σου καὶ περιπάτει.

[9] καὶ εὐθέως ἐγένετο ὑγιὴς ὁ ἄνθρωπος, καὶ ἦρε τὸν κράβαττον αὐτοῦ καὶ περιεπάτει. Ἦν δὲ σάββατον ἐν ἐκείνῃ τῇ ἡμέρᾳ.

[10] ἔλεγον οὖν οἱ Ἰουδαῖοι τῷ τεθεραπευμένῳ Σάββατόν ἐστιν, καὶ οὐκ ἔξεστίν σοι ἆραι τὸν κράβαττον.

[11] ὃς δὲ ἀπεκρίθη αὐτοῖς Ὁ ποιήσας με ὑγιῆ ἐκεῖνός μοι εἶπεν Ἆρον τὸν κράβαττόν σου καὶ περιπάτει.

Chapter 5

After these things, there was a feast of the Jews, and Jesus went up to Jerusalem.

[2] Now in Jerusalem by the sheep gate, there is a pool, which is called in Hebrew, "Bethesda," having five porches.

[3] In these lay a great multitude of those who were sick, blind, lame, or paralyzed, waiting for the moving of the water;

[4] for an angel of the Lord went down at certain times into the pool, and stirred up the water. Whoever stepped in first after the stirring of the water was made whole of whatever disease he had.

[5] A certain man was there, who had been sick for thirty-eight years.

[6] When Jesus saw him lying there, and knew that he had been sick for a long time, he asked him, "Do you want to be made well?"

[7] The sick man answered him, "Sir, I have no one to put me into the pool when the water is stirred up, but while I'm coming, another steps down before me."

[8] Jesus said to him, "Arise, take up your mat, and walk."

[9] Immediately, the man was made well, and took up his mat and walked. Now it was the Sabbath on that day.

[10] So the Jews said to him who was cured, "It is the Sabbath. It is not lawful for you to carry the mat."

[11] He answered them, "He who made me well, the same said to me, 'Take up your mat, and walk.'"

[12] ἠρώτησαν αὐτόν Τίς ἐστιν ὁ ἄνθρωπος ὁ εἰπών σοι Ἆρον καὶ περιπάτει;

[13] ὁ δὲ ἰαθεὶς οὐκ ᾔδει τίς ἐστιν, ὁ γὰρ Ἰησοῦς ἐξένευσεν ὄχλου ὄντος ἐν τῷ τόπῳ.

[14] Μετὰ ταῦτα εὑρίσκει αὐτὸν [ὁ] Ἰησοῦς ἐν τῷ ἱερῷ καὶ εἶπεν αὐτῷ Ἴδε ὑγιὴς γέγονας: μηκέτι ἁμάρτανε, ἵνα μὴ χεῖρόν σοί τι γένηται

[15] ἀπῆλθεν ὁ ἄνθρωπος καὶ εἶπεν τοῖς Ἰουδαίοις ὅτι Ἰησοῦς ἐστιν ὁ ποιήσας αὐτὸν ὑγιῆ.

[16] καὶ διὰ τοῦτο ἐδίωκον οἱ Ἰουδαῖοι τὸν Ἰησοῦν ὅτι ταῦτα ἐποίει ἐν σαββάτῳ.

[17] ὁ δὲ ἀπεκρίνατο αὐτοῖς Ὁ πατήρ μου ἕως ἄρτι ἐργάζεται, κἀγὼ ἐργάζομαι.

[18] διὰ τοῦτο οὖν μᾶλλον ἐζήτουν αὐτὸν οἱ Ἰουδαῖοι ἀποκτεῖναι ὅτι οὐ μόνον ἔλυε τὸ σάββατον ἀλλὰ καὶ πατέρα ἴδιον ἔλεγε τὸν θεόν, ἴσον ἑαυτὸν ποιῶν τῷ θεῷ.

[19] Ἀπεκρίνατο οὖν [ὁ Ἰησοῦς] καὶ ἔλεγεν αὐτοῖς Ἀμὴν ἀμὴν λέγω ὑμῖν, οὐ δύναται ὁ υἱὸς ποιεῖν ἀφ' ἑαυτοῦ οὐδὲν ἂν μή τι βλέπῃ τὸν πατέρα ποιοῦντα: ἃ γὰρ ἂν ἐκεῖνος ποιῇ, ταῦτα καὶ ὁ υἱὸς ὁμοίως ποιεῖ.

[20] ὁ γὰρ πατὴρ φιλεῖ τὸν υἱὸν καὶ πάντα δείκνυσιν αὐτῷ ἃ αὐτὸς ποιεῖ, καὶ μείζονα τούτων δείξει αὐτῷ ἔργα, ἵνα ὑμεῖς θαυμάζητε.

[21] ὥσπερ γὰρ ὁ πατὴρ ἐγείρει τοὺς νεκροὺς καὶ ζωοποιεῖ, οὕτως καὶ ὁ υἱὸς οὓς θέλει ζωοποιεῖ.

[22] οὐδὲ γὰρ ὁ πατὴρ κρίνει οὐδένα, ἀλλὰ τὴν κρίσιν πᾶσαν δέδωκεν τῷ υἱῷ

[23] ἵνα πάντες τιμῶσι τὸν υἱὸν καθὼς τιμῶσι τὸν πατέρα. ὁ μὴ τιμῶν τὸν υἱὸν οὐ τιμᾷ τὸν πατέρα τὸν πέμψαντα αὐτόν.

[12] Then they asked him, "Who is the man who said to you, 'Take up your mat, and walk'?"

[13] But he who was healed didn't know who it was, for Jesus had withdrawn, a crowd being in the place.

[14] Afterward Jesus found him in the temple, and said to him, "Behold, you are made well. Sin no more, so that nothing worse happens to you."

[15] The man went away, and told the Jews that it was Jesus who had made him well.

[16] For this cause the Jews persecuted Jesus, and sought to kill him, because he did these things on the Sabbath.

[17] But Jesus answered them, "My Father is still working, so I am working, too."

[18] For this cause therefore the Jews sought all the more to kill him, because he not only broke the Sabbath, but also called God his own Father, making himself equal with God.

[19] Jesus therefore answered them, "Most assuredly, I tell you, the Son can do nothing of himself, but what he sees the Father doing. For whatever things he does, these the Son also does likewise.

[20] For the Father has affection for the Son, and shows him all things that he himself does. He will show him greater works than these, that you may marvel.

[21] For as the Father raises the dead and gives them life, even so the Son also gives life to whom he desires.

[22] For the Father judges no one, but he has given all judgment to the Son,

[23] that all may honor the Son, even as they honor the Father. He who doesn't honor the Son doesn't honor the Father who sent him.

[24] Ἀμὴν ἀμὴν λέγω ὑμῖν ὅτι ὁ τὸν λόγον μου ἀκούων καὶ πιστεύων τῷ πέμψαντί με ἔχει ζωὴν αἰώνιον, καὶ εἰς κρίσιν οὐκ ἔρχεται ἀλλὰ μεταβέβηκεν ἐκ τοῦ θανάτου εἰς τὴν ζωήν.

[25] ἀμὴν ἀμὴν λέγω ὑμῖν ὅτι ἔρχεται ὥρα καὶ νῦν ἐστὶν ὅτε οἱ νεκροὶ ἀκούσουσιν τῆς φωνῆς τοῦ υἱοῦ τοῦ θεοῦ καὶ οἱ ἀκούσαντες ζήσουσιν.

[26] ὥσπερ γὰρ ὁ πατὴρ ἔχει ζωὴν ἐν ἑαυτῷ, οὕτως καὶ τῷ υἱῷ ἔδωκεν ζωὴν ἔχειν ἐν ἑαυτῷ·

[27] καὶ ἐξουσίαν ἔδωκεν αὐτῷ κρίσιν ποιεῖν, ὅτι υἱὸς ἀνθρώπου ἐστίν.

[28] μὴ θαυμάζετε τοῦτο, ὅτι ἔρχεται ὥρα ἐν ᾗ πάντες οἱ ἐν τοῖς μνημείοις ἀκούσουσιν τῆς φωνῆς αὐτοῦ

[29] καὶ ἐκπορεύσονται οἱ τὰ ἀγαθὰ ποιήσαντες εἰς ἀνάστασιν ζωῆς, οἱ τὰ φαῦλα πράξαντες εἰς ἀνάστασιν κρίσεως.

[30] Οὐ δύναμαι ἐγὼ ποιεῖν ἀπ' ἐμαυτοῦ οὐδέν· καθὼς ἀκούω κρίνω, καὶ ἡ κρίσις ἡ ἐμὴ δικαία ἐστίν, ὅτι οὐ ζητῶ τὸ θέλημα τὸ ἐμὸν ἀλλὰ τὸ θέλημα τοῦ πέμψαντός με.

[31] Ἐὰν ἐγὼ μαρτυρῶ περὶ ἐμαυτοῦ, ἡ μαρτυρία μου οὐκ ἔστιν ἀληθής·

[32] ἄλλος ἐστὶν ὁ μαρτυρῶν περὶ ἐμοῦ, καὶ οἶδα ὅτι ἀληθής ἐστιν ἡ μαρτυρία ἣν μαρτυρεῖ περὶ ἐμοῦ.

[33] ὑμεῖς ἀπεστάλκατε πρὸς Ἰωάνην, καὶ μεμαρτύρηκε τῇ ἀληθείᾳ·

[34] ἐγὼ δὲ οὐ παρὰ ἀνθρώπου τὴν μαρτυρίαν λαμβάνω, ἀλλὰ ταῦτα λέγω ἵνα ὑμεῖς σωθῆτε.

[35] ἐκεῖνος ἦν ὁ λύχνος ὁ καιόμενος καὶ φαίνων, ὑμεῖς δὲ ἠθελήσατε ἀγαλλιαθῆναι πρὸς ὥραν ἐν τῷ φωτὶ αὐτοῦ·

John Chapter 5

[24] "Most assuredly I tell you, he who hears my word, and believes him who sent me, has eternal life, and doesn't come into judgment, but has passed out of death into life.

[25] Most assuredly, I tell you, the hour comes, and now is, when the dead will hear the Son of God's voice; and those who hear will live.

[26] For as the Father has life in himself, even so he gave to the Son also to have life in himself.

[27] He also gave him authority to execute judgment, because he is a son of man.

[28] Don't marvel at this, for the hour comes, in which all that are in the tombs will hear his voice,

[29] and will come out; those who have done good, to the resurrection of life; and those who have done evil, to the resurrection of judgment.

[30] I can of myself do nothing. As I hear, I judge, and my judgment is righteous; because I don't seek my own will, but the will of my Father who sent me.

[31] "If I testify about myself, my witness is not valid.

[32] It is another who testifies about me. I know that the testimony which he testifies about me is true.

[33] You have sent to John, and he has testified to the truth.

[34] But the testimony which I receive is not from man. However, I say these things that you may be saved.

[35] He was the burning and shining lamp, and you were willing to rejoice for a while in his light.

[36] ἐγὼ δὲ ἔχω τὴν μαρτυρίαν μείζω τοῦ Ἰωάνου, τὰ γὰρ ἔργα ἃ δέδωκέν μοι ὁ πατὴρ ἵνα τελειώσω αὐτά, αὐτὰ τὰ ἔργα ἃ ποιῶ, μαρτυρεῖ περὶ ἐμοῦ ὅτι ὁ πατήρ με ἀπέσταλκεν

[37] καὶ ὁ πέμψας με πατὴρ ἐκεῖνος μεμαρτύρηκεν περὶ ἐμοῦ. οὔτε φωνὴν αὐτοῦ πώποτε ἀκηκόατε οὔτε εἶδος αὐτοῦ ἑωράκατε

[38] καὶ τὸν λόγον αὐτοῦ οὐκ ἔχετε ἐν ὑμῖν μένοντα, ὅτι ὃν ἀπέστειλεν ἐκεῖνος τούτῳ ὑμεῖς οὐ πιστεύετε.

[39] ἐραυνᾶτε τὰς γραφάς, ὅτι ὑμεῖς δοκεῖτε ἐν αὐταῖς ζωὴν αἰώνιον ἔχειν: καὶ ἐκεῖναί εἰσιν αἱ μαρτυροῦσαι περὶ ἐμοῦ:

[40] καὶ οὐ θέλετε ἐλθεῖν πρός με ἵνα ζωὴν ἔχητε.

[41] Δόξαν παρὰ ἀνθρώπων οὐ λαμβάνω

[42] ἀλλὰ ἔγνωκα ὑμᾶς ὅτι τὴν ἀγάπην τοῦ θεοῦ οὐκ ἔχετε ἐν ἑαυτοῖς.

[43] ἐγὼ ἐλήλυθα ἐν τῷ ὀνόματι τοῦ πατρός μου καὶ οὐ λαμβάνετέ με: ἐὰν ἄλλος ἔλθῃ ἐν τῷ ὀνόματι τῷ ἰδίῳ, ἐκεῖνον λήμψεσθε.

[44] πῶς δύνασθε ὑμεῖς πιστεῦσαι, δόξαν παρ' ἀλλήλων λαμβάνοντες, καὶ τὴν δόξαν τὴν παρὰ τοῦ μόνου [θεοῦ] οὐ ζητεῖτε;

[45] μὴ δοκεῖτε ὅτι ἐγὼ κατηγορήσω ὑμῶν πρὸς τὸν πατέρα: ἔστιν ὁ κατηγορῶν ὑμῶν Μωυσῆς, εἰς ὃν ὑμεῖς ἠλπίκατε.

[46] εἰ γὰρ ἐπιστεύετε Μωυσεῖ, ἐπιστεύετε ἂν ἐμοί, περὶ γὰρ ἐμοῦ ἐκεῖνος ἔγραψεν.

[47] εἰ δὲ τοῖς ἐκείνου γράμμασιν οὐ πιστεύετε, πῶς τοῖς ἐμοῖς ῥήμασιν πιστεύσετε;

[36] But the testimony which I have is greater than that of John, for the works which the Father gave me to accomplish, the very works that I do, testify about me, that the Father has sent me.

[37] The Father himself, who sent me, has testified about me. You have neither heard his voice at any time, nor seen his form.

[38] You don't have his word living in you; because you don't believe him whom he sent.

[39] "You search the Scriptures, because you think that in them you have eternal life; and these are they which testify about me.

[40] Yet you will not come to me, that you may have life.

[41] I don't receive glory from men.

[42] But I know you, that you don't have God's love in yourselves.

[43] I have come in my Father's name, and you don't receive me. If another comes in his own name, you will receive him.

[44] How can you believe, who receive glory from one another, and you don't seek the glory that comes from the only God?

[45] "Don't think that I will accuse you to the Father. There is one who accuses you, even Moses, on whom you have set your hope.

[46] For if you believed Moses, you would believe me; for he wrote about me.

[47] But if you don't believe his writings, how will you believe my words?"

Chapter 6

Μετὰ ταῦτα ἀπῆλθεν ὁ Ἰησοῦς πέραν τῆς θαλάσσης τῆς Γαλιλαίας τῆς Τιβεριάδος.

[2] ἠκολούθει δὲ αὐτῷ ὄχλος πολύς, ὅτι ἐθεώρουν τὰ σημεῖα ἃ ἐποίει ἐπὶ τῶν ἀσθενούντων.

[3] ἀνῆλθεν δὲ εἰς τὸ ὄρος Ἰησοῦς, καὶ ἐκεῖ ἐκάθητο μετὰ τῶν μαθητῶν αὐτοῦ.

[4] ἦν δὲ ἐγγὺς τὸ πάσχα, ἡ ἑορτὴ τῶν Ἰουδαίων.

[5] ἐπάρας οὖν τοὺς ὀφθαλμοὺς ὁ Ἰησοῦς καὶ θεασάμενος ὅτι πολὺς ὄχλος ἔρχεται πρὸς αὐτὸν λέγει πρὸς Φίλιππον Πόθεν ἀγοράσωμεν ἄρτους ἵνα φάγωσιν οὗτοι;

[6] τοῦτο δὲ ἔλεγεν πειράζων αὐτόν, αὐτὸς γὰρ ᾔδει τί ἔμελλεν ποιεῖν.

[7] ἀπεκρίθη αὐτῷ Φίλιππος Διακοσίων δηναρίων ἄρτοι οὐκ ἀρκοῦσιν αὐτοῖς ἵνα ἕκαστος βραχὺ λάβῃ.

[8] λέγει αὐτῷ εἷς ἐκ τῶν μαθητῶν αὐτοῦ, Ἀνδρέας ὁ ἀδελφὸς Σίμωνος Πέτρου

[9] Ἔστιν παιδάριον ὧδε ὃς ἔχει πέντε ἄρτους κριθίνους καὶ δύο ὀψάρια· ἀλλὰ ταῦτα τί ἐστιν εἰς τοσούτους;

[10] εἶπεν ὁ Ἰησοῦς Ποιήσατε τοὺς ἀνθρώπους ἀναπεσεῖν. ἦν δὲ χόρτος πολὺς ἐν τῷ τόπῳ. ἀνέπεσαν οὖν οἱ ἄνδρες τὸν ἀριθμὸν ὡς πεντακισχίλιοι.

[11] ἔλαβεν οὖν τοὺς ἄρτους ὁ Ἰησοῦς καὶ εὐχαριστήσας διέδωκεν τοῖς ἀνακειμένοις, ὁμοίως καὶ ἐκ τῶν ὀψαρίων ὅσον ἤθελον.

Chapter 6

After these things, Jesus went away to the other side of the sea of Galilee, which is also called the Sea of Tiberias.

[2] A great multitude followed him, because they saw his signs which he did on those who were sick.

[3] Jesus went up into the mountain, and he sat there with his disciples.

[4] Now the Passover, the feast of the Jews, was at hand.

[5] Jesus therefore lifting up his eyes, and seeing that a great multitude was coming to him, said to Philip, "Where are we to buy bread, that these may eat?"

[6] This he said to test him, for he himself knew what he would do.

[7] Philip answered him, "Two hundred denarii worth of bread is not sufficient for them, that everyone of them may receive a little."

[8] One of his disciples, Andrew, Simon Peter's brother, said to him,

[9] "There is a boy here who has five barley loaves and two fish, but what are these among so many?"

[10] Jesus said, "Have the people sit down." Now there was much grass in that place. So the men sat down, in number about five thousand.

[11] Jesus took the loaves; and having given thanks, he distributed to the disciples, and the disciples to those who were sitting down; likewise also of the fish as much as they desired.

[12] ὡς δὲ ἐνεπλήσθησαν λέγει τοῖς μαθηταῖς αὐτοῦ Συναγάγετε τὰ περισσεύσαντα κλάσματα, ἵνα μή τι ἀπόληται.

[13] συνήγαγον οὖν, καὶ ἐγέμισαν δώδεκα κοφίνους κλασμάτων ἐκ τῶν πέντε ἄρτων τῶν κριθίνων ἃ ἐπερίσσευσαν τοῖς βεβρωκόσιν.

[14] Οἱ οὖν ἄνθρωποι ἰδόντες ἃ ἐποίησεν σημεῖα ἔλεγον ὅτι Οὗτός ἐστιν ἀληθῶς ὁ προφήτης ὁ ἐρχόμενος εἰς τὸν κόσμον.

[15] Ἰησοῦς οὖν γνοὺς ὅτι μέλλουσιν ἔρχεσθαι καὶ ἁρπάζειν αὐτὸν ἵνα ποιήσωσιν βασιλέα ἀνεχώρησεν πάλιν εἰς τὸ ὄρος αὐτὸς μόνος.

[16] Ὡς δὲ ὀψία ἐγένετο κατέβησαν οἱ μαθηταὶ αὐτοῦ ἐπὶ τὴν θάλασσαν

[17] καὶ ἐμβάντες εἰς πλοῖον ἤρχοντο πέραν τῆς θαλάσσης εἰς Καφαρναούμ. καὶ σκοτία

[18] ἤδη ἐγεγόνει καὶ οὔπω ἐληλύθει πρὸς αὐτοὺς ὁ Ἰησοῦς, ἥ τε θάλασσα ἀνέμου μεγάλου πνέοντος διεγείρετο.

[19] ἐληλακότες οὖν ὡς σταδίους εἴκοσι πέντε ἢ τριάκοντα θεωροῦσιν τὸν Ἰησοῦν περιπατοῦντα ἐπὶ τῆς θαλάσσης καὶ ἐγγὺς τοῦ πλοίου γινόμενον, καὶ ἐφοβήθησαν.

[20] ὁ δὲ λέγει αὐτοῖς Ἐγώ εἰμι, μὴ φοβεῖσθε.

[21] ἤθελον οὖν λαβεῖν αὐτὸν εἰς τὸ πλοῖον, καὶ εὐθέως ἐγένετο τὸ πλοῖον ἐπὶ τῆς γῆς εἰς ἣν ὑπῆγον.

[12] When they were filled, he said to his disciples, "Gather up the broken pieces which are left over, that nothing be lost."

[13] So they gathered them up, and filled twelve baskets with broken pieces from the five barley loaves, which were left over by those who had eaten.

[14] When therefore the people saw the sign which Jesus did, they said, "This is truly the prophet who comes into the world."

[15] Jesus therefore, perceiving that they were about to come and take him by force, to make him king, withdrew again to the mountain by himself.

[16] When evening came, his disciples went down to the sea,

[17] and they entered into the boat, and were going over the sea to Capernaum. It was now dark, and Jesus had not come to them.

[18] The sea was tossed by a great wind blowing.

[19] When therefore they had rowed about twenty-five or thirty stadia, they saw Jesus walking on the sea, and drawing near to the boat; and they were afraid.

[20] But he said to them, "I AM. Don't be afraid."

[21] They were willing therefore to receive him into the boat. Immediately the boat was at the land where they were going.

[22] Τῇ ἐπαύριον ὁ ὄχλος ὁ ἑστηκὼς πέραν τῆς θαλάσσης εἶδον ὅτι πλοιάριον ἄλλο οὐκ ἦν ἐκεῖ εἰ μὴ ἕν, καὶ ὅτι οὐ συνεισῆλθεν τοῖς μαθηταῖς αὐτοῦ ὁ Ἰησοῦς εἰς τὸ πλοῖον ἀλλὰ μόνοι οἱ μαθηταὶ αὐτοῦ ἀπῆλθον:

[23] ἀλλὰ ἦλθεν πλοῖα ἐκ Τιβεριάδος ἐγγὺς τοῦ τόπου ὅπου ἔφαγον τὸν ἄρτον εὐχαριστήσαντος τοῦ κυρίου.

[24] ὅτε οὖν εἶδεν ὁ ὄχλος ὅτι Ἰησοῦς οὐκ ἔστιν ἐκεῖ οὐδὲ οἱ μαθηταὶ αὐτοῦ, ἐνέβησαν αὐτοὶ εἰς τὰ πλοιάρια καὶ ἦλθον εἰς Καφαρναοὺμ ζητοῦντες τὸν Ἰησοῦν.

[25] καὶ εὑρόντες αὐτὸν πέραν τῆς θαλάσσης εἶπον αὐτῷ Ῥαββεί, πότε ὧδε γέγονας;

[26] ἀπεκρίθη αὐτοῖς ὁ Ἰησοῦς καὶ εἶπεν Ἀμὴν ἀμὴν λέγω ὑμῖν, ζητεῖτέ με οὐχ ὅτι εἴδετε σημεῖα ἀλλ᾽ ὅτι ἐφάγετε ἐκ τῶν ἄρτων καὶ ἐχορτάσθητε:

[27] ἐργάζεσθε μὴ τὴν βρῶσιν τὴν ἀπολλυμένην ἀλλὰ τὴν βρῶσιν τὴν μένουσαν εἰς ζωὴν αἰώνιον, ἣν ὁ υἱὸς τοῦ ἀνθρώπου ὑμῖν δώσει, τοῦτον γὰρ ὁ πατὴρ ἐσφράγισεν ὁ θεός.

[28] εἶπον οὖν πρὸς αὐτόν Τί ποιῶμεν ἵνα ἐργαζώμεθα τὰ ἔργα τοῦ θεοῦ;

[29] ἀπεκρίθη ὁ Ἰησοῦς καὶ εἶπεν αὐτοῖς Τοῦτό ἐστιν τὸ ἔργον τοῦ θεοῦ ἵνα πιστεύητε εἰς ὃν ἀπέστειλεν ἐκεῖνος.

[30] εἶπον οὖν αὐτῷ Τί οὖν ποιεῖς σὺ σημεῖον, ἵνα ἴδωμεν καὶ πιστεύσωμέν σοι; τί ἐργάζῃ;

[31] οἱ πατέρες ἡμῶν τὸ μάννα ἔφαγον ἐν τῇ ἐρήμῳ, καθώς ἐστιν γεγραμμένον "Ἄρτον ἐκ τοῦ οὐρανοῦ ἔδωκεν αὐτοῖς φαγεῖν."

John   Chapter 6

[22] On the next day, the multitude that stood on the other side of the sea saw that there was no other boat there, except the one in which his disciples had embarked, and that Jesus hadn't entered with his disciples into the boat, but his disciples had gone away alone.

[23] However boats from Tiberias came near to the place where they ate the bread after the Lord had given thanks.

[24] When the multitude therefore saw that Jesus wasn't there, nor his disciples, they themselves got into the boats, and came to Capernaum, seeking Jesus.

[25] When they found him on the other side of the sea, they asked him, "Rabbi, when did you come here?"

[26] Jesus answered them, "Most assuredly I tell you, you seek me, not because you saw signs, but because you ate of the loaves, and were filled.

[27] Don't work for the food which perishes, but for the food which remains to eternal life, which the Son of Man will give to you. For God the Father has sealed him."

[28] They said therefore to him, "What must we do, that we may work the works of God?"

[29] Jesus answered them, "This is the work of God, that you believe in him whom he has sent."

[30] They said therefore to him, "What then do you do for a sign, that we may see, and believe you? What work do you do?

[31] Our fathers ate the manna in the wilderness. As it is written, 'He gave them bread out of heaven to eat.'"

[32] εἶπεν οὖν αὐτοῖς ὁ Ἰησοῦς Ἀμὴν ἀμὴν λέγω ὑμῖν, οὐ Μωυσῆς ἔδωκεν ὑμῖν τὸν ἄρτον ἐκ τοῦ οὐρανοῦ, ἀλλ' ὁ πατήρ μου δίδωσιν ὑμῖν τὸν ἄρτον ἐκ τοῦ οὐρανοῦ τὸν ἀληθινόν:

[33] ὁ γὰρ ἄρτος τοῦ θεοῦ ἐστὶν ὁ καταβαίνων ἐκ τοῦ οὐρανοῦ καὶ ζωὴν διδοὺς τῷ κόσμῳ.

[34] εἶπον οὖν πρὸς αὐτόν Κύριε, πάντοτε δὸς ἡμῖν τὸν ἄρτον τοῦτον.

[35] εἶπεν αὐτοῖς ὁ Ἰησοῦς Ἐγώ εἰμι ὁ ἄρτος τῆς ζωῆς: ὁ ἐρχόμενος πρὸς ἐμὲ οὐ μὴ πεινάσῃ, καὶ ὁ πιστεύων εἰς ἐμὲ οὐ μὴ διψήσει πώποτε.

[36] ἀλλ' εἶπον ὑμῖν ὅτι καὶ ἑωράκατέ [με] καὶ οὐ πιστεύετε.

[37] **Πᾶν ὃ δίδωσίν μοι ὁ πατὴρ πρὸς ἐμὲ ἥξει, καὶ τὸν ἐρχόμενον πρός με οὐ μὴ ἐκβάλω ἔξω**

[38] ὅτι καταβέβηκα ἀπὸ τοῦ οὐρανοῦ οὐχ ἵνα ποιῶ τὸ θέλημα τὸ ἐμὸν ἀλλὰ τὸ θέλημα τοῦ πέμψαντός με:

[39] τοῦτο δέ ἐστιν τὸ θέλημα τοῦ πέμψαντός με ἵνα πᾶν ὃ δέδωκέν μοι μὴ ἀπολέσω ἐξ αὐτοῦ ἀλλὰ ἀναστήσω αὐτὸ τῇ ἐσχάτῃ ἡμέρᾳ.

[40] τοῦτο γάρ ἐστιν τὸ θέλημα τοῦ πατρός μου ἵνα πᾶς ὁ θεωρῶν τὸν υἱὸν καὶ πιστεύων εἰς αὐτὸν ἔχῃ ζωὴν αἰώνιον, καὶ ἀναστήσω αὐτὸν ἐγὼ τῇ ἐσχάτῃ ἡμέρᾳ.

[41] Ἐγόγγυζον οὖν οἱ Ἰουδαῖοι περὶ αὐτοῦ ὅτι εἶπεν Ἐγώ εἰμι ὁ ἄρτος ὁ καταβὰς ἐκ τοῦ οὐρανοῦ, καὶ ἔλεγον

[42] Οὐχὶ οὗτός ἐστιν Ἰησοῦς ὁ υἱὸς Ἰωσήφ, οὗ ἡμεῖς οἴδαμεν τὸν πατέρα καὶ τὴν μητέρα; πῶς νῦν λέγει ὅτι Ἐκ τοῦ οὐρανοῦ καταβέβηκα;

John   Chapter 6

[32] Jesus therefore said to them, "Most assuredly, I tell you, it wasn't Moses who gave you the bread out of heaven, but my Father gives you the true bread out of heaven.

[33] For the bread of God is that which comes down out of heaven, and gives life to the world."

[34] They said therefore to him, "Lord, always give us this bread."

[35] Jesus said to them. "I am the bread of life. He who comes to me will not be hungry, and he who believes in me will never be thirsty.

[36] But I told you that you have seen me, and yet you don't believe.

[37] All those who the Father gives me will come to me. Him who comes to me I will in no way throw out.

[38] For I have come down from heaven, not to do my own will, but the will of him who sent me.

[39] This is the will of my Father who sent me, that of all he has given to me I should lose nothing, but should raise him up at the last day.

[40] This is the will of the one who sent me, that everyone who sees the Son, and believes in him, should have eternal life; and I will raise him up at the last day."

[41] The Jews therefore murmured concerning him, because he said, "I am the bread which came down out of heaven."

[42] They said, "Isn't this Jesus, the son of Joseph, whose father and mother we know? How then does he say, 'I have come down out of heaven?'"

[43] ἀπεκρίθη Ἰησοῦς καὶ εἶπεν αὐτοῖς Μὴ γογγύζετε μετ' ἀλλήλων.

[44] οὐδεὶς δύναται ἐλθεῖν πρός με ἐὰν μὴ ὁ πατὴρ ὁ πέμψας με ἑλκύσῃ αὐτόν, κἀγὼ ἀναστήσω αὐτὸν ἐν τῇ ἐσχάτῃ ἡμέρᾳ.

[45] ἔστιν γεγραμμένον ἐν τοῖς προφήταις "Καὶ ἔσονται πάντες. διδακτοὶ θεοῦ:" πᾶς ὁ ἀκούσας παρὰ τοῦ πατρὸς καὶ μαθὼν ἔρχεται πρὸς ἐμέ.

[46] οὐχ ὅτι τὸν πατέρα ἑώρακέν τις εἰ μὴ ὁ ὢν παρὰ [τοῦ] οὗ, οὗτος ἑώρακεν τὸν πατέρα.

[47] ἀμὴν ἀμὴν λέγω ὑμῖν, ὁ πιστεύων ἔχει ζωὴν αἰώνιον.

[48] ἐγώ εἰμι ὁ ἄρτος τῆς ζωῆς:

[49] οἱ πατέρες ὑμῶν ἔφαγον ἐν τῇ ἐρήμῳ τὸ μάννα καὶ ἀπέθανον:

[50] οὗτός ἐστιν ὁ ἄρτος ὁ ἐκ τοῦ οὐρανοῦ καταβαίνων ἵνα τις ἐξ αὐτοῦ φάγῃ καὶ μὴ ἀποθάνῃ:

[51] ἐγώ εἰμι ὁ ἄρτος ὁ ζῶν ὁ ἐκ τοῦ οὐρανοῦ καταβάς: ἐάν τις φάγῃ ἐκ τούτου τοῦ ἄρτου ζήσει εἰς τὸν αἰῶνα, καὶ ὁ ἄρτος δὲ ὃν ἐγὼ δώσω ἡ σάρξ μου ἐστὶν ὑπὲρ τῆς τοῦ κόσμου ζωῆς.

[52] Ἐμάχοντο οὖν πρὸς ἀλλήλους οἱ Ἰουδαῖοι λέγοντες Πῶς δύναται οὗτος ἡμῖν δοῦναι τὴν σάρκα [αὐτοῦ] φαγεῖν;

[53] εἶπεν οὖν αὐτοῖς [ὁ] Ἰησοῦς Ἀμὴν ἀμὴν λέγω ὑμῖν, ἐὰν μὴ φάγητε τὴν σάρκα τοῦ υἱοῦ τοῦ ἀνθρώπου καὶ πίητε αὐτοῦ τὸ αἷμα, οὐκ ἔχετε ζωὴν ἐν ἑαυτοῖς.

[54] ὁ τρώγων μου τὴν σάρκα καὶ πίνων μου τὸ αἷμα ἔχει ζωὴν αἰώνιον, κἀγὼ ἀναστήσω αὐτὸν τῇ ἐσχάτῃ ἡμέρᾳ:

[43] Therefore Jesus answered them, "Don't murmur among yourselves.

[44] No one can come to me unless the Father who sent me draws him, and I will raise him up in the last day.

[45] It is written in the prophets, 'They will all be taught by God.' Therefore everyone who hears from the Father, and has learned, comes to me.

[46] Not that anyone has seen the Father, except he who is from God. He has seen the Father.

[47] Most assuredly, I tell you, he who believes in me has eternal life.

[48] I am the bread of life.

[49] Your fathers ate the manna in the wilderness, and they died.

[50] This is the bread which comes down out of heaven, that anyone may eat of it and not die.

[51] I am the living bread which came down out of heaven. If anyone eats of this bread, he will live forever. Yes, the bread which I will give for the life of the world is my flesh."

[52] The Jews therefore contended with one another, saying, "How can this man give us his flesh to eat?"

[53] Jesus therefore said to them, "Most assuredly I tell you, unless you eat the flesh of the Son of Man and drink his blood, you don't have life in yourselves.

[54] He who eats my flesh and drinks my blood has eternal life, and I will raise him up at the last day.

[55] ἡ γὰρ σάρξ μου ἀληθής ἐστι βρῶσις, καὶ τὸ αἷμά μου ἀληθής ἐστι πόσις.

[56] ὁ τρώγων μου τὴν σάρκα καὶ πίνων μου τὸ αἷμα ἐν ἐμοὶ μένει κἀγὼ ἐν αὐτῷ.

[57] καθὼς ἀπέστειλέν με ὁ ζῶν πατὴρ κἀγὼ ζῶ διὰ τὸν πατέρα, καὶ ὁ τρώγων με κἀκεῖνος ζήσει δι' ἐμέ.

[58] οὗτός ἐστιν ὁ ἄρτος ὁ ἐξ οὐρανοῦ καταβάς, οὐ καθὼς ἔφαγον οἱ πατέρες καὶ ἀπέθανον· ὁ τρώγων τοῦτον τὸν ἄρτον ζήσει εἰς τὸν αἰῶνα.

[59] Ταῦτα εἶπεν ἐν συναγωγῇ διδάσκων ἐν Καφαρναούμ.

[60] Πολλοὶ οὖν ἀκούσαντες ἐκ τῶν μαθητῶν αὐτοῦ εἶπαν Σκληρός ἐστιν ὁ λόγος οὗτος· τίς δύναται αὐτοῦ ἀκούειν;

[61] εἰδὼς δὲ ὁ Ἰησοῦς ἐν ἑαυτῷ ὅτι γογγύζουσιν περὶ τούτου οἱ μαθηταὶ αὐτοῦ εἶπεν αὐτοῖς Τοῦτο ὑμᾶς σκανδαλίζει;

[62] ἐὰν οὖν θεωρῆτε τὸν υἱὸν τοῦ ἀνθρώπου ἀναβαίνοντα ὅπου ἦν τὸ πρότερον;

[63] τὸ πνεῦμά ἐστιν τὸ ζωοποιοῦν, ἡ σὰρξ οὐκ ὠφελεῖ οὐδέν· τὰ ῥήματα ἃ ἐγὼ λελάληκα ὑμῖν πνεῦμά ἐστιν καὶ ζωή ἐστιν·

[64] ἀλλὰ εἰσὶν ἐξ ὑμῶν τινὲς οἳ οὐ πιστεύουσιν. Ἤιδει γὰρ ἐξ ἀρχῆς ὁ Ἰησοῦς τίνες εἰσὶν οἱ μὴ πιστεύοντες καὶ τίς ἐστιν ὁ παραδώσων αὐτόν.

[65] καὶ ἔλεγεν Διὰ τοῦτο εἴρηκα ὑμῖν ὅτι οὐδεὶς δύναται ἐλθεῖν πρός με ἐὰν μὴ ᾖ δεδομένον αὐτῷ ἐκ τοῦ πατρός.

[66] Ἐκ τούτου πολλοὶ ἐκ τῶν μαθητῶν αὐτοῦ ἀπῆλθον εἰς τὰ ὀπίσω καὶ οὐκέτι μετ' αὐτοῦ περιεπάτουν.

John Chapter 6

[55] For my flesh is food indeed, and my blood is drink indeed.

[56] He who eats my flesh and drinks my blood lives in me, and I in him.

[57] As the living Father sent me, and I live because of the Father; so he who feeds on me, he will also live because of me.

[58] This is the bread which came down out of heaven -- not as our fathers ate the manna, and died. He who eats this bread will live forever."

[59] These things he said in the synagogue, as he taught in Capernaum.

[60] Therefore many of his disciples, when they heard this, said, "This is a hard saying! Who can listen to it?"

[61] But Jesus knowing in himself that his disciples murmured at this, said to them, "Does this cause you to stumble?

[62] Then what if you would see the Son of Man ascending to where he was before?

[63] It is the spirit who gives life. The flesh profits nothing. The words that I speak to you are spirit, and are life.

[64] But there are some of you who don't believe." For Jesus knew from the beginning who they were who didn't believe, and who it was who would betray him.

[65] He said, "For this cause have I said to you that no one can come to me, unless it is given to him by my Father."

[66] At this, many of his disciples went back, and walked no more with him.

[67] Εἶπεν οὖν ὁ Ἰησοῦς τοῖς δώδεκα Μὴ καὶ ὑμεῖς θέλετε ὑπάγειν;

[68] ἀπεκρίθη αὐτῷ Σίμων Πέτρος Κύριε, πρὸς τίνα ἀπελευσόμεθα; ῥήματα ζωῆς αἰωνίου ἔχεις

[69] καὶ ἡμεῖς πεπιστεύκαμεν καὶ ἐγνώκαμεν ὅτι σὺ εἶ ὁ ἅγιος τοῦ θεοῦ.

[70] ἀπεκρίθη αὐτοῖς ὁ Ἰησοῦς Οὐκ ἐγὼ ὑμᾶς τοὺς δώδεκα ἐξελεξάμην; καὶ ἐξ ὑμῶν εἷς διάβολός ἐστιν.

[71] ἔλεγεν δὲ τὸν Ἰούδαν Σίμωνος Ἰσκαριώτου· οὗτος γὰρ ἔμελλεν παραδιδόναι αὐτόν, εἷς ἐκ τῶν δώδεκα.

[67] Jesus said therefore to the twelve, "You don't also want to go away, do you?"

[68] Simon Peter answered him, "Lord, to whom would we go? You have the words of eternal life.

[69] We have come to believe and know that you are the Christ, the Son of the living God."

[70] He answered them, "Didn't I choose you, the twelve, and one of you is a devil?"

[71] Now he spoke of Judas, the son of Simon Iscariot, for it was he who would betray him, being one of the twelve.

Chapter 7

Καὶ μετα ταυτα περιεπάτει [ὁ] Ἰησοῦς ἐν τῇ Γαλιλαίᾳ, οὐ γὰρ ἤθελεν ἐν τῇ Ἰουδαίᾳ περιπατεῖν, ὅτι ἐζήτουν αὐτὸν οἱ Ἰουδαῖοι ἀποκτεῖναι.

[2] ἦν δὲ ἐγγὺς ἡ ἑορτὴ τῶν Ἰουδαίων ἡ σκηνοπηγία.

[3] εἶπον οὖν πρὸς αὐτὸν οἱ ἀδελφοὶ αὐτοῦ Μετάβηθι ἐντεῦθεν καὶ ὕπαγε εἰς τὴν Ἰουδαίαν, ἵνα καὶ οἱ μαθηταί σου θεωρήσουσιν [σοῦ] τὰ ἔργα ἃ ποιεῖς:

[4] οὐδεὶς γάρ τι ἐν κρυπτῷ ποιεῖ καὶ ζητεῖ αὐτὸς ἐν παρρησίᾳ εἶναι: εἰ ταῦτα ποιεῖς, φανέρωσον σεαυτὸν τῷ κόσμῳ.

[5] οὐδὲ γὰρ οἱ ἀδελφοὶ αὐτοῦ ἐπίστευον εἰς αὐτόν.

[6] λέγει οὖν αὐτοῖς ὁ Ἰησοῦς Ὁ καιρὸς ὁ ἐμὸς οὔπω πάρεστιν, ὁ δὲ καιρὸς ὁ ὑμέτερος πάντοτέ ἐστιν ἕτοιμος.

[7] οὐ δύναται ὁ κόσμος μισεῖν ὑμᾶς, ἐμὲ δὲ μισεῖ, ὅτι ἐγὼ μαρτυρῶ περὶ αὐτοῦ ὅτι τὰ ἔργα αὐτοῦ πονηρά ἐστιν.

[8] ὑμεῖς ἀνάβητε εἰς τὴν ἑορτήν: ἐγὼ οὔπω ἀναβαίνω εἰς τὴν ἑορτὴν ταύτην, ὅτι ὁ ἐμὸς καιρὸς οὔπω πεπλήρωται.

[9] ταῦτα δὲ εἰπὼν αὐτοῖς ἔμεινεν ἐν τῇ Γαλιλαίᾳ.

[10] Ὡς δὲ ἀνέβησαν οἱ ἀδελφοὶ αὐτοῦ εἰς τὴν ἑορτήν, τότε καὶ αὐτὸς ἀνέβη, οὐ φανερῶς ἀλλὰ ὡς ἐν κρυπτῷ.

[11] οἱ οὖν Ἰουδαῖοι ἐζήτουν αὐτὸν ἐν τῇ ἑορτῇ καὶ ἔλεγον Ποῦ ἐστιν ἐκεῖνος;

[12] καὶ γογγυσμὸς περὶ αὐτοῦ ἦν πολὺς ἐν τοῖς ὄχλοις: οἱ μὲν ἔλεγον ὅτι Ἀγαθός ἐστιν, ἄλλοι [δὲ] ἔλεγον Οὔ, ἀλλὰ πλανᾷ τὸν ὄχλον.

Chapter 7

After these things, Jesus was walking in Galilee, for he wouldn't walk in Judea, because the Jews sought to kill him.

[2] Now the feast of the Jews, the Feast of Booths, was at hand.

[3] His brothers therefore said to him, "Depart from here, and go into Judea, that your disciples also may see your works which you do.

[4] For no one does anything in secret, and himself seeks to be known openly. If you do these things, reveal yourself to the world."

[5] For even his brothers didn't believe in him.

[6] Jesus therefore said to them, "My time has not yet come, but your time is always ready.

[7] The world can't hate you, but it hates me, because I testify about it, that its works are evil.

[8] You go up to the feast. I am not yet going up to this feast, because my time is not yet fulfilled."

[9] Having said these things to them, he stayed in Galilee.

[10] But when his brothers had gone up to the feast, then he also went up, not publicly, but as it were in secret.

[11] The Jews therefore sought him at the feast, and said, "Where is he?"

[12] There was much murmuring among the multitudes concerning him. Some said, "He is a good man." Others said, "Not so, but he leads the multitude astray."

[13] οὐδεὶς μέντοι παρρησίᾳ ἐλάλει περὶ αὐτοῦ διὰ τὸν φόβον τῶν Ἰουδαίων.

[14] Ἤδη δὲ τῆς ἑορτῆς μεσούσης ἀνέβη Ἰησοῦς εἰς τὸ ἱερὸν καὶ ἐδίδασκεν.

[15] ἐθαύμαζον οὖν οἱ Ἰουδαῖοι λέγοντες Πῶς οὗτος γράμματα οἶδεν μὴ μεμαθηκώς;

[16] ἀπεκρίθη οὖν αὐτοῖς Ἰησοῦς καὶ εἶπεν Ἡ ἐμὴ διδαχὴ οὐκ ἔστιν ἐμὴ ἀλλὰ τοῦ πέμψαντός με·

[17] ἐάν τις θέλῃ τὸ θέλημα αὐτοῦ ποιεῖν, γνώσεται περὶ τῆς διδαχῆς πότερον ἐκ τοῦ θεοῦ ἐστιν ἢ ἐγὼ ἀπ' ἐμαυτοῦ λαλῶ.

[18] ὁ ἀφ' ἑαυτοῦ λαλῶν τὴν δόξαν τὴν ἰδίαν ζητεῖ· ὁ δὲ ζητῶν τὴν δόξαν τοῦ πέμψαντος αὐτὸν οὗτος ἀληθής ἐστιν καὶ ἀδικία ἐν αὐτῷ οὐκ ἔστιν.

[19] οὐ Μωυσῆς ἔδωκεν ὑμῖν τὸν νόμον; καὶ οὐδεὶς ἐξ ὑμῶν ποιεῖ τὸν νόμον. τί με ζητεῖτε ἀποκτεῖναι;

[20] ἀπεκρίθη ὁ ὄχλος Δαιμόνιον ἔχεις· τίς σε ζητεῖ

[21] ἀποκτεῖναι; ἀπεκρίθη Ἰησοῦς καὶ εἶπεν αὐτοῖς Ἓν ἔργον ἐποίησα καὶ πάντες θαυμάζετε.

[22] διὰ τοῦτο Μωυσῆς δέδωκεν ὑμῖν τὴν περιτομήν, οὐχ ὅτι ἐκ τοῦ Μωυσέως ἐστὶν ἀλλ' ἐκ τῶν πατέρων, καὶ [ἐν] σαββάτῳ περιτέμνετε ἄνθρωπον.

[23] εἰ περιτομὴν λαμβάνει [ὁ] ἄνθρωπος ἐν σαββάτῳ ἵνα μὴ λυθῇ ὁ νόμος Μωυσέως, ἐμοὶ χολᾶτε ὅτι ὅλον ἄνθρωπον ὑγιῆ ἐποίησα ἐν σαββάτῳ;

[24] μὴ κρίνετε κατ' ὄψιν, ἀλλὰ τὴν δικαίαν κρίσιν κρίνετε.

John Chapter 7

[13] Yet no one spoke openly of him for fear of the Jews.

[14] But when it was now the midst of the feast, Jesus went up into the temple and taught.

[15] The Jews therefore marveled, saying, "How does this man know letters, having never been educated?"

[16] Jesus therefore answered them, "My teaching is not mine, but his who sent me.

[17] If anyone desires to do his will, he will know about the teaching, whether it is from God, or if I am speaking from myself.

[18] He who speaks from himself seeks his own glory, but he who seeks the glory of him who sent him, the same is true, and no unrighteousness is in him.

[19] Didn't Moses give you the law, and yet none of you keeps the law? Why do you seek to kill me?"

[20] The multitude answered, "You have a demon! Who seeks to kill you?"

[21] Jesus answered them, "I did one work, and you all marvel because of it.

[22] Moses has given you circumcision (not that it is of Moses, but of the fathers), and on the Sabbath you circumcise a boy.

[23] If a boy receives circumcision on the Sabbath, that the law of Moses may not be broken, are you angry with me, because I made a man every bit whole on the Sabbath?

[24] Don't judge according to appearance, but judge righteous judgment."

[25] Ἔλεγον οὖν τινὲς ἐκ τῶν Ἱεροσολυμειτῶν Οὐχ οὗτός ἐστιν ὃν ζητοῦσιν ἀποκτεῖναι;

[26] καὶ ἴδε παρρησίᾳ λαλεῖ καὶ οὐδὲν αὐτῷ λέγουσιν: μή ποτε ἀληθῶς ἔγνωσαν οἱ ἄρχοντες ὅτι οὗτός ἐστιν ὁ χριστός;

[27] ἀλλὰ τοῦτον οἴδαμεν πόθεν ἐστίν: ὁ δὲ χριστὸς ὅταν ἔρχηται οὐδεὶς γινώσκει πόθεν ἐστίν.

[28] Ἔκραξεν οὖν ἐν τῷ ἱερῷ διδάσκων [ὁ] Ἰησοῦς καὶ λέγων Κἀμὲ οἴδατε καὶ οἴδατε πόθεν εἰμί: καὶ ἀπ' ἐμαυτοῦ οὐκ ἐλήλυθα, ἀλλ' ἔστιν ἀληθινὸς ὁ πέμψας με, ὃν ὑμεῖς οὐκ οἴδατε:

[29] ἐγὼ οἶδα αὐτόν, ὅτι παρ' αὐτοῦ εἰμι κἀκεῖνός με ἀπέστειλεν.

[30] Ἐζήτουν οὖν αὐτὸν πιάσαι, καὶ οὐδεὶς ἐπέβαλεν ἐπ' αὐτὸν τὴν χεῖρα, ὅτι οὔπω ἐληλύθει ἡ ὥρα αὐτοῦ.

[31] Ἐκ τοῦ ὄχλου δὲ πολλοὶ ἐπίστευσαν εἰς αὐτόν, καὶ ἔλεγον Ὁ χριστὸς ὅταν ἔλθῃ μὴ πλείονα σημεῖα ποιήσει ὧν οὗτος ἐποίησεν;

[32] Ἤκουσαν οἱ Φαρισαῖοι τοῦ ὄχλου γογγύζοντος περὶ αὐτοῦ ταῦτα, καὶ ἀπέστειλαν οἱ ἀρχιερεῖς καὶ οἱ Φαρισαῖοι ὑπηρέτας ἵνα πιάσωσιν αὐτόν.

[33] εἶπεν οὖν ὁ Ἰησοῦς Ἔτι χρόνον μικρὸν μεθ' ὑμῶν εἰμι καὶ ὑπάγω πρὸς τὸν πέμψαντά με.

[34] ζητήσετέ με καὶ οὐχ εὑρήσετέ με, καὶ ὅπου εἰμὶ ἐγὼ ὑμεῖς οὐ δύνασθε ἐλθεῖν.

John   Chapter 7

[25] Therefore some of them of Jerusalem said, "Isn't this he whom they seek to kill?

[26] Behold, he speaks openly, and they say nothing to him. Can it be that the rulers indeed know that this is truly the Christ?

[27] However we know where this man comes from, but when the Christ comes, no one will know where he comes from."

[28] Jesus therefore cried out in the temple, teaching and saying, "You both know me, and know where I am from. I have not come of myself, but he who sent me is true, whom you don't know.

[29] I know him, because I am from him, and he sent me."

[30] They sought therefore to take him; but no one laid a hand on him, because his hour had not yet come.

[31] But of the multitude, many believed in him. They said, "When the Christ comes, he won't do more signs than those which this man has done, will he?"

[32] The Pharisees heard the multitude murmuring these things concerning him, and the chief priests and the Pharisees sent officers to arrest him.

[33] Then Jesus said, "I will be with you a little while longer, then I go to him who sent me.

[34] You will seek me, and won't find me; and where I am, you can't come."

[35] εἶπον οὖν οἱ Ἰουδαῖοι πρὸς ἑαυτούς Ποῦ οὗτος μέλλει πορεύεσθαι ὅτι ἡμεῖς οὐχ εὑρήσομεν αὐτόν; μὴ εἰς τὴν διασπορὰν τῶν Ἑλλήνων μέλλει πορεύεσθαι καὶ διδάσκειν τοὺς Ἕλληνας;

[36] τίς ἐστιν ὁ λόγος οὗτος ὃν εἶπε Ζητήσετέ με καὶ οὐχ εὑρήσετέ με καὶ ὅπου εἰμὶ ἐγὼ ὑμεῖς οὐ δύνασθε ἐλθεῖν;

[37] Ἐν δὲ τῇ ἐσχάτῃ ἡμέρᾳ τῇ μεγάλῃ τῆς ἑορτῆς ἱστήκει ὁ Ἰησοῦς, καὶ ἔκραζεν λέγων Ἐάν τις διψᾷ ἐρχέσθω πρός με καὶ πινέτω.

[38] ὁ πιστεύων εἰς ἐμέ, καθὼς εἶπεν ἡ γραφή, ποταμοὶ ἐκ τῆς κοιλίας αὐτοῦ ῥεύσουσιν ὕδατος ζῶντος.

[39] Τοῦτο δὲ εἶπεν περὶ τοῦ πνεύματος οὗ ἔμελλον λαμβάνειν οἱ πιστεύσαντες εἰς αὐτόν· οὔπω γὰρ ἦν πνεῦμα, ὅτι Ἰησοῦς οὔπω ἐδοξάσθη.

[40] Ἐκ τοῦ ὄχλου οὖν ἀκούσαντες τῶν λόγων τούτων ἔλεγον [ὅτι] Οὗτός ἐστιν ἀληθῶς ὁ προφήτης·

[41] ἄλλοι ἔλεγον Οὗτός ἐστιν ὁ χριστός· οἱ δὲ ἔλεγον Μὴ γὰρ ἐκ τῆς Γαλιλαίας ὁ χριστὸς ἔρχεται;

[42] οὐχ ἡ γραφὴ εἶπεν ὅτι ἐκ "τοῦ σπέρματος Δαυείδ," καὶ "ἀπὸ Βηθλεὲμ" τῆς κώμης ὅπου ἦν Δαυείδ, "ἔρχεται" ὁ χριστός;

[43] σχίσμα οὖν ἐγένετο ἐν τῷ ὄχλῳ δι' αὐτόν.

[44] τινὲς δὲ ἤθελον ἐξ αὐτῶν πιάσαι αὐτόν, ἀλλ' οὐδεὶς ἔβαλεν ἐπ' αὐτὸν τὰς χεῖρας.

[45] Ἦλθον οὖν οἱ ὑπηρέται πρὸς τοὺς ἀρχιερεῖς καὶ Φαρισαίους, καὶ εἶπον αὐτοῖς ἐκεῖνοι Διὰ τί οὐκ ἠγάγετε αὐτόν;

John   Chapter 7

[35] The Jews therefore said among themselves, "Where will this man go that we won't find him? Will he go to the Dispersion among the Greeks, and teach the Greeks?

[36] What is this word that he said, 'You will seek me, and won't find me; and where I am, you can't come?'"

[37] Now on the last and greatest day of the feast, Jesus stood and cried out, "If anyone is thirsty, let him come to me and drink!

[38] He who believes in me, as the Scripture has said, from within him will flow rivers of living water."

[39] But he said this about the Spirit, which those believing in him were to receive. For the Holy Spirit was not yet given, because Jesus wasn't yet glorified.

[40] Many of the multitude therefore, when they heard these words, said, "This is truly the prophet."

[41] Others said, "This is the Christ." But some said, "What, does the Christ come out of Galilee?

[42] Hasn't the Scripture said that the Christ comes of the seed of David, and from Bethlehem, the village where David was?"

[43] So there arose a division in the multitude because of him.

[44] Some of them would have arrested him, but no one laid hands on him.

[45] The officers therefore came to the chief priests and Pharisees, and they said to them, "Why didn't you bring him?"

[46] ἀπεκρίθησαν οἱ ὑπηρέται Οὐδέποτε ἐλάλησεν οὕτως ἄνθρωπος.

[47] ἀπεκρίθησαν οὖν [αὐτοῖς] οἱ Φαρισαῖοι Μὴ καὶ ὑμεῖς πεπλάνησθε;

[48] μή τις ἐκ τῶν ἀρχόντων ἐπίστευσεν εἰς αὐτὸν ἢ ἐκ τῶν Φαρισαίων;

[49] ἀλλὰ ὁ ὄχλος οὗτος ὁ μὴ γινώσκων τὸν νόμον ἐπάρατοί εἰσιν.

[50] λέγει Νικόδημος πρὸς αὐτούς, ὁ ἐλθὼν πρὸς αὐτὸν πρότερον, εἷς ὢν ἐξ αὐτῶν

[51] Μὴ ὁ νόμος ἡμῶν κρίνει τὸν ἄνθρωπον ἐὰν μὴ ἀκούσῃ πρῶτον παρ' αὐτοῦ καὶ γνῷ τί ποιεῖ;

[52] ἀπεκρίθησαν καὶ εἶπαν αὐτῷ Μὴ καὶ σὺ ἐκ τῆς Γαλιλαίας εἶ; ἐραύνησον καὶ ἴδε ὅτι ἐκ τῆς Γαλιλαίας προφήτης οὐκ ἐγείρεται

[53] ⟦Και επορευθησαν έκαστος εἰς τὸν οἶκον αὐτοῦ,

[46] The officers answered, "No man ever spoke like this man!"

[47] The Pharisees therefore answered them, "You aren't also led astray, are you?

[48] Have any of the rulers believed in him, or of the Pharisees?

[49] But this multitude that doesn't know the law is accursed."

[50] Nicodemus (he who came to him by night, being one of them) said to them,

[51] "Does our law judge a man, unless it first hears from him personally and knows what he does?"

[52] They answered him, "Are you also from Galilee? Search, and see that no prophet has arisen out of Galilee."

[53] Everyone went to his own house,

Chapter 8

Ἰησοῦς δὲ ἐπορεύθη εἰς τὸ Ὄρος τῶν Ἐλαιῶν.

[2] Ὄρθρου δὲ πάλιν παρεγένετο εἰς τὸ ἱερόν [, καὶ πᾶς ὁ λαὸς ἤρχετο πρὸς αὐτόν, καὶ καθίσας ἐδίδασκεν αὐτούς].

[3] Ἄγουσιν δὲ οἱ γραμματεῖς καὶ οἱ Φαρισαῖοι γυναῖκα ἐπὶ μοιχείᾳ κατειλημμένην, καὶ στήσαντες αὐτὴν ἐν μέσῳ

[4] λέγουσιν αὐτῷ Διδάσκαλε, αὕτη ἡ γυνὴ κατείληπται ἐπ' αὐτοφώρῳ μοιχευομένη·

[5] ἐν δὲ τῷ νόμῳ [ἡμῖν] Μωυσῆς ἐνετείλατο τὰς τοιαύτας λιθάζειν· σὺ οὖν τί λέγεις;

[6] [τοῦτο δὲ ἔλεγον πειράζοντες αὐτόν, ἵνα ἔχωσιν κατηγορεῖν αὐτοῦ.] ὁ δὲ Ἰησοῦς κάτω κύψας τῷ δακτύλῳ κατέγραφεν εἰς τὴν γῆν.

[7] ὡς δὲ ἐπέμενον ἐρωτῶντες [αὐτόν], ἀνέκυψεν καὶ εἶπεν [αὐτοῖς] Ὁ ἀναμάρτητος ὑμῶν πρῶτος ἐπ' αὐτὴν βαλέτω λίθον·

[8] καὶ πάλιν κατακύψας ἔγραφεν εἰς τὴν γῆν.

[9] οἱ δὲ ἀκούσαντες ἐξήρχοντο εἷς καθ' εἷς ἀρξάμενοι ἀπὸ τῶν πρεσβυτέρων, καὶ κατελείφθη μόνος, καὶ ἡ γυνὴ ἐν μέσῳ οὖσα.

[10] ἀνακύψας δὲ ὁ Ἰησοῦς εἶπεν αὐτῇ Γύναι, ποῦ εἰσίν; οὐδείς σε κατέκρινεν;

[11] ἡ δὲ εἶπεν Οὐδείς, κύριε. εἶπεν δὲ ὁ Ἰησοῦς Οὐδὲ ἐγώ σε κατακρίνω· πορεύου, ἀπὸ τοῦ νῦν μηκέτι ἁμάρτανε.]] οὐκ ἐγείρεται.

Chapter 8

but Jesus went to the Mount of Olives.

[2] At early dawn, he came again into the temple, and all the people came to him. He sat down, and taught them.

[3] The scribes and the Pharisees brought a woman taken in adultery. Having set her in the midst,

[4] they told him, "Teacher, we found this woman in adultery, in the very act.

[5] Now in our law, Moses commanded us to stone such. What then do you say about her?"

[6] They said this testing him, that they might have something to accuse him of. But Jesus stooped down, and wrote on the ground with his finger.

[7] But when they continued asking him, he looked up and said to them, "He who is without sin among you, let him throw the first stone at her."

[8] Again he stooped down, and with his finger wrote on the ground.

[9] They, when they heard it, being convicted by their conscience, went out one by one, beginning from the oldest, even to the last. Jesus was left alone with the woman where she was, in the middle.

[10] Jesus, standing up, saw her and said, "Woman, where are your accusers? Did no one condemn you?"

[11] She said, "No one, Lord." Jesus said, "Neither do I condemn you. Go your way. From now on, sin no more."

[12] Πάλιν οὖν αὐτοῖς ἐλάλησεν [ὁ] Ἰησοῦς λέγων Ἐγώ εἰμι τὸ φῶς τοῦ κόσμου· ὁ ἀκολουθῶν μοι οὐ μὴ περιπατήσῃ ἐν τῇ σκοτίᾳ, ἀλλ᾽ ἕξει τὸ φῶς τῆς ζωῆς.

[13] εἶπον οὖν αὐτῷ οἱ Φαρισαῖοι Σὺ περὶ σεαυτοῦ μαρτυρεῖς·

[14] ἡ μαρτυρία σου οὐκ ἔστιν ἀληθής. ἀπεκρίθη Ἰησοῦς καὶ εἶπεν αὐτοῖς Κἂν ἐγὼ μαρτυρῶ περὶ ἐμαυτοῦ, ἀληθής ἐστιν ἡ μαρτυρία μου, ὅτι οἶδα πόθεν ἦλθον καὶ ποῦ ὑπάγω· ὑμεῖς δὲ οὐκ οἴδατε πόθεν ἔρχομαι ἢ ποῦ ὑπάγω.

[15] ὑμεῖς κατὰ τὴν σάρκα κρίνετε, ἐγὼ οὐ κρίνω οὐδένα.

[16] καὶ ἐὰν κρίνω δὲ ἐγώ, ἡ κρίσις ἡ ἐμὴ ἀληθινή ἐστιν, ὅτι μόνος οὐκ εἰμί, ἀλλ᾽ ἐγὼ καὶ ὁ πέμψας με [πατήρ].

[17] καὶ ἐν τῷ νόμῳ δὲ τῷ ὑμετέρῳ γέγραπται ὅτι δύο ἀνθρώπων ἡ μαρτυρία ἀληθής ἐστιν.

[18] ἐγώ εἰμι ὁ μαρτυρῶν περὶ ἐμαυτοῦ καὶ μαρτυρεῖ περὶ ἐμοῦ ὁ πέμψας με πατήρ.

[19] ἔλεγον οὖν αὐτῷ Ποῦ ἐστὶν ὁ πατήρ σου; ἀπεκρίθη Ἰησοῦς Οὔτε ἐμὲ οἴδατε οὔτε τὸν πατέρα μου· εἰ ἐμὲ ᾔδειτε, καὶ τὸν πατέρα μου ἂν ᾔδειτε.

[20] Ταῦτα τὰ ῥήματα ἐλάλησεν ἐν τῷ γαζοφυλακίῳ διδάσκων ἐν τῷ ἱερῷ· καὶ οὐδεὶς ἐπίασεν αὐτόν, ὅτι οὔπω ἐληλύθει ἡ ὥρα αὐτοῦ.

[21] Εἶπεν οὖν πάλιν αὐτοῖς Ἐγὼ ὑπάγω καὶ ζητήσετέ με, καὶ ἐν τῇ ἁμαρτίᾳ ὑμῶν ἀποθανεῖσθε· ὅπου ἐγὼ ὑπάγω ὑμεῖς οὐ δύνασθε ἐλθεῖν.

[22] ἔλεγον οὖν οἱ Ἰουδαῖοι Μήτι ἀποκτενεῖ ἑαυτὸν ὅτι λέγει Ὅπου ἐγὼ ὑπάγω ὑμεῖς οὐ δύνασθε ἐλθεῖν;

John　Chapter 8

[12] Again, therefore, Jesus spoke to them, saying, "I am the light of the world. He who follows me will not walk in the darkness, but will have the light of life."

[13] The Pharisees therefore said to him, "You testify about yourself. Your testimony is not valid."

[14] Jesus answered them, "Even if I testify about myself, my testimony is true, for I know where I came from, and where I am going; but you don't know where I came from, or where I am going.

[15] You judge according to the flesh. I judge no one.

[16] Even if I do judge, my judgment is true, for I am not alone, but I am with the Father who sent me.

[17] It's also written in your law that the testimony of two people is valid.

[18] I am one who testifies about myself, and the Father who sent me testifies about me."

[19] They said therefore to him, "Where is your Father?" Jesus answered, "You know neither me, nor my Father. If you knew me, you would know my Father also."

[20] Jesus spoke these words in the treasury, as he taught in the temple. Yet no one arrested him, because his hour had not yet come.

[21] Jesus said therefore again to them, "I am going away, and you will seek me, and you will die in your sins. Where I go, you can't come."

[22] The Jews therefore said, "Will he kill himself, that he says, 'Where I am going, you can't come?'"

[23] καὶ ἔλεγεν αὐτοῖς Ὑμεῖς ἐκ τῶν κάτω ἐστέ, ἐγὼ ἐκ τῶν ἄνω εἰμί· ὑμεῖς ἐκ τούτου τοῦ κόσμου ἐστέ, ἐγὼ οὐκ εἰμὶ ἐκ τοῦ κόσμου τούτου.

[24] εἶπον οὖν ὑμῖν ὅτι ἀποθανεῖσθε ἐν ταῖς ἁμαρτίαις ὑμῶν· ἐὰν γὰρ μὴ πιστεύσητε ὅτι ἐγώ εἰμι, ἀποθανεῖσθε ἐν ταῖς ἁμαρτίαις ὑμῶν.

[25] ἔλεγον οὖν αὐτῷ Σὺ τίς εἶ; εἶπεν αὐτοῖς [ὁ] Ἰησοῦς Τὴν ἀρχὴν ὅτι καὶ λαλῶ ὑμῖν;

[26] πολλὰ ἔχω περὶ ὑμῶν λαλεῖν καὶ κρίνειν· ἀλλ' ὁ πέμψας με ἀληθής ἐστιν, κἀγὼ ἃ ἤκουσα παρ' αὐτοῦ ταῦτα λαλῶ εἰς τὸν κόσμον.

[27] οὐκ ἔγνωσαν ὅτι τὸν πατέρα αὐτοῖς ἔλεγεν.

[28] εἶπεν οὖν ὁ Ἰησοῦς Ὅταν ὑψώσητε τὸν υἱὸν τοῦ ἀνθρώπου, τότε γνώσεσθε ὅτι ἐγώ εἰμι, καὶ ἀπ' ἐμαυτοῦ ποιῶ οὐδέν, ἀλλὰ καθὼς ἐδίδαξέν με ὁ πατὴρ ταῦτα λαλῶ.

[29] καὶ ὁ πέμψας με μετ' ἐμοῦ ἐστίν· οὐκ ἀφῆκέν με μόνον, ὅτι ἐγὼ τὰ ἀρεστὰ αὐτῷ ποιῶ πάντοτε.

[30] Ταῦτα αὐτοῦ λαλοῦντος πολλοὶ ἐπίστευσαν εἰς αὐτόν.

[31] Ἔλεγεν οὖν ὁ Ἰησοῦς πρὸς τοὺς πεπιστευκότας αὐτῷ Ἰουδαίους Ἐὰν ὑμεῖς μείνητε ἐν τῷ λόγῳ τῷ ἐμῷ, ἀληθῶς μαθηταί μού ἐστε

[32] καὶ γνώσεσθε τὴν ἀλήθειαν, καὶ ἡ ἀλήθεια ἐλευθερώσει ὑμᾶς.

John Chapter 8

[23] He said to them, "You are from beneath. I am from above. You are of this world. I am not of this world.

[24] I said therefore to you that you will die in your sins; for unless you believe that I am he, you will die in your sins."

[25] They said therefore to him, "Who are you?" Jesus said to them, "Just what I have been saying to you from the beginning.

[26] I have many things to speak and to judge concerning you. However he who sent me is true; and the things which I heard from him, these I say to the world."

[27] They didn't understand that he spoke to them about the Father.

[28] Jesus therefore said to them, "When you have lifted up the Son of Man, then you will know that I am he, and I do nothing of myself, but as my Father taught me, I say these things.

[29] He who sent me is with me. The Father hasn't left me alone, for I always do the things that are pleasing to him."

[30] As he spoke these things, many believed in him.

[31] Jesus therefore said to those Jews who had believed him, "If you remain in my word, then you are truly my disciples.

[32] You will know the truth, and the truth will make you free."

[33] ἀπεκρίθησαν πρὸς αὐτόν Σπέρμα Ἀβραάμ ἐσμεν καὶ οὐδενὶ δεδουλεύκαμεν πώποτε: πῶς σὺ λέγεις ὅτι Ἐλεύθεροι γενήσεσθε;

[34] ἀπεκρίθη αὐτοῖς [ὁ] Ἰησοῦς Ἀμὴν ἀμὴν λέγω ὑμῖν ὅτι πᾶς ὁ ποιῶν τὴν ἁμαρτίαν δοῦλός ἐστιν [τῆς ἁμαρτίας]:

[35] ὁ δὲ δοῦλος οὐ μένει ἐν τῇ οἰκίᾳ εἰς τὸν αἰῶνα: ὁ υἱὸς μένει εἰς τὸν αἰῶνα.

[36] ἐὰν οὖν ὁ υἱὸς ὑμᾶς ἐλευθερώσῃ, ὄντως ἐλεύθεροι ἔσεσθε.

[37] οἶδα ὅτι σπέρμα Ἀβραάμ ἐστε: ἀλλὰ ζητεῖτέ με ἀποκτεῖναι, ὅτι ὁ λόγος ὁ ἐμὸς οὐ χωρεῖ ἐν ὑμῖν.

[38] ἃ ἐγὼ ἑώρακα παρὰ τῷ πατρὶ λαλῶ: καὶ ὑμεῖς οὖν ἃ ἠκούσατε παρὰ τοῦ πατρὸς ποιεῖτε.

[39] ἀπεκρίθησαν καὶ εἶπαν αὐτῷ Ὁ πατὴρ ἡμῶν Ἀβραάμ ἐστιν. λέγει αὐτοῖς [ὁ] Ἰησοῦς Εἰ τέκνα τοῦ Ἀβραάμ ἐστε, τὰ ἔργα τοῦ Ἀβραὰμ ποιεῖτε:

[40] νῦν δὲ ζητεῖτέ με ἀποκτεῖναι, ἄνθρωπον ὃς τὴν ἀλήθειαν ὑμῖν λελάληκα ἣν ἤκουσα παρὰ τοῦ θεοῦ: τοῦτο Ἀβραὰμ οὐκ ἐποίησεν.

[41] ὑμεῖς ποιεῖτε τὰ ἔργα τοῦ πατρὸς ὑμῶν. εἶπαν αὐτῷ Ἡμεῖς ἐκ πορνείας οὐκ ἐγεννήθημεν: ἕνα πατέρα ἔχομεν τὸν θεόν.

[42] εἶπεν αὐτοῖς [ὁ] Ἰησοῦς Εἰ ὁ θεὸς πατὴρ ὑμῶν ἦν ἠγαπᾶτε ἂν ἐμέ, ἐγὼ γὰρ ἐκ τοῦ θεοῦ ἐξῆλθον καὶ ἥκω: οὐδὲ γὰρ ἀπ' ἐμαυτοῦ ἐλήλυθα, ἀλλ' ἐκεῖνός με ἀπέστειλεν.

[43] διὰ τί τὴν λαλιὰν τὴν ἐμὴν οὐ γινώσκετε; ὅτι οὐ δύνασθε ἀκούειν τὸν λόγον τὸν ἐμόν.

John   Chapter 8

[33] They answered him, "We are Abraham's seed, and have never been in bondage to anyone. How do you say, 'You will be made free?'"

[34] Jesus answered them, "Most assuredly I tell you, everyone who commits sin is the bondservant of sin.

[35] A bondservant doesn't live in the house forever. A son remains forever.

[36] If therefore the Son makes you free, you will be free indeed.

[37] I know that you are Abraham's seed, yet you seek to kill me, because my word finds no place in you.

[38] I say the things which I have seen with my Father; and you also do the things which you have seen with your father."

[39] They answered him, "Our father is Abraham." Jesus said to them, "If you were Abraham's children, you would do the works of Abraham.

[40] But now you seek to kill me, a man who has told you the truth, which I heard from God. Abraham didn't do this.

[41] You do the works of your father." They said to him, "We were not born of sexual immorality. We have one Father, God."

[42] Therefore Jesus said to them, "If God were your Father, you would love me, for I came out and have come from God. For I haven't come of myself, but he sent me.

[43] Why don't you understand my speech? Because you can't hear my word.

[44] ὑμεῖς ἐκ τοῦ πατρὸς τοῦ διαβόλου ἐστὲ καὶ τὰς ἐπιθυμίας τοῦ πατρὸς ὑμῶν θέλετε ποιεῖν. ἐκεῖνος ἀνθρωποκτόνος ἦν ἀπ' ἀρχῆς, καὶ ἐν τῇ ἀληθείᾳ οὐκ ἔστηκεν, ὅτι οὐκ ἔστιν ἀλήθεια ἐν αὐτῷ. ὅταν λαλῇ τὸ ψεῦδος, ἐκ τῶν ἰδίων λαλεῖ, ὅτι ψεύστης ἐστὶν καὶ ὁ πατὴρ αὐτοῦ.

[45] ἐγὼ δὲ ὅτι τὴν ἀλήθειαν λέγω, οὐ πιστεύετέ μοι.

[46] τίς ἐξ ὑμῶν ἐλέγχει με περὶ ἁμαρτίας; εἰ ἀλήθειαν λέγω, διὰ τί ὑμεῖς οὐ πιστεύετέ μοι;

[47] ὁ ὢν ἐκ τοῦ θεοῦ τὰ ῥήματα τοῦ θεοῦ ἀκούει· διὰ τοῦτο ὑμεῖς οὐκ ἀκούετε ὅτι ἐκ τοῦ θεοῦ οὐκ ἐστέ.

[48] ἀπεκρίθησαν οἱ Ἰουδαῖοι καὶ εἶπαν αὐτῷ Οὐ καλῶς λέγομεν ἡμεῖς ὅτι Σαμαρείτης εἶ σὺ καὶ δαιμόνιον ἔχεις;

[49] ἀπεκρίθη Ἰησοῦς Ἐγὼ δαιμόνιον οὐκ ἔχω, ἀλλὰ τιμῶ τὸν πατέρα μου, καὶ ὑμεῖς ἀτιμάζετέ με.

[50] ἐγὼ δὲ οὐ ζητῶ τὴν δόξαν μου· ἔστιν ὁ ζητῶν καὶ κρίνων.

[51] Ἀμὴν ἀμὴν λέγω ὑμῖν, ἐάν τις τὸν ἐμὸν λόγον τηρήσῃ, θάνατον οὐ μὴ θεωρήσῃ εἰς τὸν αἰῶνα.

[52] εἶπαν αὐτῷ οἱ Ἰουδαῖοι Νῦν ἐγνώκαμεν ὅτι δαιμόνιον ἔχεις. Ἀβραὰμ ἀπέθανεν καὶ οἱ προφῆται, καὶ σὺ λέγεις Ἐάν τις τὸν λόγον μου τηρήσῃ, οὐ μὴ γεύσηται θανάτου εἰς τὸν αἰῶνα·

[53] μὴ σὺ μείζων εἶ τοῦ πατρὸς ἡμῶν Ἀβραάμ, ὅστις ἀπέθανεν; καὶ οἱ προφῆται ἀπέθανον· τίνα σεαυτὸν ποιεῖς;

[54] ἀπεκρίθη Ἰησοῦς Ἐὰν ἐγὼ δοξάσω ἐμαυτόν, ἡ δόξα μου οὐδέν ἐστιν· ἔστιν ὁ πατήρ μου ὁ δοξάζων με, ὃν ὑμεῖς λέγετε ὅτι θεὸς ὑμῶν ἐστιν

John   Chapter 8

[44] You are of your Father, the devil, and you want to do the desires of your father. He was a murderer from the beginning, and doesn't stand in the truth, because there is no truth in him. When he speaks a lie, he speaks on his own; for he is a liar, and the father of it.

[45] But because I tell the truth, you don't believe me.

[46] Which of you convicts me of sin? If I tell the truth, why do you not believe me?

[47] He who is of God hears the words of God. For this cause you don't hear, because you are not of God."

[48] Then the Jews answered him, "Don't we say well that you are a Samaritan, and have a demon?"

[49] Jesus answered, "I don't have a demon, but I honor my Father, and you dishonor me.

[50] But I don't seek my own glory. There is one who seeks and judges.

[51] Most assuredly, I tell you, if a person keeps my word, he will never see death."

[52] Then the Jews said to him, "Now we know that you have a demon. Abraham died, and the prophets; and you say, 'If a man keeps my word, he will never taste of death.'

[53] Are you greater than our father, Abraham, who died? The prophets died. Who do you make yourself out to be?"

[54] Jesus answered, "If I glorify myself, my glory is nothing. It is my Father who glorifies me, of whom you say that he is our God.

[55] καὶ οὐκ ἐγνώκατε αὐτόν, ἐγὼ δὲ οἶδα αὐτόν· κἂν εἴπω ὅτι οὐκ οἶδα αὐτόν, ἔσομαι ὅμοιος ὑμῖν ψεύστης· ἀλλὰ οἶδα αὐτὸν καὶ τὸν λόγον αὐτοῦ τηρῶ.

[56] Ἀβραὰμ ὁ πατὴρ ὑμῶν ἠγαλλιάσατο ἵνα ἴδῃ τὴν ἡμέραν τὴν ἐμήν, καὶ εἶδεν καὶ ἐχάρη.

[57] εἶπαν οὖν οἱ Ἰουδαῖοι πρὸς αὐτόν Πεντήκοντα ἔτη οὔπω ἔχεις καὶ Ἀβραὰμ ἑώρακας;

[58] εἶπεν αὐτοῖς Ἰησοῦς Ἀμὴν ἀμὴν λέγω ὑμῖν, πρὶν Ἀβραὰμ γενέσθαι ἐγὼ εἰμί.

[59] ἦραν οὖν λίθους ἵνα βάλωσιν ἐπ' αὐτόν· Ἰησοῦς δὲ ἐκρύβη καὶ ἐξῆλθεν ἐκ τοῦ ἱεροῦ.

[55] You have not known him, but I know him. If I said, 'I don't know him,' I would be like you, a liar. But I know him, and keep his word.

[56] Your father Abraham rejoiced to see my day. He saw it, and was glad."

[57] The Jews therefore said to him, "You are not yet fifty years old, and have you seen Abraham?"

[58] Jesus said to them, "Most assuredly, I tell you, before Abraham came into existence, I AM."

[59] Therefore they took up stones to throw at him, but Jesus was hidden, and went out of the temple, having gone through the midst of them, and so passed by.

Chapter 9

Καὶ παράγων εἶδεν ἄνθρωπον τυφλὸν ἐκ γενετῆς.

[2] καὶ ἠρώτησαν αὐτὸν οἱ μαθηταὶ αὐτοῦ λέγοντες Ῥαββεί, τίς ἥμαρτεν, οὗτος ἢ οἱ γονεῖς αὐτοῦ, ἵνα τυφλὸς γεννηθῇ;

[3] ἀπεκρίθη Ἰησοῦς Οὔτε οὗτος ἥμαρτεν οὔτε οἱ γονεῖς αὐτοῦ, ἀλλ᾽ ἵνα φανερωθῇ τὰ ἔργα τοῦ θεοῦ ἐν αὐτῷ.

[4] ἡμᾶς δεῖ ἐργάζεσθαι τὰ ἔργα τοῦ πέμψαντός με ἕως ἡμέρα ἐστίν· ἔρχεται νὺξ ὅτε οὐδεὶς δύναται ἐργάζεσθαι.

[5] ὅταν ἐν τῷ κόσμῳ ὦ, φῶς εἰμι τοῦ κόσμου.

[6] ταῦτα εἰπὼν ἔπτυσεν χαμαὶ καὶ ἐποίησεν πηλὸν ἐκ τοῦ πτύσματος, καὶ ἐπέθηκεν αὐτοῦ τὸν πηλὸν ἐπὶ τοὺς ὀφθαλμούς

[7] καὶ εἶπεν αὐτῷ Ὕπαγε νίψαι εἰς τὴν κολυμβήθραν τοῦ Σιλωάμ (ὃ ἑρμηνεύεται Ἀπεσταλμένος᾽. ἀπῆλθεν οὖν καὶ ἐνίψατο, καὶ ἦλθεν βλέπων.

[8] Οἱ οὖν γείτονες καὶ οἱ θεωροῦντες αὐτὸν τὸ πρότερον ὅτι προσαίτης ἦν ἔλεγον Οὐχ οὗτός ἐστιν ὁ καθήμενος καὶ προσαιτῶν;

[9] ἄλλοι ἔλεγον ὅτι Οὗτός ἐστιν· ἄλλοι ἔλεγον Οὐχί, ἀλλὰ ὅμοιος αὐτῷ ἐστίν. ἐκεῖνος ἔλεγεν ὅτι Ἐγώ εἰμι.

[10] ἔλεγον οὖν αὐτῷ Πῶς [οὖν] ἠνεῴχθησάν σου οἱ ὀφθαλμοί;

[11] ἀπεκρίθη ἐκεῖνος Ὁ ἄνθρωπος ὁ λεγόμενος Ἰησοῦς πηλὸν ἐποίησεν καὶ ἐπέχρισέν μου τοὺς ὀφθαλμοὺς καὶ εἶπέν μοι ὅτι Ὕπαγε εἰς τὸν Σιλωὰμ καὶ νίψαι· ἀπελθὼν οὖν καὶ νιψάμενος ἀνέβλεψα.

Chapter 9

As he passed by, he saw a man blind from birth.

[2] His disciples asked him, "Rabbi, who sinned, this man or his parents, that he was born blind?"

[3] Jesus answered, "Neither did this man sin, nor his parents; but, that the works of God might be revealed in him.

[4] I must work the works of him who sent me, while it is day. The night is coming, when no one can work.

[5] While I am in the world, I am the light of the world."

[6] When he had said this, he spat on the ground, made mud with the saliva, anointed the blind man's eyes with the mud,

[7] and said to him, "Go, wash in the pool of Siloam" (which means "Sent"). So he went away, washed, and came back seeing.

[8] The neighbors therefore, and those who saw that he was blind before, said, "Isn't this he who sat and begged?"

[9] Others were saying, "It is he." Still others were saying, "He looks like him." He said, "I am he."

[10] They therefore were asking him, "How were your eyes opened?"

[11] He answered, "A man called Jesus made mud, anointed my eyes, and said to me, 'Go to the pool of Siloam, and wash.' So I went away and washed, and I received sight."

[12] καὶ εἶπαν αὐτῷ Ποῦ ἐστὶν ἐκεῖνος; λέγει Οὐκ οἶδα.

[13] Ἄγουσιν αὐτὸν πρὸς τοὺς Φαρισαίους τόν ποτε τυφλόν.

[14] ἦν δὲ σάββατον ἐν ᾗ ἡμέρᾳ τὸν πηλὸν ἐποίησεν ὁ Ἰησοῦς καὶ ἀνέῳξεν αὐτοῦ τοὺς ὀφθαλμούς.

[15] πάλιν οὖν ἠρώτων αὐτὸν καὶ οἱ Φαρισαῖοι πῶς ἀνέβλεψεν. ὁ δὲ εἶπεν αὐτοῖς Πηλὸν ἐπέθηκέν μου ἐπὶ τοὺς ὀφθαλμούς, καὶ ἐνιψάμην, καὶ βλέπω.

[16] ἔλεγον οὖν ἐκ τῶν Φαρισαίων τινές Οὐκ ἔστιν οὗτος παρὰ θεοῦ ὁ ἄνθρωπος, ὅτι τὸ σάββατον οὐ τηρεῖ. ἄλλοι [δὲ] ἔλεγον Πῶς δύναται ἄνθρωπος ἁμαρτωλὸς τοιαῦτα σημεῖα ποιεῖν; καὶ σχίσμα ἦν ἐν αὐτοῖς.

[17] λέγουσιν οὖν τῷ τυφλῷ πάλιν Τί σὺ λέγεις περὶ αὐτοῦ, ὅτι ἠνέῳξέν σου τοὺς ὀφθαλμούς; ὁ δὲ εἶπεν ὅτι Προφήτης ἐστίν.

[18] Οὐκ ἐπίστευσαν οὖν οἱ Ἰουδαῖοι περὶ αὐτοῦ ὅτι ἦν τυφλὸς καὶ ἀνέβλεψεν, ἕως ὅτου ἐφώνησαν τοὺς γονεῖς αὐτοῦ τοῦ ἀναβλέψαντος

[19] καὶ ἠρώτησαν αὐτοὺς λέγοντες Οὗτός ἐστιν ὁ υἱὸς ὑμῶν, ὃν ὑμεῖς λέγετε ὅτι τυφλὸς ἐγεννήθη; πῶς οὖν βλέπει ἄρτι;

[20] ἀπεκρίθησαν οὖν οἱ γονεῖς αὐτοῦ καὶ εἶπαν Οἴδαμεν ὅτι οὗτός ἐστιν ὁ υἱὸς ἡμῶν καὶ ὅτι τυφλὸς ἐγεννήθη·

[21] πῶς δὲ νῦν βλέπει οὐκ οἴδαμεν, ἢ τίς ἤνοιξεν αὐτοῦ τοὺς ὀφθαλμοὺς ἡμεῖς οὐκ οἴδαμεν· αὐτὸν ἐρωτήσατε, ἡλικίαν ἔχει, αὐτὸς περὶ ἑαυτοῦ λαλήσει.

[22] ταῦτα εἶπαν οἱ γονεῖς αὐτοῦ ὅτι ἐφοβοῦντο τοὺς Ἰουδαίους, ἤδη γὰρ συνετέθειντο οἱ Ἰουδαῖοι ἵνα ἐάν τις αὐτὸν ὁμολογήσῃ Χριστόν, ἀποσυνάγωγος γένηται.

John Chapter 9

[12] Then they asked him, "Where is he?" He said, "I don't know."

[13] They brought him who had been blind to the Pharisees.

[14] It was a Sabbath when Jesus made the mud and opened his eyes.

[15] Again therefore the Pharisees also asked him how he received his sight. He said to them, "He put mud on my eyes, I washed, and I see."

[16] Some therefore of the Pharisees said, "This man is not from God, because he doesn't keep the Sabbath." Others said, "How can a man who is a sinner do such signs?" There was division among them.

[17] Therefore they asked the blind man again, "What do you say about him, because he opened your eyes?" He said, "He is a prophet."

[18] The Jews therefore did not believe concerning him, that he had been blind, and had received his sight, until they called the parents of him who had received his sight,

[19] and asked them, "Is this your son, who you say was born blind? How then does he now see?"

[20] His parents answered them, "We know that this is our son, and that he was born blind;

[21] but how he now sees, we don't know; or who opened his eyes, we don't know. He is of age. Ask him. He will speak for himself."

[22] His parents said these things because they feared the Jews; for the Jews had already agreed that if any man would confess him as Christ, he would be put out of the synagogue.

[23] διὰ τοῦτο οἱ γονεῖς αὐτοῦ εἶπαν ὅτι Ἡλικίαν ἔχει, αὐτὸν ἐπερωτήσατε.

[24] Ἐφώνησαν οὖν τὸν ἄνθρωπον ἐκ δευτέρου ὃς ἦν τυφλὸς καὶ εἶπαν αὐτῷ Δὸς δόξαν τῷ θεῷ: ἡμεῖς οἴδαμεν ὅτι οὗτος ὁ ἄνθρωπος ἁμαρτωλός ἐστιν.

[25] ἀπεκρίθη οὖν ἐκεῖνος Εἰ ἁμαρτωλός ἐστιν οὐκ οἶδα: ἓν οἶδα ὅτι τυφλὸς ὢν ἄρτι βλέπω.

[26] εἶπαν οὖν αὐτῷ Τί ἐποίησέν σοι; πῶς ἤνοιξέν σου τοὺς ὀφθαλμούς;

[27] ἀπεκρίθη αὐτοῖς Εἶπον ὑμῖν ἤδη καὶ οὐκ ἠκούσατε: τί πάλιν θέλετε ἀκούειν; μὴ καὶ ὑμεῖς θέλετε αὐτοῦ μαθηταὶ γενέσθαι;

[28] καὶ ἐλοιδόρησαν αὐτὸν καὶ εἶπαν Σὺ μαθητὴς εἶ ἐκείνου, ἡμεῖς δὲ τοῦ Μωυσέως ἐσμὲν μαθηταί:

[29] ἡμεῖς οἴδαμεν ὅτι Μωυσεῖ λελάληκεν ὁ θεός, τοῦτον δὲ οὐκ οἴδαμεν πόθεν ἐστίν.

[30] ἀπεκρίθη ὁ ἄνθρωπος καὶ εἶπεν αὐτοῖς Ἐν τούτῳ γὰρ τὸ θαυμαστόν ἐστιν ὅτι ὑμεῖς οὐκ οἴδατε πόθεν ἐστίν, καὶ ἤνοιξέν μου τοὺς ὀφθαλμούς.

[31] οἴδαμεν ὅτι ὁ θεὸς ἁμαρτωλῶν οὐκ ἀκούει, ἀλλ' ἐάν τις θεοσεβὴς ᾖ καὶ τὸ θέλημα αὐτοῦ ποιῇ τούτου ἀκούει.

[32] ἐκ τοῦ αἰῶνος οὐκ ἠκούσθη ὅτι ἠνέῳξέν τις ὀφθαλμοὺς τυφλοῦ γεγεννημένου:

[33] εἰ μὴ ἦν οὗτος παρὰ θεοῦ, οὐκ ἠδύνατο ποιεῖν οὐδέν.

[34] ἀπεκρίθησαν καὶ εἶπαν αὐτῷ Ἐν ἁμαρτίαις σὺ ἐγεννήθης ὅλος, καὶ σὺ διδάσκεις ἡμᾶς; καὶ ἐξέβαλον αὐτὸν ἔξω.

[23] Therefore his parents said, "He is of age. Ask him."

[24] So they called the man who was blind a second time, and said to him, "Give glory to God. We know that this man is a sinner."

[25] He therefore answered, "I don't know if he is a sinner. One thing I do know: that though I was blind, now I see."

[26] They said to him again, "What did he do to you? How did he open your eyes?"

[27] He answered them, "I told you already, and you didn't listen. Why do you want to hear it again? You don't also want to become his disciples, do you?"

[28] They insulted him and said, "You are his disciple, but we are disciples of Moses.

[29] We know that God has spoken to Moses. But as for this man, we don't know where he comes from."

[30] The man answered them, "How amazing! You don't know where he comes from, yet he opened my eyes.

[31] We know that God doesn't listen to sinners, but if anyone is a worshipper of God, and does his will, he listens to him.

[32] Since the world began it has never been heard of that anyone opened the eyes of someone born blind.

[33] If this man were not from God, he could do nothing."

[34] They answered him, "You were altogether born in sins, and do you teach us?" They threw him out.

[35] Ἤκουσεν Ἰησοῦς ὅτι ἐξέβαλον αὐτὸν ἔξω, καὶ εὑρὼν αὐτὸν εἶπεν. Σὺ πιστεύεις εἰς τὸν υἱὸν τοῦ ἀνθρώπου;

[36] ἀπεκρίθη ἐκεῖνος [καὶ εἶπεν] Καὶ τίς ἐστιν, κύριε, ἵνα πιστεύσω εἰς αὐτόν;

[37] εἶπεν αὐτῷ ὁ Ἰησοῦς Καὶ ἑώρακας αὐτὸν καὶ ὁ λαλῶν μετὰ σοῦ ἐκεῖνός ἐστιν.

[38] ὁ δὲ ἔφη Πιστεύω, κύριε: καὶ προσεκύνησεν αὐτῷ.

[39] καὶ εἶπεν ὁ Ἰησοῦς Εἰς κρίμα ἐγὼ εἰς τὸν κόσμον τοῦτον ἦλθον, ἵνα οἱ μὴ βλέποντες βλέπωσιν

[40] καὶ οἱ βλέποντες τυφλοὶ γένωνται. Ἤκουσαν ἐκ τῶν Φαρισαίων ταῦτα οἱ μετ' αὐτοῦ ὄντες, καὶ

[41] εἶπαν αὐτῷ Μὴ καὶ ἡμεῖς τυφλοί ἐσμεν; εἶπεν αὐτοῖς [ὁ] Ἰησοῦς Εἰ τυφλοὶ ἦτε, οὐκ ἂν εἴχετε ἁμαρτίαν: νῦν δὲ λέγετε ὅτι Βλέπομεν: ἡ ἁμαρτία ὑμῶν μένει.

[35] Jesus heard that they had thrown him out, and finding him, he said, "Do you believe in the Son of God?"

[36] He answered, "Who is he, Lord, that I may believe in him?"

[37] Jesus said to him, "You have both seen him, and it is he who speaks with you."

[38] He said, "Lord, I believe!" and he worshiped him.

[39] Jesus said, "I came into this world for judgment, that those who don't see may see; and that those who see may become blind."

[40] Those of the Pharisees who were with him heard these things, and said to him, "Are we also blind?"

[41] Jesus said to them, "If you were blind, you would have no sin; but now you say, 'We see.' Therefore your sin remains.

Chapter 10

Ἀμὴν ἀμὴν λέγω ὑμῖν, ὁ μὴ εἰσερχόμενος διὰ τῆς θύρας εἰς τὴν αὐλὴν τῶν προβάτων ἀλλὰ ἀναβαίνων ἀλλαχόθεν ἐκεῖνος κλέπτης ἐστὶν καὶ λῃστής·

[2] ὁ δὲ εἰσερχόμενος διὰ τῆς θύρας ποιμήν ἐστιν τῶν προβάτων.

[3] τούτῳ ὁ θυρωρὸς ἀνοίγει, καὶ τὰ πρόβατα τῆς φωνῆς αὐτοῦ ἀκούει, καὶ τὰ ἴδια πρόβατα φωνεῖ κατ᾽ ὄνομα καὶ ἐξάγει αὐτά.

[4] ὅταν τὰ ἴδια πάντα ἐκβάλῃ, ἔμπροσθεν αὐτῶν πορεύεται, καὶ τὰ πρόβατα αὐτῷ ἀκολουθεῖ, ὅτι οἴδασιν τὴν φωνὴν αὐτοῦ·

[5] ἀλλοτρίῳ δὲ οὐ μὴ ἀκολουθήσουσιν ἀλλὰ φεύξονται ἀπ᾽ αὐτοῦ, ὅτι οὐκ οἴδασι τῶν ἀλλοτρίων τὴν φωνήν. Ταύτην τὴν παροιμίαν εἶπεν αὐτοῖς ὁ Ἰησοῦς·

[6] ἐκεῖνοι δὲ οὐκ ἔγνωσαν τίνα ἦν ἃ ἐλάλει αὐτοῖς.

[7] Εἶπεν οὖν πάλιν [ὁ] Ἰησοῦς Ἀμὴν ἀμὴν λέγω ὑμῖν, ἐγώ εἰμι ἡ θύρα τῶν προβάτων.

[8] πάντες ὅσοι ἦλθον πρὸ ἐμοῦ κλέπται εἰσὶν καὶ λῃσταί· ἀλλ᾽ οὐκ ἤκουσαν αὐτῶν τὰ πρόβατα. ἐγώ εἰμι ἡ θύρα·

[9] δι᾽ ἐμοῦ ἐάν τις εἰσέλθῃ σωθήσεται καὶ εἰσελεύσεται καὶ ἐξελεύσεται καὶ νομὴν εὑρήσει.

[10] ὁ κλέπτης οὐκ ἔρχεται εἰ μὴ ἵνα κλέψῃ καὶ θύσῃ καὶ ἀπολέσῃ·

Chapter 10

"Most assuredly, I tell you, one who doesn't enter by the door into the sheep fold, but climbs up some other way, the same is a thief and a robber.

[2] But one who enters in by the door is the shepherd of the sheep.

[3] The gatekeeper opens the gate for him, and the sheep listen to his voice. He calls his own sheep by name, and leads them out.

[4] Whenever he brings out his own sheep, he goes before them, and the sheep follow him, for they know his voice.

[5] They will by no means follow a stranger, but will flee from him; for they don't know the voice of strangers."

[6] Jesus spoke this parable to them, but they didn't understand what he was telling them.

[7] Jesus therefore said to them again, "Most assuredly, I tell you, I am the sheep's door.

[8] All who came before me are thieves and robbers, but the sheep didn't listen to them.

[9] I am the door. If anyone enters in by me, he will be saved, and will go in and go out, and will find pasture.

[10] The thief only comes to steal, kill, and destroy. I came that they may have life, and may have it abundantly.

[11] ἐγὼ ἦλθον ἵνα ζωὴν ἔχωσιν καὶ περισσὸν ἔχωσιν. Ἐγώ εἰμι ὁ ποιμὴν ὁ καλός: ὁ ποιμὴν ὁ καλὸς τὴν ψυχὴν αὐτοῦ τίθησιν ὑπὲρ τῶν προβάτων:

[12] ὁ μισθωτὸς καὶ οὐκ ὢν ποιμήν, οὗ οὐκ ἔστιν τὰ πρόβατα ἴδια, θεωρεῖ τὸν λύκον ἐρχόμενον καὶ ἀφίησιν τὰ πρόβατα καὶ φεύγει, καὶ ὁ λύκος ἁρπάζει αὐτὰ καὶ σκορπίζει,—

[13] ὅτι μισθωτός ἐστιν καὶ οὐ μέλει αὐτῷ περὶ τῶν προβάτων.

[14] ἐγώ εἰμι ὁ ποιμὴν ὁ καλός, καὶ γινώσκω τὰ ἐμὰ καὶ γινώσκουσί με τὰ ἐμά, καθὼς γινώσκει με ὁ πατὴρ κἀγὼ γινώσκω τὸν πατέρα

[15] καὶ τὴν ψυχήν μου τίθημι ὑπὲρ τῶν προβάτων.

[16] καὶ ἄλλα πρόβατα ἔχω ἃ οὐκ ἔστιν ἐκ τῆς αὐλῆς ταύτης: κἀκεῖνα δεῖ με ἀγαγεῖν, καὶ τῆς φωνῆς μου ἀκούσουσιν, καὶ γενήσονται μία ποίμνη, "εἷς ποιμήν."

[17] διὰ τοῦτό με ὁ πατὴρ ἀγαπᾷ ὅτι ἐγὼ τίθημι τὴν ψυχήν μου, ἵνα πάλιν λάβω αὐτήν.

[18] οὐδεὶς ἦρεν αὐτὴν ἀπ' ἐμοῦ, ἀλλ' ἐγὼ τίθημι αὐτὴν ἀπ' ἐμαυτοῦ. ἐξουσίαν ἔχω θεῖναι αὐτήν, καὶ ἐξουσίαν ἔχω πάλιν λαβεῖν αὐτήν: ταύτην τὴν ἐντολὴν ἔλαβον παρὰ τοῦ πατρός μου.

[19] Σχίσμα πάλιν ἐγένετο ἐν τοῖς Ἰουδαίοις διὰ τοὺς λόγους τούτους.

[20] ἔλεγον δὲ πολλοὶ ἐξ αὐτῶν Δαιμόνιον ἔχει καὶ μαίνεται: τί αὐτοῦ ἀκούετε;

[11] I am the good shepherd. The good shepherd lays down his life for the sheep.

[12] He who is a hired hand, and not a shepherd, who doesn't own the sheep, sees the wolf coming, leaves the sheep, and flees. The wolf snatches the sheep, and scatters them.

[13] The hired hand flees because he is a hired hand, and doesn't care for the sheep.

[14] I am the good shepherd. I know my own, and I'm known by my own;

[15] even as the Father knows me, and I know the Father. I lay down my life for the sheep.

[16] I have other sheep, which are not of this fold. I must bring them also, and they will hear my voice. They will become one flock with one shepherd.

[17] Therefore the Father loves me, because I lay down my life, that I may take it again.

[18] No one takes it away from me, but I lay it down by myself. I have power to lay it down, and I have power to take it again. I received this commandment from my Father."

[19] Therefore a division arose again among the Jews because of these words.

[20] Many of them said, "He has a demon, and is insane! Why do you listen to him?"

[21] ἄλλοι ἔλεγον Ταῦτα τὰ ῥήματα οὐκ ἔστιν δαιμονιζομένου: μὴ δαιμόνιον δύναται τυφλῶν ὀφθαλμοὺς ἀνοῖξαι;

[22] Ἐγένετο τότε τὰ ἐνκαίνια ἐν τοῖς Ἰεροσολύμοις: χειμὼν ἦν

[23] καὶ περιεπάτει [ὁ] Ἰησοῦς ἐν τῷ ἱερῷ ἐν τῇ στοᾷ τοῦ Σολομῶνος.

[24] ἐκύκλωσαν οὖν αὐτὸν οἱ Ἰουδαῖοι καὶ ἔλεγον αὐτῷ Ἕως πότε τὴν ψυχὴν ἡμῶν αἴρεις; εἰ σὺ εἶ ὁ χριστός, εἰπὸν ἡμῖν παρρησίᾳ.

[25] ἀπεκρίθη αὐτοῖς [ὁ] Ἰησοῦς Εἶπον ὑμῖν καὶ οὐ πιστεύετε: τὰ ἔργα ἃ ἐγὼ ποιῶ ἐν τῷ ὀνόματι τοῦ πατρός μου ταῦτα μαρτυρεῖ περὶ ἐμοῦ:

[26] ἀλλὰ ὑμεῖς οὐ πιστεύετε, ὅτι οὐκ ἐστὲ ἐκ τῶν προβάτων τῶν ἐμῶν.

[27] τὰ πρόβατα τὰ ἐμὰ τῆς φωνῆς μου ἀκούουσιν, κἀγὼ γινώσκω αὐτά, καὶ ἀκολουθοῦσίν μοι

[28] κἀγὼ δίδωμι αὐτοῖς ζωὴν αἰώνιον, καὶ οὐ μὴ ἀπόλωνται εἰς τὸν αἰῶνα, καὶ οὐχ ἁρπάσει τις αὐτὰ ἐκ τῆς χειρός μου.

[29] ὁ πατήρ μου ὃ δέδωκέν μοι πάντων μεῖζόν ἐστιν, καὶ οὐδεὶς δύναται ἁρπάζειν ἐκ τῆς χειρὸς τοῦ πατρός.

[30] ἐγὼ καὶ ὁ πατὴρ ἕν ἐσμεν.

[31] Ἐβάστασαν πάλιν λίθους οἱ Ἰουδαῖοι ἵνα λιθάσωσιν αὐτόν.

[32] ἀπεκρίθη αὐτοῖς ὁ Ἰησοῦς Πολλὰ ἔργα ἔδειξα ὑμῖν καλὰ ἐκ τοῦ πατρός: διὰ ποῖον αὐτῶν ἔργον ἐμὲ λιθάζετε;

[21] Others said, "These are not the sayings of one possessed by a demon. It isn't possible for a demon to open the eyes of the blind, is it?"

[22] It was the Feast of the Dedication at Jerusalem.

[23] It was winter, and Jesus was walking in the temple, in Solomon's porch.

[24] The Jews therefore came around him and said to him, "How long will you hold us in suspense? If you are the Christ, tell us plainly."

[25] Jesus answered them, "I told you, and you don't believe. The works that I do in my Father's name, these testify about me.

[26] But you don't believe, because you are not of my sheep, as I told you.

[27] My sheep hear my voice, and I know them, and they follow me.

[28] I give eternal life to them. They will never perish, and no one will snatch them out of my hand.

[29] My Father, who has given them to me, is greater than all. No one is able to snatch them out of my Father's hand.

[30] I and the Father are one."

[31] Therefore Jews took up stones again to stone him.

[32] Jesus answered them, "I have shown you many good works from my Father. For which of those works do you stone me?"

[33] ἀπεκρίθησαν αὐτῷ οἱ Ἰουδαῖοι Περὶ καλοῦ ἔργου οὐ λιθάζομέν σε ἀλλὰ περὶ βλασφημίας, καὶ ὅτι σὺ ἄνθρωπος ὢν ποιεῖς σεαυτὸν θεόν.

[34] ἀπεκρίθη αὐτοῖς [ὁ] Ἰησοῦς Οὐκ ἔστιν γεγραμμένον ἐν τῷ νόμῳ ὑμῶν ὅτι "Ἐγὼ εἶπα Θεοί ἐστε;"

[35] εἰ ἐκείνους εἶπεν θεοὺς πρὸς οὓς ὁ λόγος τοῦ θεοῦ ἐγένετο, καὶ οὐ δύναται λυθῆναι ἡ γραφή

[36] ὃν ὁ πατὴρ ἡγίασεν καὶ ἀπέστειλεν εἰς τὸν κόσμον ὑμεῖς λέγετε ὅτι Βλασφημεῖς, ὅτι εἶπον Υἱὸς τοῦ θεοῦ εἰμί;

[37] εἰ οὐ ποιῶ τὰ ἔργα τοῦ πατρός μου, μὴ πιστεύετέ μοι·

[38] εἰ δὲ ποιῶ, κἂν ἐμοὶ μὴ πιστεύητε τοῖς ἔργοις πιστεύετε, ἵνα γνῶτε καὶ γινώσκητε ὅτι ἐν ἐμοὶ ὁ πατὴρ κἀγὼ ἐν τῷ πατρί.

[39] Ἐζήτουν [οὖν] αὐτὸν πάλιν πιάσαι· καὶ ἐξῆλθεν ἐκ τῆς χειρὸς αὐτῶν.

[40] Καὶ ἀπῆλθεν πάλιν πέραν τοῦ Ἰορδάνου εἰς τὸν τόπον ὅπου ἦν Ἰωάνης τὸ πρῶτον βαπτίζων, καὶ ἔμενεν ἐκεῖ.

[41] καὶ πολλοὶ ἦλθον πρὸς αὐτὸν καὶ ἔλεγον ὅτι Ἰωάνης μὲν σημεῖον ἐποίησεν οὐδέν, πάντα δὲ ὅσα εἶπεν Ἰωάνης περὶ τούτου ἀληθῆ ἦν.

[42] καὶ πολλοὶ ἐπίστευσαν εἰς αὐτὸν ἐκεῖ.

[33] The Jews answered him, "We don't stone you for a good work, but for blasphemy: because you, being a man, make yourself God."

[34] Jesus answered them, "Isn't it written in your law, 'I said, you are gods?'

[35] If he called them gods, to whom the word of God came (and the Scripture can't be broken),

[36] Do you say of him whom the Father sanctified and sent into the world, 'You blaspheme,' because I said, 'I am the Son of God?'

[37] If I don't do the works of my Father, don't believe me.

[38] But if I do them, though you don't believe me, believe the works; that you may know and believe that the Father is in me, and I in the Father."

[39] They sought again to seize him, and he went out of their hand.

[40] He went away again beyond the Jordan into the place where John was baptizing at first, and there he stayed.

[41] Many came to him. They said, "John indeed did no sign, but everything that John said about this man is true."

[42] Many believed in him there.

Chapter 11

Ἦν δέ τις ἀσθενῶν, Λάζαρος ἀπὸ Βηθανίας ἐκ τῆς κώμης Μαρίας καὶ Μάρθας τῆς ἀδελφῆς αὐτῆς.

[2] ἦν δὲ Μαριὰμ ἡ ἀλείψασα τὸν κύριον μύρῳ καὶ ἐκμάξασα τοὺς πόδας αὐτοῦ ταῖς θριξὶν αὐτῆς, ἧς ὁ ἀδελφὸς Λάζαρος ἠσθένει.

[3] ἀπέστειλαν οὖν αἱ ἀδελφαὶ πρὸς αὐτὸν λέγουσαι Κύριε, ἴδε ὃν φιλεῖς ἀσθενεῖ.

[4] ἀκούσας δὲ ὁ Ἰησοῦς εἶπεν Αὕτη ἡ ἀσθένεια οὐκ ἔστιν πρὸς θάνατον ἀλλ' ὑπὲρ τῆς δόξης τοῦ θεοῦ ἵνα δοξασθῇ ὁ υἱὸς τοῦ θεοῦ δι' αὐτῆς.

[5] ἠγάπα δὲ ὁ Ἰησοῦς τὴν Μάρθαν καὶ τὴν ἀδελφὴν αὐτῆς καὶ τὸν Λάζαρον.

[6] ὡς οὖν ἤκουσεν ὅτι ἀσθενεῖ, τότε μὲν ἔμεινεν ἐν ᾧ ἦν τόπῳ δύο ἡμέρας·

[7] ἔπειτα μετὰ τοῦτο λέγει τοῖς μαθηταῖς Ἄγωμεν εἰς τὴν Ἰουδαίαν πάλιν.

[8] λέγουσιν αὐτῷ οἱ μαθηταί Ῥαββεί, νῦν ἐζήτουν σε λιθάσαι οἱ Ἰουδαῖοι, καὶ πάλιν ὑπάγεις ἐκεῖ;

[9] ἀπεκρίθη Ἰησοῦς Οὐχὶ δώδεκα ὧραί εἰσιν τῆς ἡμέρας; ἐάν τις περιπατῇ ἐν τῇ ἡμέρᾳ, οὐ προσκόπτει, ὅτι τὸ φῶς τοῦ κόσμου τούτου βλέπει·

[10] ἐὰν δέ τις περιπατῇ ἐν τῇ νυκτί, προσκόπτει, ὅτι τὸ φῶς οὐκ ἔστιν ἐν αὐτῷ.

[11] ταῦτα εἶπεν, καὶ μετὰ τοῦτο λέγει αὐτοῖς Λάζαρος ὁ φίλος ἡμῶν κεκοίμηται, ἀλλὰ πορεύομαι ἵνα ἐξυπνίσω αὐτόν.

Chapter 11

Now a certain man was sick, Lazarus from Bethany, of the village of Mary and her sister, Martha.

[2] It was that Mary who had anointed the Lord with ointment, and wiped his feet with her hair, whose brother, Lazarus, was sick.

[3] The sisters therefore sent to him, saying, "Lord, behold, he for whom you have great affection is sick."

[4] But when Jesus heard it, he said, "This sickness is not to death, but for the glory of God, that God's Son may be glorified by it."

[5] Now Jesus loved Martha, and her sister, and Lazarus.

[6] When therefore he heard that he was sick, he stayed two days in the place where he was.

[7] Then after this he said to the disciples, "Let's go into Judea again."

[8] The disciples told him, "Rabbi, the Jews were just trying to stone you, and are you going there again?"

[9] Jesus answered, "Aren't there twelve hours of daylight? If a man walks in the day, he doesn't stumble, because he sees the light of this world.

[10] But if a man walks in the night, he stumbles, because the light isn't in him."

[11] He said these things, and after that, he said to them, "Our friend, Lazarus, has fallen asleep, but I am going so that I may awake him out of sleep."

[12] εἶπαν οὖν οἱ μαθηταὶ αὐτῷ Κύριε, εἰ κεκοίμηται σωθήσεται.

[13] εἰρήκει δὲ ὁ Ἰησοῦς περὶ τοῦ θανάτου αὐτοῦ. ἐκεῖνοι δὲ ἔδοξαν ὅτι περὶ τῆς κοιμήσεως τοῦ ὕπνου λέγει.

[14] τότε οὖν εἶπεν αὐτοῖς ὁ Ἰησοῦς παρρησίᾳ Λάζαρος ἀπέθανεν

[15] καὶ χαίρω δι' ὑμᾶς, ἵνα πιστεύσητε, ὅτι οὐκ ἤμην ἐκεῖ· ἀλλὰ ἄγωμεν πρὸς αὐτόν.

[16] εἶπεν οὖν Θωμᾶς ὁ λεγόμενος Δίδυμος τοῖς συμμαθηταῖς Ἄγωμεν καὶ ἡμεῖς ἵνα ἀποθάνωμεν μετ' αὐτοῦ.

[17] Ἐλθὼν οὖν ὁ Ἰησοῦς εὗρεν αὐτὸν τέσσαρας ἤδη ἡμέρας ἔχοντα ἐν τῷ μνημείῳ.

[18] ἦν δὲ Βηθανία ἐγγὺς τῶν Ἱεροσολύμων ὡς ἀπὸ σταδίων δεκαπέντε.

[19] πολλοὶ δὲ ἐκ τῶν Ἰουδαίων ἐληλύθεισαν πρὸς τὴν Μάρθαν καὶ Μαριὰμ ἵνα παραμυθήσωνται αὐτὰς περὶ τοῦ ἀδελφοῦ.

[20] ἡ οὖν Μάρθα ὡς ἤκουσεν ὅτι Ἰησοῦς ἔρχεται ὑπήντησεν αὐτῷ· Μαριὰμ δὲ ἐν τῷ οἴκῳ ἐκαθέζετο.

[21] εἶπεν οὖν ἡ Μάρθα πρὸς Ἰησοῦν Κύριε, εἰ ἦς ὧδε οὐκ ἂν ἀπέθανεν ὁ ἀδελφός μου·

[22] καὶ νῦν οἶδα ὅτι ὅσα ἂν αἰτήσῃ τὸν θεὸν δώσει σοι ὁ θεός.

[23] λέγει αὐτῇ ὁ Ἰησοῦς Ἀναστήσεται ὁ ἀδελφός σου.

[24] λέγει αὐτῷ ἡ Μάρθα Οἶδα ὅτι ἀναστήσεται ἐν τῇ ἀναστάσει ἐν τῇ ἐσχάτῃ ἡμέρᾳ.

[25] εἶπεν αὐτῇ ὁ Ἰησοῦς Ἐγώ εἰμι ἡ ἀνάστασις καὶ ἡ ζωή·

John   Chapter 11

[12] The disciples therefore said, "Lord, if he has fallen asleep, he will recover."

[13] Now Jesus had spoken of his death, but they thought that he spoke of taking rest in sleep.

[14] So Jesus said to them plainly then, "Lazarus is dead.

[15] I am glad for your sakes that I was not there, so that you may believe. Nevertheless, let's go to him."

[16] Thomas therefore, who is called Didymus, said to his fellow disciples, "Let's go also, that we may die with him."

[17] So when Jesus came, he found that he had been in the tomb four days already.

[18] Now Bethany was near Jerusalem, about fifteen stadia away.

[19] Many of the Jews had joined the women around Martha and Mary, to console them concerning their brother.

[20] Then when Martha heard that Jesus was coming, she went and met him, but Mary stayed in the house.

[21] Therefore Martha said to Jesus, "Lord, if you would have been here, my brother wouldn't have died.

[22] Even now I know that, whatever you ask of God, God will give you."

[23] Jesus said to her, "Your brother will rise again."

[24] Martha said to him, "I know that he will rise again in the resurrection at the last day."

[25] Jesus said to her, "I am the resurrection and the life. He who believes in me, though he die, yet will he live.

[26] ὁ πιστεύων εἰς ἐμὲ κἂν ἀποθάνῃ ζήσεται, καὶ πᾶς ὁ ζῶν καὶ πιστεύων εἰς ἐμὲ οὐ μὴ ἀποθάνῃ εἰς τὸν αἰῶνα: πιστεύεις τοῦτο;

[27] λέγει αὐτῷ Ναί, κύριε: ἐγὼ πεπίστευκα ὅτι <*>ὺ εἶ ὁ χριστὸς ὁ υἱὸς τοῦ θεοῦ ὁ εἰς τὸν κόσμον ἐρχόμενος.

[28] καὶ τοῦτο εἰποῦσα ἀπῆλθεν καὶ ἐφώνησεν Μαριὰμ τὴν ἀδελφὴν αὐτῆς λάθρᾳ εἴπασα Ὁ διδάσκαλος πάρεστιν καὶ φωνεῖ σε.

[29] ἐκείνη δὲ ὡς ἤκουσεν ἠγέρθη ταχὺ καὶ ἤρχετο πρὸς αὐτόν:

[30] οὔπω δὲ ἐληλύθει ὁ Ἰησοῦς εἰς τὴν κώμην, ἀλλ᾽ ἦν ἔτι ἐν τῷ τόπῳ ὅπου ὑπήντησεν αὐτῷ ἡ Μάρθα.

[31] οἱ οὖν Ἰουδαῖοι οἱ ὄντες μετ᾽ αὐτῆς ἐν τῇ οἰκίᾳ καὶ παραμυθούμενοι αὐτήν, ἰδόντες τὴν Μαριὰμ ὅτι ταχέως ἀνέστη καὶ ἐξῆλθεν, ἠκολούθησαν αὐτῇ δόξαντες ὅτι ὑπάγει εἰς τὸ μνημεῖον ἵνα κλαύσῃ ἐκεῖ.

[32] ἡ οὖν Μαριὰμ ὡς ἦλθεν ὅπου ἦν Ἰησοῦς ἰδοῦσα αὐτὸν ἔπεσεν αὐτοῦ πρὸς τοὺς πόδας, λέγουσα αὐτῷ Κύριε, εἰ ἦς ὧδε οὐκ ἄν μου ἀπέθανεν ὁ ἀδελφός.

[33] Ἰησοῦς οὖν ὡς εἶδεν αὐτὴν κλαίουσαν καὶ τοὺς συνελθόντας αὐτῇ Ἰουδαίους κλαίοντας ἐνεβριμήσατο τῷ πνεύματι καὶ ἐτάραξεν ἑαυτόν

[34] καὶ εἶπεν Ποῦ τεθείκατε αὐτόν; λέγουσιν αὐτῷ Κύριε, ἔρχου καὶ ἴδε.

[35] ἐδάκρυσεν ὁ Ἰησοῦς.

[36] ἔλεγον οὖν οἱ Ἰουδαῖοι Ἴδε πῶς ἐφίλει αὐτόν.

John Chapter 11

[26] Whoever lives and believes in me will never die. Do you believe this?"

[27] She said to him, "Yes, Lord. I have come to believe that you are the Christ, God's Son, he who comes into the world."

[28] When she had said this, she went away, and called Mary, her sister, secretly, saying, "The Teacher is here, and is calling you."

[29] When she heard this, she arose quickly, and went to him.

[30] Now Jesus had not yet come into the village, but was in the place where Martha met him.

[31] Then the Jews who were with her in the house, and were consoling her, when they saw Mary, that she rose up quickly and went out, followed her, saying, "She is going to the tomb to weep there."

[32] Therefore when Mary came to where Jesus was, and saw him, she fell down at his feet, saying to him, "Lord, if you would have been here, my brother wouldn't have died."

[33] When Jesus therefore saw her weeping, and the Jews weeping who came with her, he groaned in the spirit, and was troubled,

[34] and said, "Where have you laid him?" They told him, "Lord, come and see."

[35] Jesus wept.

[36] The Jews therefore said, "See how much affection he had for him!"

[37] τινὲς δὲ ἐξ αὐτῶν εἶπαν Οὐκ ἐδύνατο οὗτος ὁ ἀνοίξας τοὺς ὀφθαλμοὺς τοῦ τυφλοῦ ποιῆσαι ἵνα καὶ οὗτος μὴ ἀποθάνῃ;

[38] Ἰησοῦς οὖν πάλιν ἐμβριμώμενος ἐν ἑαυτῷ ἔρχεται εἰς τὸ μνημεῖον: ἦν δὲ σπήλαιον, καὶ λίθος ἐπέκειτο ἐπ' αὐτῷ.

[39] λέγει ὁ Ἰησοῦς Ἄρατε τὸν λίθον. λέγει αὐτῷ ἡ ἀδελφὴ τοῦ τετελευτηκότος Μάρθα Κύριε, ἤδη ὄζει, τεταρταῖος γάρ ἐστιν.

[40] λέγει αὐτῇ ὁ Ἰησοῦς Οὐκ εἶπόν σοι ὅτι ἐὰν πιστεύσῃς ὄψῃ τὴν δόξαν τοῦ θεοῦ;

[41] ἦραν οὖν τὸν λίθον. ὁ δὲ Ἰησοῦς ἦρεν τοὺς ὀφθαλμοὺς ἄνω καὶ εἶπεν Πάτερ, εὐχαριστῶ σοι ὅτι ἤκουσάς μου

[42] ἐγὼ δὲ ᾔδειν ὅτι πάντοτέ μου ἀκούεις: ἀλλὰ διὰ τὸν ὄχλον τὸν περιεστῶτα εἶπον ἵνα πιστεύσωσιν ὅτι σύ με ἀπέστειλας.

[43] καὶ ταῦτα εἰπὼν φωνῇ μεγάλῃ ἐκραύγασεν Λάζαρε, δεῦρο ἔξω.

[44] ἐξῆλθεν ὁ τεθνηκὼς δεδεμένος τοὺς πόδας καὶ τὰς χεῖρας κειρίαις, καὶ ἡ ὄψις αὐτοῦ σουδαρίῳ περιεδέδετο. λέγει [ὁ] Ἰησοῦς αὐτοῖς Λύσατε αὐτὸν καὶ ἄφετε αὐτὸν ὑπάγειν.

[45] Πολλοὶ οὖν ἐκ τῶν Ἰουδαίων, οἱ ἐλθόντες πρὸς τὴν Μαριὰμ καὶ θεασάμενοι ὃ ἐποίησεν

[46] ἐπίστευσαν εἰς αὐτόν: τινὲς δὲ ἐξ αὐτῶν ἀπῆλθον πρὸς τοὺς Φαρισαίους καὶ εἶπαν αὐτοῖς ἃ ἐποίησεν Ἰησοῦς.

[47] Συνήγαγον οὖν οἱ ἀρχιερεῖς καὶ οἱ Φαρισαῖοι συνέδριον, καὶ ἔλεγον Τί ποιοῦμεν ὅτι οὗτος ὁ ἄνθρωπος πολλὰ ποιεῖ σημεῖα;

John   Chapter 11

[37] Some of them said, "Couldn't this man, who opened the eyes of him who was blind, have also kept this man from dying?"

[38] Jesus therefore, again groaning in himself, came to the tomb. Now it was a cave, and a stone lay against it.

[39] Jesus said, "Take away the stone." Martha, the sister of him who was dead, said to him, "Lord, by this time there is a stench, for he has been dead four days."

[40] Jesus said to her, "Didn't I tell you that if you believed, you would see God's glory?"

[41] So they took away the stone from the place where the dead man was lying. Jesus lifted up his eyes, and said, "Father, I thank you that you listened to me.

[42] I know that you always listen to me, but because of the multitude that stands around I said this, that they may believe that you sent me."

[43] When he had said this, he cried with a loud voice, "Lazarus, come out!"

[44] He who was dead came out, bound hand and foot with wrappings, and his face was wrapped around with a cloth. Jesus said to them, "Free him, and let him go."

[45] Therefore many of the Jews, who came to Mary and saw what Jesus did, believed in him.

[46] But some of them went away to the Pharisees, and told them the things which Jesus had done.

[47] The chief priests therefore and the Pharisees gathered a council, and said, "What are we doing? For this man does many signs.

[48] ἐὰν ἀφῶμεν αὐτὸν οὕτως, πάντες πιστεύσουσιν εἰς αὐτόν, καὶ ἐλεύσονται οἱ Ῥωμαῖοι καὶ ἀροῦσιν ἡμῶν καὶ τὸν τόπον καὶ τὸ ἔθνος.

[49] εἷς δέ τις ἐξ αὐτῶν Καιάφας, ἀρχιερεὺς ὢν τοῦ ἐνιαυτοῦ ἐκείνου, εἶπεν αὐτοῖς Ὑμεῖς οὐκ οἴδατε οὐδέν

[50] οὐδὲ λογίζεσθε ὅτι συμφέρει ὑμῖν ἵνα εἷς ἄνθρωπος ἀποθάνῃ ὑπὲρ τοῦ λαοῦ καὶ μὴ ὅλον τὸ ἔθνος ἀπόληται.

[51] Τοῦτο δὲ ἀφ' ἑαυτοῦ οὐκ εἶπεν, ἀλλὰ ἀρχιερεὺς ὢν τοῦ ἐνιαυτοῦ ἐκείνου ἐπροφήτευσεν ὅτι ἔμελλεν Ἰησοῦς ἀποθνήσκειν ὑπὲρ τοῦ ἔθνους

[52] καὶ οὐχ ὑπὲρ τοῦ ἔθνους μόνον, ἀλλ' ἵνα καὶ τὰ τέκνα τοῦ θεοῦ τὰ διεσκορπισμένα συναγάγῃ εἰς ἕν.

[53] Ἀπ' ἐκείνης οὖν τῆς ἡμέρας ἐβουλεύσαντο ἵνα ἀποκτείνωσιν αὐτόν.

[54] Ὁ οὖν Ἰησοῦς οὐκέτι παρρησίᾳ περιεπάτει ἐν τοῖς Ἰουδαίοις, ἀλλὰ ἀπῆλθεν ἐκεῖθεν εἰς τὴν χώραν ἐγγὺς τῆς ἐρήμου, εἰς Ἐφραὶμ λεγομένην πόλιν, κἀκεῖ ἔμεινεν μετὰ τῶν μαθητῶν.

[55] Ἦν δὲ ἐγγὺς τὸ πάσχα τῶν Ἰουδαίων, καὶ ἀνέβησαν πολλοὶ εἰς Ἱεροσόλυμα ἐκ τῆς χώρας πρὸ τοῦ πάσχα ἵνα ἁγνίσωσιν ἑαυτούς.

[56] ἐζήτουν οὖν τὸν Ἰησοῦν καὶ ἔλεγον μετ' ἀλλήλων ἐν τῷ ἱερῷ ἑστηκότες Τί δοκεῖ ὑμῖν; ὅτι οὐ μὴ ἔλθῃ εἰς τὴν ἑορτήν;

[57] δεδώκεισαν δὲ οἱ ἀρχιερεῖς καὶ οἱ Φαρισαῖοι ἐντολὰς ἵνα ἐάν τις γνῷ ποῦ ἐστιν μηνύσῃ, ὅπως πιάσωσιν αὐτόν.

John Chapter 11

[48] If we leave him alone like this, everyone will believe in him, and the Romans will come and take away both our place and our nation."

[49] But a certain one of them, Caiaphas, being high priest that year, said to them, "You know nothing at all,

[50] nor do you consider that it is advantageous for us that one man should die for the people, and that the whole nation not perish."

[51] Now he didn't say this of himself, but being high priest that year, he prophesied that Jesus would die for the nation,

[52] and not for the nation only, but that he might also gather together into one the children of God who are scattered abroad.

[53] So from that day forward they took counsel that they might put him to death.

[54] Jesus therefore walked no more openly among the Jews, but departed from there into the country near the wilderness, to a city called Ephraim. He stayed there with his disciples.

[55] Now the Passover of the Jews was at hand. Many went up from the country to Jerusalem before the Passover, to purify themselves.

[56] Then they sought for Jesus and spoke one with another, as they stood in the temple, "What do you think -- that he isn't coming to the feast at all?"

[57] Now the chief priests and the Pharisees had commanded that if anyone knew where he was, he should report it, that they might seize him.

Chapter 12

Ὁ οὖν Ἰησοῦς πρὸ ἓξ ἡμερῶν τοῦ πάσχα ἦλθεν εἰς Βηθανίαν, ὅπου ἦν Λάζαρος, ὃν ἤγειρεν ἐκ νεκρῶν Ἰησοῦς.

[2] ἐποίησαν οὖν αὐτῷ δεῖπνον ἐκεῖ, καὶ ἡ Μάρθα διηκόνει, ὁ δὲ Λάζαρος εἷς ἦν ἐκ τῶν ἀνακειμένων σὺν αὐτῷ·

[3] ἡ οὖν Μαριὰμ λαβοῦσα λίτραν μύρου νάρδου πιστικῆς πολυτίμου ἤλειψεν τοὺς πόδας [τοῦ] Ἰησοῦ καὶ ἐξέμαξεν ταῖς θριξὶν αὐτῆς τοὺς πόδας αὐτοῦ· ἡ δὲ οἰκία ἐπληρώθη ἐκ τῆς ὀσμῆς τοῦ μύρου.

[4] λέγει [δὲ] Ἰούδας ὁ Ἰσκαριώτης εἷς τῶν μαθητῶν αὐτοῦ, ὁ μέλλων αὐτὸν παραδιδόναι

[5] Διὰ τί τοῦτο τὸ μύρον οὐκ ἐπράθη τριακοσίων δηναρίων καὶ ἐδόθη πτωχοῖς;

[6] εἶπεν δὲ τοῦτο οὐχ ὅτι περὶ τῶν πτωχῶν ἔμελεν αὐτῷ ἀλλ᾽ ὅτι κλέπτης ἦν καὶ τὸ γλωσσόκομον ἔχων τὰ βαλλόμενα ἐβάσταζεν.

[7] εἶπεν οὖν ὁ Ἰησοῦς Ἄφες αὐτήν, ἵνα εἰς τὴν ἡμέραν τοῦ ἐνταφιασμοῦ μου τηρήσῃ αὐτό·

[8] τοὺς πτωχοὺς γὰρ πάντοτε ἔχετε μεθ᾽ ἑαυτῶν, ἐμὲ δὲ οὐ πάντοτε ἔχετε.

[9] Ἔγνω οὖν ὁ ὄχλος πολὺς ἐκ τῶν Ἰουδαίων ὅτι ἐκεῖ ἐστίν, καὶ ἦλθαν οὐ διὰ τὸν Ἰησοῦν μόνον ἀλλ᾽ ἵνα καὶ τὸν Λάζαρον ἴδωσιν ὃν ἤγειρεν ἐκ νεκρῶν.

[10] ἐβουλεύσαντο δὲ οἱ ἀρχιερεῖς ἵνα καὶ τὸν Λάζαρον ἀποκτείνωσιν

Chapter 12

Then six days before the Passover, Jesus came to Bethany, where Lazarus was, who had been dead, whom he raised from the dead.

[2] So they made him a supper there. Martha served, but Lazarus was one of those who sat at the table with him.

[3] Mary, therefore, took a pound of ointment of pure nard, very precious, and anointed the feet of Jesus, and wiped his feet with her hair. The house was filled with the fragrance of the ointment.

[4] Then Judas Iscariot, Simon's son, one of his disciples, who would betray him, said,

[5] "Why wasn't this ointment sold for three hundred denarii, and given to the poor?"

[6] Now he said this, not because he cared for the poor, but because he was a thief, and having the money box, used to steal what was put into it.

[7] But Jesus said, "Leave her alone. She has kept this for the day of my burial.

[8] For you always have the poor with you, but you don't always have me."

[9] A large crowd therefore of the Jews learned that he was there, and they came, not for Jesus' sake only, but that they might see Lazarus also, whom he had raised from the dead.

[10] But the chief priests conspired to put Lazarus to death also,

[11] ὅτι πολλοὶ δι' αὐτὸν ὑπῆγον τῶν Ἰουδαίων καὶ ἐπίστευον εἰς τὸν Ἰησοῦν.

[12] Τῇ ἐπαύριον ὁ ὄχλος πολὺς ὁ ἐλθὼν εἰς τὴν ἑορτήν, ἀκούσαντες ὅτι ἔρχεται Ἰησοῦς εἰς Ἱεροσόλυμα

[13] ἔλαβον τὰ βαΐα τῶν φοινίκων καὶ ἐξῆλθον εἰς ὑπάντησιν αὐτῷ, καὶ ἐκραύγαζον ' Ὡσαννά "εὐλογημένος ὁ ἐρχόμενος ἐν ὀνόματι Κυρίου," καὶ ὁ βασιλεὺς τοῦ Ἰσραήλ.'

[14] εὑρὼν δὲ ὁ Ἰησοῦς ὀνάριον ἐκάθισεν ἐπ' αὐτό, καθώς ἐστιν γεγραμμένον "

[15] Μὴ φοβοῦ, θυγάτηρ Σιών: ἰδοὺ ὁ βασιλεύς σου ἔρχεται καθήμενος ἐπὶ πῶλον ὄνου."

[16] Ταῦτα οὐκ ἔγνωσαν αὐτοῦ οἱ μαθηταὶ τὸ πρῶτον, ἀλλ' ὅτε ἐδοξάσθη Ἰησοῦς τότε ἐμνήσθησαν ὅτι ταῦτα ἦν ἐπ' αὐτῷ γεγραμμένα καὶ ταῦτα ἐποίησαν αὐτῷ.

[17] Ἐμαρτύρει οὖν ὁ ὄχλος ὁ ὢν μετ' αὐτοῦ ὅτε τὸν Λάζαρον ἐφώνησεν ἐκ τοῦ μνημείου καὶ ἤγειρεν αὐτὸν ἐκ νεκρῶν.

[18] διὰ τοῦτο καὶ ὑπήντησεν αὐτῷ ὁ ὄχλος ὅτι ἤκουσαν τοῦτο αὐτὸν πεποιηκέναι τὸ σημεῖον.

[19] οἱ οὖν Φαρισαῖοι εἶπαν πρὸς ἑαυτούς Θεωρεῖτε ὅτι οὐκ ὠφελεῖτε οὐδέν: ἴδε ὁ κόσμος ὀπίσω αὐτοῦ ἀπῆλθεν.

[20] Ἦσαν δὲ Ἕλληνές τινες ἐκ τῶν ἀναβαινόντων ἵνα προσκυνήσωσιν ἐν τῇ ἑορτῇ:

[21] οὗτοι οὖν προσῆλθαν Φιλίππῳ τῷ ἀπὸ Βηθσαϊδὰ τῆς Γαλιλαίας, καὶ ἠρώτων αὐτὸν λέγοντες Κύριε, θέλομεν τὸν Ἰησοῦν ἰδεῖν.

John   Chapter 12

[11] because on account of him many of the Jews went away and believed in Jesus.

[12] On the next day a great multitude had come to the feast. When they heard that Jesus was coming to Jerusalem,

[13] they took the branches of the palm trees, and went out to meet him, and cried out, "Hosanna! Blessed is he who comes in the name of the Lord, the King of Israel!"

[14] Jesus, having found a young donkey, sat on it. As it is written,

[15] "Don't be afraid, daughter of Zion. Behold, your King comes, sitting on a donkey's colt."

[16] His disciples didn't understand these things at first, but when Jesus was glorified, then they remembered that these things were written about him, and that they had done these things to him.

[17] The multitude therefore that was with him when he called Lazarus out of the tomb, and raised him from the dead, was testifying about it.

[18] For this cause also the multitude went and met him, because they heard that he had done this sign.

[19] The Pharisees therefore said among themselves, "See how you accomplish nothing. Behold, the world has gone after him."

[20] Now there were certain Greeks among those that went up to worship at the feast.

[21] These, therefore, came to Philip, who was from Bethsaida of Galilee, and asked him, saying, "Sir, we want to see Jesus."

[22] ἔρχεται ὁ Φίλιππος καὶ λέγει τῷ Ἀνδρέᾳ: ἔρχεται Ἀνδρέας καὶ Φίλιππος καὶ λέγουσιν τῷ Ἰησοῦ.

[23] ὁ δὲ Ἰησοῦς ἀποκρίνεται αὐτοῖς λέγων Ἐλήλυθεν ἡ ὥρα ἵνα δοξασθῇ ὁ υἱὸς τοῦ ἀνθρώπου.

[24] ἀμὴν ἀμὴν λέγω ὑμῖν, ἐὰν μὴ ὁ κόκκος τοῦ σίτου πεσὼν εἰς τὴν γῆν ἀποθάνῃ, αὐτὸς μόνος μένει: ἐὰν δὲ ἀποθάνῃ, πολὺν καρπὸν φέρει.

[25] ὁ φιλῶν τὴν ψυχὴν αὐτοῦ ἀπολλύει αὐτήν, καὶ ὁ μισῶν τὴν ψυχὴν αὐτοῦ ἐν τῷ κόσμῳ τούτῳ εἰς ζωὴν αἰώνιον φυλάξει αὐτήν.

[26] ἐάν ἐμοί τις διακονῇ ἐμοὶ ἀκολουθείτω, καὶ ὅπου εἰμὶ ἐγὼ ἐκεῖ καὶ ὁ διάκονος ὁ ἐμὸς ἔσται: ἐάν τις ἐμοὶ διακονῇ τιμήσει αὐτὸν ὁ πατήρ.

[27] νῦν "ἡ ψυχή μου τετάρακται," καὶ τί εἴπω; πάτερ, σῶσόν με ἐκ τῆς ὥρας ταύτης. ἀλλὰ διὰ τοῦτο ἦλθον εἰς τὴν ὥραν ταύτην. πάτερ, δόξασόν σου τὸ ὄνομα.

[28] ἦλθεν οὖν φωνὴ ἐκ τοῦ οὐρανοῦ Καὶ ἐδόξασα καὶ πάλιν δοξάσω.

[29] ὁ [οὖν] ὄχλος ὁ ἑστὼς καὶ ἀκούσας ἔλεγεν βροντὴν γεγονέναι: ἄλλοι ἔλεγον Ἄγγελος αὐτῷ λελάληκεν.

[30] ἀπεκρίθη καὶ εἶπεν Ἰησοῦς Οὐ δι' ἐμὲ ἡ φωνὴ αὕτη γέγονεν ἀλλὰ δι' ὑμᾶς.

[31] νῦν κρίσις ἐστὶν τοῦ κόσμου τούτου, νῦν ὁ ἄρχων τοῦ κόσμου τούτου ἐκβληθήσεται ἔξω:

[32] κἀγὼ ἂν ὑψωθῶ ἐκ τῆς γῆς, πάντας ἑλκύσω πρὸς ἐμαυτόν.

[22] Philip came and told Andrew, and in turn, Andrew came with Philip, and they told Jesus.

[23] Jesus answered them, "The time has come for the Son of Man to be glorified.

[24] Most assuredly I tell you, unless a grain of wheat falls into the earth and dies, it remains by itself alone. But if it dies, it bears much fruit.

[25] He who loves his life will lose it. He who hates his life in this world will keep it to eternal life.

[26] If anyone serves me, let him follow me. Where I am, there will my servant also be. If anyone serves me, the Father will honor him.

[27] "Now my soul is troubled. What shall I say? 'Father, save me from this time?' But for this cause I came to this time.

[28] Father, glorify your name!" Then there came a voice out of the sky, saying, "I have both glorified it, and will glorify it again."

[29] The multitude therefore, who stood by and heard it, said that it had thundered. Others said, "An angel has spoken to him."

[30] Jesus answered, "This voice hasn't come for my sake, but for your sakes.

[31] Now is the judgment of this world. Now the prince of this world will be cast out.

[32] And I, if I am lifted up from the earth, will draw all people to myself."

[33] τοῦτο δὲ ἔλεγεν σημαίνων ποίῳ θανάτῳ ἤμελλεν ἀποθνήσκειν.

[34] ἀπεκρίθη οὖν αὐτῷ ὁ ὄχλος Ἡμεῖς ἠκούσαμεν ἐκ τοῦ νόμου ὅτι ὁ χριστὸς μένει εἰς τὸν αἰῶνα, καὶ πῶς λέγεις σὺ ὅτι δεῖ ὑψωθῆναι τὸν υἱὸν τοῦ ἀνθρώπου; τίς ἐστιν οὗτος ὁ υἱὸς τοῦ ἀνθρώπου;

[35] εἶπεν οὖν αὐτοῖς ὁ Ἰησοῦς Ἔτι μικρὸν χρόνον τὸ φῶς ἐν ὑμῖν ἐστίν. περιπατεῖτε ὡς τὸ φῶς ἔχετε, ἵνα μὴ σκοτία ὑμᾶς καταλάβῃ, καὶ ὁ περιπατῶν ἐν τῇ σκοτίᾳ οὐκ οἶδεν ποῦ ὑπάγει.

[36] ὡς τὸ φῶς ἔχετε, πιστεύετε εἰς τὸ φῶς, ἵνα υἱοὶ φωτὸς γένησθε. Ταῦτα ἐλάλησεν Ἰησοῦς, καὶ ἀπελθὼν ἐκρύβη ἀπ' αὐτῶν.

[37] Τοσαῦτα δὲ αὐτοῦ σημεῖα πεποιηκότος ἔμπροσθεν αὐτῶν οὐκ ἐπίστευον εἰς αὐτόν

[38] ἵνα ὁ λόγος Ἡσαΐου τοῦ προφήτου πληρωθῇ ὃν εἶπεν " Κύριε, τίς ἐπίστευσεν τῇ ἀκοῇ ἡμῶν; καὶ ὁ βραχίων Κυρίου τίνι ἀπεκαλύφθη; "

[39] διὰ τοῦτο οὐκ ἠδύναντο πιστεύειν ὅτι πάλιν εἶπεν Ἡσαΐας

[40] "Τετύφλωκεν αὐτῶν τοὺς ὀφθαλμοὺς καὶ ἐπώρωσεν αὐτῶν τὴν καρδίαν ἵνα μὴ ἴδωσιν τοις ὀφθαλμοῖς καὶ νοήσωσιν τῇ καρδίᾳ καὶ στραφῶσιν καὶ ἰάσομαι αὐτούς."

[41] ταῦτα εἶπεν Ἡσαΐας ὅτι εἶδεν τὴν δόξαν αὐτοῦ, καὶ ἐλάλησεν περὶ αὐτοῦ.

[42] Ὅμως μέντοι καὶ ἐκ τῶν ἀρχόντων πολλοὶ ἐπίστευσαν εἰς αὐτόν, ἀλλὰ διὰ τοὺς Φαρισαίους οὐχ ὡμολόγουν ἵνα μὴ ἀποσυνάγωγοι γένωνται

[33] But he said this, signifying by what kind of death he should die.

[34] The multitude answered him, "We have heard out of the law that the Christ remains forever. How do you say, 'The Son of Man must be lifted up?' Who is this Son of Man?"

[35] Jesus therefore said to them, "Yet a little while the light is with you. Walk while you have the light, that darkness doesn't overtake you. He who walks in the darkness doesn't know where he is going.

[36] While you have the light, believe in the light, that you may become sons of light." Jesus said these things, and he departed and hid himself from them.

[37] But though he had done so many signs before them, yet they didn't believe in him,

[38] that the word of Isaiah the prophet might be fulfilled, which he spoke, "Lord, who has believed our report? To whom has the arm of the Lord been revealed?"

[39] For this cause they couldn't believe, for Isaiah said again,

[40] "He has blinded their eyes and he hardened their heart, Lest they should see with their eyes, And perceive with their heart, And would turn, And I would heal them."

[41] Isaiah said these things when he saw his glory, and spoke of him.

[42] Nevertheless even of the rulers many believed in him, but because of the Pharisees they didn't confess it, so that they wouldn't be put out of the synagogue,

[43] ἠγάπησαν γὰρ τὴν δόξαν τῶν ἀνθρώπων μᾶλλον ἤπερ τὴν δόξαν τοῦ θεοῦ.

[44] Ἰησοῦς δὲ ἔκραξεν καὶ εἶπεν Ὁ πιστεύων εἰς ἐμὲ οὐ πιστεύει εἰς ἐμὲ ἀλλὰ εἰς τὸν πέμψαντά με

[45] καὶ ὁ θεωρῶν ἐμὲ θεωρεῖ τὸν πέμψαντά με.

[46] ἐγὼ φῶς εἰς τὸν κόσμον ἐλήλυθα, ἵνα πᾶς ὁ πιστεύων εἰς ἐμὲ ἐν τῇ σκοτίᾳ μὴ μείνῃ.

[47] καὶ ἐάν τίς μου ἀκούσῃ τῶν ῥημάτων καὶ μὴ φυλάξῃ, ἐγὼ οὐ κρίνω αὐτόν, οὐ γὰρ ἦλθον ἵνα κρίνω τὸν κόσμον ἀλλ' ἵνα σώσω τὸν κόσμον.

[48] ὁ ἀθετῶν ἐμὲ καὶ μὴ λαμβάνων τὰ ῥήματά μου ἔχει τὸν κρίνοντα αὐτόν· ὁ λόγος ὃν ἐλάλησα ἐκεῖνος κρινεῖ αὐτὸν ἐν τῇ ἐσχάτῃ ἡμέρᾳ·

[49] ὅτι ἐγὼ ἐξ ἐμαυτοῦ οὐκ ἐλάλησα, ἀλλ' ὁ πέμψας με πατὴρ αὐτός μοι ἐντολὴν δέδωκεν τί εἴπω καὶ τί λαλήσω.

[50] καὶ οἶδα ὅτι ἡ ἐντολὴ αὐτοῦ ζωὴ αἰώνιός ἐστιν. ἃ οὖν ἐγὼ λαλῶ, καθὼς εἴρηκέν μοι ὁ πατήρ, οὕτως λαλῶ.

[43] for they loved men's praise more than God's praise.

[44] Jesus cried out and said, "Whoever believes in me, believes not in me, but in him who sent me.

[45] He who sees me sees him who sent me.

[46] I have come as a light into the world, that whoever believes in me may not remain in the darkness.

[47] If anyone listens to my sayings, and doesn't believe, I don't judge him. For I came not to judge the world, but to save the world.

[48] He who rejects me, and doesn't receive my sayings, has one who judges him. The word that I spoke, the same will judge him in the last day.

[49] For I spoke not from myself, but the Father who sent me, he gave me a commandment, what I should say, and what I should speak.

[50] I know that his commandment is eternal life. The things therefore which I speak, even as the Father has said to me, so I speak."

Chapter 13

Προ δε της εορτης τοῦ πάσχα εἰδὼς ὁ Ἰησοῦς ὅτι ἦλθεν αὐτοῦ ἡ ὥρα ἵνα μεταβῇ ἐκ τοῦ κόσμου τούτου πρὸς τὸν πατέρα ἀγαπήσας τοὺς ἰδίους τοὺς ἐν τῷ κόσμῳ εἰς τέλος ἠγάπησεν αὐτούς.

[2] Καὶ δείπνου γινομένου, τοῦ διαβόλου ἤδη βεβληκότος εἰς τὴν καρδίαν ἵνα παραδοῖ αὐτὸν Ἰούδας Σίμωνος Ἰσκαριώτης

[3] εἰδὼς ὅτι πάντα ἔδωκεν αὐτῷ ὁ πατὴρ εἰς τὰς χεῖρας, καὶ ὅτι ἀπὸ θεοῦ ἐξῆλθεν καὶ πρὸς τὸν θεὸν ὑπάγει

[4] ἐγείρεται ἐκ τοῦ δείπνου καὶ τίθησιν τὰ ἱμάτια, καὶ λαβὼν λέντιον διέζωσεν ἑαυτόν·

[5] εἶτα βάλλει ὕδωρ εἰς τὸν νιπτῆρα, καὶ ἤρξατο νίπτειν τοὺς πόδας τῶν μαθητῶν καὶ ἐκμάσσειν τῷ λεντίῳ ᾧ ἦν διεζωσμένος.

[6] ἔρχεται οὖν πρὸς Σίμωνα Πέτρον. λέγει αὐτῷ Κύριε, σύ μου νίπτεις τοὺς πόδας;

[7] ἀπεκρίθη Ἰησοῦς καὶ εἶπεν αὐτῷ Ὃ ἐγὼ ποιῶ σὺ οὐκ οἶδας ἄρτι, γνώσῃ δὲ μετὰ ταῦτα.

[8] λέγει αὐτῷ Πέτρος Οὐ μὴ νίψῃς μου τοὺς πόδας εἰς τὸν αἰῶνα. ἀπεκρίθη Ἰησοῦς αὐτῷ Ἐὰν μὴ νίψω σε, οὐκ ἔχεις μέρος μετ' ἐμοῦ.

[9] λέγει αὐτῷ Σίμων Πέτρος Κύριε, μὴ τοὺς πόδας μου μόνον ἀλλὰ καὶ τὰς χεῖρας καὶ τὴν κεφαλήν.

[10] λέγει αὐτῷ Ἰησοῦς Ὁ λελουμένος οὐκ ἔχει χρείαν [εἰ μὴ τοὺς πόδας] νίψασθαι, ἀλλ' ἔστιν καθαρὸς ὅλος· καὶ ὑμεῖς καθαροί ἐστε, ἀλλ' οὐχὶ πάντες.

Chapter 13

Now before the feast of the Passover, Jesus knowing that his time had come that he would depart from this world to the Father, having loved his own who were in the world, he loved them to the end.

[2] After supper, the devil having already put into the heart of Judas Iscariot, Simon's son, to betray him,

[3] Jesus, knowing that the Father had given all things into his hands, and that he came forth from God, and was going to God,

[4] arose from supper, and laid aside his outer garments. He took a towel, and wrapped a towel around his waist.

[5] Then he poured water into the basin, and began to wash the disciples' feet, and to wipe them with the towel that was wrapped around him.

[6] Then he came to Simon Peter. He said to him, "Lord, do you wash my feet?"

[7] Jesus answered him, "You don't know what I am doing now, but you will understand later."

[8] Peter said to him, "You will never wash my feet!" Jesus answered him, "If I don't wash you, you have no part with me."

[9] Simon Peter said to him, "Lord, not my feet only, but also my hands and my head!"

[10] Jesus said to him, "Someone who has bathed only needs to have his feet washed, but is completely clean. You are clean, but not all of you."

[11] ᾔδει γὰρ τὸν παραδιδόντα αὐτόν: διὰ τοῦτο εἶπεν ὅτι Οὐχὶ πάντες καθαροί ἐστε.

[12] Ὅτε οὖν ἔνιψεν τοὺς πόδας αὐτῶν καὶ ἔλαβεν τὰ ἱμάτια αὐτοῦ καὶ ἀνέπεσεν, πάλιν εἶπεν αὐτοῖς Γινώσκετε τί πεποίηκα ὑμῖν;

[13] ὑμεῖς φωνεῖτέ με Ὁ διδάσκαλος καί Ὁ κύριος, καὶ καλῶς λέγετε, εἰμὶ γάρ.

[14] εἰ οὖν ἐγὼ ἔνιψα ὑμῶν τοὺς πόδας ὁ κύριος καὶ ὁ διδάσκαλος, καὶ ὑμεῖς ὀφείλετε ἀλλήλων νίπτειν τοὺς πόδας:

[15] ὑπόδειγμα γὰρ ἔδωκα ὑμῖν ἵνα καθὼς ἐγὼ ἐποίησα ὑμῖν καὶ ὑμεῖς ποιῆτε.

[16] ἀμὴν ἀμὴν λέγω ὑμῖν, οὐκ ἔστιν δοῦλος μείζων τοῦ κυρίου αὐτοῦ οὐδὲ ἀπόστολος μείζων τοῦ πέμψαντος αὐτόν.

[17] εἰ ταῦτα οἴδατε, μακάριοί ἐστε ἐὰν ποιῆτε αὐτά.

[18] οὐ περὶ πάντων ὑμῶν λέγω: ἐγὼ οἶδα τίνας ἐξελεξάμην: ἀλλ᾽ ἵνα ἡ γραφὴ πληρωθῇ "Ὁ τρώγων μου τὸν ἄρτον ἐπῆρεν ἐπ᾽ ἐμὲ τὴν πτέρναν αὐτοῦ."

[19] ἀπ᾽ ἄρτι λέγω ὑμῖν πρὸ τοῦ γενέσθαι, ἵνα πιστεύητε ὅταν γένηται ὅτι ἐγώ εἰμι.

[20] ἀμὴν ἀμὴν λέγω ὑμῖν, ὁ λαμβάνων ἄν τινα πέμψω ἐμὲ λαμβάνει, ὁ δὲ ἐμὲ λαμβάνων λαμβάνει τὸν πέμψαντά με.

[21] Ταῦτα εἰπὼν Ἰησοῦς ἐταράχθη τῷ πνεύματι καὶ ἐμαρτύρησεν καὶ εἶπεν Ἀμὴν ἀμὴν λέγω ὑμῖν ὅτι εἷς ἐξ ὑμῶν παραδώσει με.

[11] For he knew him who would betray him, therefore he said, "You are not all clean."

[12] So when he had washed their feet, put his outer garment back on, and sat down again, he said to them, "Do you know what I have done to you?

[13] You call me, 'Teacher' and 'Lord.' You say so correctly, for so I am.

[14] If I then, the Lord and the Teacher, have washed your feet, you also ought to wash one another's feet.

[15] For I have given you an example, that you also should do as I have done to you.

[16] Most assuredly I tell you, a servant is not greater than his lord, neither one who is sent greater than he who sent him.

[17] If you know these things, blessed are you if you do them.

[18] I don't speak concerning all of you. I know whom I have chosen. But that the Scripture may be fulfilled, 'He who eats bread with me has lifted up his heel against me.'

[19] From now on, I tell you before it happens, that when it happens, you may believe that I AM.

[20] Most assuredly I tell you, he who receives whomever I send, receives me; and he who receives me, receives him who sent me."

[21] When Jesus had said this, he was troubled in spirit, and testified, "Most assuredly I tell you that one of you will betray me."

[22] ἔβλεπον εἰς ἀλλήλους οἱ μαθηταὶ ἀπορούμενοι περὶ τίνος λέγει.

[23] ἦν ἀνακείμενος εἷς ἐκ τῶν μαθητῶν αὐτοῦ ἐν τῷ κόλπῳ τοῦ Ἰησοῦ, ὃν ἠγάπα [ὁ] Ἰησοῦς·

[24] νεύει οὖν τούτῳ Σίμων Πέτρος καὶ λέγει αὐτῷ Εἰπὲ τίς ἐστιν περὶ οὗ λέγει.

[25] ἀναπεσὼν ἐκεῖνος οὕτως ἐπὶ τὸ στῆθος τοῦ Ἰησοῦ λέγει αὐτῷ Κύριε, τίς ἐστιν;

[26] ἀποκρίνεται οὖν [ὁ] Ἰησοῦς Ἐκεῖνός ἐστιν ᾧ ἐγὼ βάψω τὸ ψωμίον καὶ δώσω αὐτῷ· βάψας οὖν [τὸ] ψωμίον λαμβάνει καὶ δίδωσιν Ἰούδᾳ Σίμωνος Ἰσκαριώτου.

[27] καὶ μετὰ τὸ ψωμίον τότε εἰσῆλθεν εἰς ἐκεῖνον ὁ Σατανᾶς. λέγει οὖν αὐτῷ Ἰησοῦς Ὃ ποιεῖς ποίησον τάχειον.

[28] τοῦτο [δὲ] οὐδεὶς ἔγνω τῶν ἀνακειμένων πρὸς τί εἶπεν αὐτῷ·

[29] τινὲς γὰρ ἐδόκουν, ἐπεὶ τὸ γλωσσόκομον εἶχεν Ἰούδας, ὅτι λέγει αὐτῷ Ἰησοῦς Ἀγόρασον ὧν χρείαν ἔχομεν εἰς τὴν ἑορτήν, ἢ τοῖς πτωχοῖς ἵνα τι δῷ.

[30] λαβὼν οὖν τὸ ψωμίον ἐκεῖνος ἐξῆλθεν εὐθύς· ἦν δὲ νύξ.

[31] Ὅτε οὖν ἐξῆλθεν λέγει Ἰησοῦς Νῦν ἐδοξάσθη ὁ υἱὸς τοῦ ἀνθρώπου

[32] καὶ ὁ θεὸς ἐδοξάσθη ἐν αὐτῷ· καὶ ὁ θεὸς δοξάσει αὐτὸν ἐν αὐτῷ, καὶ εὐθὺς δοξάσει αὐτόν.

[33] Τεκνία, ἔτι μικρὸν μεθ᾽ ὑμῶν εἰμί· ζητήσετέ με, καὶ καθὼς εἶπον τοῖς Ἰουδαίοις ὅτι Ὅπου ἐγὼ ὑπάγω ὑμεῖς οὐ δύνασθε ἐλθεῖν, καὶ ὑμῖν λέγω ἄρτι.

[22] The disciples looked at one another, perplexed about whom he spoke.

[23] One of his disciples, whom Jesus loved, was at the table, leaning against Jesus' breast.

[24] Simon Peter therefore beckoned to him, and said to him, "Tell us who it is of whom he speaks."

[25] He, leaning back, as he was, on Jesus' breast, asked him, "Lord, who is it?"

[26] Jesus therefore answered, "It is he to whom I will give this piece of bread when I have dipped it." So when he had dipped the piece of bread, he gave it to Judas, the son of Simon Iscariot.

[27] After the piece of bread, then Satan entered into him. Then Jesus said to him, "What you do, do quickly."

[28] Now no man at the table knew why he said this to him.

[29] For some thought, because Judas had the money box, that Jesus said to him, "Buy what things we need for the feast," or that he should give something to the poor.

[30] Therefore, having received that morsel, he went out immediately. It was night.

[31] When he had gone out, Jesus said, "Now the Son of Man has been glorified, and God has been glorified in him.

[32] If God has been glorified in him, God will also glorify him in himself, and he will glorify him immediately.

[33] Little children, I will be with you a little while longer. You will seek me, and as I said to the Jews, 'Where I am going, you can't come,' so now I tell you.

[34] ἐντολὴν καινὴν δίδωμι ὑμῖν ἵνα ἀγαπᾶτε ἀλλήλους, καθὼς ἠγάπησα ὑμᾶς ἵνα καὶ ὑμεῖς ἀγαπᾶτε ἀλλήλους.

[35] ἐν τούτῳ γνώσονται πάντες ὅτι ἐμοὶ μαθηταί ἐστε, ἐὰν ἀγάπην ἔχητε ἐν ἀλλήλοις.

[36] Λέγει αὐτῷ Σίμων Πέτρος Κύριε, ποῦ ὑπάγεις; ἀπεκρίθη Ἰησοῦς Ὅπου ὑπάγω οὐ δύνασαί μοι νῦν ἀκολουθῆσαι, ἀκολουθήσεις δὲ ὕστερον.

[37] λέγει αὐτῷ [ὁ] Πέτρος Κύριε, διὰ τί οὐ δύναμαί σοι ἀκολουθεῖν ἄρτι; τὴν ψυχήν μου ὑπὲρ σοῦ θήσω.

[38] ἀποκρίνεται Ἰησοῦς Τὴν ψυχήν σου ὑπὲρ ἐμοῦ θήσεις; ἀμὴν ἀμὴν λέγω σοι, οὐ μὴ ἀλέκτωρ φωνήσῃ ἕως οὗ ἀρνήσῃ με τρίς.

[34] A new commandment I give to you, that you love one another, just like I have loved you; that you also love one another.

[35] By this everyone will know that you are my disciples, if you have love for one another."

[36] Simon Peter said to him, "Lord, where are you going?" Jesus answered, "Where I am going, you can't follow now, but you will follow afterwards."

[37] Peter said to him, "Lord, why can't I follow you now? I will lay down my life for you."

[38] Jesus answered him, "Will you lay down your life for me? Most assuredly I tell you, the rooster won't crow until you have denied me three times.

Chapter 14

Μὴ ταρασσέσθω ὑμῶν ἡ καρδία: πιστεύετε εἰς τὸν θεόν, καὶ εἰς ἐμὲ πιστεύετε.

[2] ἐν τῇ οἰκίᾳ τοῦ πατρός μου μοναὶ πολλαί εἰσιν: εἰ δὲ μή, εἶπον ἂν ὑμῖν, ὅτι πορεύομαι ἑτοιμάσαι τόπον ὑμῖν:

[3] καὶ ἐὰν πορευθῶ καὶ ἑτοιμάσω τόπον ὑμῖν, πάλιν ἔρχομαι καὶ παραλήμψομαι ὑμᾶς πρὸς ἐμαυτόν, ἵνα ὅπου εἰμὶ ἐγὼ καὶ ὑμεῖς ἦτε.

[4] καὶ ὅπου ἐγὼ ὑπάγω οἴδατε τὴν ὁδόν.

[5] Λέγει αὐτῷ Θωμᾶς Κύριε, οὐκ οἴδαμεν ποῦ ὑπάγεις: πῶς οἴδαμεν τὴν ὁδόν;

[6] λέγει αὐτῷ Ἰησοῦς Ἐγώ εἰμι ἡ ὁδὸς καὶ ἡ ἀλήθεια καὶ ἡ ζωή: οὐδεὶς ἔρχεται πρὸς τὸν πατέρα εἰ μὴ δι' ἐμοῦ.

[7] εἰ ἐγνώκειτέ με, καὶ τὸν πατέρα μου ἂν ᾔδειτε: ἀπ' ἄρτι γινώσκετε αὐτὸν καὶ ἑωράκατε.

[8] Λέγει αὐτῷ Φίλιππος Κύριε, δεῖξον ἡμῖν τὸν πατέρα, καὶ ἀρκεῖ ἡμῖν.

[9] λέγει αὐτῷ [ὁ] Ἰησοῦς Τοσοῦτον χρόνον μεθ' ὑμῶν εἰμι καὶ οὐκ ἔγνωκάς με, Φίλιππε; ὁ ἑωρακὼς ἐμὲ ἑωρακεν τὸν πατέρα: πῶς σὺ λέγεις Δεῖξον ἡμῖν τὸν πατέρα;

[10] οὐ πιστεύεις ὅτι ἐγὼ ἐν τῷ πατρὶ καὶ ὁ πατὴρ ἐν ἐμοί ἐστιν; τὰ ῥήματα ἃ ἐγὼ λέγω ὑμῖν ἀπ' ἐμαυτοῦ οὐ λαλῶ: ὁ δὲ πατὴρ ἐν ἐμοὶ μένων ποιεῖ τὰ ἔργα αὐτοῦ.

[11] πιστεύετέ μοι ὅτι ἐγὼ ἐν τῷ πατρὶ καὶ ὁ πατὴρ ἐν ἐμοί: εἰ δὲ μή, διὰ τὰ ἔργα αὐτὰ πιστεύετε.

Chapter 14

"Don't let your heart be troubled. Believe in God. Believe also in me.

[2] In my Father's house are many mansions. If it weren't so, I would have told you. I am going to prepare a place for you.

[3] If I go and prepare a place for you, I will come again, and will receive you to myself; that where I am, you may be there also.

[4] Where I go, you know, and you know the way."

[5] Thomas says to him, "Lord, we don't know where you are going. How can we know the way?"

[6] Jesus said to him, "I am the way, the truth, and the life. No one comes to the Father, except through me.

[7] If you had known me, you would have known my Father also. From now on, you know him, and have seen him."

[8] Philip said to him, "Lord, show us the Father, and that will be enough for us."

[9] Jesus said to him, "Have I been with you such a long time, and do you not know me, Philip? He who has seen me has seen the Father. How do you say, 'Show us the Father?'

[10] Don't you believe that I am in the Father, and the Father in me? The words that I tell you, I speak not from myself; but the Father who lives in me does his works.

[11] Believe me that I am in the Father, and the Father in me; or else believe me for the very works' sake.

[12] Ἀμὴν ἀμὴν λέγω ὑμῖν, ὁ πιστεύων εἰς ἐμὲ τὰ ἔργα ἃ ἐγὼ ποιῶ κἀκεῖνος ποιήσει, καὶ μείζονα τούτων ποιήσει, ὅτι ἐγὼ πρὸς τὸν πατέρα πορεύομαι:

[13] καὶ ὅτι ἂν αἰτήσητε ἐν τῷ ὀνόματί μου τοῦτο ποιήσω, ἵνα δοξασθῇ ὁ πατὴρ ἐν τῷ υἱῷ:

[14] ἐάν τι αἰτήσητέ [με] ἐν τῷ ὀνόματί μου τοῦτο ποιήσω.

[15] Ἐὰν ἀγαπᾶτέ με, τὰς ἐντολὰς τὰς ἐμὰς τηρήσετε:

[16] κἀγὼ ἐρωτήσω τὸν πατέρα καὶ ἄλλον παράκλητον δώσει ὑμῖν ἵνα ᾖ μεθ' ὑμῶν εἰς τὸν αἰῶνα

[17] τὸ πνεῦμα τῆς ἀληθείας, ὃ ὁ κόσμος οὐ δύναται λαβεῖν, ὅτι οὐ θεωρεῖ αὐτὸ οὐδὲ γινώσκει: ὑμεῖς γινώσκετε αὐτό, ὅτι παρ' ὑμῖν μένει καὶ ἐν ὑμῖν ἐστίν.

[18] Οὐκ ἀφήσω ὑμᾶς ὀρφανούς, ἔρχομαι πρὸς ὑμᾶς.

[19] ἔτι μικρὸν καὶ ὁ κόσμος με οὐκέτι θεωρεῖ, ὑμεῖς δὲ θεωρεῖτέ με, ὅτι ἐγὼ ζῶ καὶ ὑμεῖς ζήσετε.

[20] ἐν ἐκείνῃ τῇ ἡμέρᾳ ὑμεῖς γνώσεσθε ὅτι ἐγὼ ἐν τῷ πατρί μου καὶ ὑμεῖς ἐν ἐμοὶ κἀγὼ ἐν ὑμῖν.

[21] ὁ ἔχων τὰς ἐντολάς μου καὶ τηρῶν αὐτὰς ἐκεῖνός ἐστιν ὁ ἀγαπῶν με: ὁ δὲ ἀγαπῶν με ἀγαπηθήσεται ὑπὸ τοῦ πατρός μου, κἀγὼ ἀγαπήσω αὐτὸν καὶ ἐμφανίσω αὐτῷ ἐμαυτόν.

[22] Λέγει αὐτῷ Ἰούδας, οὐχ ὁ Ἰσκαριώτης, Κύριε, τί γέγονεν ὅτι ἡμῖν μέλλεις ἐμφανίζειν σεαυτὸν καὶ οὐχὶ τῷ κόσμῳ;

[23] ἀπεκρίθη Ἰησοῦς καὶ εἶπεν αὐτῷ Ἐάν τις ἀγαπᾷ με τὸν λόγον μου τηρήσει, καὶ ὁ πατήρ μου ἀγαπήσει αὐτόν, καὶ πρὸς αὐτὸν ἐλευσόμεθα καὶ μονὴν παρ' αὐτῷ ποιησόμεθα.

John Chapter 14

[12] Most assuredly I tell you, he who believes in me, the works that I do, he will do also; and greater works than these will he do; because I am going to my Father.

[13] Whatever you will ask in my name, that will I do, that the Father may be glorified in the Son.

[14] If you will ask anything in my name, I will do it.

[15] If you love me, keep my commandments.

[16] I will pray to the Father, and he will give you another Counselor, that he may be with you forever, --

[17] the Spirit of truth, whom the world can't receive; for it doesn't see him, neither knows him. You know him, for he lives with you, and will be in you.

[18] I will not leave you orphans. I will come to you.

[19] Yet a little while, and the world will see me no more; but you will see me. Because I live, you will live also.

[20] In that day you will know that I am in my Father, and you in me, and I in you.

[21] One who has my commandments, and keeps them, that person is one who loves me. One who loves me will be loved by my Father, and I will love him, and will reveal myself to him."

[22] Judas (not Iscariot) said to him, "Lord, what has happened that you are about to reveal yourself to us, and not to the world?"

[23] Jesus answered him, "If a man loves me, he will keep my word. My Father will love him, and we will come to him, and make our home with him.

[24] ὁ μὴ ἀγαπῶν με τοὺς λόγους μου οὐ τηρεῖ: καὶ ὁ λόγος ὃν ἀκούετε οὐκ ἔστιν ἐμὸς ἀλλὰ τοῦ πέμψαντός με πατρός.

[25] Ταῦτα λελάληκα ὑμῖν παρ' ὑμῖν μένων:

[26] ὁ δὲ παράκλητος, τὸ πνεῦμα τὸ ἅγιον ὃ πέμψει ὁ πατὴρ ἐν τῷ ὀνόματί μου, ἐκεῖνος ὑμᾶς διδάξει πάντα καὶ ὑπομνήσει ὑμᾶς πάντα ἃ εἶπον ὑμῖν ἐγώ.

[27] Εἰρήνην ἀφίημι ὑμῖν, εἰρήνην τὴν ἐμὴν δίδωμι ὑμῖν: οὐ καθὼς ὁ κόσμος δίδωσιν ἐγὼ δίδωμι ὑμῖν.

[28] μὴ ταρασσέσθω ὑμῶν ἡ καρδία μηδὲ δειλιάτω. ἠκούσατε ὅτι ἐγὼ εἶπον ὑμῖν Ὑπάγω καὶ ἔρχομαι πρὸς ὑμᾶς. εἰ ἠγαπᾶτέ με ἐχάρητε ἄν, ὅτι πορεύομαι πρὸς τὸν πατέρα, ὅτι ὁ πατὴρ μείζων μού ἐστιν.

[29] καὶ νῦν εἴρηκα ὑμῖν πρὶν γενέσθαι, ἵνα ὅταν γένηται πιστεύσητε.

[30] οὐκέτι πολλὰ λαλήσω μεθ' ὑμῶν, ἔρχεται γὰρ ὁ τοῦ κόσμου ἄρχων: καὶ ἐν ἐμοὶ οὐκ ἔχει οὐδέν

[31] ἀλλ' ἵνα γνῷ ὁ κόσμος ὅτι ἀγαπῶ τὸν πατέρα, καὶ καθὼς ἐντολὴν ἔδωκέν μοι ὁ πατὴρ οὕτως ποιῶ. Ἐγείρεσθε, ἄγωμεν ἐντεῦθεν.

[24] He who doesn't love me doesn't keep my words. The word which you hear isn't mine, but the Father's who sent me.

[25] I have said these things to you, while still living with you.

[26] But the Counselor, the Holy Spirit, whom the Father will send in my name, he will teach you all things, and will remind you of all that I said to you.

[27] Peace I leave with you. My peace I give to you; not as the world gives, give I to you. Don't let your heart be troubled, neither let it be fearful.

[28] You heard how I told you, 'I go away, and I come to you.' If you loved me, you would have rejoiced, because I said 'I am going to my Father;' for the Father is greater than I.

[29] Now I have told you before it happens so that, when it happens, you may believe.

[30] I will no more speak much with you, for the prince of the world comes, and he has nothing in me.

[31] But that the world may know that I love the Father, and as the Father commanded me, even so I do. Arise, let us go from here.

Chapter 15

Ἐγώ εἰμι ἡ ἄμπελος ἡ ἀληθινή, καὶ ὁ πατήρ μου ὁ γεωργός ἐστιν:

[2] πᾶν κλῆμα ἐν ἐμοὶ μὴ φέρον καρπὸν αἴρει αὐτό, καὶ πᾶν τὸ καρπὸν φέρον καθαίρει αὐτὸ ἵνα καρπὸν πλείονα φέρῃ.

[3] ἤδη ὑμεῖς καθαροί ἐστε διὰ τὸν λόγον ὃν λελάληκα ὑμῖν:

[4] μείνατε ἐν ἐμοί, κἀγὼ ἐν ὑμῖν. καθὼς τὸ κλῆμα οὐ δύναται καρπὸν φέρειν ἀφ' ἑαυτοῦ ἐὰν μὴ μένῃ ἐν τῇ ἀμπέλῳ, οὕτως οὐδὲ ὑμεῖς ἐὰν μὴ ἐν ἐμοὶ μένητε. ἐγώ εἰμι ἡ ἄμπελος, ὑμεῖς τὰ κλήματα.

[5] ὁ μένων ἐν ἐμοὶ κἀγὼ ἐν αὐτῷ οὗτος φέρει καρπὸν πολύν, ὅτι χωρὶς ἐμοῦ οὐ δύνασθε ποιεῖν οὐδέν.

[6] ἐὰν μή τις μένῃ ἐν ἐμοί, ἐβλήθη ἔξω ὡς τὸ κλῆμα καὶ ἐξηράνθη, καὶ συνάγουσιν αὐτὰ καὶ εἰς τὸ πῦρ βάλλουσιν καὶ καίεται.

[7] Ἐὰν μείνητε ἐν ἐμοὶ καὶ τὰ ῥήματά μου ἐν ὑμῖν μείνῃ, ὃ ἐὰν θέλητε αἰτήσασθε καὶ γενήσεται ὑμῖν:

[8] ἐν τούτῳ ἐδοξάσθη ὁ πατήρ μου ἵνα καρπὸν πολὺν φέρητε καὶ γένησθε ἐμοὶ μαθηταί.

[9] καθὼς ἠγάπησέν με ὁ πατήρ, κἀγὼ ὑμᾶς ἠγάπησα, μείνατε ἐν τῇ ἀγάπῃ τῇ ἐμῇ.

[10] ἐὰν τὰς ἐντολάς μου τηρήσητε, μενεῖτε ἐν τῇ ἀγάπῃ μου, καθὼς ἐγὼ τοῦ πατρὸς τὰς ἐντολὰς τετήρηκα καὶ μένω αὐτοῦ ἐν τῇ ἀγάπῃ.

Chapter 15

"I am the true vine, and my Father is the farmer.

[2] Every branch in me that doesn't bear fruit, he takes away. Every branch that bears fruit, he prunes, that it may bear more fruit.

[3] You are already pruned clean because of the word which I have spoken to you.

[4] Remain in me, and I in you. As the branch can't bear fruit by itself, unless it remains in the vine, so neither can you, unless you remain in me.

[5] I am the vine. You are the branches. He who remains in me, and I in him, the same bears much fruit, for apart from me you can do nothing.

[6] If a man doesn't remain in me, he is thrown out as a branch, and is withered; and they gather them, throw them into the fire, and they are burned.

[7] If you remain in me, and my words remain in you, you will ask whatever you desire, and it will be done to you.

[8] "In this is my Father glorified, that you bear much fruit; and so you will be my disciples.

[9] Even as the Father has loved me, I also have loved you. Remain in my love.

[10] If you keep my commandments, you will remain in my love; even as I have kept my Father's commandments, and remain in his love.

[11] Ταῦτα λελάληκα ὑμῖν ἵνα ἡ χαρὰ ἡ ἐμὴ ἐν ὑμῖν ᾖ καὶ ἡ χαρὰ ὑμῶν πληρωθῇ.

[12] αὕτη ἐστὶν ἡ ἐντολὴ ἡ ἐμὴ ἵνα ἀγαπᾶτε ἀλλήλους καθὼς ἠγάπησα ὑμᾶς:

[13] μείζονα ταύτης ἀγάπην οὐδεὶς ἔχει, ἵνα τις τὴν ψυχὴν αὐτοῦ θῇ ὑπὲρ τῶν φίλων αὐτοῦ.

[14] ὑμεῖς φίλοι μού ἐστε ἐὰν ποιῆτε ὃ ἐγὼ ἐντέλλομαι ὑμῖν.

[15] οὐκέτι λέγω ὑμᾶς δούλους, ὅτι ὁ δοῦλος οὐκ οἶδεν τί ποιεῖ αὐτοῦ ὁ κύριος: ὑμᾶς δὲ εἴρηκα φίλους, ὅτι πάντα ἃ ἤκουσα παρὰ τοῦ πατρός μου ἐγνώρισα ὑμῖν.

[16] οὐχ ὑμεῖς με ἐξελέξασθε, ἀλλ᾽ ἐγὼ ἐξελεξάμην ὑμᾶς, καὶ ἔθηκα ὑμᾶς ἵνα ὑμεῖς ὑπάγητε καὶ καρπὸν φέρητε καὶ ὁ καρπὸς ὑμῶν μένῃ, ἵνα ὅτι ἂν αἰτήσητε τὸν πατέρα ἐν τῷ ὀνόματί μου δῷ ὑμῖν.

[17] Ταῦτα ἐντέλλομαι ὑμῖν ἵνα ἀγαπᾶτε ἀλλήλους.

[18] Εἰ ὁ κόσμος ὑμᾶς μισεῖ, γινώσκετε ὅτι ἐμὲ πρῶτον ὑμῶν μεμίσηκεν. εἰ ἐκ τοῦ κόσμου ἦτε, ὁ κόσμος ἂν τὸ ἴδιον ἐφίλει:

[19] ὅτι δὲ ἐκ τοῦ κόσμου οὐκ ἐστέ, ἀλλ᾽ ἐγὼ ἐξελεξάμην ὑμᾶς ἐκ τοῦ κόσμου, διὰ τοῦτο μισεῖ ὑμᾶς ὁ κόσμος.

[20] μνημονεύετε τοῦ λόγου οὗ ἐγὼ εἶπον ὑμῖν Οὐκ ἔστιν δοῦλος μείζων τοῦ κυρίου αὐτοῦ: εἰ ἐμὲ ἐδίωξαν, καὶ ὑμᾶς διώξουσιν: εἰ τὸν λόγον μου ἐτήρησαν, καὶ τὸν ὑμέτερον τηρήσουσιν.

[21] ἀλλὰ ταῦτα πάντα ποιήσουσιν εἰς ὑμᾶς διὰ τὸ ὄνομά μου, ὅτι οὐκ οἴδασιν τὸν πέμψαντά με.

John   Chapter 15

[11] I have spoken these things to you, that my joy may remain in you, and that your joy may be made full.

[12] "This is my commandment, that you love one another, even as I have loved you.

[13] Greater love has no one than this, that someone lay down his life for his friends.

[14] You are my friends, if you do whatever I command you.

[15] No longer do I call you servants, for the servant doesn't know what his lord does. But I have called you friends, for everything that I heard from my Father, I have made known to you.

[16] You didn't choose me, but I chose you, and appointed you, that you should go and bear fruit, and that your fruit should remain; that whatever you will ask of the Father in my name, he may give it to you.

[17] "I command these things to you, that you may love one another.

[18] If the world hates you, you know that it has hated me before it hated you.

[19] If you were of the world, the world would love its own. But because you are not of the world, since I chose you out of the world, therefore the world hates you.

[20] Remember the word that I said to you: 'A servant is not greater than his lord.' If they persecuted me, they will also persecute you. If they kept my word, they will keep yours also.

[21] But all these things will they do to you for my name's sake, because they don't know him who sent me.

[22] Εἰ μὴ ἦλθον καὶ ἐλάλησα αὐτοῖς, ἁμαρτίαν οὐκ εἴχοσαν· νῦν δὲ πρόφασιν οὐκ ἔχουσιν περὶ τῆς ἁμαρτίας αὐτῶν.

[23] ὁ ἐμὲ μισῶν καὶ τὸν πατέρα μου μισεῖ.

[24] εἰ τὰ ἔργα μὴ ἐποίησα ἐν αὐτοῖς ἃ οὐδεὶς ἄλλος ἐποίησεν, ἁμαρτίαν οὐκ εἴχοσαν· νῦν δὲ καὶ ἑωράκασιν καὶ μεμισήκασιν καὶ ἐμὲ καὶ τὸν πατέρα μου.

[25] ἀλλ' ἵνα πληρωθῇ ὁ λόγος ὁ ἐν τῷ νόμῳ αὐτῶν γεγραμμένος ὅτι "Ἐμίσησάν με δωρεάν."

[26] Ὅταν ἔλθῃ ὁ παράκλητος ὃν ἐγὼ πέμψω ὑμῖν παρὰ τοῦ πατρός, τὸ πνεῦμα τῆς ἀληθείας ὃ παρὰ τοῦ πατρὸς ἐκπορεύεται, ἐκεῖνος μαρτυρήσει περὶ ἐμοῦ· καὶ ὑμεῖς δὲ μαρτυρεῖτε

[27] ὅτι ἀπ' ἀρχῆς μετ' ἐμοῦ ἐστέ.

[22] If I had not come and spoken to them, they would not have had sin; but now they have no excuse for their sin.

[23] He who hates me, hates my Father also.

[24] If I hadn't done among them the works which no one else did, they wouldn't have had sin. But now have they seen and also hated both me and my Father.

[25] But this happened so that the word may be fulfilled which was written in their law, 'They hated me without a cause.'

[26] "When the Counselor has come, whom I will send to you from the Father, the Spirit of truth, who proceeds from the Father, he will testify about me.

[27] You will also testify, because you have been with me from the beginning.

Chapter 16

Ταῦτα λελάληκα ὑμῖν ἵνα μὴ σκανδαλισθῆτε.

[2] ἀποσυναγώγους ποιήσουσιν ὑμᾶς: ἀλλ' ἔρχεται ὥρα ἵνα πᾶς ὁ ἀποκτείνας [ὑμᾶς] δόξῃ λατρείαν προσφέρειν τῷ θεῷ.

[3] καὶ ταῦτα ποιήσουσιν ὅτι οὐκ ἔγνωσαν τὸν πατέρα οὐδὲ ἐμέ.

[4] ἀλλὰ ταῦτα λελάληκα ὑμῖν ἵνα ὅταν ἔλθῃ ἡ ὥρα αὐτῶν μνημονεύητε αὐτῶν ὅτι ἐγὼ εἶπον ὑμῖν: ταῦτα δὲ ὑμῖν ἐξ ἀρχῆς οὐκ εἶπον, ὅτι μεθ' ὑμῶν ἤμην.

[5] νῦν δὲ ὑπάγω πρὸς τὸν πέμψαντά με καὶ οὐδεὶς ἐξ ὑμῶν ἐρωτᾷ με Ποῦ ὑπάγεις;

[6] ἀλλ' ὅτι ταῦτα λελάληκα ὑμῖν ἡ λύπη πεπλήρωκεν ὑμῶν τὴν καρδίαν.

[7] ἀλλ' ἐγὼ τὴν ἀλήθειαν λέγω ὑμῖν, συμφέρει ὑμῖν ἵνα ἐγὼ ἀπέλθω. ἐὰν γὰρ μὴ ἀπέλθω, ὁ παράκλητος οὐ μὴ ἔλθῃ πρὸς ὑμᾶς: ἐὰν δὲ πορευθῶ, πέμψω αὐτὸν πρὸς ὑμᾶς.

[8] Καὶ ἐλθὼν ἐκεῖνος ἐλέγξει τὸν κόσμον περὶ ἁμαρτίας καὶ περὶ δικαιοσύνης καὶ περὶ κρίσεως:

[9] περὶ ἁμαρτίας μέν, ὅτι οὐ πιστεύουσιν εἰς ἐμέ:

[10] περὶ δικαιοσύνης δέ, ὅτι πρὸς τὸν πατέρα ὑπάγω καὶ οὐκέτι θεωρεῖτέ με:

[11] περὶ δὲ κρίσεως, ὅτι ὁ ἄρχων τοῦ κόσμου τούτου κέκριται.

[12] Ἔτι πολλὰ ἔχω ὑμῖν λέγειν, ἀλλ' οὐ δύνασθε βαστάζειν ἄρτι:

Chapter 16

"These things have I spoken to you, so that you wouldn't be caused to stumble.

[2] They will put you out of the synagogues. Yes, the time comes that whoever kills you will think that he offers service to God.

[3] They will do these things because they have not known the Father, nor me.

[4] But I have told you these things, so that when the time comes, you may remember that I told you about them. I didn't tell you these things from the beginning, because I was with you.

[5] But now I am going to him who sent me, and none of you asks me, 'Where are you going?'

[6] But because I have told you these things, sorrow has filled your heart.

[7] Nevertheless I tell you the truth: It is to your advantage that I go away, for if I don't go away, the Counselor won't come to you. But if I go, I will send him to you.

[8] When he has come, he will convict the world about sin, about righteousness, and about judgment;

[9] about sin, because they don't believe in me;

[10] about righteousness, because I am going to my Father, and you won't see me any more;

[11] about judgment, because the prince of this world has been judged.

[12] "I have yet many things to tell you, but you can't bear them now.

[13] ὅταν δὲ ἔλθῃ ἐκεῖνος, τὸ πνεῦμα τῆς ἀληθείας, ὁδηγήσει ὑμᾶς εἰς τὴν ἀλήθειαν πᾶσαν, οὐ γὰρ λαλήσει ἀφ' ἑαυτοῦ, ἀλλ' ὅσα ἀκούει λαλήσει, καὶ τὰ ἐρχόμενα ἀναγγελεῖ ὑμῖν.

[14] ἐκεῖνος ἐμὲ δοξάσει, ὅτι ἐκ τοῦ ἐμοῦ λήμψεται καὶ ἀναγγελεῖ ὑμῖν.

[15] πάντα ὅσα ἔχει ὁ πατὴρ ἐμά ἐστιν: διὰ τοῦτο εἶπον ὅτι ἐκ τοῦ ἐμοῦ λαμβάνει καὶ ἀναγγελεῖ ὑμῖν.

[16] Μικρὸν καὶ οὐκέτι θεωρεῖτέ με, καὶ πάλιν μικρὸν καὶ ὄψεσθέ με.

[17] Εἶπαν οὖν ἐκ τῶν μαθητῶν αὐτοῦ πρὸς ἀλλήλους Τί ἐστιν τοῦτο ὃ λέγει ἡμῖν Μικρὸν καὶ οὐ θεωρεῖτέ με, καὶ πάλιν μικρὸν καὶ ὄψεσθέ με; καί Ὅτι ὑπάγω πρὸς τὸν πατέρα;

[18] ἔλεγον οὖν Τί ἐστιν τοῦτο ὃ λέγει μικρόν; οὐκ οἴδαμεν [τί λαλεῖ].

[19] ἔγνω Ἰησοῦς ὅτι ἤθελον αὐτὸν ἐρωτᾶν, καὶ εἶπεν αὐτοῖς Περὶ τούτου ζητεῖτε μετ' ἀλλήλων ὅτι εἶπον Μικρὸν καὶ οὐ θεωρεῖτέ με, καὶ πάλιν μικρὸν καὶ ὄψεσθέ με;

[20] ἀμὴν ἀμὴν λέγω ὑμῖν ὅτι κλαύσετε καὶ θρηνήσετε ὑμεῖς, ὁ δὲ κόσμος χαρήσεται: ὑμεῖς λυπηθήσεσθε, ἀλλ' ἡ λύπη ὑμῶν εἰς χαρὰν γενήσεται.

[21] ἡ γυνὴ ὅταν τίκτῃ λύπην ἔχει, ὅτι ἦλθεν ἡ ὥρα αὐτῆς: ὅταν δὲ γεννήσῃ τὸ παιδίον, οὐκέτι μνημονεύει τῆς θλίψεως διὰ τὴν χαρὰν ὅτι ἐγεννήθη ἄνθρωπος εἰς τὸν κόσμον.

[22] καὶ ὑμεῖς οὖν νῦν μὲν λύπην ἔχετε: πάλιν δὲ ὄψομαι ὑμᾶς, "καὶ χαρήσεται ὑμῶν ἡ καρδία," καὶ τὴν χαρὰν ὑμῶν οὐδεὶς ἀρεῖ ἀφ' ὑμῶν.

[13] However when he, the Spirit of truth, has come, he will guide you into all truth, for he will not speak from himself; but whatever he hears, he will speak. He will declare to you things that are coming.

[14] He will glorify me, for he will take from what is mine, and will declare it to you.

[15] All things whatever the Father has are mine; therefore I said that he takes of mine, and will declare it to you.

[16] A little while, and you will not see me. Again a little while, and you will see me."

[17] Some of his disciples therefore said to one another, "What is this that he says to us, 'A little while, and you won't see me, and again a little while, and you will see me;' and, 'Because I go to the Father?'"

[18] They said therefore, "What is this that he says, 'A little while?' We don't know what he is saying."

[19] Therefore Jesus perceived that they wanted to ask him, and he said to them, "Do you inquire among yourselves concerning this, that I said, 'A little while, and you won't see me, and again a little while, and you will see me?'

[20] Most assuredly I tell you, that you will weep and lament, but the world will rejoice. You will be sorrowful, but your sorrow will be turned into joy.

[21] A woman, when she gives birth, has sorrow, because her time has come. But when she has delivered the child, she doesn't remember the anguish any more, for the joy that a human being is born into the world.

[22] Therefore you now have sorrow, but I will see you again, and your heart will rejoice, and no one will take your joy away from you.

[23] καὶ ἐν ἐκείνῃ τῇ ἡμέρᾳ ἐμὲ οὐκ ἐρωτήσετε οὐδέν: ἀμὴν ἀμὴν λέγω ὑμῖν, ἄν τι αἰτήσητε τὸν πατέρα δώσει ὑμῖν ἐν τῷ ὀνόματί μου.

[24] ἕως ἄρτι οὐκ ᾐτήσατε οὐδὲν ἐν τῷ ὀνόματί μου: αἰτεῖτε καὶ λήμψεσθε, ἵνα ἡ χαρὰ ὑμῶν ᾖ πεπληρωμένη.

[25] Ταῦτα ἐν παροιμίαις λελάληκα ὑμῖν: ἔρχεται ὥρα ὅτε οὐκέτι ἐν παροιμίαις λαλήσω ὑμῖν ἀλλὰ παρρησίᾳ περὶ τοῦ πατρὸς ἀπαγγελῶ ὑμῖν.

[26] ἐν ἐκείνῃ τῇ ἡμέρᾳ ἐν τῷ ὀνόματί μου αἰτήσεσθε, καὶ οὐ λέγω ὑμῖν ὅτι ἐγὼ ἐρωτήσω τὸν πατέρα περὶ ὑμῶν:

[27] αὐτὸς γὰρ ὁ πατὴρ φιλεῖ ὑμᾶς, ὅτι ὑμεῖς ἐμὲ πεφιλήκατε καὶ πεπιστεύκατε ὅτι ἐγὼ παρὰ: τοῦ πατρὸς ἐξῆλθον.

[28] ἐξῆλθον ἐκ τοῦ πατρὸς καὶ ἐλήλυθα εἰς τὸν κόσμον: πάλιν ἀφίημι τὸν κόσμον καὶ πορεύομαι πρὸς τὸν πατέρα.

[29] Λέγουσιν οἱ μαθηταὶ αὐτοῦ Ἴδε νῦν ἐν παρρησίᾳ λαλεῖς, καὶ παροιμίαν οὐδεμίαν λέγεις.

[30] νῦν οἴδαμεν ὅτι οἶδας πάντα καὶ οὐ χρείαν ἔχεις ἵνα τίς σε ἐρωτᾷ: ἐν τούτῳ πιστεύομεν ὅτι ἀπὸ θεοῦ ἐξῆλθες.

[31] ἀπεκρίθη αὐτοῖς Ἰησοῦς Ἄρτι πιστεύετε;

[32] ἰδοὺ ἔρχεται ὥρα καὶ ἐλήλυθεν ἵνα σκορπισθῆτε ἕκαστος εἰς τὰ ἴδια κἀμὲ μόνον ἀφῆτε: καὶ οὐκ εἰμὶ μόνος, ὅτι ὁ πατὴρ μετ' ἐμοῦ ἐστίν.

[33] ταῦτα λελάληκα ὑμῖν ἵνα ἐν ἐμοὶ εἰρήνην ἔχητε: ἐν τῷ κόσμῳ θλῖψιν ἔχετε, ἀλλὰ θαρσεῖτε, ἐγὼ νενίκηκα τὸν κόσμον.

[23] "In that day you will ask me no questions. Most assuredly I tell you, whatever you may ask of the Father in my name, he will give it to you.

[24] Until now, you have asked nothing in my name. Ask, and you will receive, that your joy may be made full.

[25] I have spoken these things to you in figures of speech. But the time is coming when I will no more speak to you in figures of speech, but will tell you plainly about the Father.

[26] In that day you will ask in my name; and I don't say to you, that I will pray to the Father for you,

[27] for the Father himself loves you, because you have loved me, and have believed that I came forth from God.

[28] I came out from the Father, and have come into the world. Again, I leave the world, and go to the Father."

[29] His disciples said to him, "Behold, now you speak plainly, and speak no figures of speech.

[30] Now we know that you know all things, and don't need for anyone to question you. By this we believe that you came forth from God."

[31] Jesus answered them, "Do you now believe?

[32] Behold, the time is coming, yes, and has now come, that you will be scattered, everyone to his own place, and you will leave me alone. Yet I am not alone, because the Father is with me.

[33] I have told you these things, that in me you may have peace. In the world you have oppression; but cheer up! I have overcome the world."

Chapter 17

Ταῦτα ἐλάλησεν Ἰησοῦς, καὶ ἐπάρας τοὺς ὀφθαλμοὺς αὐτοῦ εἰς τὸν οὐρανὸν εἶπεν Πάτερ, ἐλήλυθεν ἡ ὥρα:

[2] δόξασόν σου τὸν υἱόν, ἵνα ὁ υἱὸς δοξάσῃ σέ, καθὼς ἔδωκας αὐτῷ ἐξουσίαν πάσης σαρκός, ἵνα πᾶν ὃ δέδωκας αὐτῷ δώσει αὐτοῖς ζωὴν αἰώνιον.

[3] αὕτη δέ ἐστιν ἡ αἰώνιος ζωὴ ἵνα γινώσκωσι σὲ τὸν μόνον ἀληθινὸν θεὸν καὶ ὃν ἀπέστειλας Ἰησοῦν Χριστόν.

[4] ἐγώ σε ἐδόξασα ἐπὶ τῆς γῆς, τὸ ἔργον τελειώσας ὃ δέδωκάς μοι ἵνα ποιήσω:

[5] καὶ νῦν δόξασόν με σύ, πάτερ, παρὰ σεαυτῷ τῇ δόξῃ ᾗ εἶχον πρὸ τοῦ τὸν κόσμον εἶναι παρὰ σοί.

[6] Ἐφανέρωσά σου τὸ ὄνομα τοῖς ἀνθρώποις. οὓς ἔδωκάς μοι ἐκ τοῦ κόσμου. σοὶ ἦσαν κἀμοὶ αὐτοὺς ἔδωκας, καὶ τὸν λόγον σου τετήρηκαν.

[7] νῦν ἔγνωκαν ὅτι πάντα ὅσα ἔδωκάς μοι παρὰ σοῦ εἰσίν:

[8] ὅτι τὰ ῥήματα ἃ ἔδωκάς μοι δέδωκα αὐτοῖς, καὶ αὐτοὶ ἔλαβον καὶ ἔγνωσαν ἀληθῶς ὅτι παρὰ σοῦ ἐξῆλθον, καὶ ἐπίστευσαν ὅτι σύ με ἀπέστειλας.

[9] Ἐγὼ περὶ αὐτῶν ἐρωτῶ: οὐ περὶ τοῦ κόσμου ἐρωτῶ ἀλλὰ περὶ ὧν δέδωκάς μοι, ὅτι σοί εἰσιν, καὶ τὰ ἐμὰ πάντα σά ἐστιν

[10] καὶ τὰ σὰ ἐμά, καὶ δεδόξασμαι ἐν αὐτοῖς.

Chapter 17

Jesus said these things, and lifting up his eyes to heaven, he said, "Father, the time has come. Glorify your Son, that your Son may also glorify you;

[2] even as you gave him authority over all flesh, to give eternal life to all whom you have given him.

[3] This is eternal life, that they should know you, the only true God, and him whom you sent, Jesus Christ.

[4] I glorified you on the earth. I have accomplished the work which you have given me to do.

[5] Now, Father, glorify me with your own self with the glory which I had with you before the world existed.

[6] I revealed your name to the people whom you have given me out of the world. They were yours, and you have given them to me. They have kept your word.

[7] Now they have known that all things whatever you have given me are from you,

[8] for the words which you have given me I have given to them, and they received them, and knew for sure that I came forth from you, and they have believed that you sent me.

[9] I pray for them. I don't pray for the world, but for those whom you have given me, for they are yours.

[10] All things that are mine are yours, and yours are mine, and I am glorified in them.

[11] καὶ οὐκέτι εἰμὶ ἐν τῷ κόσμῳ, καὶ αὐτοὶ ἐν τῷ κόσμῳ εἰσίν, κἀγὼ πρὸς σὲ ἔρχομαι. πάτερ ἅγιε, τήρησον αὐτοὺς ἐν τῷ ὀνόματί σου ᾧ δέδωκάς μοι, ἵνα ὦσιν ἓν καθὼς ἡμεῖς.

[12] Ὅτε ἤμην μετ' αὐτῶν ἐγὼ ἐτήρουν αὐτοὺς ἐν τῷ ὀνόματί σου ᾧ δέδωκάς μοι, καὶ ἐφύλαξα, καὶ οὐδεὶς ἐξ αὐτῶν ἀπώλετο εἰ μὴ ὁ υἱὸς τῆς ἀπωλείας, ἵνα ἡ γραφὴ πληρωθῇ.

[13] νῦν δὲ πρὸς σὲ ἔρχομαι, καὶ ταῦτα λαλῶ ἐν τῷ κόσμῳ ἵνα ἔχωσιν τὴν χαρὰν τὴν ἐμὴν πεπληρωμένην ἐν ἑαυτοῖς.

[14] Ἐγὼ δέδωκα αὐτοῖς τὸν λόγον σου, καὶ ὁ κόσμος ἐμίσησεν αὐτούς, ὅτι οὐκ εἰσὶν ἐκ τοῦ κόσμου καθὼς ἐγὼ οὐκ εἰμὶ ἐκ τοῦ κόσμου.

[15] οὐκ ἐρωτῶ ἵνα ἄρῃς αὐτοὺς ἐκ τοῦ κόσμου ἀλλ' ἵνα τηρήσῃς αὐτοὺς ἐκ τοῦ πονηροῦ.

[16] ἐκ τοῦ κόσμου οὐκ εἰσὶν καθὼς ἐγὼ οὐκ εἰμὶ ἐκ τοῦ κόσμου.

[17] ἁγίασον αὐτοὺς ἐν τῇ ἀληθείᾳ· ὁ λόγος ὁ σὸς ἀλήθειά ἐστιν.

[18] καθὼς ἐμὲ ἀπέστειλας εἰς τὸν κόσμον, κἀγὼ ἀπέστειλα αὐτοὺς εἰς τὸν κόσμον·

[19] καὶ ὑπὲρ αὐτῶν [ἐγὼ] ἁγιάζω ἐμαυτόν, ἵνα ὦσιν καὶ αὐτοὶ ἡγιασμένοι ἐν ἀληθείᾳ.

[20] Οὐ περὶ τούτων δὲ ἐρωτῶ μόνον, ἀλλὰ καὶ περὶ τῶν πιστευόντων διὰ τοῦ λόγου αὐτῶν εἰς ἐμέ

[21] ἵνα πάντες ἓν ὦσιν, καθὼς σύ, πατήρ, ἐν ἐμοὶ κἀγὼ ἐν σοί, ἵνα καὶ αὐτοὶ ἐν ἡμῖν ὦσιν, ἵνα ὁ κόσμος πιστεύῃ ὅτι σύ με ἀπέστειλας.

John Chapter 17

[11] I am no more in the world, but these are in the world, and I am coming to you. Holy Father, keep them through your name which you have given me, that they may be one, even as we are.

[12] While I was with them in the world, I kept them in your name. Those whom you have given me I have kept. None of them is lost, except the son of perdition, that the Scripture might be fulfilled.

[13] But now I come to you, and I say these things in the world, that they may have my joy made full in themselves.

[14] I have given them your word. The world hated them, because they are not of the world, even as I am not of the world.

[15] I pray not that you would take them from the world, but that you would keep them from the evil one.

[16] They are not of the world even as I am not of the world.

[17] Sanctify them in your truth. Your word is truth.

[18] As you sent me into the world, even so I have sent them into the world.

[19] For their sakes I sanctify myself, that they themselves also may be sanctified in truth.

[20] Not for these only do I pray, but for those also who believe in me through their word,

[21] that they may all be one; even as you, Father, are in me, and I in you, that they also may be one in us; that the world may believe that you sent me.

[22] κἀγὼ τὴν δόξαν ἣν δέδωκάς μοι δέδωκα αὐτοῖς

[23] ἵνα ὦσιν ἓν καθὼς ἡμεῖς ἕν, ἐγὼ ἐν αὐτοῖς καὶ σὺ ἐν ἐμοί, ἵνα ὦσιν τετελειωμένοι εἰς ἕν, ἵνα γινώσκῃ ὁ κόσμος ὅτι σύ με ἀπέστειλας καὶ ἠγάπησας αὐτοὺς καθὼς ἐμὲ ἠγάπησας.

[24] Πατήρ, ὃ δέδωκάς μοι, θέλω ἵνα ὅπου εἰμὶ ἐγὼ κἀκεῖνοι ὦσιν μετ' ἐμοῦ, ἵνα θεωρῶσιν τὴν δόξαν τὴν ἐμὴν ἣν δέδωκάς μοι, ὅτι ἠγάπησάς με πρὸ καταβολῆς κόσμου.

[25] Πατὴρ δίκαιε, καὶ ὁ κόσμος σε οὐκ ἔγνω, ἐγὼ δέ σε ἔγνων, καὶ οὗτοι ἔγνωσαν ὅτι σύ με ἀπέστειλας

[26] καὶ ἐγνώρισα αὐτοῖς τὸ ὄνομά σου καὶ γνωρίσω, ἵνα ἡ ἀγάπη ἣν ἠγάπησάς με ἐν αὐτοῖς ᾖ κἀγὼ ἐν αὐτοῖς.

[22] The glory which you have given me, I have given to them; that they may be one, even as we are one;

[23] I in them, and you in me, that they may be perfected into one; that the world may know that you sent me, and loved them, even as you loved me.

[24] Father, I desire that they also whom you have given me be with me where I am, that they may see my glory, which you have given me, for you loved me before the foundation of the world.

[25] Righteous Father, the world hasn't known you, but I knew you; and these knew that you sent me.

[26] I made known to them your name, and will make it known; that the love with which you loved me may be in them, and I in them."

Chapter 18

Ταῦτα εἰπὼν Ἰησοῦς ἐξῆλθεν σὺν τοῖς μαθηταῖς αὐτοῦ πέραν τοῦ Χειμάρρου τῶν Κέδρων ὅπου ἦν κῆπος, εἰς ὃν εἰσῆλθεν αὐτὸς καὶ οἱ μαθηταὶ αὐτοῦ.

[2] ᾔδει δὲ καὶ Ἰούδας ὁ παραδιδοὺς αὐτὸν τὸν τόπον, ὅτι πολλάκις συνήχθη Ἰησοῦς ἐκεῖ μετὰ τῶν μαθητῶν αὐτοῦ.

[3] ὁ οὖν Ἰούδας λαβὼν τὴν σπεῖραν καὶ ἐκ τῶν ἀρχιερέων καὶ [ἐκ] τῶν Φαρισαίων ὑπηρέτας ἔρχεται ἐκεῖ μετὰ φανῶν καὶ λαμπάδων καὶ ὅπλων.

[4] Ἰησοῦς οὖν εἰδὼς πάντα τὰ ἐρχόμενα ἐπ᾽ αὐτὸν ἐξῆλθεν, καὶ λέγει αὐτοῖς Τίνα ζητεῖτε;

[5] ἀπεκρίθησαν αὐτῷ Ἰησοῦν τὸν Ναζωραῖον. λέγει αὐτοῖς Ἐγώ εἰμι. ἱστήκει δὲ καὶ Ἰούδας ὁ παραδιδοὺς αὐτὸν μετ᾽ αὐτῶν.

[6] ὡς οὖν εἶπεν αὐτοῖς Ἐγώ εἰμι, ἀπῆλθαν εἰς τὰ ὀπίσω καὶ ἔπεσαν χαμαί.

[7] πάλιν οὖν ἐπηρώτησεν αὐτούς Τίνα ζητεῖτε; οἱ δὲ εἶπαν Ἰησοῦν τὸν Ναζωραῖον.

[8] ἀπεκρίθη Ἰησοῦς Εἶπον ὑμῖν ὅτι ἐγώ εἰμι· εἰ οὖν ἐμὲ ζητεῖτε, ἄφετε τούτους ὑπάγειν·

[9] ἵνα πληρωθῇ ὁ λόγος ὃν εἶπεν ὅτι Οὓς δέδωκάς μοι οὐκ ἀπώλεσα ἐξ αὐτῶν οὐδένα.

[10] Σίμων οὖν Πέτρος ἔχων μάχαιραν εἵλκυσεν αὐτὴν καὶ ἔπαισεν τὸν τοῦ ἀρχιερέως δοῦλον καὶ ἀπέκοψεν αὐτοῦ τὸ ὠτάριον τὸ δεξιόν. ἦν δὲ ὄνομα τῷ δούλῳ Μάλχος.

Chapter 18

When Jesus had spoken these words, he went out with his disciples over the brook Kidron, where was a garden, into which he and his disciples entered.

[2] Now Judas, who betrayed him, also knew the place, for Jesus often resorted there with his disciples.

[3] Judas then, having taken a detachment of soldiers and officers from the chief priests and the Pharisees, came there with lanterns, torches, and weapons.

[4] Jesus therefore, knowing all the things that were happening to him, went forth, and said to them, "Who are you looking for?"

[5] They answered him, "Jesus of Nazareth." Jesus said to them, "I AM." Judas also, who betrayed him, was standing with them.

[6] When therefore he said to them, "I AM," they went backward, and fell to the ground.

[7] Again therefore he asked them, "Who are you looking for?" They said, "Jesus of Nazareth."

[8] Jesus answered, "I told you that I AM. If therefore you seek me, let these go their way,"

[9] that the word might be fulfilled which he spoke, "Of those whom you have given me, I have lost none."

[10] Simon Peter therefore, having a sword, drew it, and struck the high priest's servant, and cut off his right ear. The servant's name was Malchus.

[11] εἶπεν οὖν ὁ Ἰησοῦς τῷ Πέτρῳ Βάλε τὴν μάχαιραν εἰς τὴν θήκην: τὸ ποτήριον ὃ δέδωκέν μοι ὁ πατὴρ οὐ μὴ πίω αὐτό;

[12] Ἡ οὖν σπεῖρα καὶ ὁ χιλίαρχος καὶ οἱ ὑπηρέται τῶν Ἰουδαίων συνέλαβον τὸν Ἰησοῦν καὶ ἔδησαν αὐτὸν

[13] καὶ ἤγαγον πρὸς Ἄνναν πρῶτον: ἦν γὰρ πενθερὸς τοῦ Καιάφα, ὃς ἦν ἀρχιερεὺς τοῦ ἐνιαυτοῦ ἐκείνου:

[14] ἦν δὲ Καιάφας ὁ συμβουλεύσας τοῖς Ἰουδαίοις ὅτι συμφέρει ἕνα ἄνθρωπον ἀποθανεῖν ὑπὲρ τοῦ λαοῦ.

[15] Ἠκολούθει δὲ τῷ Ἰησοῦ Σίμων Πέτρος καὶ ἄλλος μαθητής. ὁ δὲ μαθητὴς ἐκεῖνος ἦν γνωστὸς τῷ ἀρχιερεῖ, καὶ συνεισῆλθεν τῷ Ἰησοῦ εἰς τὴν αὐλὴν τοῦ ἀρχιερέως

[16] ὁ δὲ Πέτρος ἱστήκει πρὸς τῇ θύρᾳ ἔξω. ἐξῆλθεν οὖν ὁ μαθητὴς ὁ ἄλλος ὁ γνωστὸς τοῦ ἀρχιερέως καὶ εἶπεν τῇ θυρωρῷ καὶ εἰσήγαγεν τὸν Πέτρον.

[17] λέγει οὖν τῷ Πέτρῳ ἡ παιδίσκη ἡ θυρωρός Μὴ καὶ σὺ ἐκ τῶν μαθητῶν εἶ τοῦ ἀνθρώπου τούτου;

[18] λέγει ἐκεῖνος Οὐκ εἰμί. ἱστήκεισαν δὲ οἱ δοῦλοι καὶ οἱ ὑπηρέται ἀνθρακιὰν πεποιηκότες, ὅτι ψῦχος ἦν, καὶ ἐθερμαίνοντο: ἦν δὲ καὶ ὁ Πέτρος μετ' αὐτῶν ἑστὼς καὶ θερμαινόμενος.

[19] Ὁ οὖν ἀρχιερεὺς ἠρώτησεν τὸν Ἰησοῦν περὶ τῶν μαθητῶν αὐτοῦ καὶ περὶ τῆς διδαχῆς αὐτοῦ.

[20] ἀπεκρίθη αὐτῷ Ἰησοῦς Ἐγὼ παρρησίᾳ λελάληκα τῷ κόσμῳ: ἐγὼ πάντοτε ἐδίδαξα ἐν συναγωγῇ καὶ ἐν τῷ ἱερῷ, ὅπου πάντες οἱ Ἰουδαῖοι συνέρχονται, καὶ ἐν κρυπτῷ ἐλάλησα οὐδέν:

[21] τί με ἐρωτᾷς; ἐρώτησον τοὺς ἀκηκοότας τί ἐλάλησα αὐτοῖς: ἴδε οὗτοι οἴδασιν ἃ εἶπον ἐγώ.

[11] Jesus therefore said to Peter, "Put the sword into its sheath. The cup which the Father has given me, shall I not surely drink it?"

[12] So the detachment, the commanding officer, and the officers of the Jews, seized Jesus and bound him,

[13] and led him to Annas first, for he was father-in-law to Caiaphas, who was high priest that year.

[14] Now it was Caiaphas who advised the Jews that it was expedient that one man should perish for the people.

[15] Simon Peter followed Jesus, as did another disciple. Now that disciple was known to the high priest, and entered in with Jesus into the court of the high priest;

[16] but Peter was standing at the door outside. So the other disciple, who was known to the high priest, went out and spoke to her who kept the door, and brought in Peter.

[17] Then the maid who kept the door said to Peter, "Are you also one of this man's disciples?" He said, "I am not."

[18] Now the servants and the officers were standing there, having made a fire of coals, for it was cold. They were warming themselves. Peter was with them, standing and warming himself.

[19] The high priest therefore asked Jesus about his disciples, and about his teaching.

[20] Jesus answered him, "I spoke openly to the world. I always taught in synagogues, and in the temple, where the Jews always meet. I said nothing in secret.

[21] Why do you ask me? Ask those who have heard me what I said to them. Behold, these know the things which I said."

[22] ταῦτα δὲ αὐτοῦ εἰπόντος εἷς παρεστηκὼς τῶν ὑπηρετῶν ἔδωκεν ῥάπισμα τῷ Ἰησοῦ εἰπών Οὕτως ἀποκρίνῃ τῷ ἀρχιερεῖ;

[23] ἀπεκρίθη αὐτῷ Ἰησοῦς Εἰ κακῶς ἐλάλησα, μαρτύρησον περὶ τοῦ κακοῦ: εἰ δὲ καλῶς, τί με δέρεις;

[24] Ἀπέστειλεν οὖν αὐτὸν ὁ Ἄννας δεδεμένον πρὸς Καιάφαν τὸν ἀρχιερέα.

[25] Ἦν δὲ Σίμων Πέτρος ἑστὼς καὶ θερμαινόμενος. εἶπον οὖν αὐτῷ Μὴ καὶ σὺ ἐκ τῶν μαθητῶν αὐτοῦ εἶ; ἠρνήσατο ἐκεῖνος καὶ εἶπεν Οὐκ εἰμί.

[26] λέγει εἷς ἐκ τῶν δούλων τοῦ ἀρχιερέως, συγγενὴς ὢν οὗ ἀπέκοψεν Πέτρος τὸ ὠτίον Οὐκ ἐγώ σε εἶδον ἐν τῷ κήπῳ μετ' αὐτοῦ;

[27] πάλιν οὖν ἠρνήσατο Πέτρος: καὶ εὐθέως ἀλέκτωρ ἐφώνησεν.

[28] Ἄγουσιν οὖν τὸν Ἰησοῦν ἀπὸ τοῦ Καιάφα εἰς τὸ πραιτώριον: ἦν δὲ πρωί: καὶ αὐτοὶ οὐκ εἰσῆλθον εἰς τὸ πραιτώριον, ἵνα μὴ μιανθῶσιν ἀλλὰ φάγωσιν τὸ πάσχα.

[29] ἐξῆλθεν οὖν ὁ Πειλᾶτος ἔξω πρὸς αὐτοὺς καί φησιν Τίνα κατηγορίαν φέρετε τοῦ ἀνθρώπου τούτου;

[30] ἀπεκρίθησαν καὶ εἶπαν αὐτῷ Εἰ μὴ ἦν οὗτος κακὸν ποιῶν, οὐκ ἄν σοι παρεδώκαμεν αὐτόν.

[31] εἶπεν οὖν αὐτοῖς Πειλᾶτος Λάβετε αὐτὸν ὑμεῖς, καὶ κατὰ τὸν νόμον ὑμῶν κρίνατε αὐτόν. εἶπον αὐτῷ οἱ Ἰουδαῖοι Ἡμῖν οὐκ ἔξεστιν ἀποκτεῖναι οὐδένα:

[32] ἵνα ὁ λόγος τοῦ Ἰησοῦ πληρωθῇ ὃν εἶπεν σημαίνων ποίῳ θανάτῳ ἤμελλεν ἀποθνήσκειν.

[22] When he had said this, one of the officers standing by slapped Jesus with his hand, saying, "Do you answer the high priest like that?"

[23] Jesus answered him, "If I have spoken evil, testify of the evil; but if well, why do you beat me?"

[24] Annas sent him bound to Caiaphas, the high priest.

[25] Now Simon Peter was standing and warming himself. They said therefore to him, "You aren't also one of his disciples, are you?" He denied it, and said, "I am not."

[26] One of the servants of the high priest, being a relative of him whose ear Peter had cut off, said, "Didn't I see you in the garden with him?"

[27] Peter therefore denied it again, and immediately the rooster crowed.

[28] They led Jesus therefore from Caiaphas into the Praetorium. It was early, and they themselves didn't enter into the Praetorium, that they might not be defiled, but might eat the Passover.

[29] Pilate therefore went out to them, and said, "What accusation do you bring against this man?"

[30] They answered him, "If this man weren't an evildoer, we wouldn't have delivered him up to you."

[31] Pilate therefore said to them, "Take him yourselves, and judge him according to your law." Therefore the Jews said to him, "It is not lawful for us to put anyone to death,"

[32] that the word of Jesus might be fulfilled, which he spoke, signifying by what kind of death he should die.

[33] Εἰσῆλθεν οὖν πάλιν εἰς τὸ πραιτώριον ὁ Πειλᾶτος καὶ ἐφώνησεν τὸν Ἰησοῦν καὶ εἶπεν αὐτῷ Σὺ εἶ ὁ βασιλεὺς τῶν Ἰουδαίων;

[34] ἀπεκρίθη Ἰησοῦς Ἀπὸ σεαυτοῦ σὺ τοῦτο λέγεις ἢ ἄλλοι εἶπόν σοι περὶ ἐμοῦ;

[35] ἀπεκρίθη ὁ Πειλᾶτος Μήτι ἐγὼ Ἰουδαῖός εἰμι; τὸ ἔθνος τὸ σὸν καὶ οἱ ἀρχιερεῖς παρέδωκάν σε ἐμοί: τί ἐποίησας;

[36] ἀπεκρίθη Ἰησοῦς Ἡ βασιλεία ἡ ἐμὴ οὐκ ἔστιν ἐκ τοῦ κόσμου τούτου: εἰ ἐκ τοῦ κόσμου τούτου ἦν ἡ βασιλεία ἡ ἐμή, οἱ ὑπηρέται οἱ ἐμοὶ ἠγωνίζοντο ἄν, ἵνα μὴ παραδοθῶ τοῖς Ἰουδαίοις: νῦν δὲ ἡ βασιλεία ἡ ἐμὴ οὐκ ἔστιν ἐντεῦθεν.

[37] εἶπεν οὖν αὐτῷ ὁ Πειλᾶτος Οὐκοῦν βασιλεὺς εἶ σύ; ἀπεκρίθη [ὁ] Ἰησοῦς Σὺ λέγεις ὅτι βασιλεύς εἰμι. ἐγὼ εἰς τοῦτο γεγέννημαι καὶ εἰς τοῦτο ἐλήλυθα εἰς τὸν κόσμον ἵνα μαρτυρήσω τῇ ἀληθείᾳ: πᾶς ὁ ὢν ἐκ τῆς ἀληθείας ἀκούει μου τῆς φωνῆς. λέγει αὐτῷ ὁ Πειλᾶτος Τί ἐστιν ἀλήθεια;

[38] Καὶ τοῦτο εἰπὼν πάλιν ἐξῆλθεν πρὸς τοὺς Ἰουδαίους, καὶ λέγει αὐτοῖς Ἐγὼ οὐδεμίαν εὑρίσκω ἐν αὐτῷ αἰτίαν:

[39] ἔστιν δὲ συνήθεια ὑμῖν ἵνα ἕνα ἀπολύσω ὑμῖν [ἐν] τῷ πάσχα: βούλεσθε οὖν ἀπολύσω ὑμῖν τὸν βασιλέα τῶν Ἰουδαίων;

[40] ἐκραύγασαν οὖν πάλιν λέγοντες Μὴ τοῦτον ἀλλὰ τὸν Βαραββᾶν. ἦν δὲ ὁ Βαραββᾶς λῃστής.

John Chapter 18

[33] Pilate therefore entered again into the Praetorium, called Jesus, and said to him, "Are you the King of the Jews?"

[34] Jesus answered him, "Do you say this by yourself, or did others tell you about me?"

[35] Pilate answered, "I'm not a Jew, am I? Your own nation and the chief priests delivered you to me. What have you done?"

[36] Jesus answered, "My kingdom is not of this world. If my kingdom were of this world, then my servants would fight, that I wouldn't be delivered to the Jews. But now my kingdom is not from here."

[37] Pilate therefore said to him, "Are you a king then?" Jesus answered, "You say that I am a king. For this reason I have been born, and for this reason I have come into the world, that I should testify to the truth. Everyone who is of the truth listens to my voice."

[38] Pilate said to him, "What is truth?" When he had said this, he went out again to the Jews, and said to them, "I find no basis for a charge against him.

[39] But you have a custom, that I should release someone to you at the Passover. Therefore do you want me to release to you the King of the Jews?"

[40] Then they all shouted again, saying, "Not this man, but Barabbas!" Now Barabbas was a robber.

Chapter 19

Τότε οὖν ἔλαβεν ὁ Πειλᾶτος τὸν Ἰησοῦν καὶ ἐμαστίγωσεν.

[2] καὶ οἱ στρατιῶται πλέξαντες στέφανον ἐξ ἀκανθῶν ἐπέθηκαν αὐτοῦ τῇ κεφαλῇ, καὶ ἱμάτιον πορφυροῦν περιέβαλον αὐτόν

[3] καὶ ἤρχοντο πρὸς αὐτὸν καὶ ἔλεγον Χαῖρε ὁ βασιλεὺς τῶν Ἰουδαίων· καὶ ἐδίδοσαν αὐτῷ ῥαπίσματα.

[4] Καὶ ἐξῆλθεν πάλιν ἔξω ὁ Πειλᾶτος καὶ λέγει αὐτοῖς Ἴδε ἄγω ὑμῖν αὐτὸν ἔξω, ἵνα γνῶτε ὅτι οὐδεμίαν αἰτίαν εὑρίσκω ἐν αὐτῷ.

[5] ἐξῆλθεν οὖν [ὁ] Ἰησοῦς ἔξω, φορῶν τὸν ἀκάνθινον στέφανον καὶ τὸ πορφυροῦν ἱμάτιον. καὶ λέγει αὐτοῖς Ἰδοὺ ὁ ἄνθρωπος.

[6] ὅτε οὖν εἶδον αὐτὸν οἱ ἀρχιερεῖς καὶ οἱ ὑπηρέται ἐκραύγασαν λέγοντες Σταύρωσον σταύρωσον. λέγει αὐτοῖς ὁ Πειλᾶτος Λάβετε αὐτὸν ὑμεῖς καὶ σταυρώσατε, ἐγὼ γὰρ οὐχ εὑρίσκω ἐν αὐτῷ αἰτίαν.

[7] ἀπεκρίθησαν αὐτῷ οἱ Ἰουδαῖοι Ἡμεῖς νόμον ἔχομεν, καὶ κατὰ τὸν νόμον ὀφείλει ἀποθανεῖν, ὅτι υἱὸν θεοῦ ἑαυτὸν ἐποίησεν.

[8] Ὅτε οὖν ἤκουσεν ὁ Πειλᾶτος τοῦτον τὸν λόγον, μᾶλλον ἐφοβήθη

[9] καὶ εἰσῆλθεν εἰς τὸ πραιτώριον πάλιν καὶ λέγει τῷ Ἰησοῦ Πόθεν εἶ σύ; ὁ δὲ Ἰησοῦς ἀπόκρισιν οὐκ ἔδωκεν αὐτῷ.

Chapter 19

So Pilate then took Jesus, and flogged him.

[2] The soldiers twisted thorns into a crown, and put it on his head, and dressed him in a purple garment.

[3] They kept saying, "Hail, King of the Jews!" and they kept slapping him.

[4] Then Pilate went out again, and said to them, "Behold, I bring him out to you, that you may know that I find no basis for a charge against him."

[5] Jesus therefore came out, wearing the crown of thorns and the purple garment. Pilate said to them, "Behold, the man!"

[6] When therefore the chief priests and the officers saw him, they shouted, saying, "Crucify! Crucify!" Pilate said to them, "Take him yourselves, and crucify him, for I find no basis for a charge against him."

[7] The Jews answered him, "We have a law, and by our law he ought to die, because he made himself the Son of God."

[8] When therefore Pilate heard this saying, he was more afraid.

[9] He entered into the Praetorium again, and said to Jesus, "Where are you from?" But Jesus gave him no answer.

[10] λέγει οὖν αὐτῷ ὁ Πειλᾶτος Ἐμοὶ οὐ λαλεῖς; οὐκ οἶδας ὅτι ἐξουσίαν ἔχω ἀπολῦσαί σε καὶ ἐξουσίαν ἔχω σταυρῶσαί σε;

[11] ἀπεκρίθη αὐτῷ Ἰησοῦς Οὐκ εἶχες ἐξουσίαν κατ' ἐμοῦ οὐδεμίαν εἰ μὴ ἦν δεδομένον σοι ἄνωθεν: διὰ τοῦτο ὁ παραδούς μέ σοι μείζονα ἁμαρτίαν ἔχει.

[12] ἐκ τούτου ὁ Πειλᾶτος ἐζήτει ἀπολῦσαι αὐτόν: οἱ δὲ Ἰουδαῖοι ἐκραύγασαν λέγοντες Ἐὰν τοῦτον ἀπολύσῃς, οὐκ εἶ φίλος τοῦ Καίσαρος: πᾶς ὁ βασιλέα ἑαυτὸν ποιῶν ἀντιλέγει τῷ Καίσαρι.

[13] Ὁ οὖν Πειλᾶτος ἀκούσας τῶν λόγων τούτων ἤγαγεν ἔξω τὸν Ἰησοῦν, καὶ ἐκάθισεν ἐπὶ βήματος εἰς τόπον λεγόμενον Λιθόστρωτον, Ἑβραϊστὶ δὲ Γαββαθά.

[14] ἦν δὲ παρασκευὴ τοῦ πάσχα, ὥρα ἦν ὡς ἕκτη. καὶ λέγει τοῖς Ἰουδαίοις Ἴδε ὁ βασιλεὺς ὑμῶν.

[15] ἐκραύγασαν οὖν ἐκεῖνοι Ἆρον ἆρον, σταύρωσον αὐτόν. λέγει αὐτοῖς ὁ Πειλᾶτος Τὸν βασιλέα ὑμῶν σταυρώσω; ἀπεκρίθησαν οἱ ἀρχιερεῖς Οὐκ ἔχομεν βασιλέα εἰ μὴ Καίσαρα.

[16] τότε οὖν παρέδωκεν αὐτὸν αὐτοῖς ἵνα σταυρωθῇ.

[17] Παρέλαβον οὖν τὸν Ἰησοῦν: καὶ βαστάζων αὐτῷ τὸν σταυρὸν ἐξῆλθεν εἰς τὸν λεγόμενον Κρανίου Τόπον, ὃ λέγεται Ἑβραϊστὶ Γολγοθά

[18] ὅπου αὐτὸν ἐσταύρωσαν, καὶ μετ' αὐτοῦ ἄλλους δύο ἐντεῦθεν καὶ ἐντεῦθεν, μέσον δὲ τὸν Ἰησοῦν.

[19] ἔγραψεν δὲ καὶ τίτλον ὁ Πειλᾶτος καὶ ἔθηκεν ἐπὶ τοῦ σταυροῦ: ἦν δὲ γεγραμμένον ΙΗΣΟΥΣ Ο ΝΑΖΩΡΑΙΟΣ Ο ΒΑΣΙΛΕΥΣ ΤΩΝ ΙΟΥΔΑΙΩΝ.

John Chapter 19

[10] Pilate therefore said to him, "Aren't you speaking to me? Don't you know that I have power to release you, and have power to crucify you?"

[11] Jesus answered, "You would have no power at all against me, unless it were given to you from above. Therefore he who delivered me to you has greater sin."

[12] At this, Pilate was seeking to release him, but the Jews cried out, saying, "If you release this man, you aren't Caesar's friend! Everyone who makes himself a king speaks against Caesar!"

[13] When Pilate therefore heard these words, he brought Jesus out, and sat down on the judgment seat at a place called "The Pavement," but in Hebrew, "Gabbatha."

[14] Now it was the Preparation Day of the Passover, at about the sixth hour. He said to the Jews, "Behold, your King!"

[15] They cried out, "Away with him! Away with him! Crucify him!" Pilate said to them, "Shall I crucify your King?" The chief priests answered, "We have no king but Caesar!"

[16] So then he delivered him to them to be crucified. So they took Jesus and led him away.

[17] He went out, bearing his cross, to the place called "The Place of a Skull," which is called in Hebrew, "Golgotha,"

[18] where they crucified him, and with him two others, on either side one, and Jesus in the middle.

[19] Pilate wrote a title also, and put it on the cross. There was written, "JESUS OF NAZARETH, THE KING OF THE JEWS."

[20] τοῦτον οὖν τὸν τίτλον πολλοὶ ἀνέγνωσαν τῶν Ἰουδαίων, ὅτι ἐγγὺς ἦν ὁ τόπος τῆς πόλεως ὅπου ἐσταυρώθη ὁ Ἰησοῦς· καὶ ἦν γεγραμμένον Ἑβραϊστί, Ῥωμαϊστί, Ἑλληνιστί.

[21] ἔλεγον οὖν τῷ Πειλάτῳ οἱ ἀρχιερεῖς τῶν Ἰουδαίων Μὴ γράφε Ὁ βασιλεὺς τῶν Ἰουδαίων, ἀλλ᾽ ὅτι ἐκεῖνος εἶπεν Βασιλεὺς τῶν Ἰουδαίων εἰμί.

[22] ἀπεκρίθη ὁ Πειλᾶτος Ὃ γέγραφα γέγραφα.

[23] Οἱ οὖν στρατιῶται ὅτε ἐσταύρωσαν τὸν Ἰησοῦν ἔλαβον τὰ ἱμάτια αὐτοῦ καὶ ἐποίησαν τέσσερα μέρη, ἑκάστῳ στρατιώτῃ μέρος, καὶ τὸν χιτῶνα. ἦν δὲ ὁ χιτὼν ἄραφος, ἐκ τῶν ἄνωθεν ὑφαντὸς δι᾽ ὅλου·

[24] εἶπαν οὖν πρὸς ἀλλήλους Μὴ σχίσωμεν αὐτόν, ἀλλὰ λάχωμεν περὶ αὐτοῦ τίνος ἔσται· ἵνα ἡ γραφὴ πληρωθῇ " Διεμερίσαντο τὰ ἱμάτιά μου ἑαυτοῖς καὶ ἐπὶ τὸν ἱματισμόν μου ἔβαλον κλῆρον. "

[25] Οἱ μὲν οὖν στρατιῶται ταῦτα ἐποίησαν· ἱστήκεισαν δὲ παρὰ τῷ σταυρῷ τοῦ Ἰησοῦ ἡ μήτηρ αὐτοῦ καὶ ἡ ἀδελφὴ τῆς μητρὸς αὐτοῦ, Μαρία ἡ τοῦ Κλωπᾶ καὶ Μαρία ἡ Μαγδαληνή.

[26] Ἰησοῦς οὖν ἰδὼν τὴν μητέρα καὶ τὸν μαθητὴν παρεστῶτα ὃν ἠγάπα λέγει τῇ μητρί Γύναι, ἴδε ὁ υἱός σου·

[27] εἶτα λέγει τῷ μαθητῇ Ἴδε ἡ μήτηρ σου. καὶ ἀπ᾽ ἐκείνης τῆς ὥρας ἔλαβεν ὁ μαθητὴς αὐτὴν εἰς τὰ ἴδια.

[28] Μετὰ τοῦτο εἰδὼς ὁ Ἰησοῦς ὅτι ἤδη πάντα τετέλεσται ἵνα τελειωθῇ ἡ γραφὴ λέγει "Διψῶ."

[20] Therefore many of the Jews read this title, for the place where Jesus was crucified was near the city; and it was written in Hebrew, in Latin, and in Greek.

[21] The chief priests of the Jews therefore said to Pilate, "Don't write, 'The King of the Jews,' but, 'he said, I am King of the Jews.'"

[22] Pilate answered, "What I have written, I have written."

[23] Then the soldiers, when they had crucified Jesus, took his garments and made four parts, to every soldier a part; and also the coat. Now the coat was without seam, woven from the top throughout.

[24] Then they said to one another, "Let's not tear it, but cast lots for it to decide whose it will be," that the Scripture might be fulfilled, which says, "They parted my garments among them. For my cloak they cast lots." Therefore the soldiers did these things.

[25] But there were standing by the cross of Jesus his mother, and his mother's sister, Mary the wife of Clopas, and Mary Magdalene.

[26] Therefore when Jesus saw his mother, and the disciple whom he loved standing there, he said to his mother, "Woman, behold your son!"

[27] Then he said to the disciple, "Behold, your mother!" From that hour, the disciple took her to his own home.

[28] After this, Jesus, seeing that all things were now finished, that the Scripture might be fulfilled, said, "I am thirsty."

[29] σκεῦος ἔκειτο ὄξους μεστόν: σπόγγον οὖν μεστὸν τοῦ "ὄξους" ὑσσώπῳ περιθέντες προσήνεγκαν αὐτοῦ τῷ στόματι.

[30] ὅτε οὖν ἔλαβεν τὸ ὄξος [ὁ] Ἰησοῦς εἶπεν Τετέλεσται, καὶ κλίνας τὴν κεφαλὴν παρέδωκεν τὸ πνεῦμα.

[31] Οἱ οὖν Ἰουδαῖοι, ἐπεὶ παρασκευὴ ἦν, ἵνα μὴ μείνῃ ἐπὶ τοῦ σταυροῦ τὰ σώματα ἐν τῷ σαββάτῳ, ἦν γὰρ μεγάλη ἡ ἡμέρα ἐκείνου τοῦ σαββάτου, ἠρώτησαν τὸν Πειλᾶτον ἵνα κατεαγῶσιν αὐτῶν τὰ σκέλη καὶ ἀρθῶσιν.

[32] ἦλθον οὖν οἱ στρατιῶται, καὶ τοῦ μὲν πρώτου κατέαξαν τὰ σκέλη καὶ τοῦ ἄλλου τοῦ συνσταυρωθέντος αὐτῷ:

[33] ἐπὶ δὲ τὸν Ἰησοῦν ἐλθόντες, ὡς εἶδον ἤδη αὐτὸν τεθνηκότα, οὐ κατέαξαν αὐτοῦ τὰ σκέλη

[34] ἀλλ' εἷς τῶν στρατιωτῶν λόγχῃ αὐτοῦ τὴν πλευρὰν ἔνυξεν, καὶ ἐξῆλθεν εὐθὺς αἷμα καὶ ὕδωρ.

[35] καὶ ὁ ἑωρακὼς μεμαρτύρηκεν, καὶ ἀληθινὴ αὐτοῦ ἐστὶν ἡ μαρτυρία, καὶ ἐκεῖνος οἶδεν ὅτι ἀληθῆ λέγει, ἵνα καὶ ὑμεῖς πιστεύητε.

[36] ἐγένετο γὰρ ταῦτα ἵνα ἡ γραφὴ πληρωθῇ "Ὀστοῦν οὐ συντριβήσεται αὐτοῦ."

[37] καὶ πάλιν ἑτέρα γραφὴ λέγει "Ὄψονται εἰς ὃν ἐξεκέντησαν."

[38] Μετὰ δὲ ταῦτα ἠρώτησεν τὸν Πειλᾶτον Ἰωσὴφ ἀπὸ Ἁριμαθαίας, ὢν μαθητὴς [τοῦ] Ἰησοῦ κεκρυμμένος δὲ διὰ τὸν φόβον τῶν Ἰουδαίων, ἵνα ἄρῃ τὸ σῶμα τοῦ Ἰησοῦ: καὶ ἐπέτρεψεν ὁ Πειλᾶτος. ἦλθεν οὖν καὶ ἦρεν τὸ σῶμα αὐτοῦ.

[29] Now a vessel full of vinegar was set there; so they put a sponge full of the vinegar on hyssop, and held it at his mouth.

[30] When Jesus therefore had received the vinegar, he said, "It is finished." He bowed his head, and gave up his spirit.

[31] Therefore the Jews, because it was the Preparation Day, so that the bodies wouldn't remain on the cross on the Sabbath (for that Sabbath was a special one), asked of Pilate that their legs might be broken, and that they might be taken away.

[32] Therefore the soldiers came, and broke the legs of the first, and of the other who was crucified with him;

[33] but when they came to Jesus, and saw that he was already dead, they didn't break his legs.

[34] However one of the soldiers pierced his side with a spear, and immediately blood and water came out.

[35] He who has seen has testified, and his testimony is true. He knows that he tells the truth, that you may believe.

[36] For these things happened, that the Scripture might be fulfilled, "A bone of him will not be broken."

[37] Again another Scripture says, "They will look on him whom they pierced."

[38] After these things, Joseph of Arimathaea, being a disciple of Jesus, but secretly for fear of the Jews, asked of Pilate that he might take away Jesus' body. Pilate gave him permission. He came therefore and took away his body.

[39] ἦλθεν δὲ καὶ Νικόδημος, ὁ ἐλθὼν πρὸς αὐτὸν νυκτὸς τὸ πρῶτον, φέρων ἕλιγμα σμύρνης καὶ ἀλόης ὡς λίτρας ἑκατόν.

[40] ἔλαβον οὖν τὸ σῶμα τοῦ Ἰησοῦ καὶ ἔδησαν αὐτὸ ὀθονίοις μετὰ τῶν ἀρωμάτων, καθὼς ἔθος ἐστὶν τοῖς Ἰουδαίοις ἐνταφιάζειν.

[41] ἦν δὲ ἐν τῷ τόπῳ ὅπου ἐσταυρώθη κῆπος, καὶ ἐν τῷ κήπῳ μνημεῖον καινόν, ἐν ᾧ οὐδέπω οὐδεὶς ἦν τεθειμένος·

[42] ἐκεῖ οὖν διὰ τὴν παρασκευὴν τῶν Ἰουδαίων, ὅτι ἐγγὺς ἦν τὸ μνημεῖον, ἔθηκαν τὸν Ἰησοῦν.

[39] Nicodemus, who at first came to Jesus by night, also came bringing a mixture of myrrh and aloes, about a hundred Roman pounds.

[40] So they took Jesus' body, and bound it in linen cloths with the spices, as the custom of the Jews is to bury.

[41] Now in the place where he was crucified there was a garden. In the garden a new tomb in which no man had ever yet been laid.

[42] Then because of the Jews' Preparation Day (for the tomb was near at hand) they laid Jesus there.

Chapter 20

Τῇ δὲ μιᾷ τῶν σαββάτων Μαρία ἡ Μαγδαληνὴ ἔρχεται πρωῒ σκοτίας ἔτι οὔσης εἰς τὸ μνημεῖον, καὶ βλέπει τὸν λίθον ἠρμένον ἐκ τοῦ μνημείου.

[2] τρέχει οὖν καὶ ἔρχεται πρὸς Σίμωνα Πέτρον καὶ πρὸς τὸν ἄλλον μαθητὴν ὃν ἐφίλει ὁ Ἰησοῦς, καὶ λέγει αὐτοῖς Ἦραν τὸν κύριον ἐκ τοῦ μνημείου, καὶ οὐκ οἴδαμεν ποῦ ἔθηκαν αὐτόν.

[3] Ἐξῆλθεν οὖν ὁ Πέτρος καὶ ὁ ἄλλος μαθητής, καὶ ἤρχοντο εἰς τὸ μνημεῖον.

[4] ἔτρεχον δὲ οἱ δύο ὁμοῦ: καὶ ὁ ἄλλος μαθητὴς προέδραμεν τάχειον τοῦ Πέτρου καὶ ἦλθεν πρῶτος εἰς τὸ μνημεῖον

[5] καὶ παρακύψας βλέπει κείμενα τὰ ὀθόνια, οὐ μέντοι εἰσῆλθεν.

[6] ἔρχεται οὖν καὶ Σίμων Πέτρος ἀκολουθῶν αὐτῷ, καὶ εἰσῆλθεν εἰς τὸ μνημεῖον:

[7] καὶ θεωρεῖ τὰ ὀθόνια κείμενα, καὶ τὸ σουδάριον, ὃ ἦν ἐπὶ τῆς κεφαλῆς αὐτοῦ, οὐ μετὰ τῶν ὀθονίων κείμενον ἀλλὰ χωρὶς ἐντετυλιγμένον εἰς ἕνα τόπον:

[8] τότε οὖν εἰσῆλθεν καὶ ὁ ἄλλος μαθητὴς ὁ ἐλθὼν πρῶτος εἰς τὸ μνημεῖον, καὶ εἶδεν καὶ ἐπίστευσεν:

[9] οὐδέπω γὰρ ᾔδεισαν τὴν γραφὴν ὅτι δεῖ αὐτὸν ἐκ νεκρῶν ἀναστῆναι.

[10] ἀπῆλθον οὖν πάλιν πρὸς αὐτοὺς οἱ μαθηταί.

[11] Μαρία δὲ ἱστήκει πρὸς τῷ μνημείῳ ἔξω κλαίουσα. ὡς οὖν ἔκλαιεν παρέκυψεν εἰς τὸ μνημεῖον

Chapter 20

Now on the first day of the week, Mary Magdalene went early, while it was still dark, to the tomb, and saw the stone taken away from the tomb.

[2] Therefore she ran and came to Simon Peter, and to the other disciple whom Jesus loved, and said to them, "They have taken away the Lord out of the tomb, and we don't know where they have laid him!"

[3] Therefore Peter and the other disciple went out, and they went toward the tomb.

[4] They both ran together. The other disciple outran Peter, and came to the tomb first.

[5] Stooping and looking in, he saw the linen cloths lying, yet he didn't enter in.

[6] Then Simon Peter came, following him, and entered into the tomb. He saw the linen cloths lying,

[7] and the cloth that had been on his head, not lying with the linen cloths, but rolled up in a place by itself.

[8] So then the other disciple who came first to the tomb also entered in, and he saw and believed.

[9] For as yet they didn't know the Scripture, that he must rise from the dead.

[10] So the disciples went away again to their own homes.

[11] But Mary was standing outside at the tomb weeping. So, as she wept, she stooped and looked into the tomb,

[12] καὶ θεωρεῖ δύο ἀγγέλους ἐν λευκοῖς καθεζομένους, ἕνα πρὸς τῇ κεφαλῇ καὶ ἕνα πρὸς τοῖς ποσίν, ὅπου ἔκειτο τὸ σῶμα τοῦ Ἰησοῦ.

[13] καὶ λέγουσιν αὐτῇ ἐκεῖνοι Γύναι, τί κλαίεις; λέγει αὐτοῖς ὅτι Ἦραν τὸν κύριόν μου, καὶ οὐκ οἶδα ποῦ ἔθηκαν αὐτόν.

[14] ταῦτα εἰποῦσα ἐστράφη εἰς τὰ ὀπίσω, καὶ θεωρεῖ τὸν Ἰησοῦν ἑστῶτα, καὶ οὐκ ᾔδει ὅτι Ἰησοῦς ἐστίν.

[15] λέγει αὐτῇ Ἰησοῦς Γύναι, τί κλαίεις; τίνα ζητεῖς; ἐκείνη δοκοῦσα ὅτι ὁ κηπουρός ἐστιν λέγει αὐτῷ Κύριε, εἰ σὺ ἐβάστασας αὐτόν, εἰπέ μοι ποῦ ἔθηκας αὐτόν, κἀγὼ αὐτὸν ἀρῶ.

[16] λέγει αὐτῇ Ἰησοῦς Μαριάμ. στραφεῖσα ἐκείνη λέγει αὐτῷ Ἑβραϊστί Ῥαββουνεί ὃ λέγεται Διδάσκαλέ.

[17] λέγει αὐτῇ Ἰησοῦς Μή μου ἅπτου, οὔπω γὰρ ἀναβέβηκα πρὸς τὸν πατέρα· πορεύου δὲ πρὸς τοὺς ἀδελφούς μου καὶ εἰπὲ αὐτοῖς Ἀναβαίνω πρὸς τὸν πατέρα μου καὶ πατέρα ὑμῶν καὶ θεόν μου καὶ θεὸν ὑμῶν.

[18] ἔρχεται Μαριὰμ ἡ Μαγδαληνὴ ἀγγέλλουσα τοῖς μαθηταῖς ὅτι Ἑώρακα τὸν κύριον καὶ ταῦτα εἶπεν αὐτῇ.

[19] Οὔσης οὖν ὀψίας τῇ ἡμέρᾳ ἐκείνῃ τῇ μιᾷ σαββάτων, καὶ τῶν θυρῶν κεκλεισμένων ὅπου ἦσαν οἱ μαθηταὶ διὰ τὸν φόβον τῶν Ἰουδαίων, ἦλθεν ὁ Ἰησοῦς καὶ ἔστη εἰς τὸ μέσον, καὶ λέγει αὐτοῖς Εἰρήνη ὑμῖν.

[20] καὶ τοῦτο εἰπὼν ἔδειξεν καὶ τὰς χεῖρας καὶ τὴν πλευρὰν αὐτοῖς. ἐχάρησαν οὖν οἱ μαθηταὶ ἰδόντες τὸν κύριον.

[21] εἶπεν οὖν αὐτοῖς [ὁ Ἰησοῦς] πάλιν Εἰρήνη ὑμῖν· καθὼς ἀπέσταλκέν με ὁ πατήρ, κἀγὼ πέμπω ὑμᾶς.

[12] and she saw two angels in white sitting, one at the head, and one at the feet, where the body of Jesus had lain.

[13] They told her, "Woman, why are you weeping?" She said to them, "Because they have taken away my Lord, and I don't know where they have laid him."

[14] When she had said this, she turned around and saw Jesus standing, and didn't know that it was Jesus.

[15] Jesus said to her, "Woman, why are you weeping? Who are you looking for?" She, supposing him to be the gardener, said to him, "Sir, if you have carried him away, tell me where you have laid him, and I will take him away."

[16] Jesus said to her, "Mary." She turned and said to him, "Rhabbouni!" which is to say, "Teacher!"

[17] Jesus said to her, "Don't touch me, for I haven't yet ascended to my Father; but go to my brothers, and tell them, 'I am ascending to my Father and your Father, to my God and your God.'"

[18] Mary Magdalene came and told the disciples that she had seen the Lord, and that he had said these things to her.

[19] When therefore it was evening, on that day, the first day of the week, and when the doors were locked where the disciples were assembled, for fear of the Jews, Jesus came and stood in the midst, and said to them, "Peace be to you."

[20] When he had said this, he showed them his hands and his side. The disciples therefore were glad when they saw the Lord.

[21] Jesus therefore said to them again, "Peace be to you. As the Father has sent me, even so I send you."

[22] καὶ τοῦτο εἰπὼν ἐνεφύσησεν καὶ λέγει αὐτοῖς Λάβετε πνεῦμα ἅγιον:

[23] ἄν τινων ἀφῆτε τὰς ἁμαρτίας ἀφέωνται αὐτοῖς: ἄν τινων κρατῆτε κεκράτηνται.

[24] Θωμᾶς δὲ εἷς ἐκ τῶν δώδεκα, ὁ λεγόμενος Δίδυμος, οὐκ ἦν μετ' αὐτῶν ὅτε ἦλθεν Ἰησοῦς.

[25] ἔλεγον οὖν αὐτῷ οἱ ἄλλοι μαθηταί Ἑωράκαμεν τὸν κύριον. ὁ δὲ εἶπεν αὐτοῖς Ἐὰν μὴ ἴδω ἐν ταῖς χερσὶν αὐτοῦ τὸν τύπον τῶν ἥλων καὶ βάλω τὸν δάκτυλόν μου εἰς τὸν τύπον τῶν ἥλων καὶ βάλω μου τὴν χεῖρα εἰς τὴν πλευρὰν αὐτοῦ, οὐ μὴ πιστεύσω.

[26] Καὶ μεθ' ἡμέρας ὀκτὼ πάλιν ἦσαν ἔσω οἱ μαθηταὶ αὐτοῦ καὶ Θωμᾶς μετ' αὐτῶν. ἔρχεται ὁ Ἰησοῦς τῶν θυρῶν κεκλεισμένων, καὶ ἔστη εἰς τὸ μέσον καὶ εἶπεν Εἰρήνη ὑμῖν.

[27] εἶτα λέγει τῷ Θωμᾷ Φέρε τὸν δάκτυλόν σου ὧδε καὶ ἴδε τὰς χεῖράς μου, καὶ φέρε τὴν χεῖρά σου καὶ βάλε εἰς τὴν πλευράν μου, καὶ μὴ γίνου ἄπιστος ἀλλὰ πιστός.

[28] ἀπεκρίθη Θωμᾶς καὶ εἶπεν αὐτῷ Ὁ κύριός μου καὶ ὁ θεός μου.

[29] λέγει αὐτῷ [ὁ] Ἰησοῦς Ὅτι ἑώρακάς με πεπίστευκας; μακάριοι οἱ μὴ ἰδόντες καὶ πιστεύσαντες.

[30] Πολλὰ μὲν οὖν καὶ ἄλλα σημεῖα ἐποίησεν ὁ Ἰησοῦς ἐνώπιον τῶν μαθητῶν, ἃ οὐκ ἔστιν γεγραμμένα ἐν τῷ

[31] βιβλίῳ τούτῳ: ταῦτα δὲ γέγραπται ἵνα πιστεύητε ὅτι Ἰησοῦς ἐστιν ὁ χριστὸς ὁ υἱὸς τοῦ θεοῦ, καὶ ἵνα πιστεύοντες ζωὴν ἔχητε ἐν τῷ ὀνόματι αὐτοῦ.

[22] When he had said this, he breathed on them, and said to them, "Receive the Holy Spirit!

[23] Whoever's sins you forgive, they are forgiven them. Whoever's sins you retain, they have been retained."

[24] But Thomas, one of the twelve, called Didymus, wasn't with them when Jesus came.

[25] The other disciples therefore said to him, "We have seen the Lord!" But he said to them, "Unless I see in his hands the print of the nails, and put my hand into his side, I will not believe."

[26] After eight days again his disciples were inside, and Thomas was with them. Jesus came, the doors being locked, and stood in the midst, and said, "Peace be to you."

[27] Then he said to Thomas, "Reach here your finger, and see my hands. Reach here your hand, and put it into my side. Don't be unbelieving, but believing."

[28] Thomas answered him, "My Lord and my God!"

[29] Jesus said to him, "Because you have seen me, you have believed. Blessed are those who have not seen, and have believed."

[30] Therefore Jesus did many other signs in the presence of his disciples, which are not written in this book;

[31] but these are written, that you may believe that Jesus is the Christ, the Son of God, and that believing you may have life in his name.

Chapter 21

Μετα ταυτα ἐφανέρωσεν ἑαυτὸν πάλιν Ἰησοῦς τοῖς μαθηταῖς ἐπὶ τῆς θαλάσσης τῆς Τιβεριάδος: ἐφανέρωσεν δὲ οὕτως.

[2] Ἦσαν ὁμοῦ Σίμων Πέτρος καὶ Θωμᾶς ὁ λεγόμενος Δίδυμος καὶ Ναθαναὴλ ὁ ἀπὸ Κανὰ τῆς Γαλιλαίας καὶ οἱ τοῦ Ζεβεδαίου καὶ ἄλλοι ἐκ τῶν μαθητῶν αὐτοῦ δύο.

[3] λέγει αὐτοῖς Σίμων Πέτρος Ὑπάγω ἁλιεύειν: λέγουσιν αὐτῷ Ἐρχόμεθα καὶ ἡμεῖς σὺν σοί. ἐξῆλθαν καὶ ἐνέβησαν εἰς τὸ πλοῖον, καὶ ἐν ἐκείνῃ τῇ νυκτὶ ἐπίασαν οὐδέν.

[4] πρωΐας δὲ ἤδη γινομένης ἔστη Ἰησοῦς εἰς τὸν αἰγιαλόν: οὐ μέντοι ᾔδεισαν οἱ μαθηταὶ ὅτι Ἰησοῦς ἐστίν.

[5] λέγει οὖν αὐτοῖς Ἰησοῦς Παιδία, μή τι προσφάγιον ἔχετε;

[6] ἀπεκρίθησαν αὐτῷ Οὔ. ὁ δὲ εἶπεν αὐτοῖς Βάλετε εἰς τὰ δεξιὰ μέρη τοῦ πλοίου τὸ δίκτυον, καὶ εὑρήσετε. ἔβαλον οὖν, καὶ οὐκέτι αὐτὸ ἑλκύσαι ἴσχυον ἀπὸ τοῦ πλήθους τῶν ἰχθύων.

[7] λέγει οὖν ὁ μαθητὴς ἐκεῖνος ὃν ἠγάπα ὁ Ἰησοῦς τῷ Πέτρῳ Ὁ κύριός ἐστιν. Σίμων οὖν Πέτρος, ἀκούσας ὅτι ὁ κύριός ἐστιν, τὸν ἐπενδύτην διεζώσατο, ἦν γὰρ γυμνός, καὶ ἔβαλεν ἑαυτὸν εἰς τὴν θάλασσαν:

[8] οἱ δὲ ἄλλοι μαθηταὶ τῷ πλοιαρίῳ ἦλθον, οὐ γὰρ ἦσαν μακρὰν ἀπὸ τῆς γῆς ἀλλὰ ὡς ἀπὸ πηχῶν διακοσίων, σύροντες τὸ δίκτυον τῶν ἰχθύων.

[9] Ὡς οὖν ἀπέβησαν εἰς τὴν γῆν βλέπουσιν ἀνθρακιὰν κειμένην καὶ ὀψάριον ἐπικείμενον καὶ ἄρτον.

Chapter 21

After these things, Jesus revealed himself again to the disciples at the sea of Tiberias. He revealed himself this way.

[2] Simon Peter, Thomas called Didymus, Nathanael of Cana in Galilee, and the sons of Zebedee, and two others of his disciples were together.

[3] Simon Peter said to them, "I'm going fishing." They told him, "We are also coming with you." They immediately went out, and entered into the boat. That night, they caught nothing.

[4] But when day had already come, Jesus stood on the beach, yet the disciples didn't know that it was Jesus.

[5] Jesus therefore said to them, "Children, have you anything to eat?" They answered him, "No."

[6] He said to them, "Cast the net on the right side of the boat, and you will find some." They cast it therefore, and now they weren't able to draw it in for the multitude of fish.

[7] That disciple therefore whom Jesus loved said to Peter, "It's the Lord!" So when Simon Peter heard that it was the Lord, he wrapped his coat around him (for he was naked), and threw himself into the sea.

[8] But the other disciples came in the little boat (for they were not far from the land, but about two hundred cubits away), dragging the net full of fish.

[9] So when they got out on the land, they saw a fire of coals there, and fish laid on it, and bread.

[10] λέγει αὐτοῖς [ὁ] Ἰησοῦς Ἐνέγκατε ἀπὸ τῶν ὀψαρίων ὧν ἐπιάσατε νῦν.

[11] ἀνέβη οὖν Σίμων Πέτρος καὶ εἵλκυσεν τὸ δίκτυον εἰς τὴν γῆν μεστὸν ἰχθύων μεγάλων ἑκατὸν πεντήκοντα τριῶν· καὶ τοσούτων ὄντων οὐκ ἐσχίσθη τὸ δίκτυον.

[12] λέγει αὐτοῖς [ὁ] Ἰησοῦς Δεῦτε ἀριστήσατε. οὐδεὶς ἐτόλμα τῶν μαθητῶν ἐξετάσαι αὐτόν Σὺ τίς εἶ; εἰδότες ὅτι ὁ κύριός ἐστιν.

[13] ἔρχεται Ἰησοῦς καὶ λαμβάνει τὸν ἄρτον καὶ δίδωσιν αὐτοῖς, καὶ τὸ ὀψάριον ὁμοίως.

[14] Τοῦτο ἤδη τρίτον ἐφανερώθη Ἰησοῦς τοῖς μαθηταῖς ἐγερθεὶς ἐκ νεκρῶν.

[15] Ὅτε οὖν ἠρίστησαν λέγει τῷ Σίμωνι Πέτρῳ ὁ Ἰησοῦς Σίμων Ἰωάνου, ἀγαπᾷς με πλέον τούτων; λέγει αὐτῷ Ναί, κύριε, σὺ οἶδας ὅτι φιλῶ σε. λέγει αὐτῷ Βόσκε τὰ ἀρνία μου.

[16] λέγει αὐτῷ πάλιν δεύτερον Σίμων Ἰωάνου, ἀγαπᾷς με; λέγει αὐτῷ Ναί, κύριε, σὺ οἶδας ὅτι φιλῶ σε. λέγει αὐτῷ Ποίμαινε τὰ προβάτιά μου.

[17] λέγει αὐτῷ τὸ τρίτον Σίμων Ἰωάνου, φιλεῖς με; ἐλυπήθη ὁ Πέτρος ὅτι εἶπεν αὐτῷ τὸ τρίτον Φιλεῖς με; καὶ εἶπεν αὐτῷ Κύριε, πάντα σὺ οἶδας, σὺ γινώσκεις ὅτι φιλῶ σε. λέγει αὐτῷ Ἰησοῦς Βόσκε τὰ προβάτιά μου.

[18] ἀμὴν ἀμὴν λέγω σοι, ὅτε ἦς νεώτερος, ἐζώννυες σεαυτὸν καὶ περιεπάτεις ὅπου ἤθελες· ὅταν δὲ γηράσῃς, ἐκτενεῖς τὰς χεῖράς σου, καὶ ἄλλος ζώσει σε καὶ οἴσει ὅπου οὐ θέλεις.

[10] Jesus said to them, "Bring some of the fish which you have just caught."

[11] Simon Peter went up, and drew the net to land, full of great fish, one hundred fifty-three; and even though there were so many, the net wasn't torn.

[12] Jesus said to them, "Come and eat breakfast." None of the disciples dared inquire of him, "Who are you?" knowing that it was the Lord.

[13] Then Jesus came and took the bread, gave it to them, and the fish likewise.

[14] This is now the third time that Jesus was revealed to his disciples, after he had risen from the dead.

[15] So when they had eaten their breakfast, Jesus said to Simon Peter, "Simon, son of Jonah, do you love me more than these?" He said to him, "Yes, Lord; you know that I have affection for you." He said to him, "Feed my lambs."

[16] He said to him again a second time, "Simon, son of Jonah, do you love me?" He said to him, "Yes, Lord; you know that I have affection for you." He said to him, "Tend my sheep."

[17] He said to him the third time, "Simon, son of Jonah, do you have affection for me?" Peter was grieved because he asked him the third time, "Do you have affection for me?" He said to him, "Lord, you know everything. You know that I have affection for you." Jesus said to him, "Feed my sheep.

[18] Most assuredly I tell you, when you were young, you dressed yourself, and walked where you wanted to. But when you are old, you will stretch out your hands, and another will dress you, and carry you where you don't want to go."

[19] τοῦτο δὲ εἶπεν σημαίνων ποίῳ θανάτῳ δοξάσει τὸν θεόν. καὶ τοῦτο εἰπὼν λέγει αὐτῷ Ἀκολούθει μοι.

[20] Ἐπιστραφεὶς ὁ Πέτρος βλέπει τὸν μαθητὴν ὃν ἠγάπα ὁ Ἰησοῦς ἀκολουθοῦντα, ὃς καὶ ἀνέπεσεν ἐν τῷ δείπνῳ ἐπὶ τὸ στῆθος αὐτοῦ καὶ εἶπεν Κύριε, τίς ἐστιν ὁ παραδιδούς σε;

[21] τοῦτον οὖν ἰδὼν ὁ Πέτρος λέγει τῷ Ἰησοῦ Κύριε, οὗτος δὲ τί;

[22] λέγει αὐτῷ ὁ Ἰησοῦς Ἐὰν αὐτὸν θέλω μένειν ἕως ἔρχομαι, τί πρὸς σέ; σύ μοι ἀκολούθει.

[23] Ἐξῆλθεν οὖν οὗτος ὁ λόγος εἰς τοὺς ἀδελφοὺς ὅτι ὁ μαθητὴς ἐκεῖνος οὐκ ἀποθνήσκει. οὐκ εἶπεν δὲ αὐτῷ ὁ Ἰησοῦς ὅτι οὐκ ἀποθνήσκει, ἀλλ᾽ Ἐὰν αὐτὸν θέλω μένειν ἕως ἔρχομαι, τί πρὸς σέ;

[24] Οὗτός ἐστιν ὁ μαθητὴς ὁ μαρτυρῶν περὶ τούτων καὶ ὁ γράψας ταῦτα, καὶ οἴδαμεν ὅτι ἀληθὴς αὐτοῦ ἡ μαρτυρία ἐστίν.

[25] Ἔστιν δὲ καὶ ἄλλα πολλὰ ἃ ἐποίησεν ὁ Ἰησοῦς, ἅτινα ἐὰν γράφηται καθ᾽ ἕν, οὐδ᾽ αὐτὸν οἶμαι τὸν κόσμον χωρήσειν τὰ γραφόμενα βιβλία.

John   Chapter 21

[19] Now he said this, signifying by what kind of death he would glorify God. When he had said this, he said to him, "Follow me."

[20] Then Peter, turning around, saw a disciple following. This was the disciple whom Jesus sincerely loved, the one who had also leaned on Jesus' breast at the supper and asked, "Lord, who is going to betray You?"

[21] Peter seeing him, said to Jesus, "Lord, what about this man?"

[22] Jesus said to him, "If I desire that he stay until I come, what is that to you? You follow me."

[23] This saying therefore went out among the brothers, that this disciple wouldn't die. Yet Jesus didn't say to him that he wouldn't die, but, "If I desire that he stay until I come, what is that to you?"

[24] This is the disciple who testifies about these things, and wrote these things. We know that his witness is true.

[25] There are also many other things which Jesus did, which if they would all be written, I suppose that even the world itself wouldn't have room for the books that would be written.

Part 2

Interlinear

This interlinear

This interlinear version of John's gospel is here to help you read the Greek text in Part I. Come here for word meanings in context and for help understanding challenging syntax. These pages are not sized or intended for continuous reading.

This part of your Gentle Greek Reader was made by scanning an original copy of *The Interlinear Literal Translation of the Greek New Testament*, published by Arthur Hinds and Company in 1897. The title page and one interior page are reproduced on the overleaf. The pages of the original book were smaller than those you are reading now, and further crowded with scholarly notes and a running English translation. The print was tiny. Here the notes and translation have been removed and the remainder stretched. The print is now merely small. Most of Hind's introduction is included, some unhelpful sections are not.

THE INTERLINEAR LITERAL TRANSLATION

OF THE

Greek New Testament

WITH

THE AUTHORIZED VERSION
CONVENIENTLY PRESENTED IN THE MARGINS FOR READY REFERENCE

AND WITH

THE VARIOUS READINGS OF THE EDITIONS OF ELZEVIR 1624, GRIESBACH, LACHMANN, TISCHENDORF, TREGELLES, ALFORD AND WORDSWORTH

ARTHUR HINDS AND COMPANY
4 COOPER INSTITUTE
NEW YORK CITY

38 ΜΑΤΘΑΙΟΣ. XIII, XIV.

51 Jesus saith unto them, Have ye understood all these things? They say unto him, Yea, Lord. 52 Then said he unto them, Therefore every scribe *which is* instructed unto the kingdom of heaven is like unto a man *that is* an householder, which bringeth forth out of his treasure *things* new and old.

51 ᵍΛέγει αὐτοῖς ὁ Ἰησοῦς,ǁ Συνήκατε ταῦτα πάντα;
  ²Says ³to ⁴them ¹Jesus, Have ye understood ⁶these ⁵things ¹all?
Λέγουσιν αὐτῷ, Ναί, ʰκύριε.ǁ 52 Ὁ.δὲ ⁱεἶπενǁ αὐτοῖς, Διὰ
They say to him, Yea, Lord.   And he said to them, Because of
τοῦτο πᾶς γραμματεὺς μαθητευθεὶς ᵏεἰς τὴν βασιλείανǁ τῶν
this every scribe disciplined into the kingdom of the
οὐρανῶν ὅμοιός ἐστιν ἀνθρώπῳ οἰκοδεσπότῃ, ὅστις ἐκβάλλει
heavens like is to a man a master of a house, who puts forth
ἐκ τοῦ.θησαυροῦ.αὐτοῦ καινὰ καὶ παλαιά.
out of his treasure [things] new and old.

53 And it came to pass, *that* when Jesus had finished these parables, he departed thence. 54 And when he was come into his own country, he taught them in their synagogue, insomuch that they were astonished, and said, Whence hath this *man* this wisdom, and *these* mighty works? 55 Is not this the carpenter's son? is not his mother called Mary? and his brethren, James, and Joses, and Simon, and Judas? 56 And his sisters, are they not all with us? Whence then hath this *man* all these things? 57 And they were offended in him. But Jesus said unto them, A prophet is not without honour, save in his own country, and in his own house. 58 And he did not many mighty works there because of their unbelief.

53 Καὶ ἐγένετο ὅτε ἐτέλεσεν ὁ Ἰησοῦς τὰς παραβολὰς
  And it came to pass when ²had ³finished ¹Jesus ⁴parables
ταύτας, μετῆρεν ἐκεῖθεν· 54 καὶ ἐλθὼν εἰς τὴν πατρίδα
¹these, he withdrew thence;   and having come into ²country
αὐτοῦ, ἐδίδασκεν αὐτοὺς ἐν τῇ.συναγωγῇ.αὐτῶν, ὥστε ᵉἐκπλήτ-
¹his[²own], he taught them in their synagogue, so that ²were
τεσθαιǁ αὐτοὺς καὶ λέγειν, Πόθεν τούτῳ ἡ.σοφία.αὕτη καὶ
²astonished ¹they and said, Whence to this [man] this wisdom and
αἱ δυνάμεις; 55 οὐχ οὗτός ἐστιν ὁ τοῦ τέκτονος υἱός; [Is]
the works of power? ⁴not ³this ¹is ⁴the ⁵of ⁶the ⁷carpenter ⁸son? [Is]
ᵐοὐχὶǁ ἡ.μήτηρ.αὐτοῦ λέγεται Μαριάμ, καὶ οἱ.ἀδελφοὶ.αὐτοῦ
not his mother called Mary, and his brethren
Ἰάκωβος καὶ ⁿἸωσῆςǁ καὶ Σίμων καὶ Ἰούδας; 56 καὶ αἱ
James and Joses and Simon and Judas? and
ἀδελφαὶ.αὐτοῦ οὐχὶ πᾶσαι πρὸς ἡμᾶς εἰσιν; πόθεν οὖν τούτῳ
³his ⁴sisters ²not ¹all ⁶with ⁷us ⁵are? whence then to this
ταῦτα πάντα; 57 Καὶ ἐσκανδαλίζοντο ἐν αὐτῷ. Ὁ δὲ
[man] ²these ³things ¹all? And they were offended in him. But
Ἰησοῦς εἶπεν αὐτοῖς, Οὐκ ἔστιν προφήτης ἄτιμος εἰ.μὴ
Jesus said to them, ²not ³is ¹a ⁴prophet without honour except
ἐν τῇº.πατρίδι.ᵖαὐτοῦǁ καὶ ἐν τῇ.οἰκίᾳ.αὐτοῦ. 58 Καὶ οὐκ
in his [own] country and in his [own] house. And ²not
ἐποίησεν ἐκεῖ δυνάμεις πολλὰς διὰ τὴν.ἀπιστίαν.αὐτῶν.
¹he ²did there ⁴works ³of ⁴power ¹many because of their unbelief.

XIV. At that time Herod the tetrarch heard of the fame of Jesus, 2 and said unto his servants, This is John the Baptist; he is risen from the dead; and therefore mighty works do shew forth themselves in him. 3 For Herod had laid hold on John, and bound him, and put *him* in prison for Herodias' sake, his brother Philip's wife. 4 For John said unto him, It is not lawful for thee to have her. 5 And when he would have put him to death,

14 Ἐν ἐκείνῳ τῷ καιρῷ ἤκουσεν Ἡρώδης ὁ ᵠτετράρχηςǁ
  At that time heard Herod the tetrarch
τὴν ἀκοὴν Ἰησοῦ, 2 καὶ εἶπεν τοῖς.παισὶν.αὐτοῦ, Οὗτός ἐστιν
the fame of Jesus, and said to his servants, This is
Ἰωάννης ὁ βαπτιστής· αὐτὸς ἠγέρθη ἀπὸ τῶν νεκρῶν, καὶ
John the Baptist: he is risen from the dead, and
διὰ τοῦτο αἱ δυνάμεις ἐνεργοῦσιν ἐν αὐτῷ. 3 Ὁ γὰρ
because of this the works of power operate in him. For
Ἡρώδης κρατήσας τὸν Ἰωάννην ἔδησεν ʳαὐτὸνǁ καὶ ˢἔθετο
Herod having seized John bound him and put
ἐν φυλακῇ,ǁ διὰ Ἡρωδιάδα τὴν γυναῖκα ᵗΦιλίππουǁ
[him] in prison, on account of Herodias the wife ᵗPhilip
τοῦ.ἀδελφοῦ.αὐτοῦ. 4 ἔλεγεν.γὰρ ᵘαὐτῷ ὁ Ἰωάννης,ǁ Οὐκ
of ¹his ²brother. For ²said ³to ⁴him ¹John, ⁷Not
ἔξεστίν σοι ἔχειν αὐτήν. 5 Καὶ θέλων αὐτὸν ἀποκτεῖναι,
⁶it ⁶is lawful for thee to have her. And wishing ²him ¹to ²kill,

---
ᵍ — Λέγει αὐτοῖς ὁ Ἰησοῦς LTTrA.   ʰ — κύριε LTTrA.   ⁱ λέγει says L.   ᵏ ἐν τῇ βασιλείᾳ in the kingdom L; τῇ βασιλείᾳ to the kingdom GTTrA.   ˡ ἐκπλήσσεσθαι LTTrAW.   ᵐ οὐχ LTTrA.   ⁿ Ἰωσήφ Joseph LTTrA.   ᵒ + ἰδίᾳ own T.   ᵖ — αὐτοῦ (*read* [his]) LTTrA.   ᵠ τετραάρχης T.   ʳ — αὐτόν T.   ˢ ἐν τῇ (— τῇ T) φυλακῇ ἀπέθετο in the prison put [him] aside LTTrA.   ᵗ — Φιλίππου [T]A.   ᵘ ὁ (— ὁ T) Ἰωάννης αὐτῷ LT.

INTRODUCTION.

There are many ways scarcely needing mention in which the Interlinear New Testament may prove its value, not the least of which is the facility with which it enables one, even if rusty in his Greek, to put his finger on the original Greek word or phrase, and at the same instant upon a literal rendering. To many it will repay its cost in the time saved from turning to a Greek dictionary. Of course it becomes a necessary adjunct to every complete working library.

The ever-growing interest in New Testament study makes it desirable that the general reader, who would be well informed on current topics, should have some acquaintance with the relation of the standard English version to the original text, while a still more intimate knowledge on the part of the clergyman and the Bible Class teacher would seem almost imperative. Toward this end no aid is likely to be more helpful than the Interlinear New Testament.

This work is intended therefore to help the English reader of the New Testament, who may desire to refer to the actual words used in the Greek text. It has not been framed to teach people Greek, though it may be used to good advantage for that purpose.

The Interlinear Translation brings to view certain points of interest that no other translation has ever pretended to give. Take for instance the word 'master.' This word 'master' is used in the Authorized Version to translate *six* different Greek words, all bearing different shades of meaning. The word 'judgment' in the Authorized Version stands for *eight* different Greek words in the original; and so of many others. Of particles, 'but' represents *twelve* different words; 'by,' *eleven;* 'for,' *eighteen;* 'in,' *fifteen;* 'of,' *thirteen;* and 'on,' *nine*.

We do not intend to imply that a given Greek word can be, or that it is desirable that it should be, translated in all places by the same English word. On the other hand, one should be able to ascertain, on occasion, just what the facts are; and it is an interesting feature of the Interlinear New Testament that in the margin appears the English word of the Authorized Version; in the text appears the Greek original of that particular word; and immediately under it, the English word that is its nearest literal equivalent.

We give the Greek Text, with an interlinear translation as literal as may be to be useful; and in the margin the Authorized Version, divided into paragraphs to correspond to the Greek text.

This work also gives in its notes not only the various readings of six different

INTRODUCTION.

editors of the Greek Testament, but also these variations *in English* whenever the sense is affected thereby, but without attempting to present in every case all the minute shades of meaning which a Greek scholar will attach to them. Many of these variations may be thought to be of no great importance, descending even to the different spelling of the same word; but from this they rise to variations of the greatest importance. All are of interest, because they concern the word of God, and are here made available to the English reader, to whom we furnish in this volume all he may require both as to the *text* of the New Testament, and for its word-for-word *translation*.

The Greek Text.

The Greek Text is that of Stephens, 1550, which has long been in common use; but as the edition of Elzevir, 1624, is the one often called the Received Text, or Textus Receptus, because of the words, "Textum .... ab omnibus receptum." occurring in the preface, we give the readings of this Elzevir edition in the notes, and mark them E. It is the text commonly reprinted on the Continent. In the main they are one and the same; and either of them may be referred to as the Textus Receptus.

There are a number of minute variations between the editors which we do not attempt to present. In all these cases we have followed the majority of modern editors. With them we have also added the final ν to the third person singular and plural in $\sigma\iota$; third singular in ε; in datives plural in $\sigma\iota$, &c. For $o\check{v}\tau\omega$ we have given $o\check{v}\tau\omega\varsigma$, and $a\mathring{v}\tau o\tilde{v}$ where some have $a\mathring{v}\tau o\tilde{v}$.

As to the *form* of the Greek text a few words are needed.

1. PARAGRAPHS.—We were disappointed in finding nothing like *authority* for where a paragraph ought to be. Ancient manuscripts were no help: they have few or no paragraphs. The editors all differed, each making paragraphs according to his own judgment. We were therefore obliged, after referring to the best examples, to form paragraphs for ourselves. We are anxious that our readers should remember that the paragraphs have *no authority*, which they might have had if the ancient manuscripts had agreed in the placing of them.

2. PARENTHESES.—Most of the editors have placed here and there parentheses in their Greek texts. These we have disregarded, seeing that there are no such things in the early Greek copies. We have placed them in the English where we deemed them necessary to preserve the sense, but not being in the Greek they also have no authority.

3. INVERTED COMMAS.—Some editors mark with inverted commas the words that are spoken, and others in a similar way mark the quotations from the Old Testament. But in some places it is doubtful where these quotations close, and it was thought best to omit them. These also, being absent from the ancient Greek copies, have no authority.

4. POINTS.—There is no authority anywhere for the punctuation. There are few or no points in the ancient copies, and editors naturally differ in their system of pointing. We have been obliged to punctuate for ourselves as we judged

INTRODUCTION.

best. We have not attempted to note the difference in the punctuation of the various editors, except in places where it materially alters the sense.

5. CAPITALS.—The only remark needed here is in reference to the names of God, of Christ, and of the Holy Spirit. The greatest difficulty is touching the word 'Spirit.' In some places it is very difficult to say whether the Holy Spirit as a person or the spirit of the Christian is referred to (see Rom. viii. 9); and if sometimes a small letter and sometimes a capital had been placed to the word πνεῦμα, in the Greek, persons would naturally have concluded that the question was thus indisputably settled. It was therefore judged best to put a small π everywhere. In the English we have been obliged to put a capital S when the Holy Spirit was referred to and so have retained it wherever we thought this was the case; but in some places it is really doubtful, and becomes a question for the spiritual judgment of the reader. The Greek will not help in the difficulty, because in the earliest copies every letter was a capital. In the other names we have followed the usage of modern editors; putting in the Greek a capital to Jesus but a small letter for Christ, and a small letter for Lord and for God.

6. VERSES.—In a few places it is doubtful where the verses should commence. In these cases we have followed Bruder's "Greek Concordance," though that work does not in all cases agree with itself.

THE INTERLINEAR TRANSLATION.

1. The plan. The Greek words have always been kept in their right order, and where the interlinear English would not make sense in the same order, the words have been numbered to show how they must be read. Thus, "And ⁷related ⁸to ⁹them ²also ¹those ³who ⁴had ⁵seen [⁶it]" (Luke viii. 36) are numbered so as to read "And those also who had seen [it] related to them."

To prevent this numbering, and transposition in reading, being increased unnecessarily, a few words are often made into a phrase. This has been done at the commencement of each sentence, where needed, two or more words being joined with a *low* hyphen. Thus, instead of

Ἐγένετο δὲ
²It ³came ⁴to ⁵pass ¹and
we have printed
Ἐγένετο-δὲ.
And it came to pass.

The words in brackets [ ] are what have been added in the English to complete the sense where there is no word in the Greek to correspond to the words added.

Where a Greek word occurs which the English idiom requires should *not* be translated, the word stands alone with no English word under it: as ὅτι, 'that,' in Mark xii. 7; and οὐ in verse 14, where there are *two* negatives, which, if both were translated, would in English destroy one another; and so of μή, where it simply marks the sentence as a question.

In a few places we have been obliged to put a double translation, mostly because of the double negatives used in the Greek, where they do not immediately follow one another, and so could not be translated by such strengthened expres-

INTRODUCTION.

sions as 'not at all,' 'in no wise,' &c. In such cases we have placed a *literal* translation below the one required in English. Thus—

οὐδέν.
anything.
(*lit.* nothing.)

2. Points of grammar. *The Aorist*. This tense of the Greek verb has been at all times the most difficult to deal with, being translated, in the Authorized version (and by others), sometimes by the *present*, sometimes by the *past*, sometimes by the *future*, and sometimes by the *perfect*. Grammarians say that, in the main, it is the *indefinite past*, and we have endeavored, as far as may be, to keep it to this, avoiding, except in a few places, the translation of it as a perfect. We all know what stress is often laid—and rightly so—upon the word 'have.' If I say, 'he *has* cleansed me,' it is more than saying 'he cleansed me.' The former expression indicates the *perfect*, and implies a continuance of the act, or its effects, to the present time; whereas the latter speaks of an act at some time in the past, without anything being implied as to its continuance.

For this reason it appeared unadvisable to translate the aorist as the perfect, except in a few places where the true sense would otherwise have been destroyed. It is true that the English idiom requires it elsewhere, but it was thought best to preserve the above distinction. An extreme case will illustrate this point. In 1 Corinthians v. 9 occurs the word ἔγραψα, 'I wrote;' and in verse 11 the same word precisely—'I wrote;' but the Authorized Version (and others) put for the *latter* 'I have written.' It is there accompanied with the word 'now'—'now I have written.' This is needed for good English; we have put 'I wrote' in both places, but have placed a comma after the word 'now' to make it read more smoothly. We preserve this uniformity for the sake of literalness, always remembering the fact of the Authorized Version being in proximity, which will make all plain in such instances.

In a few places we have translated the aorist as a *present* where the sense demanded it. As, for instance, ἔγνω, in 2 Timothy ii. 19: "The Lord *knows* those that are his," instead of "the Lord knew," &c.

The Imperfect. This is mostly translated as 'I was writing,' or 'I wrote.' But there are a few places where this tense is said to have a different meaning. This will be best illustrated by the much-disputed passage in Romans ix. 3: "For *I could wish* that myself were accursed from Christ for my brethren." Here the word for 'I could wish' is in the imperfect. If the learned were agreed as to a translation we should have kept to the same, but while some translate 'I could wish,' as a *conditional present*, others give 'I could have wished' as a *conditional past*. We have thought it best to keep the sense of the simple imperfect as referred by Winer to this passage. "*I felt a wish*, and should do so still, could it be gratified . . . . (a conditional clause being understood)." We have put "I was wishing."

The Perfect. This we have kept as uniform as we could, implying an act perfected, but continuing to the present in itself or its consequences. In a few

INTRODUCTION.

places we have translated it as a *present*: as in Matthew xii. 47, in the sense of 'they have stood and still *are standing*.'

The Subjunctive. In this mood perhaps we have deviated further from ordinary practice than in any other, but we have endeavored, as far as practicable, to keep it distinct from both the English *imperative* and the Greek *future*. Thus in Romans xiii. 9 for οὐ φονεύσεις (future indicative) we have, 'thou shalt not commit murder;' but in James ii. 11, for μὴ φονεύσῃς (aorist subjunctive) 'thou mayest not commit murder.'

THE PRONOUNS. At times it is important to know whether the pronouns are emphatic or not. ἐγὼ γράφω and γράφω are both 'I write;' but where the ἐγώ is put in the Greek, it makes the pronoun emphatic. This however is somewhat due to the writer's style, and in John's Gospel and Epistles, it has been judged that, from his peculiar style of composition, he puts in the pronouns where emphasis is not always intended. John ix. 27 gives a good example of the same verb with and without the pronoun in the Greek: "Why again do ye wish to hear? do *ye* also wish to become his disciples?"

COMPOUND WORDS. It was found impracticable to translate these uniformly throughout. For instance, if γνῶσις be translated 'knowledge,' it might be thought that ἐπίγνωσις should be 'full knowledge,' &c.: but on referring to a Concordance it will be seen that the latter word cannot be intensified in all places, and then to translate it by 'knowledge' in some places, and 'full knowledge' in others looks too much like interpretation. We have therefore translated both words by 'knowledge.' In the few places however where one of each of such words occurs in the same sentence, some distinction was imperative.

THE NOTES.

The references to the notes are marked thus in the text "αὐτοῦ"; the mark" showing how far the variation extends. In a few places a note occurs *within* a note. If words are to be omitted or transposed by some editors but not by others, these latter may want to alter a word in the sentence. In such cases *one tick* shows the termination of the *inner* note. Thus ᵃ.... ᵇ... ᶜ.... " See notes ᵃ and " Matthew v. 44.

This mark — stands for *omit;* and + for *add;* but in some places all the editors do *not* actually omit, some putting the word in brackets as *doubtful*. In that case it is put thus, "—αὐτοῦ [L] TTr"; which means that Lachmann marks the word as *doubtful*, and Tischendorf and Tregelles *omit* it. In some cases, *all* mark a word as doubtful, and then it could be put either thus, δὲ [LTTr], or [δὲ] LTTr; we have adopted the latter plan. In some places the editors mark *part* of a word as doubtful, mostly in compound words. See for instance [ἐκ]διώξουσιν read by TrA in Luke xi. 49.

It will be seen by this that the marks [ ] *applied to the Greek or the editors* in the notes always refer to readings which the editors point out as doubtful. They must not be confounded with the same marks *in the English* text and notes, which always point out that there is '*no* corresponding word in the Greek.

INTRODUCTION.

In some places where a word is added by the editors, another English word is added in the note to show the *connection* of the new word. Thus in Luke xv. 2, the word 'both' is added; but it falls between the words 'the' and 'Pharisees,' therefore it is put thus in the note "+ τε both (the) LTTrA" to show that it must be read 'both the Pharisees.' Slight variations in the use of the parenthesis occur in the course of the work, but we trust the meaning intended will in all cases be plain to the student.

Where long pieces are to be omitted they are marked in the text where they commence and where they end, but in the notes the first word or two only and the last are named with . . . between. Thus in Luke ix. 55, note 'stands, '— καὶ εἶπεν (verse 55) . . . . σῶσαι (verse 56) LTTrA ;—ὁ γὰρ . . . . σῶσαι G. The four editors omit the whole twenty words; but G omits only the last twelve. In Luke xxiv. 10, note 'is thus, ' + ἡ the [. . .], implying that *some* word must be added.

We have endeavored to make the notes as plain as possible for the English reader. One point still needs to be explained. For instance, in Luke vii. 22 occur the words "and ²answering ¹Jesus said ;" but a note omits the word 'Jesus,' and then it must be read (as stated in the note) "and answering he said." This is because the word εἶπεν (as already explained) stands for both 'he said,' and 'said.' Also in verse 27 occur the words ἐγὼ ἀποστέλλω, 'I send,' but a note omits the word ἐγὼ, 'I,' and then ἀποστέλλω is to be read 'I send,' but without emphasis on the 'I.'

LIST OF SIGNS AND EDITIONS USED.

E Elzevir, 1624.
G Griesbach, 1805.
L Lachmann, 1842–1850.
T Tischendorf, Eighth Edition, 1865–1872.
Tr Tregelles, 1857–1872.
A Alford, vol. i. 1868 ; vol. ii. 1871 ; vol. iii. 1865 ; vol. iv. 1862, 1870.
W Wordsworth, 1870.
+ signifies *an addition.*
— ,, *an omission.*
[ ] ,, in the interlinear translation, that there is *no Greek word* corresponding to the English.
[ ] signifies in the notes that an editor marks the reading as *doubtful.*
‖ ,, how far the variation in the Greek text extends.
Text. Rec. refers to *both* Stephens 1550 and E.

The Gospel According to John

'ΕΝ ἀρχῇ ἦν ὁ λόγος, καὶ ὁ λόγος ἦν πρὸς τὸν θεόν,
In [the] beginning was the Word, and the Word was with God,
καὶ θεὸς ἦν ὁ λόγος. 2 οὗτος ἦν ἐν ἀρχῇ πρὸς τὸν
and ⁴God ³was ¹the ²Word. He was in [the] beginning with
θεόν. 3 Πάντα δι' αὐτοῦ ἐγένετο, καὶ χωρὶς αὐτοῦ
God. All things through him came into being, and without him
ἐγένετο οὐδὲ ἕν ὃ γέγονεν. 4 ἐν∥ αὐτῷ ζωὴ
came into being not even one [thing] which has come into being. In him ²life
ἦν,∥ καὶ ἡ ζωὴ ἦν τὸ φῶς τῶν ἀνθρώπων· 5 καὶ τὸ φῶς ἐν   1:5
¹was, and the life was the light of men. And the light in
τῇ σκοτίᾳ φαίνει, καὶ ἡ σκοτία αὐτὸ οὐ κατέλαβεν.
the darkness appears, and the darkness ²it ¹apprehended not.
6 Ἐγένετο ἄνθρωπος ἀπεσταλμένος παρὰ θεοῦ, ὄνομα
There was a man sent from God, ²name
αὐτῷ Ἰωάννης.∥ 7 οὗτος ἦλθεν εἰς μαρτυρίαν, ἵνα μαρτυ-
¹his John. He came for a witness, that he might
ρήσῃ περὶ τοῦ φωτός, ἵνα πάντες πιστεύσωσιν δι' αὐτοῦ.
witness concerning the light, that all might believe through him.
8 οὐκ ἦν ἐκεῖνος τὸ φῶς, ἀλλ' ἵνα μαρτυρήσῃ περὶ τοῦ
²Was ³not ¹he the light, but that he might witness concerning the
φωτός. 9 ἦν τὸ φῶς τὸ ἀληθινόν ὃ φωτίζει πάντα
light. ⁴Was ¹the ³light ²true that which lightens every
ἄνθρωπον ἐρχόμενον εἰς τὸν κόσμον. 10 ἐν τῷ κόσμῳ ἦν,   1:10
man coming into the world. In the world he was,
καὶ ὁ κόσμος δι' αὐτοῦ ἐγένετο, καὶ ὁ κόσμος αὐτὸν
and the world through him came into being, and the world him
οὐκ ἔγνω. 11 εἰς τὰ ἴδια ἦλθεν, καὶ οἱ ἴδιοι αὐτὸν οὐ παρέλα-
knew not. To his own he came, and his own him received not;
βον· 12 ὅσοι δὲ ∥ἔλαβον∥ αὐτὸν ἔδωκεν αὐτοῖς ἐξουσίαν
but as many as received him he gave to them authority

τέκνα θεοῦ γενέσθαι, τοῖς πιστεύουσιν εἰς τὸ ὄνομα
children of God to be, to those that believe on name

αὐτοῦ· 13 οἳ οὐκ ἐξ αἱμάτων οὐδὲ ἐκ θελήματος σαρκὸς οὐδὲ
his; who not of bloods nor of will of flesh nor

ἐκ θελήματος ἀνδρὸς ἀλλ᾽ ἐκ θεοῦ ἐγεννήθησαν.
of will of man but of God were born.

14 Καὶ ὁ λόγος σὰρξ ἐγένετο, καὶ ἐσκήνωσεν ἐν ἡμῖν,
And the Word flesh became, and tabernacled among us,

καὶ ἐθεασάμεθα τὴν δόξαν αὐτοῦ, δόξαν ὡς μονογενοῦς παρὰ
(and we discerned his glory, a glory as of an only-begotten with

πατρός, πλήρης χάριτος καὶ ἀληθείας. 15 Ἰωάννης μαρτυρεῖ
a father, full of grace and truth. John witnesses

περὶ αὐτοῦ, καὶ κέκραγεν, λέγων, Οὗτος ἦν ὃν εἶπον,
concerning him, and cried, saying, This was he of whom I said,

Ὁ ὀπίσω μου ἐρχόμενος, ἔμπροσθέν μου γέγονεν· ὅτι
He who after me comes, precedence of me has, for

πρῶτός μου ἦν. 16 Καὶ ἐκ τοῦ πληρώματος αὐτοῦ ἡμεῖς
before me he was. And of his fulness we

πάντες ἐλάβομεν, καὶ χάριν ἀντὶ χάριτος· 17 ὅτι ὁ νόμος
all received, and grace upon grace. For the law

διὰ Μωσέως ἐδόθη. ἡ χάρις καὶ ἡ ἀλήθεια διὰ Ἰησοῦ
through Moses was given; the grace and the truth through Jesus

χριστοῦ ἐγένετο. 18 θεὸν οὐδεὶς ἑώρακεν πώποτε· ὁ μονο-
Christ came. God no one has seen at any time; the only-

γενὴς υἱός, ὁ ὢν εἰς τὸν κόλπον τοῦ πατρός, ἐκεῖνος ἐξη-
begotten Son, who is in the bosom of the Father, he de-

γήσατο. 19 Καὶ αὕτη ἐστὶν ἡ μαρτυρία τοῦ Ἰωάννου,
clared [him]. And this is the witness of John,

ὅτε ἀπέστειλαν οἱ Ἰουδαῖοι ἐξ Ἱεροσολύμων ἱερεῖς καὶ
when sent the Jews from Jerusalem priests and

Λευΐτας, ἵνα ἐρωτήσωσιν αὐτόν, Σὺ τίς εἶ; 20 Καὶ
Levites, that they might ask him, Thou who art thou? And

ὡμολόγησεν καὶ οὐκ ἠρνήσατο, καὶ ὡμολόγησεν, Ὅτι οὐκ εἰμὶ
he confessed and denied not, and confessed, Not am

ἐγὼ ὁ χριστός. 21 Καὶ ἠρώτησαν αὐτόν, Τί οὖν; Ἡλίας
I the Christ. And they asked him, What then? Elias

εἶ σύ; Καὶ λέγει, Οὐκ εἰμί. Ὁ προφήτης εἶ σύ; Καὶ
art thou? And he says, I am not. The prophet art thou? And

ἀπεκρίθη, Οὔ. 22 Εἶπον οὖν αὐτῷ, Τίς εἶ; ἵνα ἀπό-
he answered, No. They said therefore to him, Who art thou? that an

κρισιν δῶμεν τοῖς πέμψασιν ἡμᾶς· τί λέγεις περὶ
answer we may give to those who sent us; what sayest thou about

σεαυτοῦ; 23 Ἔφη, Ἐγὼ φωνὴ βοῶντος ἐν τῇ ἐρήμῳ,
thyself? He said, I [am] a voice crying in the wilderness,

Εὐθύνατε τὴν ὁδὸν κυρίου· καθὼς εἶπεν Ἡσαΐας ὁ προ-
Make straight the way of [the] Lord, as said Esaias the pro-

φήτης. 24 Καὶ οἱ ἀπεσταλμένοι ἦσαν ἐκ τῶν Φαρι-
phet. And those who had been sent were from among the Phari-

σαίων. 25 καὶ ἠρώτησαν αὐτὸν καὶ εἶπον αὐτῷ, Τί οὖν
sees. And they asked him and said to him, Why then

βαπτίζεις, εἰ σὺ οὐκ εἶ ὁ χριστός, οὔτε Ἡλίας, οὔτε
baptizest thou, if thou art not the Christ, nor Elias, nor

ὁ προφήτης; 26 Ἀπεκρίθη αὐτοῖς ὁ Ἰωάννης λέγων, Ἐγὼ
the prophet?   ²Answered ³them   ¹John   saying,   I
βαπτίζω ἐν ὕδατι· μέσος δὲ ὑμῶν ἕστηκεν ὃν ὑμεῖς
baptize with water; but in [the] midst of you stands [one] whom ye
οὐκ οἴδατε· 27 αὐτός ἐστιν ὁ ὀπίσω μου ἐρχόμενος, ὃς
know not;   he   it is who   after   me   comes,   who
ἔμπροσθέν μου γέγονεν· οὗ ἐγὼ οὐκ εἰμὶ ἄξιος ἵνα
²precedence ³of ⁴me ¹has,   of whom   I   ²not ¹am   worthy that
λύσω αὐτοῦ τὸν ἱμάντα τοῦ ὑποδήματος. 28 Ταῦτα ἐν
I should loose of him   the   thong of the   sandal.   These things in
Βηθαβαρᾷ ἐγένετο πέραν τοῦ Ἰορδάνου, ὅπου ἦν Ἰωάν-
Bethabara   took place across the   Jordan,   where ²was   ¹John
νης βαπτίζων.
baptizing.

29 Τῇ ἐπαύριον βλέπει ὁ Ἰωάννης τὸν Ἰησοῦν ἐρχόμενον
On the morrow   ²sees   ¹John   Jesus   coming
πρὸς αὐτόν, καὶ λέγει, Ἴδε ὁ ἀμνὸς τοῦ θεοῦ, ὁ αἴρων
to   him,   and says,   Behold the Lamb   of God, who takes away
τὴν ἁμαρτίαν τοῦ κόσμου. 30 οὗτός ἐστιν περὶ οὗ ἐγὼ
the   sin   of the world.   He   it is concerning whom I

1:30

εἶπον, Ὀπίσω μου ἔρχεται ἀνήρ, ὃς ἔμπροσθέν μου γέγονεν,
said,   After   me comes   a man,   who ²precedence ³of ⁴me ¹has,
ὅτι πρῶτός μου ἦν. 31 κἀγὼ οὐκ ᾔδειν αὐτόν· ἀλλ' ἵνα
because before me he was.   And I   knew not   him;   but that
φανερωθῇ τῷ Ἰσραήλ, διὰ τοῦτο ἦλθον ἐγὼ ἐν τῷ
he might be manifested   to Israel,   therefore   came   I   with
ὕδατι βαπτίζων. 32 Καὶ ἐμαρτύρησεν Ἰωάννης λέγων, Ὅτι
water baptizing.   And ²bore ³witness   ¹John   saying,
τεθέαμαι τὸ πνεῦμα καταβαῖνον ὡσεὶ περιστερὰν ἐξ οὐ-
I have beheld the Spirit   descending   as   a dove   out of hea-
ρανοῦ, καὶ ἔμεινεν ἐπ' αὐτόν. 33 κἀγὼ οὐκ ᾔδειν αὐτόν· ἀλλ'
ven,   and it abode upon him.   And I   knew not   him;   but
ὁ πέμψας με βαπτίζειν ἐν ὕδατι, ἐκεῖνός μοι εἶπεν, Ἐφ'
he who sent me to baptize with water,   he to me said,   Upon
ὃν ἂν ἴδῃς τὸ πνεῦμα καταβαῖνον καὶ μένον ἐπ'
whom thou shalt see the   Spirit   descending   and abiding on
αὐτόν, οὗτός ἐστιν ὁ βαπτίζων ἐν πνεύματι ἁγίῳ.
him,   he   it is who   baptizes   with [the] ²Spirit ¹Holy.
34 κἀγὼ ἑώρακα, καὶ μεμαρτύρηκα ὅτι οὗτός ἐστιν ὁ υἱὸς
And I have seen,   and have borne witness that   this   is   the Son
τοῦ θεοῦ.
of God.

35 Τῇ ἐπαύριον πάλιν εἱστήκει ὁ Ἰωάννης, καὶ ἐκ
On the morrow   again ²was ³standing ¹John,   and ⁵of

1:35

τῶν μαθητῶν αὐτοῦ δύο. 36 καὶ ἐμβλέψας τῷ Ἰησοῦ περιπα-
⁴his ⁶disciples   ¹two.   And looking at   Jesus   walk-
τοῦντι, λέγει, Ἴδε ὁ ἀμνὸς τοῦ θεοῦ. 37 Καὶ ἤκουσαν
ing,   he says, Behold the Lamb   of God!   And   ⁴heard
αὐτοῦ οἱ δύο μαθηταὶ λαλοῦντος, καὶ ἠκολούθησαν τῷ
⁵him ¹the ²two ³disciples   speaking,   and   followed

Ἰησοῦ. 38 στραφεὶς δὲ‖ ὁ Ἰησοῦς, καὶ θεασάμενος αὐτοὺς
Jesus.   ³Having ⁴turned ¹but   ²Jesus,   and   beheld   them

ἀκολουθοῦντας, λέγει αὐτοῖς, 39 Τί ζητεῖτε; Οἱ δὲ εἶπον‖
following,   says   to them,   What seek ye?   And they   said

αὐτῷ, Ῥαββί,‖ ὃ λέγεται ἑρμηνευόμενον‖ διδάσκαλε, ποῦ
to him, Rabbi, which is to say   being interpreted   Teacher,   where

1:40 μένεις; 40 Λέγει αὐτοῖς, Ἔρχεσθε καὶ ἴδετε.‖ Ἦλθον‖
abidest thou?   He says to them,   Come   and   see.   They went

καὶ εἶδον‖ ποῦ μένει· καὶ παρ' αὐτῷ ἔμειναν τὴν ἡμέραν
and   saw   where he abides;   and   with   him   they abode   ²day

ἐκείνην· ὥρα δὲ‖ ἦν ὡς δεκάτη. 41 Ἦν Ἀνδρέας
¹that. [²The]³hour ¹now was about [the] tenth.   ⁷Was   ¹Andrew

ὁ ἀδελφὸς Σίμωνος Πέτρου εἷς ἐκ τῶν δύο τῶν ἀκουσάντων
²the ³brother ⁴of ⁵Simon ⁶Peter   one of   the   two   who   heard

παρὰ Ἰωάννου,‖ καὶ ἀκολουθησάντων αὐτῷ. 42 εὑρίσκει
[this] from   John,   and   followed   him.   ³Finds

οὗτος πρῶτος‖ τὸν ἀδελφὸν τὸν ἴδιον Σίμωνα, καὶ λέγει
¹he   ²first   ⁶brother   ⁴his ⁵own   Simon,   and   says

αὐτῷ, Εὑρήκαμεν τὸν μεσσίαν, ὅ ἐστιν μεθερμηνευόμενον
to him, We have found the   Messias, which is   being interpreted

ὁ‖ χριστός· 43 καὶ‖ ἤγαγεν αὐτὸν πρὸς τὸν Ἰησοῦν.
the   Christ.   And   he led   him   to   Jesus.

ἐμβλέψας δὲ‖ αὐτῷ ὁ Ἰησοῦς εἶπεν, Σὺ εἶ Σίμων ὁ υἱὸς
And looking at   him   Jesus   said, Thou art Simon the son

Ἰωνᾶ·‖ σὺ κληθήσῃ Κηφᾶς, ὃ ἑρμηνεύεται Πέτρος.
of Jonas;   thou shalt be called Cephas,   which is interpreted   Stone.

44 Τῇ ἐπαύριον ἠθέλησεν ὁ Ἰησοῦς‖ ἐξελθεῖν εἰς τὴν
On the morrow   ²desired   ¹Jesus   to go forth into

Γαλιλαίαν· καὶ εὑρίσκει Φίλιππον καὶ λέγει αὐτῷ, Ἀκολούθει
Galilee,   and he finds   Philip   and says to him,   Follow

1:45 μοι. 45 Ἦν δὲ ὁ Φίλιππος ἀπὸ Βηθσαϊδά, ἐκ τῆς πόλεως
me.   Now ²was   ¹Philip   from   Bethsaida,   of the city

Ἀνδρέου καὶ Πέτρου. 46 Εὑρίσκει Φίλιππος τὸν Ναθαναὴλ
of Andrew   and   Peter.   ²Finds   ¹Philip   Nathanael

καὶ λέγει αὐτῷ, Ὃν ἔγραψεν Μωϋσῆς‖ ἐν τῷ νόμῳ καὶ
and says to him, [Him] whom ²wrote ³of   ¹Moses   in the law   and

οἱ προφῆται, εὑρήκαμεν, Ἰησοῦν τὸν‖ υἱὸν τοῦ Ἰωσὴφ τὸν
the prophets,   we have found,   Jesus   the   son   of Joseph who

ἀπὸ Ναζαρέτ.‖ 47 Καὶ εἶπεν αὐτῷ Ναθαναήλ, Ἐκ
[is] from   Nazareth.   And   ²said ³to ⁴him ¹Nathanael,   Out of

Ναζαρὲτ‖ δύναταί τι ἀγαθὸν εἶναι; Λέγει αὐτῷ Φίλιππος,
Nazareth   can   any good thing   be?   ²Says ³to ⁴him   ¹Philip,

Ἔρχου καὶ ἴδε. 48 Εἶδεν ὁ‖ Ἰησοῦς τὸν Ναθαναὴλ ἐρχόμενον
Come and see.   ²Saw   ¹Jesus   Nathanael   coming

πρὸς αὐτόν, καὶ λέγει περὶ αὐτοῦ, Ἴδε ἀληθῶς Ἰσραηλ-
to him,   and says concerning   him,   Behold truly   an Israel-

ίτης,‖ ἐν ᾧ δόλος οὐκ ἔστιν. 49 Λέγει αὐτῷ Ναθαναήλ,
ite,   in whom guile   is not.   ²Says ³to ⁴him ¹Nathanael,

Πόθεν με γινώσκεις; Ἀπεκρίθη ὁ‖ Ἰησοῦς καὶ εἶπεν αὐτῷ,
Whence me knowest thou?   ²Answered   ¹Jesus   and   said   to him,

Πρὸ τοῦ σε Φίλιππον φωνῆσαι, ὄντα ὑπὸ τὴν συκῆν,
Before that ³thee ¹Philip ²called, [thou] being under the fig-tree,
εἶδόν σε. 50 Ἀπεκρίθη Ναθαναὴλ καὶ λέγει αὐτῷ, Ῥαββί. 1:50
I saw thee. . ²Answered ¹Nathanael and says to him, Rabbi,
σὺ εἶ ὁ υἱὸς τοῦ θεοῦ, σὺ εἶ ὁ βασιλεὺς τοῦ Ἰσραήλ.
thou art the Son of God, thou art the King of Israel.
51 Ἀπεκρίθη Ἰησοῦς καὶ εἶπεν αὐτῷ, Ὅτι εἶπόν σοι, Εἶδόν
²Answered ¹Jesus and said to him, Because I said to thee, I saw
σε ὑποκάτω τῆς συκῆς, πιστεύεις; μείζω τούτων
thee under the . fig-tree, believest thou? Greater things than these
ὄψει. 52 Καὶ λέγει αὐτῷ, Ἀμὴν ἀμὴν λέγω ὑμῖν,
thou shalt see. And he says to him, Verily verily I say to you,
ἀπ᾽ ἄρτι ὄψεσθε τὸν οὐρανὸν ἀνεῳγότα, καὶ τοὺς ἀγ-
Henceforth ye shall see the heaven opened, and the an-
γέλους τοῦ θεοῦ ἀναβαίνοντας καὶ καταβαίνοντας ἐπὶ τὸν
gels of God ascending and descending on the
υἱὸν τοῦ ἀνθρώπου.
Son of man.

2 Καὶ τῇ ἡμέρᾳ τῇ τρίτῃ γάμος ἐγένετο ἐν Κανᾷ 2:1
And on the ²day ¹third a marriage took place in Cana
τῆς Γαλιλαίας· καὶ ἦν ἡ μήτηρ τοῦ Ἰησοῦ ἐκεῖ. 2 ἐκλήθη δὲ
of Galilee, and ³was ¹the ²mother ³of ⁴Jesus there. And ²was ¹invited
καὶ ὁ Ἰησοῦς καὶ οἱ μαθηταὶ αὐτοῦ εἰς τὸν γάμον. 3 καὶ
²also ¹Jesus and his disciples to the marriage. And
ὑστερήσαντος οἴνου λέγει ἡ μήτηρ τοῦ Ἰησοῦ πρὸς αὐτόν,
being deficient of wine ⁵says ¹the ²mother ³of ⁴Jesus to him,
Οἶνον οὐκ ἔχουσιν. 4 Λέγει αὐτῇ ὁ Ἰησοῦς, Τί ἐμοὶ καὶ
Wine they have not. ²Says ³to ⁴her ¹Jesus, What to me and
σοί, γύναι; οὔπω ἥκει ἡ ὥρα μου. 5 Λέγει ἡ μήτηρ αὐτοῦ 2:5
to thee, woman? not yet is come mine hour. ³Says ¹his ²mother
τοῖς διακόνοις, Ὅ τι ἂν λέγῃ ὑμῖν, ποιήσατε. 6 Ἦσαν
to the servants, Whatever he may say to you, do. ²There ³were
δὲ ἐκεῖ ὑδρίαι λίθιναι ἓξ κείμεναι κατὰ τὸν καθα-
¹and there ²water-vessels ³of ⁴stone ⁵six standing according to the puri-
ρισμὸν τῶν Ἰουδαίων, χωροῦσαι ἀνὰ μετρητὰς δύο ἢ τρεῖς.
fication of the Jews, ²holding ¹each metretæ two or three.
7 λέγει αὐτοῖς ὁ Ἰησοῦς, Γεμίσατε τὰς ὑδρίας ὕδατος.
²Says ³to ⁴them ¹Jesus, Fill the water-vessels with water.
Καὶ ἐγέμισαν αὐτὰς ἕως ἄνω. 8 Καὶ λέγει αὐτοῖς, Ἀν-
And they filled them unto [the] brim. And he says to them, Draw
τλήσατε νῦν καὶ φέρετε τῷ ἀρχιτρικλίνῳ. Καὶ ἤνεγκαν.
out now and carry to the master of the feast. And they carried [it].
9 ὡς δὲ ἐγεύσατο ὁ ἀρχιτρίκλινος τὸ ὕδωρ οἶνον γεγενη-
But when ⁶had ⁷tasted ¹the ²master ³of ⁴the ⁵feast the water ⁴wine ¹that ²had
μένον, καὶ οὐκ ᾔδει πόθεν ἐστίν· οἱ δὲ διάκονοι ᾔδεισαν οἱ
³become, and knew not whence it is, (but the servants knew who
ἠντληκότες τὸ ὕδωρ· φωνεῖ τὸν νυμφίον ὁ ἀρχιτρίκλινος
had drawn the water,) ⁶calls ⁷the ⁸bridegroom ¹the ²master ³of ⁴the ⁵feast
10 καὶ λέγει αὐτῷ, Πᾶς ἄνθρωπος πρῶτον τὸν καλὸν οἶνον 2:10
and says to him, Every man first the good wine

τίθησιν, και όταν μεθυσθῶσιν τότε τὸν ἐλάσσω·
sets on, and when they may have drunk freely then the inferior;
σὺ τετήρηκας τὸν καλὸν οἶνον ἕως ἄρτι. 11 Ταύτην ἐποίησεν
thou hast kept the good wine until now. This ⁵did
τὴν ἀρχὴν τῶν σημείων ὁ Ἰησοῦς ἐν Κανᾷ τῆς Γαλιλαίας,
¹beginning ²of ³the ⁴signs Jesus in Cana of Galilee,
καὶ ἐφανέρωσεν τὴν δόξαν αὐτοῦ· καὶ ἐπίστευσαν εἰς αὐτὸν
and manifested his glory; and ³believed ⁴on ⁵him
οἱ μαθηταὶ αὐτοῦ.
¹his ²disciples.

12 Μετὰ τοῦτο κατέβη εἰς Καπερναούμ, αὐτὸς καὶ ἡ
After this he went down to Capernaum, he and
μήτηρ αὐτοῦ καὶ οἱ ἀδελφοὶ αὐτοῦ καὶ οἱ μαθηταὶ αὐτοῦ, καὶ
his mother and ²brethren ¹his and his disciples, and
ἐκεῖ ἔμειναν οὐ πολλὰς ἡμέρας. 13 Καὶ ἐγγὺς ἦν τὸ πάσχα
there they abode not many days. And near was the passover
τῶν Ἰουδαίων, καὶ ἀνέβη εἰς Ἱεροσόλυμα ὁ Ἰησοῦς. 14 καὶ
of the Jews, and ²went ³up ⁴to ⁵Jerusalem ¹Jesus. And
εὗρεν ἐν τῷ ἱερῷ τοὺς πωλοῦντας βόας καὶ πρόβατα καὶ
he found in the temple those who sold oxen and sheep and

2:15 περιστεράς, καὶ τοὺς κερματιστὰς καθημένους· 15 καὶ ποιή-
doves, and the money-changers sitting; and having
σας φραγέλλιον ἐκ σχοινίων πάντας ἐξέβαλεν ἐκ τοῦ
made a scourge of cords ⁴all ¹he ²drove ³out from the
ἱεροῦ, τά τε πρόβατα καὶ τοὺς βόας· καὶ τῶν κολλυβιστῶν
temple, both the sheep and the oxen; and of the money-changers
ἐξέχεεν τὸ κέρμα καὶ τὰς τραπέζας ἀνέστρεψεν. 16 καὶ
he poured out the coin and the tables overthrew. And
τοῖς τὰς περιστερὰς πωλοῦσιν εἶπεν, Ἄρατε ταῦτα
to those who ²the ³doves ¹sold he said, Take these things
ἐντεῦθεν· μὴ ποιεῖτε τὸν οἶκον τοῦ πατρός μου οἶκον ἐμ-
hence; make not the house of my father a house of mer-
πορίου. 17 Ἐμνήσθησαν δὲ οἱ μαθηταὶ αὐτοῦ ὅτι γε-
chandise. And ³remembered ¹his ²disciples that writ-
γραμμένον ἐστίν, Ὁ ζῆλος τοῦ οἴκου σου κατέφαγέν με.
ten it is, The zeal of thine house has eaten ²up ¹me.
18 Ἀπεκρίθησαν οὖν οἱ Ἰουδαῖοι καὶ εἶπον αὐτῷ, Τί
⁴Answered ³therefore ¹the ²Jews and said to him, What
σημεῖον δεικνύεις ἡμῖν ὅτι ταῦτα ποιεῖς; 19 Ἀπεκρίθη
sign shewest thou to us that these things thou doest? ²Answered
ὁ Ἰησοῦς καὶ εἶπεν αὐτοῖς, Λύσατε τὸν ναὸν τοῦτον, καὶ ἐν
¹Jesus and said to them, Destroy this temple, and in

2:20 τρισὶν ἡμέραις ἐγερῶ αὐτόν. 20 Εἶπον οὖν οἱ Ἰουδαῖοι,
three days I will raise up it. ⁴Said ³therefore ¹the ²Jews,
Τεσσαράκοντα καὶ ἓξ ἔτεσιν ᾠκοδομήθη ὁ ναὸς οὗτος, καὶ
Forty and six years was building this temple, and
σὺ ἐν τρισὶν ἡμέραις ἐγερεῖς αὐτόν; 21 Ἐκεῖνος δὲ ἔλεγεν
thou in three days wilt raise up it? But he spoke
περὶ τοῦ ναοῦ τοῦ σώματος αὐτοῦ. 22 ὅτε οὖν ἠγέρ-
concerning the temple of his body. When therefore he was
θη ἐκ νεκρῶν ἐμνήσθησαν οἱ μαθηταὶ αὐτοῦ ὅτι
raised up from among [the] dead ³remembered ¹his ²disciples that

τοῦτο ἔλεγεν αὐτοῖς, καὶ ἐπίστευσαν τῇ γραφῇ καὶ τῷ
this he had said to them, and believed the scripture and the
λόγῳ ᾧ εἶπεν ὁ Ἰησοῦς.
word which ²had ³spoken ¹Jesus.

23 Ὡς δὲ ἦν ἐν Ἱεροσολύμοις ἐν τῷ πάσχα, ἐν τῇ
But when he was in Jerusalem at the passover, at the
ἑορτῇ, πολλοὶ ἐπίστευσαν εἰς τὸ ὄνομα αὐτοῦ, θεωροῦντες αὐτοῦ
feast, many believed on his name, beholding his
τὰ σημεῖα ἃ ἐποίει. 24 αὐτὸς δὲ ὁ Ἰησοῦς οὐκ ἐπίστευεν
signs which he was doing. But ²himself ¹Jesus did not trust
ἑαυτὸν αὐτοῖς, διὰ τὸ αὐτὸν γινώσκειν πάντας, 25 καὶ
himself to them, because of his knowing all [men], and
ὅτι οὐ χρείαν εἶχεν ἵνα τις μαρτυρήσῃ περὶ τοῦ ἀνθρώ-
that ³no ⁴need ¹he ²had that any should testify concerning man,
που· αὐτὸς γὰρ ἐγίνωσκεν τί ἦν ἐν τῷ ἀνθρώπῳ.
for he knew what was in man.

3 Ἦν δὲ ἄνθρωπος ἐκ τῶν Φαρισαίων, Νικόδημος ὄνομα 3:1
But there was a man of the Pharisees, Nicodemus ²name
αὐτῷ, ἄρχων τῶν Ἰουδαίων· 2 οὗτος ἦλθεν πρὸς τὸν Ἰησοῦν
¹his, a ruler of the Jews; he came to Jesus
νυκτός, καὶ εἶπεν αὐτῷ, Ῥαββί. οἴδαμεν ὅτι ἀπὸ θεοῦ ἐλή-
by night, and said to him, Rabbi, we know that from God thou
λυθας διδάσκαλος· οὐδεὶς γὰρ ταῦτα τὰ σημεῖα δύναται
hast come a teacher, for no one these signs is able
ποιεῖν ἃ σὺ ποιεῖς ἐὰν μὴ ᾖ ὁ θεὸς μετ' αὐτοῦ. 3 Ἀπεκρίθη
to do which thou doest unless ²be ¹God with him. ²Answered
ὁ Ἰησοῦς καὶ εἶπεν αὐτῷ, Ἀμὴν ἀμὴν λέγω σοι, ἐὰν μή
¹Jesus and said to him, Verily verily I say to thee, Unless
τις γεννηθῇ ἄνωθεν, οὐ δύναται ἰδεῖν τὴν βασιλείαν τοῦ
anyone be born anew, he cannot see the kingdom
θεοῦ. 4 Λέγει πρὸς αὐτὸν ὁ Νικόδημος, Πῶς δύναται ἄν-
of God. ²Says ³to ⁴him ¹Nicodemus, How can a
θρωπος γεννηθῆναι γέρων ὤν; μὴ δύναται εἰς τὴν κοιλίαν
man be born ²old ¹being? can he into the womb
τῆς μητρὸς αὐτοῦ δεύτερον εἰσελθεῖν καὶ γεννηθῆναι; 5 Ἀπε- 3:5
of his mother a second time enter and be born? ²An-
κρίθη ὁ Ἰησοῦς, Ἀμὴν ἀμὴν λέγω σοι, ἐὰν μή τις γεννηθῇ
swered ¹Jesus, Verily verily I say to thee, Unless anyone be born
ἐξ ὕδατος καὶ πνεύματος οὐ δύναται εἰσελθεῖν εἰς τὴν βασιλείαν
of water and of Spirit he cannot enter into the kingdom
τοῦ θεοῦ. 6 τὸ γεγεννημένον ἐκ τῆς σαρκὸς σάρξ ἐστιν·
of God. That which has been born of the flesh flesh is;
καὶ τὸ γεγεννημένον ἐκ τοῦ πνεύματος πνεῦμά ἐστιν.
and that which has been born of the Spirit spirit is.
7 μὴ θαυμάσῃς ὅτι εἶπόν σοι, Δεῖ ὑμᾶς γεννηθῆναι
Do not wonder that I said to thee, It is needful for you to be born
ἄνωθεν. 8 τὸ πνεῦμα ὅπου θέλει πνεῖ, καὶ τὴν φωνὴν αὐτοῦ
anew. The wind ²where ³it ⁴wills ¹blows, and its sound
ἀκούεις, ἀλλ' οὐκ οἶδας πόθεν ἔρχεται καὶ ποῦ ὑπάγει
thou hearest, but knowest not whence it comes and where it goes:
οὕτως ἐστὶν πᾶς ὁ γεγεννημένος ἐκ τοῦ πνεύματος. 9 Ἀπε-
thus is everyone that has been born of the Spirit. ²An-

κρίθη Νικόδημος καὶ εἶπεν αὐτῷ, Πῶς δύναται ταῦτα γενέ-
swered ¹Nicodemus and said to him, How can these things be?

3:10 σθαι; 10 Ἀπεκρίθη ὁ Ἰησοῦς καὶ εἶπεν αὐτῷ, Σὺ εἶ ὁ
²Answered ¹Jesus and said to him, Thou art the

διδάσκαλος τοῦ Ἰσραήλ, καὶ ταῦτα οὐ γινώσκεις; 11 ἀμὴν
teacher of Israel, and these things knowest not? Verily

ἀμὴν λέγω σοι, ὅτι ὃ οἴδαμεν λαλοῦμεν, καὶ ὃ ἑωρά-
verily I say to thee, That which we know we speak, and that which we

καμεν μαρτυροῦμεν· καὶ τὴν μαρτυρίαν ἡμῶν οὐ λαμβάνετε.
have seen we bear witness of; and our witness ye receive not.

12 εἰ τὰ ἐπίγεια εἶπον ὑμῖν, καὶ οὐ πιστεύετε, πῶς ἐὰν εἴπω
If earthly things I said to you, and ye believe not, how if I say

ὑμῖν τὰ ἐπουράνια πιστεύσετε; 13 καὶ οὐδεὶς ἀναβέβηκεν
to you heavenly things will ye believe? And no one has gone up

εἰς τὸν οὐρανὸν εἰ μὴ ὁ ἐκ τοῦ οὐρανοῦ καταβάς, ὁ υἱὸς
into the heaven except he who out of the heaven came down, the Son

τοῦ ἀνθρώπου ὁ ὢν ἐν τῷ οὐρανῷ. 14 καὶ καθὼς Μωσῆς
of man who is in the heaven. And even as Moses

ὕψωσεν τὸν ὄφιν ἐν τῇ ἐρήμῳ, οὕτως ὑψωθῆναι δεῖ
lifted up the serpent in the wilderness, thus to be lifted up it behoves

3:15 τὸν υἱὸν τοῦ ἀνθρώπου· 15 ἵνα πᾶς ὁ πιστεύων εἰς αὐτὸν
the Son of man, that everyone that believes on him

μὴ ἀπόληται, ἀλλ᾽ ἔχῃ ζωὴν αἰώνιον. 16 οὕτως γὰρ
may not perish, but may have life eternal. For ²so

ἠγάπησεν ὁ θεὸς τὸν κόσμον ὥστε τὸν υἱὸν αὐτοῦ τὸν μονο-
³loved ¹God the world that his Son the only be-

γενῆ ἔδωκεν, ἵνα πᾶς ὁ πιστεύων εἰς αὐτὸν μὴ ἀπόληται,
gotten he gave, that everyone who believes on him may not perish,

ἀλλ᾽ ἔχῃ ζωὴν αἰώνιον. 17 οὐ γὰρ ἀπέστειλεν ὁ θεὸς τὸν
but may have life eternal. For ²sent ³not ¹God

υἱὸν αὐτοῦ εἰς τὸν κόσμον ἵνα κρίνῃ τὸν κόσμον, ἀλλ᾽
his Son into the world that he might judge the world, but

ἵνα σωθῇ ὁ κόσμος δι᾽ αὐτοῦ. 18 ὁ πιστεύων εἰς
that ³might ⁴be ⁵saved ¹the ²world through him. He that believes on

αὐτὸν οὐ κρίνεται· ὁ δὲ μὴ πιστεύων ἤδη κέκριται,
him is not judged; but he that believes not already has been judged,

ὅτι μὴ πεπίστευκεν εἰς τὸ ὄνομα τοῦ μονογενοῦς υἱοῦ τοῦ
because he has not believed on the name of the only begotten Son

θεοῦ. 19 αὕτη δέ ἐστιν ἡ κρίσις, ὅτι τὸ φῶς ἐλήλυθεν εἰς
of God. And this is the judgment, that the light has come into

τὸν κόσμον, καὶ ἠγάπησαν οἱ ἄνθρωποι μᾶλλον τὸ σκότος
the world, and ⁴loved ¹men ⁵rather ³the ⁴darkness

3:20 ἢ τὸ φῶς· ἦν γὰρ πονηρὰ αὐτῶν τὰ ἔργα. 20 πᾶς γὰρ
than the light; for ²were ¹evil their works. For everyone

ὁ φαῦλα πράσσων μισεῖ τὸ φῶς, καὶ οὐκ ἔρχεται πρὸς τὸ
that evil does hates the light, and comes not to the

φῶς, ἵνα μὴ ἐλεγχθῇ τὰ ἔργα αὐτοῦ· 21 ὁ δὲ ποιῶν τὴν
light, that may not be exposed his works; but he that practises the

ἀλήθειαν ἔρχεται πρὸς τὸ φῶς, ἵνα φανερωθῇ αὐτοῦ τὰ
truth comes to the light, that may be manifested his

ἔργα ὅτι ἐν θεῷ ἐστιν εἰργασμένα.
works that in God they have been wrought.

22 Μετὰ ταῦτα ἦλθεν ὁ Ἰησοῦς καὶ οἱ μαθηταὶ αὐτοῦ εἰς
After these things came Jesus and his disciples into

τὴν Ἰουδαίαν γῆν. καὶ ἐκεῖ διέτριβεν μετ' αὐτῶν καὶ ἐβάπ-
the land of Judæa; and there he stayed with them and was bap-
τιζεν. 23 ἦν δὲ καὶ ὁ Ἰωάννης βαπτίζων ἐν Αἰνὼν ἐγγὺς
tizing. And ³was ²also ¹John baptizing in Ænon, near
τοῦ Σαλείμ, ὅτι ὕδατα πολλὰ ἦν ἐκεῖ· καὶ παρεγίνοντο καὶ
Salim, because ²waters ¹many were there; and they were coming and
ἐβαπτίζοντο. 24 οὔπω γὰρ ἦν βεβλημένος εἰς τὴν φυλακὴν
being baptized. For not yet was ²cast ³into ⁴the ⁵prison

ὁ Ἰωάννης. 25 Ἐγένετο οὖν ζήτησις ἐκ τῶν μαθητῶν   3:25
¹John. Arose then a question [on the part] of the disciples
Ἰωάννου μετὰ Ἰουδαίων περὶ καθαρισμοῦ· 26 καὶ ἦλθον
of John with [some] Jews about purification. And they came
πρὸς τὸν Ἰωάννην καὶ εἶπον αὐτῷ, Ῥαββί, ὃς ἦν μετὰ
to John and said to him, Rabbi, he who was with
σοῦ πέραν τοῦ Ἰορδάνου, ᾧ σὺ μεμαρτύρηκας, ἴδε οὗτος
thee beyond the Jordan, to whom thou hast borne witness, behold he
βαπτίζει, καὶ πάντες ἔρχονται πρὸς αὐτόν. 27 Ἀπεκρίθη
baptizes, and all come to him. ²Answered
Ἰωάννης καὶ εἶπεν. Οὐ δύναται ἄνθρωπος λαμβάνειν οὐδὲν
¹John and said, ³Is ⁴able ¹a ²man to receive nothing
ἐὰν μὴ ᾖ δεδομένον αὐτῷ ἐκ τοῦ οὐρανοῦ. 28 αὐτοὶ ὑμεῖς
unless it be given to him from the heaven. Ye yourselves
μοι μαρτυρεῖτε ὅτι εἶπον, Οὐκ εἰμὶ ἐγὼ ὁ χριστός, ἀλλ' ὅτι
to me bear witness that I said, ²Am ³not ¹I the Christ, but that
ἀπεσταλμένος εἰμὶ ἔμπροσθεν ἐκείνου. 29 ὁ ἔχων τὴν νύμ-
³sent ¹I ²am before him. He that has the bride
φην, νυμφίος ἐστίν· ὁ δὲ φίλος τοῦ νυμφίου, ὁ ἑστηκὼς καὶ
²bridegroom ¹is; but the friend of the bridegroom, who stands and
ἀκούων αὐτοῦ, χαρᾷ χαίρει διὰ τὴν φωνὴν τοῦ νυμφίου·
hears him, with joy rejoices because of the voice of the bridegroom,
αὕτη οὖν ἡ χαρὰ ἡ ἐμὴ πεπλήρωται. 30 ἐκεῖνον δεῖ   3:30
this then ²joy ¹my is fulfilled. ³Him ¹it ²behoves
αὐξάνειν, ἐμὲ δὲ ἐλαττοῦσθαι. 31 ὁ ἄνωθεν ἐρχόμενος ἐπάνω
to increase, but me to decrease. He who from above comes, above
πάντων ἐστίν. ὁ ὢν ἐκ τῆς γῆς ἐκ τῆς γῆς ἐστιν, καὶ
all is. He who is from the earth from the earth is, and
ἐκ τῆς γῆς λαλεῖ· ὁ ἐκ τοῦ οὐρανοῦ ἐρχόμενος ἐπάνω
from the earth speaks. He who from the heaven comes above
πάντων ἐστίν, 32 καὶ ὃ ἑώρακεν καὶ ἤκουσεν τοῦτο
all is, and what he has seen and heard this
μαρτυρεῖ· καὶ τὴν μαρτυρίαν αὐτοῦ οὐδεὶς λαμβάνει. 33 ὁ
he testifies; and his testimony no one receives. He that
λαβὼν αὐτοῦ τὴν μαρτυρίαν ἐσφράγισεν ὅτι ὁ θεὸς ἀληθής
has received his testimony has set to his seal that God ²true
ἐστιν. 34 ὃν γὰρ ἀπέστειλεν ὁ θεὸς τὰ ῥήματα τοῦ θεοῦ
¹is; for he whom ²sent ¹God the words of God
λαλεῖ· οὐ γὰρ ἐκ μέτρου δίδωσιν ὁ θεὸς τὸ πνεῦμα. 35 ὁ   3:35
speaks; for not by measure ²gives ¹God the Spirit. The
πατὴρ ἀγαπᾷ τὸν υἱόν, καὶ πάντα δέδωκεν ἐν τῇ χειρὶ αὐ-
Father loves the Son, and all things has given into his hand.
τοῦ. 36 ὁ πιστεύων εἰς τὸν υἱὸν ἔχει ζωὴν αἰώνιον· ὁ δὲ
He that believes on the Son has life eternal; and he that

ἀπειθῶν τῷ υἱῷ οὐκ ὄψεται ζωήν, ἀλλ' ἡ ὀργὴ τοῦ θεοῦ
is not subject to the Son shall not see life, but the wrath of God
μένει ἐπ' αὐτόν.
abides on him.

4:1 **4** Ὡς οὖν ἔγνω ὁ κύριος ὅτι ἤκουσαν οἱ Φαρισαῖοι,
When therefore ³knew ¹the ²Lord that ³heard ¹the ²Pharisees,
ὅτι Ἰησοῦς πλείονας μαθητὰς ποιεῖ καὶ βαπτίζει ἢ Ἰωάν-
that Jesus more disciples makes and baptizes than John
νης· 2 καίτοιγε Ἰησοῦς αὐτὸς οὐκ ἐβάπτιζεν, ἀλλ' οἱ
(although indeed Jesus himself was not baptizing but
μαθηταὶ αὐτοῦ· 3 ἀφῆκεν τὴν Ἰουδαίαν, καὶ ἀπῆλθεν πάλιν
his disciples), he left Judæa, and went away again
εἰς τὴν Γαλιλαίαν. 4 ἔδει δὲ αὐτὸν διέρχεσθαι διὰ τῆς
into Galilee. And it was necessary for him to pass through

4:5 Σαμαρείας. 5 ἔρχεται οὖν εἰς πόλιν τῆς Σαμαρείας λεγο-
Samaria. He comes therefore to a city of Samaria call-
μένην Συχάρ, πλησίον τοῦ χωρίου ὃ ἔδωκεν Ἰακὼβ
ed Sychar, near the land which ²gave ¹Jacob
Ἰωσὴφ τῷ υἱῷ αὐτοῦ. 6 ἦν δὲ ἐκεῖ πηγὴ τοῦ Ἰακώβ.
to Joseph his son. Now ³was, ⁴there ²fountain ¹Jacob's;
ὁ οὖν Ἰησοῦς κεκοπιακὼς ἐκ τῆς ὁδοιπορίας ἐκαθέζετο οὕτως
Jesus therefore, being wearied from the journey, sat thus
ἐπὶ τῇ πηγῇ. ὥρα ἦν ὡσεὶ ἕκτη. 7 Ἔρχεται γυνὴ
at the fountain. [The] hour was about [the] sixth. Comes a woman
ἐκ τῆς Σαμαρείας ἀντλῆσαι ὕδωρ. λέγει αὐτῇ ὁ Ἰησοῦς,
out of Samaria to draw water. ²Says ³to ⁴her ¹Jesus,
Δός μοι πιεῖν· 8 οἱ γὰρ μαθηταὶ αὐτοῦ ἀπεληλύθεισαν εἰς
Give me to drink; for his disciples had gone away into
τὴν πόλιν, ἵνα τροφὰς ἀγοράσωσιν. 9 Λέγει οὖν αὐτῷ
the city, that provisions they might buy. ⁵Says ⁴therefore ⁶to ⁷him
ἡ γυνὴ ἡ Σαμαρεῖτις, Πῶς σὺ Ἰουδαῖος ὢν παρ' ἐμοῦ
¹the ³woman ²Samaritan, How ²thou ⁴a ⁵Jew ³being ⁸from ¹⁰me
ⁿπιεῖν αἰτεῖς, οὔσης γυναικὸς Σαμαρείτιδος; οὐ γὰρ
⁷to ⁸drink ¹dost ⁶ask, being a ²woman ¹Samaritan? For ³no

4:10 συγχρῶνται Ἰουδαῖοι Σαμαρείταις. 10 Ἀπεκρίθη Ἰησοῦς
²have ⁴intercourse ¹Jews with Samaritans. ²Answered ¹Jesus
καὶ εἶπεν αὐτῇ, Εἰ ᾔδεις τὴν δωρεὰν τοῦ θεοῦ, καὶ τίς
and said to her, If thou hadst known the gift of God, and who
ἐστιν ὁ λέγων σοι, Δός μοι πιεῖν, σὺ ἂν ᾔτησας
it is that says to thee, Give me to drink, thou wouldest have asked
αὐτόν, καὶ ἔδωκεν ἂν σοι ὕδωρ ζῶν. 11 Λέγει αὐτῷ ἡ
him, and he would have given to thee ²water ¹living. ³Says ⁴to ⁵him ¹the
γυνή, Κύριε, οὔτε ἄντλημα ἔχεις, καὶ τὸ φρέαρ ἐστὶν
²woman, Sir, nothing to draw with thou hast, and the well is
βαθύ· πόθεν οὖν ἔχεις τὸ ὕδωρ τὸ ζῶν; 12 μὴ σὺ μείζων εἶ
deep; whence then hast thou the ²water ¹living? Art thou greater
τοῦ πατρὸς ἡμῶν Ἰακώβ, ὃς ἔδωκεν ἡμῖν τὸ φρέαρ, καὶ αὐτὸς
than our father Jacob, who gave us the well, and himself
ἐξ αὐτοῦ ἔπιεν, καὶ οἱ υἱοὶ αὐτοῦ καὶ τὰ θρέμματα αὐτοῦ;
of it drank, and his sons and his cattle?
13 Ἀπεκρίθη ὁ Ἰησοῦς καὶ εἶπεν αὐτῇ, Πᾶς ὁ πίνων ἐκ
²Answered ¹Jesus and said to her, Everyone that drinks of

John Chapter 4

τοῦ ὕδατος τούτου διψήσει πάλιν· 14 ὃς δ' ἂν πίῃ ἐκ τοῦ ὕδατος οὗ ἐγὼ δώσω αὐτῷ οὐ μὴ διψήσῃ εἰς τὸν αἰῶνα· ἀλλὰ τὸ ὕδωρ ὃ δώσω αὐτῷ γενήσεται ἐν αὐτῷ πηγὴ ὕδατος ἁλλομένου εἰς ζωὴν αἰώνιον. 15 Λέγει πρὸς αὐτὸν ἡ γυνή, Κύριε, δός μοι τοῦτο τὸ ὕδωρ, ἵνα μὴ διψῶ μηδὲ ἔρχωμαι ἐνθάδε ἀντλεῖν. 16 Λέγει αὐτῇ ὁ Ἰησοῦς, Ὕπαγε, φώνησον τὸν ἄνδρα σοῦ καὶ ἐλθὲ ἐνθάδε. 17 Ἀπεκρίθη ἡ γυνὴ καὶ εἶπεν, Οὐκ ἔχω ἄνδρα. Λέγει αὐτῇ ὁ Ἰησοῦς, Καλῶς εἶπας, Ὅτι ἄνδρα οὐκ ἔχω· 18 πέντε γὰρ ἄνδρας ἔσχες, καὶ νῦν ὃν ἔχεις οὐκ ἔστιν σου ἀνήρ· τοῦτο ἀληθὲς εἴρηκας. 19 Λέγει αὐτῷ ἡ γυνή, Κύριε, θεωρῶ ὅτι προφήτης εἶ σύ. 20 οἱ πατέρες ἡμῶν ἐν τούτῳ τῷ ὄρει προσεκύνησαν· καὶ ὑμεῖς λέγετε ὅτι ἐν Ἰεροσολύμοις ἐστὶν ὁ τόπος ὅπου δεῖ προσκυνεῖν. 21 Λέγει αὐτῇ ὁ Ἰησοῦς, Γύναι, πίστευσόν μοι, ὅτι ἔρχεται ὥρα ὅτε οὔτε ἐν τῷ ὄρει τούτῳ οὔτε ἐν Ἱεροσολύμοις προσκυνήσετε τῷ πατρί. 22 ὑμεῖς προσκυνεῖτε ὃ οὐκ οἴδατε· ἡμεῖς προσκυνοῦμεν ὃ οἴδαμεν· ὅτι ἡ σωτηρία ἐκ τῶν Ἰουδαίων ἐστίν. 23 ἀλλ' ἔρχεται ὥρα καὶ νῦν ἐστιν, ὅτε οἱ ἀληθινοὶ προσκυνηταὶ προσκυνήσουσιν τῷ πατρὶ ἐν πνεύματι καὶ ἀληθείᾳ· καὶ γὰρ ὁ πατὴρ τοιούτους ζητεῖ τοὺς προσκυνοῦντας αὐτόν. 24 Πνεῦμα ὁ θεός· καὶ τοὺς προσκυνοῦντας αὐτὸν ἐν πνεύματι καὶ ἀληθείᾳ δεῖ προσκυνεῖν. 25 Λέγει αὐτῷ ἡ γυνή, Οἶδα ὅτι μεσσίας ἔρχεται, ὁ λεγόμενος χριστός· ὅταν ἔλθῃ ἐκεῖνος ἀναγγελεῖ ἡμῖν πάντα. 26 Λέγει αὐτῇ ὁ Ἰησοῦς, Ἐγώ εἰμι, ὁ λαλῶν σοι. 27 Καὶ ἐπὶ τούτῳ

ἦλθον οἱ μαθηταὶ αὐτοῦ, καὶ ἐθαύμασαν ὅτι μετὰ γυναικὸς
came   his disciples,   and   wondered   that with a woman
ἐλάλει· οὐδεὶς μέντοι εἶπεν, Τί ζητεῖς; ἢ Τί λα-
he was speaking; no one however said, What seekest thou? or Why speakest
λεῖς μετ' αὐτῆς;
thou with her?
28 Ἀφῆκεν οὖν τὴν ὑδρίαν αὐτῆς ἡ γυνὴ καὶ ἀπῆλθεν εἰς
⁴Left   ³then ⁵her ⁶waterpot ¹the ²woman and went away into
τὴν πόλιν, καὶ λέγει τοῖς ἀνθρώποις, 29 Δεῦτε, ἴδετε ἄνθρω-
the city, and says to the   men,   Come, see a man
πον ὃς εἶπέν μοι πάντα ὅσα ἐποίησα· μήτι οὗτός ἐστιν
who told   me all things whatsoever I did: ³perchance ²this ¹is

4:30 ὁ χριστός; 30 Ἐξῆλθον οὖν ἐκ τῆς πόλεως, καὶ ἤρ-
     the Christ!   They went forth therefore out of the city,   and came
χοντο πρὸς αὐτόν.
unto him.
31 Ἐν δὲ τῷ μεταξὺ ἠρώτων αὐτὸν οἱ μαθηταί, λέ-
    But in the meantime ³were ⁴asking ⁵him ¹the ²disciples, say-
γοντες, Ῥαββί, φάγε. 32 Ὁ δὲ εἶπεν αὐτοῖς, Ἐγὼ βρῶσιν
ing,   Rabbi,   eat.   But he said to them,   I   meat
ἔχω φαγεῖν ἣν ὑμεῖς οὐκ οἴδατε. 33 Ἔλεγον οὖν οἱ μαθη-
have to eat which ye know not.   ⁴Said ³therefore ¹the ²disci-
ταὶ πρὸς ἀλλήλους, Μή τις ἤνεγκεν αὐτῷ φαγεῖν;
ples to one another, ³Anyone ¹did bring him [anything] to eat?
34 Λέγει αὐτοῖς ὁ Ἰησοῦς, Ἐμὸν βρῶμά ἐστιν ἵνα ποιῶ τὸ
   ²Says ³to ⁴them ¹Jesus, My   meat   is   that I should do the
θέλημα τοῦ πέμψαντός με, καὶ τελειώσω αὐτοῦ τὸ ἔργον.
will of him who sent me, and should finish his work.

4:35 35 οὐχ ὑμεῖς λέγετε, ὅτι ἔτι τετράμηνόν ἐστιν καὶ ὁ θερισμὸς
       ²Not ³ye ¹say, that yet four months it is and the harvest
ἔρχεται; ἰδού, λέγω ὑμῖν, Ἐπάρατε τοὺς ὀφθαλμοὺς ὑμῶν καὶ
comes?   Behold, I say to you, Lift up   your eyes   and
θεάσασθε τὰς χώρας, ὅτι λευκαί εἰσιν πρὸς θερισμὸν ἤδη.
see   the fields, for white they are to harvest already.
36 καὶ ὁ θερίζων μισθὸν λαμβάνει, καὶ συνάγει καρπὸν
   And he that reaps a reward receives, and gathers fruit
εἰς ζωὴν αἰώνιον· ἵνα καὶ ὁ σπείρων ὁμοῦ χαίρῃ
unto life eternal, that both he that sows ⁷together ⁵may ⁶rejoice
καὶ ὁ θερίζων. 37 ἐν γὰρ τούτῳ ὁ λόγος ἐστὶν ὁ ἀλη-
¹and ²he ³that ⁴reaps. For in this the saying is   true,
θινός, ὅτι ἄλλος ἐστὶν ὁ σπείρων, καὶ ἄλλος ὁ θερίζων.
       That ³one ¹it ²is who sows, and another who reaps.
38 ἐγὼ ἀπέστειλα ὑμᾶς θερίζειν ὃ οὐχ ὑμεῖς κεκοπιάκατε·
   I   sent   you to reap on which ³not ¹ye ²have laboured;
ἄλλοι κεκοπιάκασιν, καὶ ὑμεῖς εἰς τὸν κόπον αὐτῶν εἰσεληλύ-
others have laboured, and ye into their labour   have en-
θατε.
tered.
39 Ἐκ δὲ τῆς πόλεως ἐκείνης πολλοὶ ἐπίστευσαν εἰς αὐτὸν
   But out of that city   many believed   on   him
τῶν Σαμαρειτῶν, διὰ τὸν λόγον τῆς γυναικὸς μαρ-
of the Samaritans, because of the word of the woman tes-

John Chapter 4

τυροúσης, "Ὅτι εἶπέν μοι πάντα ὅσα∥ ἐποίησα. 40 Ὡς
tifying, He told me all things whatsoever I did. When
οὖν ἦλθον πρὸς αὐτὸν οἱ ˢΣαμαρεῖται,∥ ἠρώτων αὐτὸν
therefore came to him the Samaritans, they asked him
μεῖναι παρ' αὐτοῖς· καὶ ἔμεινεν ἐκεῖ δύο ἡμέρας. 41 καὶ
to abide with them, and he abode there two days. And
πολλῷ πλείους ἐπίστευσαν διὰ τὸν λόγον αὐτοῦ· 42 τῇ τε
many more believed because of his word; and to the
γυναικὶ ἔλεγον, "Ὅτι∥ οὐκέτι διὰ τὴν σὴν λαλιὰν πισ-
woman they said, No longer because of thy saying we
τεύομεν· αὐτοὶ γὰρ ἀκηκόαμεν, καὶ οἴδαμεν ὅτι οὗτός ἐστιν
believe, for ourselves have heard, and we know that this is
ἀληθῶς ὁ σωτὴρ τοῦ κόσμου, ὁ χριστός.∥
truly the Saviour of the world, the Christ.

43 Μετὰ δὲ τὰς δύο ἡμέρας ἐξῆλθεν ἐκεῖθεν, καὶ ἀπῆλ-
But after the two days he went forth thence, and went
θεν∥ εἰς τὴν Γαλιλαίαν. 44 αὐτὸς γὰρ ὁ∥ Ἰησοῦς ἐμαρτύρη-
away into Galilee; for ²himself ¹Jesus testified,
σεν, ὅτι προφήτης ἐν τῇ ἰδίᾳ πατρίδι τιμὴν οὐκ ἔχει.
that a prophet in his own country honour has not.
45 Ὅτε∥ οὖν ἦλθεν εἰς τὴν Γαλιλαίαν ἐδέξαντο αὐτὸν
When therefore he came into Galilee ³received ⁴him
οἱ Γαλιλαῖοι, πάντα ἑωρακότες ἃ∥ ἐποίησεν ἐν Ἱε-
¹the ²Galileans, all things having seen which he did in Je-
ροσολύμοις ἐν τῇ ἑορτῇ· καὶ αὐτοὶ γὰρ ἦλθον εἰς τὴν
rusalem during the feast, for they also went to the
ἑορτήν.
feast.

46 Ἦλθεν οὖν ὁ Ἰησοῦς∥ πάλιν εἰς τὴν Κανᾶ τῆς
²Came ³therefore ¹Jesus again to Cana
Γαλιλαίας, ὅπου ἐποίησεν τὸ ὕδωρ οἶνον. καὶ ἦν∥ τις
of Galilee, where he made the water wine. And there was a certain
βασιλικός, οὗ ὁ υἱὸς ἠσθένει ἐν Καπερναούμ.∥ 47 οὗτος
courtier, whose son was sick in Capernaum. He
ἀκούσας ὅτι Ἰησοῦς ἥκει ἐκ τῆς Ἰουδαίας εἰς τὴν Γαλι-
having heard that Jesus had come out of Judæa into Gali-
λαίαν, ἀπῆλθεν πρὸς αὐτόν, καὶ ἠρώτα αὐτὸν∥ ἵνα κατα-
lee, went to him, and asked him that he would
βῇ καὶ ἰάσηται αὐτοῦ τὸν υἱόν· ἤμελλεν γὰρ ἀποθνήσκειν.
come down and heal his son; for he was about to die.
48 εἶπεν οὖν ὁ Ἰησοῦς πρὸς αὐτόν, Ἐὰν μὴ σημεῖα καὶ
³Said ²therefore ¹Jesus to him, Unless signs and
τέρατα ἴδητε οὐ μὴ πιστεύσητε. 49 Λέγει πρὸς αὐτὸν ὁ
wonders ye see in no wise will ye believe. ³Says ⁴to ⁵him ¹the
βασιλικός, Κύριε, κατάβηθι πρὶν ἀποθανεῖν τὸ παιδίον μου.
²courtier, Sir, come down before ⁴dies ¹my ²little ³child.
50 Λέγει αὐτῷ ὁ Ἰησοῦς, Πορεύου· ὁ υἱός σου ζῇ. Καὶ∥
²Says ³to ⁴him ¹Jesus, Go, thy son lives. And
ἐπίστευσεν ὁ ἄνθρωπος τῷ λόγῳ ᾧ∥ εἶπεν αὐτῷ Ἰησοῦς,
³believed ¹the ²man the word which ²said ³to ⁴him ¹Jesus,
καὶ ἐπορεύετο. 51 ἤδη δὲ αὐτοῦ καταβαίνοντος οἱ δοῦλοι. αὐ-
and went away. But already as he was going down his bondmen

τοῦ ἀπήντησαν αὐτῷ, καὶ ἀπήγγειλαν λέγοντες, Ὅτι
   met him, and reported, saying,

ὁ παῖς σου ζῇ. 52 Ἐπύθετο οὖν παρ' αὐτῶν τὴν ὥραν
Thy child lives. He inquired therefore from them the hour

ἐν ᾗ κομψότερον ἔσχεν. καὶ εἶπον αὐτῷ, Ὅτι χθὲς
in which ³better ¹he ²got. And they said to him, Yesterday

ὥραν ἑβδόμην ἀφῆκεν αὐτὸν ὁ πυρετός. 53 Ἔγνω
[at the] ²hour ¹seventh left him the fever. ³Knew

οὖν ὁ πατὴρ ὅτι ἐν ἐκείνῃ τῇ ὥρᾳ ἐν ᾗ εἶπεν
⁴therefore ¹the ²father that [it was] at that hour in which ⁵said

αὐτῷ ὁ Ἰησοῦς, Ὅτι ὁ υἱός σου ζῇ. Καὶ ἐπίστευσεν αὐτὸς
³to ⁴him ¹Jesus, Thy son lives. And he ²believed ¹himself

καὶ ἡ οἰκία αὐτοῦ ὅλη. 54. τοῦτο πάλιν δεύτερον σημεῖον
and his ²house ¹whole. This again a second sign-

ἐποίησεν ὁ Ἰησοῦς, ἐλθὼν ἐκ τῆς Ἰουδαίας εἰς τὴν Γα-
did Jesus, having come out of Judæa into Ga-

λιλαίαν.
lilee.

5:1 5 Μετὰ ταῦτα ἦν ἑορτὴ τῶν Ἰουδαίων, καὶ ἀνέβη ὁ
   After these things was a feast of the Jews, and ²went ³up

Ἰησοῦς εἰς Ἱεροσόλυμα. 2 ἔστιν δὲ ἐν τοῖς Ἱεροσολύμοις
¹Jesus to Jerusalem. And there is in Jerusalem

ἐπὶ τῇ προβατικῇ κολυμβήθρα, ἡ ἐπιλεγομένη Ἑβραϊστὶ
at the sheepgate a pool, which [is] called in Hebrew

Βηθεσδά, πέντε στοὰς ἔχουσα. 3 ἐν ταύταις κατέκειτο
Bethesda, five porches having. In these were lying

πλῆθος πολὺ τῶν ἀσθενούντων, τυφλῶν, χωλῶν,
a ²multitude ¹great of those who were sick, blind, lame,

ξηρῶν, ἐκδεχομένων τὴν τοῦ ὕδατος κίνησιν. 4 ἄγγελος
withered, awaiting the ²of ³the ⁴water ¹moving. ²An ³angel

γὰρ κατὰ καιρὸν κατέβαινεν ἐν τῇ κολυμβήθρᾳ, καὶ ἐτά-
¹for from time to time descended in the pool, and agi-

ρασσεν τὸ ὕδωρ· ὁ οὖν πρῶτος ἐμβὰς μετὰ τὴν ταραχὴν
tated the water. He who therefore first entered after the agitation

τοῦ ὕδατος, ὑγιὴς ἐγίνετο, ᾧ δήποτε κατείχετο νοσήματι.
of the water, ²well ¹became, whatever ²he ³was ⁴held ⁵by ¹disease.

5:5 5 Ἦν δέ τις ἄνθρωπος ἐκεῖ τριακονταοκτὼ ἔτη ἔχων ἐν
   But ⁴was ¹a ²certain ³man there ⁵thirty ⁵eight ⁴years ¹being in

τῇ ἀσθενείᾳ. 6 τοῦτον ἰδὼν ὁ Ἰησοῦς κατακείμενον, καὶ
infirmity. ³Him ²seeing ¹Jesus lying, and

γνοὺς ὅτι πολὺν ἤδη χρόνον ἔχει, λέγει αὐτῷ, Θέλεις
knowing that a long ²already ¹time he has been, says to him, Desirest thou

ὑγιὴς γενέσθαι; 7 ἀπεκρίθη αὐτῷ ὁ ἀσθενῶν, Κύριε, ἄν-
well to become? ⁴Answered ⁵him ¹the ²infirm [³man], Sir, a

θρωπον οὐκ ἔχω, ἵνα ὅταν ταραχθῇ τὸ ὕδωρ βάλλῃ
man I have not, that when ³has ⁴been ⁵agitated ¹the ²water he may put

με εἰς τὴν κολυμβήθραν· ἐν ᾧ δὲ ἔρχομαι ἐγὼ ἄλλος πρὸ
me into the pool; but while ²am ³coming ¹I another before

ἐμοῦ καταβαίνει. 8 λέγει αὐτῷ ὁ Ἰησοῦς, Ἔγειραι, ἆρον
me descends. ²Says ³to ⁴him ¹Jesus, Arise, take up

τὸν κράββατόν ‖ σου, καὶ περιπάτει. 9 Καὶ εὐθέως ‖ ἐγένετο
thy bed, and walk. And immediately ³became
ὑγιὴς ὁ ἄνθρωπος, καὶ ἦρεν τὸν κράββατον ‖ αὐτοῦ, καὶ
⁴well ¹the ²man, and took up his bed, and
περιεπάτει· ἦν δὲ σάββατον ἐν ἐκείνῃ τῇ ἡμέρᾳ. 10 Ἔλεγον
walked; and it was sabbath on that day. ³Said
οὖν οἱ Ἰουδαῖοι τῷ τεθεραπευμένῳ, Σάββατόν ἐστιν·
⁴therefore ¹the ²Jews to him who had been healed, Sabbath it is,
οὐκ ἔξεστίν σοι ἆραι τὸν κράββατον ‖. 11 Ἀπεκρίθη
it is not lawful for thee to take up the bed. He answered
αὐτοῖς, Ὁ ποιήσας με ὑγιῆ, ἐκεῖνός μοι εἶπεν, Ἆρον τὸν
them, He who made me well, he to me said, Take up
κράββατόν ‖ σου καὶ περιπάτει. 12 Ἠρώτησαν οὖν ‖ αὐτόν,
thy bed and walk. They asked ²therefore ¹him,
Τίς ἐστιν ὁ ἄνθρωπος ὁ εἰπών σοι, Ἆρον τὸν κράββατόν ‖
Who is the man who said to thee, Take up ²bed
σου ‖ καὶ περιπάτει; 13 Ὁ δὲ ἰαθεὶς ‖ οὐκ ᾔδει τίς ἐστιν·
¹thy and walk? But he who had been healed knew not who it is,
ὁ γὰρ Ἰησοῦς ἐξένευσεν, ὄχλου ὄντος ἐν τῷ τόπῳ. 14 Μετὰ
for Jesus had moved away, a crowd being in the place. After
ταῦτα εὑρίσκει αὐτὸν ὁ Ἰησοῦς ἐν τῷ ἱερῷ, αἱ εἶπεν αὐτῷ,
these things ²finds ³him ¹Jesus in the temple, and said to him,
Ἴδε ὑγιὴς γέγονας· μηκέτι ἁμάρτανε, ἵνα μὴ χεῖρόν
Behold, well thou hast become: ²no ³more ¹sin, that ⁴not ²worse
τί σοι ‖ γένηται. 15 Ἀπῆλθεν ὁ ἄνθρωπος καὶ ἀνήγ-
something ⁵to ⁶thee ⁴happens. Went away the man and told
γειλεν ‖ τοῖς Ἰουδαίοις ὅτι Ἰησοῦς ἐστιν ὁ ποιήσας αὐτὸν
the Jews that Jesus it is who made him
ὑγιῆ. 16 Καὶ διὰ τοῦτο ἐδίωκον τὸν Ἰησοῦν οἱ Ἰουδαῖοι, ‖
well. And because of this ³persecuted ⁴Jesus ¹the ²Jews,
καὶ ἐζήτουν αὐτὸν ἀποκτεῖναι, ‖ ὅτι ταῦτα ἐποίει ἐν σαβ-
and sought him to kill, because these things he did on a sab-
βάτῳ. 17 Ὁ δὲ Ἰησοῦς ‖ ἀπεκρίνατο αὐτοῖς, Ὁ πατήρ μου
bath. But Jesus answered them, My Father
ἕως ἄρτι ἐργάζεται, κἀγὼ ἐργάζομαι. 18 Διὰ τοῦτο οὖν ‖
until now works, and I work. Because of this therefore
μᾶλλον ἐζήτουν αὐτὸν οἱ Ἰουδαῖοι ἀποκτεῖναι, ὅτι οὐ μόνον
the more sought ⁵him ¹the ²Jews ³to ⁴kill, because not only
ἔλυεν τὸ σάββατον, ἀλλὰ καὶ πατέρα ἴδιον ἔλεγεν τὸν
did he break the sabbath, but also ⁵Father ³his ⁴own ¹called
θεόν, ἴσον ἑαυτὸν ποιῶν τῷ θεῷ. 19 ἀπεκρίνατο οὖν ὁ
²God, equal ²himself ¹making to God. ³Answered ²therefore
Ἰησοῦς καὶ εἶπεν ‖ αὐτοῖς, Ἀμὴν ἀμὴν λέγω ὑμῖν, οὐ δύναται
¹Jesus and said to them, Verily verily I say to you, ³is ⁴able
ὁ υἱὸς ποιεῖν ἀφ' ἑαυτοῦ οὐδέν, ἐὰν μή τι βλέπῃ
¹the ²Son to do from himself nothing, unless anything he may see
τὸν πατέρα ποιοῦντα· ἃ γὰρ ἂν ‖ ἐκεῖνος ποιῇ, ταῦτα καὶ
the Father doing: for whatever he does, these things also
ὁ υἱὸς ὁμοίως ποιεῖ. ‖ 20 ὁ γὰρ πατὴρ φιλεῖ τὸν υἱόν, καὶ
the Son in like manner does. For the Father loves the Son, and

πάντα δείκνυσιν αὐτῷ ἃ αὐτὸς ποιεῖ· καὶ μείζονα τού-
all things shews to him which himself he does; and greater than
των δείξει αὐτῷ ἔργα, ἵνα ὑμεῖς θαυμάζητε." 21 ὥσπερ
these he will shew him works, that ye may wonder. Even as
γὰρ ὁ πατὴρ ἐγείρει τοὺς νεκροὺς καὶ ζωοποιεῖ, οὕτως καὶ ὁ
for the Father raises up the dead and quickens, thus also the
υἱὸς οὓς θέλει ζωοποιεῖ. 22 οὐδὲ γὰρ ὁ πατὴρ κρίνει οὐδένα,
Son whom he will quickens; for the Father judges no one,
ἀλλὰ τὴν κρίσιν πᾶσαν δέδωκεν τῷ υἱῷ, 23 ἵνα πάντες
but judgment all has given to the Son, that all
τιμῶσιν τὸν υἱὸν καθὼς τιμῶσιν τὸν πατέρα. ὁ μὴ τιμῶν
may honour the Son even as they honour the Father. He that honours not
τὸν υἱὸν οὐ τιμᾷ τὸν πατέρα τὸν πέμψαντα αὐτόν. 24 Ἀμὴν
the Son honours not the Father who sent him. Verily
ἀμὴν λέγω ὑμῖν, ὅτι ὁ τὸν λόγον μου ἀκούων, καὶ πιστεύων
verily I say to you, that he that my word hears, and believes
τῷ πέμψαντί με, ἔχει ζωὴν αἰώνιον, καὶ εἰς κρίσιν οὐκ
him who sent me, has life eternal, and into judgment not
ἔρχεται, ἀλλὰ μεταβέβηκεν ἐκ τοῦ θανάτου εἰς τὴν ζωήν.
comes, but has passed out of death into life.

5:25 25 Ἀμὴν ἀμὴν λέγω ὑμῖν, ὅτι ἔρχεται ὥρα καὶ νῦν ἐστιν,
Verily verily I say you, that is coming an hour and now is,
ὅτε οἱ νεκροὶ ἀκούσονται" τῆς φωνῆς τοῦ υἱοῦ τοῦ θεοῦ, καὶ
when the dead shall hear the voice of the Son of God, and
οἱ ἀκούσαντες ζήσονται." 26 ὥσπερ γὰρ ὁ πατὴρ ἔχει
those having heard shall live. For even as the Father has
ζωὴν ἐν ἑαυτῷ, οὕτως ἔδωκεν καὶ τῷ υἱῷ" ζωὴν ἔχειν
life in himself, so he gave also to the Son life to have
ἐν ἑαυτῷ. 27 καὶ ἐξουσίαν ἔδωκεν αὐτῷ καὶ" κρίσιν
in himself, and authority gave to him also judgment
ποιεῖν, ὅτι υἱὸς ἀνθρώπου ἐστίν. 28 μὴ θαυμάζετε τοῦτο·
to execute, because Son of man he is. Wonder not at this,
ὅτι ἔρχεται ὥρα ἐν ᾗ πάντες οἱ ἐν τοῖς μνημείοις ἀκού-
for is coming an hour in which all those in the tombs shall
σονται" τῆς φωνῆς αὐτοῦ, 29 καὶ ἐκπορεύσονται, οἱ τὰ
hear his voice, and shall come forth, those that
ἀγαθὰ ποιήσαντες εἰς ἀνάστασιν ζωῆς, οἱ δὲ" τὰ φαῦλα
good practised to a resurrection of life, and those that evil

5:30 πράξαντες εἰς ἀνάστασιν κρίσεως. 30 οὐ δύναμαι ἐγὼ ποιεῖν
did to a resurrection of judgment. Am able I to do
ἀπ' ἐμαυτοῦ οὐδέν· καθὼς ἀκούω κρίνω, καὶ ἡ κρίσις ἡ
from myself nothing; even as I hear I judge, and judgment
ἐμὴ δικαία ἐστίν· ὅτι οὐ ζητῶ τὸ θέλημα τὸ ἐμόν, ἀλλὰ τὸ
my just is, because I seek not will my, but the
θέλημα τοῦ πέμψαντός με πατρός." 31 Ἐὰν ἐγὼ μαρτυρῶ
will of the who sent me Father, If I bear witness
περὶ ἐμαυτοῦ, ἡ μαρτυρία μου οὐκ ἔστιν ἀληθής. 32 ἄλλος
concerning myself, my witness is not true. Another
ἐστὶν ὁ μαρτυρῶν περὶ ἐμοῦ, καὶ οἶδα" ὅτι ἀληθής ἐστιν
it is who bears witness concerning me, and I know that true is
ἡ μαρτυρία ἣν μαρτυρεῖ περὶ ἐμοῦ. 33 Ὑμεῖς ἀπεστάλ-
the witness which he witnesses concerning me. Ye have
κατε πρὸς Ἰωάννην" καὶ μεμαρτύρηκεν τῇ ἀληθείᾳ· 34 ἐγὼ
sent unto John and he has borne witness to the truth. I

δὲ οὐ παρὰ ἀνθρώπου τὴν μαρτυρίαν λαμβάνω, ἀλλὰ ταῦ-
but ⁴not ⁵from ⁷man ⁵witness ³receive, but these
τα λέγω ἵνα ὑμεῖς σωθῆτε. 35 ἐκεῖνος ἦν ὁ λύχνος ὁ
things I say that ye may be saved. He was the ⁴lamp
καιόμενος καὶ φαίνων, ὑμεῖς δὲ ἠθελήσατε ἀγαλλιασθῆναι
¹burning ²and ³shining, and ye were willing to rejoice
πρὸς ὥραν ἐν τῷ φωτὶ αὐτοῦ. 36 ἐγὼ δὲ ἔχω τὴν μαρτυρίαν
for an hour in his light. But I have the witness
μείζω τοῦ Ἰωάννου· τὰ γὰρ ἔργα ἃ ἔδωκέν μοι ὁ
greater than John's for the works which ³gave ⁴me ¹the
πατὴρ ἵνα τελειώσω αὐτά, αὐτὰ τὰ ἔργα ἃ ἐγὼ
²Father that I should complete them, the works themselves which I
ποιῶ, μαρτυρεῖ περὶ ἐμοῦ ὅτι ὁ πατήρ με ἀπέσταλκεν.
do, bear witness concerning me that the Father me has sent.
37 καὶ ὁ πέμψας με πατήρ, αὐτὸς μεμαρτύρηκεν περὶ
And the ²who ³sent ⁴me ¹Father, himself has borne witness concerning
ἐμοῦ. οὔτε φωνὴν αὐτοῦ ἀκηκόατε πώποτε, οὔτε εἶδος
me. Neither his voice have ye heard at any time, nor ²form
αὐτοῦ ἑωράκατε. 38 καὶ τὸν λόγον αὐτοῦ οὐκ ἔχετε μένοντα
¹his have ye seen. And his word ye have not abiding
ἐν ὑμῖν, ὅτι ὃν ἀπέστειλεν ἐκεῖνος, τούτῳ ὑμεῖς οὐ πιστεύετε.
in you, for whom ²sent ¹he, him ye believe not.
39 Ἐρευνᾶτε τὰς γραφάς, ὅτι ὑμεῖς δοκεῖτε ἐν αὐταῖς ζωὴν
Ye search the scriptures, for ye think in them life
αἰώνιον ἔχειν, καὶ ἐκεῖναί εἰσιν αἱ μαρτυροῦσαι περὶ
eternal to have, and they are they which bear witness concerning
ἐμοῦ· 40 καὶ οὐ θέλετε ἐλθεῖν πρός με, ἵνα ζωὴν ἔχητε.
me; and ye are unwilling to come to me, that life ye may have.
41 Δόξαν παρὰ ἀνθρώπων οὐ λαμβάνω· 42 ἀλλ' ἔγνωκα
Glory from men I receive not; but I have known
ὑμᾶς ὅτι τὴν ἀγάπην τοῦ θεοῦ οὐκ ἔχετε ἐν ἑαυτοῖς. 43 ἐγὼ
you that the love of God ye have not in yourselves. I
ἐλήλυθα ἐν τῷ ὀνόματι τοῦ πατρός μου, καὶ οὐ λαμβάνετέ με·
have come in the name of my Father, and ye receive not me;
ἐὰν ἄλλος ἔλθῃ ἐν τῷ ὀνόματι τῷ ἰδίῳ, ἐκεῖνον λήψεσθε.
if another should come in ³name ¹his ²own, him ye will receive.
44 πῶς δύνασθε ὑμεῖς πιστεῦσαι, δόξαν παρὰ ἀλλήλων
How are ye able to believe, ³glory ⁴from ⁵one ⁶another
λαμβάνοντες, καὶ τὴν δόξαν τὴν παρὰ τοῦ μόνου θεοῦ
¹who ²receive, and the glory which [is] from the only God
οὐ ζητεῖτε; 45 μὴ δοκεῖτε ὅτι ἐγὼ κατηγορήσω ὑμῶν πρὸς τὸν
ye seek not? Think not that I will accuse you to the
πατέρα· ἔστιν ὁ κατηγορῶν ὑμῶν, Μωσῆς, εἰς ὃν
Father: there is [one] who accuses you, Moses, in whom
ὑμεῖς ἠλπίκατε. 46 εἰ γὰρ ἐπιστεύετε Μωσῇ, ἐπιστεύετε ἂν
ye have hoped. For if ye believed Moses, ye would have believed
ἐμοί· περὶ γὰρ ἐμοῦ ἐκεῖνος ἔγραψεν. 47 εἰ δὲ τοῖς ἐκείνου
me, for concerning me he wrote. But if his
γράμμασιν οὐ πιστεύετε, πῶς τοῖς ἐμοῖς ῥήμασιν πιστεύ-
writings ye believe not, how my words shall ye
σετε;
believe?

6:1 **6** Μετὰ ταῦτα ἀπῆλθεν ὁ Ἰησοῦς πέραν τῆς θαλάσσης
After these things ²went ³away ¹Jesus over the sea

τῆς Γαλιλαίας τῆς Τιβεριάδος· 2 καὶ ἠκολούθει‖ αὐτῷ ὄχλος
of Galilee (of Tiberias), and ⁴followed ⁵him ¹a ³crowd

πολύς, ὅτι ἑώρων‖ αὐτοῦ‖ τὰ σημεῖα ἃ ἐποίει ἐπὶ
²great, because they saw of him the signs which he wrought upon

τῶν ἀσθενούντων. 3 ἀνῆλθεν δὲ εἰς τὸ ὄρος ὁ‖ Ἰησοῦς,
those who were sick. And ²went ³up ⁴into ⁵the ⁶mountain ¹Jesus,

καὶ ἐκεῖ ἐκάθητο‖ μετὰ τῶν μαθητῶν αὐτοῦ. 4 ἦν δὲ ἐγγὺς
and there sat with his disciples; and ³was ⁴near

6:5 τὸ πάσχα ἡ ἑορτὴ τῶν Ἰουδαίων. 5 ἐπάρας οὖν ὁ Ἰη-
¹the ²passover, the feast of the Jews. ³Having ⁴lifted ⁵up ²then ¹Je-

σοῦς τοὺς ὀφθαλμούς,‖ καὶ θεασάμενος ὅτι πολὺς ὄχλος
sus [his] eyes, and having seen that a great crowd

ἔρχεται πρὸς αὐτόν, λέγει πρὸς τὸν‖ Φίλιππον, Πόθεν
is coming to him, he says to Philip, Whence

ἀγοράσομεν‖ ἄρτους ἵνα φάγωσιν οὗτοι; 6 Τοῦτο δὲ ἔλεγεν
shall we buy loaves that ²may ³eat ¹these? But this he said

πειράζων αὐτόν· αὐτὸς γὰρ ᾔδει τί ἔμελλεν ποιεῖν. 7 Ἀπε-
trying him, for he knew what he was about to do. An-

κρίθη‖ αὐτῷ Φίλιππος, Διακοσίων δηναρίων ἄρτοι οὐκ
swered him Philip, ²For ³two ⁴hundred ⁵denarii ¹loaves ⁷not

ἀρκοῦσιν αὐτοῖς ἵνα ἕκαστος αὐτῶν‖ βραχύ τι‖ λάβῃ.
⁶are sufficient for them that each of them some little may receive.

8 Λέγει αὐτῷ εἷς ἐκ τῶν μαθητῶν αὐτοῦ, Ἀνδρέας ὁ ἀδελφὸς
Says to him one of his disciples, Andrew the brother

Σίμωνος Πέτρου, 9 Ἔστιν παιδάριον ἓν‖ ὧδε, ὃ‖ ἔχει πέντε
of Simon Peter, ⁴Is ²little ³boy ¹a here, who has five

ἄρτους κριθίνους καὶ δύο ὀψάρια· ἀλλὰ ταῦτα τί ἐστιν εἰς
²loaves ¹barley and two small fishes; but ³these ¹what ²are for

6:10 τοσούτους; 10 Εἶπεν δὲ‖ ὁ Ἰησοῦς, Ποιήσατε τοὺς ἀνθρώπους
so many? And ²said ¹Jesus, Make the men

ἀναπεσεῖν. ἦν δὲ χόρτος πολὺς ἐν τῷ τόπῳ. ἀνέπεσον‖
to recline. Now ³was ²grass ¹much in the place: reclined

οὖν οἱ ἄνδρες τὸν ἀριθμὸν ὡσεὶ‖ πεντακισχίλιοι. 11 ἔλαβεν
therefore the men, the number about five thousand. ³Took

δὲ‖ τοὺς ἄρτους ὁ Ἰησοῦς, καὶ εὐχαριστήσας διέδωκεν‖ τοῖς
¹and ⁴the ⁵loaves ²Jesus, and having given thanks distributed to the

μαθηταῖς, οἱ δὲ μαθηταὶ τοῖς ἀνακειμένοις· ὁμοίως καὶ
disciples, and the disciples to those reclining; and in like manner

ἐκ τῶν ὀψαρίων ὅσον ἤθελον. 12 ὡς δὲ ἐνεπλήσθησαν
of the small fishes as much as they wished. And when they were filled

λέγει τοῖς μαθηταῖς αὐτοῦ, Συναγάγετε τὰ περισσεύσαντα
he says to his disciples, Gather together the ²over ³and ⁴above

κλάσματα, ἵνα μή τι ἀπόληται. 13 Συνήγαγον οὖν
¹fragments, that nothing may be lost. They gathered together therefore

καὶ ἐγέμισαν δώδεκα κοφίνους κλασμάτων ἐκ τῶν πέντε
and filled twelve hand-baskets of fragments from the five

ἄρτων τῶν κριθίνων ἃ ἐπερίσσευσεν‖ τοῖς βεβρω-
²loaves ¹barley which were over and above to those who had

κόσιν. 14 οἱ οὖν ἄνθρωποι ἰδόντες ὃ ἐποίησεν σημεῖον
eaten. The men therefore having seen what ³had ⁴done ¹sign
ᵃὁ Ἰησοῦς,∥ ἔλεγον, Ὅτι οὗτός ἐστιν ἀληθῶς ὁ προφήτης ὁ
²Jesus, said, This is truly the prophet who
ʳἐρχόμενος εἰς τὸν κόσμον.∥ 15 Ἰησοῦς οὖν γνοὺς ὅτι μέλ-
is coming into the world. Jesus therefore knowing that they
λουσιν ἔρχεσθαι καὶ ἁρπάζειν αὐτόν, ἵνα ποιήσωσιν αὐτὸν∥
are about to come and seize him, that they may make him
βασιλέα, ἀνεχώρησεν∥ πάλιν εἰς τὸ ὄρος αὐτὸς μόνος.
king, withdrew again to the mountain himself alone.

16 Ὡς δὲ ὀψία ἐγένετο κατέβησαν οἱ μαθηταὶ αὐτοῦ ἐπὶ
And when evening it became ³went ⁴down ¹his ²disciples to
τὴν θάλασσαν, 17 καὶ ἐμβάντες εἰς τὸ∥ πλοῖον ἤρχοντο
the sea, and having entered into the ship they were going
πέραν τῆς θαλάσσης εἰς Καπερναούμ.∥ ˣκαὶ σκοτία ἤδη
over the sea to Capernaum. And dark already
ἐγεγόνει,∥ καὶ οὐκ∥ ἐληλύθει πρὸς αὐτοὺς ὁ Ἰησοῦς,∥ 18 ἥ τε
it had become, and ³not ²had ⁴come ⁵to ⁶them ¹Jesus, and the
θάλασσα ἀνέμου μεγάλου πνέοντος ᵃδιηγείρετο.∥ 19 ἐληλα-
sea by a ²wind ¹strong blowing was agitated. Having
κότες οὖν ὡς∥ σταδίους∥ εἰκοσιπέντε∥ ἢ τριάκοντα θεωροῦσιν
rowed then about ⁴furlongs⁵ ¹twenty-five ²or ³thirty they see
τὸν Ἰησοῦν περιπατοῦντα ἐπὶ τῆς θαλάσσης, καὶ ἐγγὺς τοῦ
Jesus walking on the sea, and near the
πλοίου γινόμενον· καὶ ἐφοβήθησαν. 20 ὁ δὲ λέγει αὐτοῖς,
ship coming, and they were frightened. But he says to them,
Ἐγώ εἰμι· μὴ φοβεῖσθε. 21 Ἤθελον οὖν λαβεῖν αὐτὸν
I am [he]; fear not. They were willing then to receive him
εἰς τὸ πλοῖον, καὶ εὐθέως τὸ πλοῖον ἐγένετο∥ ἐπὶ τῆς γῆς∥
into the ship, and immediately the ship was at the land
εἰς ἣν ὑπῆγον.
to which they were going.

6:15

22 Τῇ ἐπαύριον ὁ ὄχλος ὁ ἑστηκὼς πέραν τῆς θα-
On the morrow the crowd which stood the other side of the
λάσσης, ἰδὼν∥ ὅτι πλοιάριον ἄλλο οὐκ ἦν ἐκεῖ εἰ μὴ ἓν
sea, having seen that ³small ¹ship ²other ¹no was there except one
ἐκεῖνο εἰς ὃ ἐνέβησαν οἱ μαθηταὶ αὐτοῦ,∥ καὶ ὅτι οὐ
that into which entered his disciples, and that ³not
συνεισῆλθεν τοῖς μαθηταῖς αὐτοῦ ὁ Ἰησοῦς εἰς τὸ πλοιάριον,∥
²went ⁴with ⁵his ⁶disciples ¹Jesus into the small ship,
ἀλλὰ μόνοι οἱ μαθηταὶ αὐτοῦ ἀπῆλθον, 23 ἄλλα δὲ∥ ἦλθεν∥
but alone his disciples went away, (but other ³came
πλοιάρια∥ ἐκ Τιβεριάδος ἐγγὺς τοῦ τόπου ὅπου ἔφαγον τὸν
¹small ²ships from Tiberias near the place where they ate the
ἄρτον, εὐχαριστήσαντος τοῦ κυρίου· 24 ὅτε οὖν εἶδεν ὁ
bread, ³having ⁴given ⁵thanks ¹the ²Lord;) when therefore ³saw ¹the
ὄχλος ὅτι Ἰησοῦς οὐκ ἔστιν ἐκεῖ οὐδὲ οἱ μαθηταὶ αὐτοῦ, ἐνέ-
²crowd that Jesus ²not ¹is there nor his disciples, they
βησαν καὶ∥ αὐτοὶ εἰς τὰ πλοῖα∥ καὶ ἦλθον εἰς Καπερ-
³entered ¹also ²themselves into the ships and came to Caper-

6:25 ναούμ," ζητοῦντες τὸν Ἰησοῦν. 25 καὶ εὑρόντες αὐτὸν
naum, seeking Jesus. And having found him
πέραν. τῆς θαλάσσης, εἶπον αὐτῷ, Ῥαββί," πότε ὧδε
the other side of the sea, they said to him, Rabbi, when here
γέγονας; 26 Ἀπεκρίθη αὐτοῖς ὁ Ἰησοῦς καὶ εἶπεν, Ἀμὴν
hast thou come? ²Answered ³them ¹Jesus and said, Verily
ἀμὴν λέγω ὑμῖν, ζητεῖτέ με, οὐχ ὅτι εἴδετε σημεῖα, ἀλλ'
verily I say to you, Ye seek me, not because ye saw signs, but
ὅτι ἐφάγετε ἐκ τῶν ἄρτων καὶ ἐχορτάσθητε. 27 ἐργάζεσθε
because ye ate of the loaves and were satisfied. Work
μὴ τὴν βρῶσιν τὴν ἀπολλυμένην, ἀλλὰ τὴν βρῶσιν
not [for] the food which perishes, but [for] the food
τὴν μένουσαν εἰς ζωὴν αἰώνιον, ἣν ὁ υἱὸς τοῦ ἀνθρώπου
which abides unto life eternal, which the Son of man
ὑμῖν δώσει·" τοῦτον γὰρ ὁ πατὴρ ἐσφράγισεν ὁ θεός.
to you will give; for him the Father sealed, [even] God.
28 Εἶπον οὖν πρὸς αὐτόν, Τί ποιοῦμεν," ἵνα ἐργαζώμεθα
They said therefore to him, What do we, that we may work
τὰ ἔργα τοῦ θεοῦ; 29 Ἀπεκρίθη ὁ" Ἰησοῦς καὶ εἶπεν αὐτοῖς,
the works of God? Answered ¹Jesus and said to them,
Τοῦτό ἐστιν τὸ ἔργον τοῦ θεοῦ, ἵνα πιστεύσητε" εἰς ὃν
This is the work of God, that ye should believe on him whom
ἀπέστειλεν ἐκεῖνος. 30 Εἶπον οὖν αὐτῷ, Τί οὖν ποιεῖς
6:30 ²sent ¹he. They said therefore to him, What ²then ³doest
σὺ σημεῖον, ἵνα ἴδωμεν καὶ πιστεύσωμέν σοι; τί ἐργάζῃ;
thou ¹sign, that we may see and may believe thee? what dost thou work?
31 οἱ πατέρες ἡμῶν τὸ μάννα ἔφαγον ἐν τῇ ἐρήμῳ, καθώς
Our fathers the manna ate in the wilderness, as
ἐστιν γεγραμμένον, Ἄρτον ἐκ τοῦ οὐρανοῦ ἔδωκεν αὐτοῖς
it is written, Bread out of the heaven he gave them
φαγεῖν. 32 Εἶπεν οὖν αὐτοῖς ὁ Ἰησοῦς, Ἀμὴν ἀμὴν λέγω
to eat. ²Said ³therefore ⁴to ⁵them ¹Jesus, Verily verily I say
ὑμῖν, Οὐ Μωσῆς" δέδωκεν" ὑμῖν τὸν ἄρτον ἐκ τοῦ οὐρα-
to you, ³Not ¹Moses ²has ⁴given you the bread out of the hea-
νοῦ· ἀλλ' ὁ πατήρ μου δίδωσιν ὑμῖν τὸν ἄρτον ἐκ τοῦ οὐ-
ven; but my Father gives you the ²bread ³out ⁴of ⁵the ⁶hea-
ρανοῦ τὸν ἀληθινόν. 33 ὁ γὰρ ἄρτος τοῦ θεοῦ ἐστιν ὁ
ven ¹true. For the bread of God is he who
καταβαίνων ἐκ τοῦ οὐρανοῦ, καὶ ζωὴν διδοὺς τῷ κόσμῳ.
comes down out of the heaven, and life gives to the world.
34 Εἶπον οὖν πρὸς αὐτόν, Κύριε, πάντοτε δὸς ἡμῖν τὸν
They said therefore to him, Lord, always give to us
ἄρτον τοῦτον. 35 Εἶπεν δὲ" αὐτοῖς ὁ Ἰησοῦς, Ἐγώ εἰμι ὁ
6:35 this bread. ³Said ¹and ⁴to ⁵them ²Jesus, I am the
ἄρτος τῆς ζωῆς· ὁ ἐρχόμενος πρός με" οὐ μὴ πεινάσῃ·"
bread of life: he that comes to me in no wise may hunger,
καὶ ὁ πιστεύων εἰς ἐμὲ οὐ μὴ διψήσῃ" πώποτε. 36 ἀλλ'
and he that believes on me in no wise may thirst at any time. But
εἶπον ὑμῖν ὅτι καὶ ἑωράκατέ με" καὶ οὐ πιστεύετε. 37 πᾶν
I said to you that also ye have seen me and believe not. All
ὃ δίδωσίν μοι ὁ πατὴρ πρὸς ἐμὲ ἥξει· καὶ τὸν ἐρχό-
that ³gives ⁴me ¹the ²Father to me shall come, and him that comes

μένον πρός με οὐ μὴ ἐκβάλω ἔξω· 38 ὅτι καταβέβηκα
to me not at all will I cast out.   For I have come down
ἐκ τοῦ οὐρανοῦ, οὐχ ἵνα ποιῶ τὸ θέλημα τὸ ἐμόν, ἀλλὰ
out of the heaven, not that I should do ²will my, but
τὸ θέλημα τοῦ πέμψαντός με. 39 τοῦτο δέ ἐστιν τὸ
the will of him who sent me.   And this is the
θέλημα τοῦ πέμψαντός με πατρός, ἵνα πᾶν ὃ δέδωκέν
will of the ²who ³sent ⁴me ¹Father, that [of] all that he has given
μοι, μὴ ἀπολέσω ἐξ αὐτοῦ, ἀλλὰ ἀναστήσω αὐτὸ ἐν
me, I should not lose [any] of it, but should raise up it in
τῇ ἐσχάτῃ ἡμέρᾳ. 40 τοῦτο δέ ἐστιν τὸ θέλημα τοῦ   6:40
the last day. And this is the will of him who
πέμψαντός με, ἵνα πᾶς ὁ θεωρῶν τὸν υἱὸν καὶ πιστεύων
sent me, that everyone who sees the Son and believes
εἰς αὐτόν, ἔχῃ ζωὴν αἰώνιον, καὶ ἀναστήσω αὐτὸν ἐγὼ
on him, should have life eternal; and ²will ³raise ⁴up ⁵him ¹I
τῇ ἐσχάτῃ ἡμέρᾳ. 41 Ἐγόγγυζον οὖν οἱ Ἰουδαῖοι περὶ
at the last day.   Were murmuring therefore the Jews about
αὐτοῦ, ὅτι εἶπεν, Ἐγώ εἰμι ὁ ἄρτος ὁ καταβὰς ἐκ τοῦ
him, because he said, I am the bread which came down out of the
οὐρανοῦ. 42 καὶ ἔλεγον, Οὐχ οὗτός ἐστιν Ἰησοῦς ὁ υἱὸς
heaven.   And were saying, Is not this Jesus the Son
Ἰωσήφ, οὗ ἡμεῖς οἴδαμεν τὸν πατέρα καὶ τὴν μητέρα;
of Joseph, of whom we know the father and the mother?
πῶς οὖν λέγει οὗτος, Ὅτι ἐκ τοῦ οὐρανοῦ καταβέβηκα;
how therefore says he, Out of the heaven I have come down?
43 Ἀπεκρίθη οὖν ὁ Ἰησοῦς καὶ εἶπεν αὐτοῖς, Μὴ γογγύζετε
³Answered ²therefore ¹Jesus and said to them, Murmur not
μετ᾽ ἀλλήλων. 44 οὐδεὶς δύναται ἐλθεῖν πρός με ἐὰν μὴ
with one another. No one is able to come to me unless
ὁ πατὴρ ὁ πέμψας με ἑλκύσῃ αὐτόν, καὶ ἐγὼ ἀναστήσω
the Father who sent me draw him, and I will raise up
αὐτὸν τῇ ἐσχάτῃ ἡμέρᾳ. 45 ἔστιν γεγραμμένον ἐν τοῖς προ-   6:45
him at the last day.   It is written in the pro-
φήταις, Καὶ ἔσονται πάντες διδακτοὶ τοῦ θεοῦ. Πᾶς
phets, And they shall be all taught of God. Everyone
οὖν ὁ ἀκούσας παρὰ τοῦ πατρὸς καὶ μαθών, ἔρχεται
therefore that has heard from the Father and has learnt, comes
πρός με· 46 οὐχ ὅτι τὸν πατέρα τις ἑώρακεν, εἰ μὴ ὁ
to me: not that ⁴the ⁵Father ¹anyone ²has ³seen, except he who
ὢν παρὰ τοῦ θεοῦ, οὗτος ἑώρακεν τὸν πατέρα. 47 ἀμὴν
is from God, he has seen the Father.   Verily
ἀμὴν λέγω ὑμῖν, ὁ πιστεύων εἰς ἐμὲ ἔχει ζωὴν αἰώνιον.
verily I say to you, He that believes on me has life eternal.
48 ἐγώ εἰμι ὁ ἄρτος τῆς ζωῆς. 49 οἱ πατέρες ὑμῶν ἔφαγον
I am the bread of life.   Your Fathers ate
τὸ μάννα ἐν τῇ ἐρήμῳ, καὶ ἀπέθανον· 50 οὗτός ἐστιν ὁ   6:50
the manna in the desert, and died.   This is the
ἄρτος ὁ ἐκ τοῦ οὐρανοῦ καταβαίνων, ἵνα τις ἐξ αὐτοῦ
bread which out of heaven comes down, that anyone of it

φάγῃ καὶ μὴ ἀποθάνῃ. 51 ἐγώ εἰμι ὁ ἄρτος ὁ ζῶν, ὁ
may eat and not die. I am the ²bread ¹living, which

ἐκ τοῦ οὐρανοῦ καταβάς· ἐάν τις φάγῃ ἐκ τούτου
out of the heaven came down: if anyone shall have eaten of this

τοῦ ἄρτου ζήσεται εἰς τὸν αἰῶνα. καὶ ὁ ἄρτος δὲ ὃν ἐγὼ
bread he shall live for ever; and the bread also which I

δώσω, ἡ σάρξ μου ἐστίν, ἣν ἐγὼ δώσω ὑπὲρ τῆς τοῦ
will give, my flesh is, which I will give for the ²of ³the

κόσμου ζωῆς. 52 Ἐμάχοντο οὖν πρὸς ἀλλήλους οἱ Ἰου-
⁴world ¹life. Were contending therefore with one another the Jews

δαῖοι, λέγοντες, Πῶς δύναται οὗτος ἡμῖν δοῦναι τὴν
saying, How is ²able ¹he ⁵us. ³to ⁴give

σάρκα φαγεῖν; 53 Εἶπεν οὖν αὐτοῖς ὁ Ἰησοῦς, Ἀμὴν
⁷flesh [⁶his] to eat? ³Said ²therefore ⁴to ⁵them ¹Jesus, Verily

ἀμὴν λέγω ὑμῖν, ἐὰν μὴ φάγητε τὴν σάρκα τοῦ υἱοῦ
verily I say to you, Unless ye shall have eaten the flesh of the Son

τοῦ ἀνθρώπου καὶ πίητε αὐτοῦ τὸ αἷμα, οὐκ ἔχετε ζωὴν
of man and shall have drunk his blood, ye have not life

ἐν ἑαυτοῖς. 54 ὁ τρώγων μου τὴν σάρκα, καὶ πίνων μου
in yourselves. He that eats my flesh, and drinks my

τὸ αἷμα, ἔχει ζωὴν αἰώνιον, καὶ ἐγὼ ἀναστήσω αὐτὸν τῇ
blood, has life eternal, and I will raise up him in the

ἐσχάτῃ ἡμέρᾳ· 55 ἡ γὰρ σάρξ μου ἀληθῶς ἐστιν βρῶσις, καὶ
last day; for my flesh truly is food, and

τὸ αἷμά μου ἀληθῶς ἐστιν πόσις. 56 ὁ τρώγων μου τὴν
my blood truly is drink. He that eats my

σάρκα καὶ πίνων μου τὸ αἷμά, ἐν ἐμοὶ μένει, κἀγὼ ἐν αὐτῷ.
flesh and drinks my blood, in me abides, and I in him.

57 καθὼς ἀπέστειλέν με ὁ ζῶν πατήρ, κἀγὼ ζῶ διὰ
As ⁴sent ⁵me ¹the ²living ³Father, and I live because of

τὸν πατέρα· καὶ ὁ τρώγων με, κἀκεῖνος ζήσεται δι᾽
the Father, also he that eats me, he also shall live because of

ἐμέ. 58 οὗτός ἐστιν ὁ ἄρτος ὁ ἐκ τοῦ οὐρανοῦ καταβάς·
me. This is the bread which out of the heaven came down.

οὐ καθὼς ἔφαγον οἱ πατέρες ὑμῶν τὸ μάννα, καὶ ἀπέθα-
Not as ⁵ate ¹the ²fathers ³of ⁴you the manna, and died:

νον· ὁ τρώγων τοῦτον τὸν ἄρτον ζήσεται εἰς τὸν αἰῶνα.
he that eats this bread shall live for ever.

59 Ταῦτα εἶπεν ἐν συναγωγῇ διδάσκων ἐν Καπερναούμ.
These things he said in [the] synagogue teaching in Capernaum.

60 Πολλοὶ οὖν ἀκούσαντες ἐκ τῶν μαθητῶν αὐτοῦ εἶπον,
Many therefore ⁴having ⁵heard ¹of ²his ³disciples said,

Σκληρός ἐστιν οὗτος ὁ λόγος· τίς δύναται αὐτοῦ ἀκούειν;
Hard is this word; who is able it to hear?

61 Εἰδὼς δὲ ὁ Ἰησοῦς ἐν ἑαυτῷ ὅτι γογγύζουσιν περὶ
³Knowing ¹but ²Jesus in himself that murmur ⁴concerning

τούτου οἱ μαθηταὶ αὐτοῦ εἶπεν αὐτοῖς, Τοῦτο ὑμᾶς σκανδα-
⁵this ¹his ²disciples said to them, ²This ⁴you ¹does ³of-

λίζει; 62 ἐὰν οὖν θεωρῆτε τὸν υἱὸν τοῦ ἀνθρώπου ἀνα-
fend? If then ye should see the Son of man ascend-

βαίνοντα ὅπου ἦν τὸ πρότερον; 63 τὸ πνεῦμά ἐστιν τὸ
ing up where he was before? The Spirit it is which

ζωοποιοῦν, ἡ σὰρξ οὐκ ὠφελεῖ οὐδέν· τὰ ῥήματα ἃ ἐγὼ
λαλῶ ὑμῖν. πνεῦμά ἐστιν καὶ ζωή ἐστιν. 64 ἀλλ' εἰσὶν
ἐξ ὑμῶν τινες οἳ οὐ πιστεύουσιν. ᾔδει γὰρ ἐξ ἀρχῆς
ὁ Ἰησοῦς τίνες εἰσὶν οἱ μὴ πιστεύοντες, καὶ τίς ἐστιν ὁ
παραδώσων αὐτόν. 65 καὶ ἔλεγεν, Διὰ τοῦτο εἴρηκα ὑμῖν,   6:65
ὅτι οὐδεὶς δύναται ἐλθεῖν πρός με ἐὰν μὴ ᾖ δεδομένον
αὐτῷ ἐκ τοῦ πατρός μου. 66 Ἐκ τούτου πολλοὶ
ἀπῆλθον τῶν μαθητῶν αὐτοῦ εἰς τὰ ὀπίσω, καὶ οὐκέτι μετ'
αὐτοῦ περιεπάτουν. 67 εἶπεν οὖν ὁ Ἰησοῦς τοῖς δώδεκα,
Μὴ καὶ ὑμεῖς θέλετε ὑπάγειν; 68 Ἀπεκρίθη οὖν αὐτῷ
Σίμων Πέτρος, Κύριε, πρὸς τίνα ἀπελευσόμεθα; ῥήματα ζωῆς
αἰωνίου ἔχεις· 69 καὶ ἡμεῖς πεπιστεύκαμεν καὶ ἐγνώκαμεν
ὅτι σὺ εἶ ὁ χριστὸς ὁ υἱὸς τοῦ θεοῦ τοῦ ζῶντος. 70 Ἀπε-   6:70
κρίθη αὐτοῖς ὁ Ἰησοῦς, Οὐκ ἐγὼ ὑμᾶς τοὺς δώδεκα ἐξελεξάμην,
καὶ ἐξ ὑμῶν εἷς διάβολός ἐστιν; 71 Ἔλεγεν δὲ τὸν Ἰούδαν
Σίμωνος Ἰσκαριώτην· οὗτος γὰρ ἤμελλεν αὐτὸν παρα-
διδόναι, εἷς ὢν ἐκ τῶν δώδεκα.

7 Καὶ περιεπάτει ὁ Ἰησοῦς μετὰ ταῦτα ἐν τῇ Γαλι-   7:1
λαίᾳ· οὐ γὰρ ἤθελεν ἐν τῇ Ἰουδαίᾳ περιπατεῖν, ὅτι
ἐζήτουν αὐτὸν οἱ Ἰουδαῖοι ἀποκτεῖναι. 2 Ἦν δὲ ἐγγὺς ἡ
ἑορτὴ τῶν Ἰουδαίων ἡ σκηνοπηγία. 3 εἶπον οὖν πρὸς αὐτὸν
οἱ ἀδελφοὶ αὐτοῦ, Μετάβηθι ἐντεῦθεν, καὶ ὕπαγε εἰς τὴν Ἰου-
δαίαν, ἵνα καὶ οἱ μαθηταί σου θεωρήσωσιν τὰ ἔργα σου ἃ
ποιεῖς· 4 οὐδεὶς γὰρ ἐν κρυπτῷ τι ποιεῖ, καὶ ζητεῖ
αὐτὸς ἐν παρρησίᾳ εἶναι. εἰ ταῦτα ποιεῖς, φανέρωσον

7:5 σεαυτὸν τῷ κόσμῳ. 5 Οὐδὲ γὰρ οἱ ἀδελφοὶ αὐτοῦ ἐπίστευον
thyself to the world. For neither ²his ³brethren ¹believed

εἰς αὐτόν. 6 Λέγει οὖν αὐτοῖς ὁ Ἰησοῦς, Ὁ καιρὸς ὁ ἐμὸς
on him. ³Says ²therefore ⁴to ⁵them ¹Jesus, ⁷Time ⁶my

οὔπω πάρεστιν· ὁ δὲ καιρὸς ὁ ὑμέτερος πάντοτέ ἐστιν ἕτοιμος.
not yet is come, but ²time ¹your always is ready.

7 οὐ δύναται ὁ κόσμος μισεῖν ὑμᾶς· ἐμὲ δὲ μισεῖ, ὅτι ἐγὼ
³Is ⁴unable ¹the ²world to hate you, but me it hates, because I

μαρτυρῶ περὶ αὐτοῦ, ὅτι τὰ ἔργα αὐτοῦ πονηρά ἐστιν.
bear witness concerning it, that the works of it evil are.

8 ὑμεῖς ἀνάβητε εἰς τὴν ἑορτὴν ταύτην· ἐγὼ οὔπω ἀνα-
Ye, go ye up to this feast. I not yet am

βαίνω εἰς τὴν ἑορτὴν ταύτην, ὅτι ὁ καιρὸς ὁ ἐμὸς οὔπω
going up to this feast, for ²time ¹my not yet

πεπλήρωται. 9 Ταῦτα δὲ εἰπὼν αὐτοῖς ἔμεινεν ἐν τῇ
has been fulfilled. And these things having said to them he abode in

7:10 Γαλιλαίᾳ. 10 Ὡς δὲ ἀνέβησαν οἱ ἀδελφοὶ αὐτοῦ τότε καὶ
Galilee. But when were gone up his brethren then also

αὐτὸς ἀνέβη εἰς τὴν ἑορτήν, οὐ φανερῶς, ἀλλ' ὡς ἐν
he went up to the feast, not openly, but as in

κρυπτῷ. 11 Οἱ οὖν Ἰουδαῖοι ἐζήτουν αὐτὸν ἐν τῇ ἑορτῇ,
secret. The ²therefore ¹Jews were seeking him at the feast,

καὶ ἔλεγον, Ποῦ ἐστιν ἐκεῖνος; 12 Καὶ γογγυσμὸς πολὺς
and said, Where is he? And ²murmuring ¹much

περὶ αὐτοῦ ἦν ἐν τοῖς ὄχλοις· οἱ μὲν ἔλεγον,
concerning him there was among the crowds. Some said,

Ὅτι ἀγαθός ἐστιν· ἄλλοι δὲ ἔλεγον, Οὔ· ἀλλὰ πλανᾷ τὸν
³Good ¹he ²is; but others said, No; but he deceives the

ὄχλον. 13 Οὐδεὶς μέντοι παρρησίᾳ ἐλάλει περὶ αὐτοῦ,
crowd. No one however publicly spoke concerning him,

διὰ τὸν φόβον τῶν Ἰουδαίων.
because of the fear of the Jews.

14 Ἤδη δὲ τῆς ἑορτῆς μεσούσης ἀνέβη ὁ Ἰησοῦς
But now ⁵of ⁶the ⁷feast ['it] ²being ³the ⁴middle went up Jesus

7:15 εἰς τὸ ἱερόν, καὶ ἐδίδασκεν. 15 καὶ ἐθαύμαζον οἱ Ἰουδαῖοι
into the temple, and was teaching: and ³were ⁴wondering ¹the ²Jews

λέγοντες, Πῶς οὗτος γράμματα οἶδεν, μὴ μεμαθηκώς;
saying, How ²this ³one ⁴letters ¹knows, not having learned?

16 Ἀπεκρίθη αὐτοῖς ὁ Ἰησοῦς καὶ εἶπεν, Ἡ ἐμὴ διδαχὴ οὐκ
²Answered ³them ¹Jesus and said, My teaching ²not

ἔστιν ἐμή, ἀλλὰ τοῦ πέμψαντός με· 17 ἐάν τις θέλῃ τὸ
¹is mine, but his who sent me. If anyone desire

θέλημα αὐτοῦ ποιεῖν, γνώσεται περὶ τῆς διδαχῆς πότερον
his will to practise, he shall know concerning the teaching whether

ἐκ τοῦ θεοῦ ἐστιν, ἢ ἐγὼ ἀπ' ἐμαυτοῦ λαλῶ. 18 ὁ ἀφ'
from God it is, or I from myself speak. He that from

ἑαυτοῦ λαλῶν, τὴν δόξαν τὴν ἰδίαν ζητεῖ· ὁ δὲ ζητῶν τὴν
himself speaks, his own glory seeks; but he that seeks the

δόξαν τοῦ πέμψαντος αὐτόν, οὗτος ἀληθής ἐστι, καὶ
glory of him that sent him, he true is, and

ἀδικία ἐν αὐτῷ οὐκ ἔστιν. 19 οὐ Μωσῆς δέδωκεν
unrighteousness in him is not. ²Not ³Moses ¹has given

John Chapter 7

ὑμῖν τὸν νόμον, καὶ οὐδεὶς ἐξ ὑμῶν ποιεῖ τὸν νόμον; τί
you the   law,   and   no one   of   you practises the   law? Why
με ζητεῖτε ἀποκτεῖναι; 20 Ἀπεκρίθη ὁ ὄχλος καὶ εἶπεν,‖   7:20
me do ye seek   to kill?   ³Answered ¹the ²crowd and   said,
Δαιμόνιον ἔχεις· τίς σε ζητεῖ ἀποκτεῖναι; 21 Ἀπεκρίθη
A demon   thou hast; who thee seeks   to kill?   ²Answered
ὁ‖ Ἰησοῦς καὶ εἶπεν αὐτοῖς, "Ἕν ἔργον ἐποίησα, καὶ πάντες
¹Jesus and said to them, One work   I did,   and ²all
θαυμάζετε. 22 διὰ τοῦτο‖ ᵠΜωσῆς‖ δέδωκεν ὑμῖν τὴν περι-
¹ye wonder.   Therefore   Moses   has given you   circum-
τομήν, οὐχ ὅτι ἐκ τοῦ Μωσέως‖ ἐστίν, ἀλλ' ἐκ τῶν πατέρων·
cision, not that of   Moses   it is,   but of the   fathers,
καὶ ἐν‖ σαββάτῳ περιτέμνετε ἄνθρωπον. 23 εἰ περιτομὴν
and on sabbath   ye circumcise   a man.   If ⁴circumcision
λαμβάνει ἄνθρωπος ἐν σαββάτῳ ἵνα μὴ λυθῇ ὁ νόμος‖
³receives ¹a ²man   on sabbath, that may not be broken the law
Μωσέως,‖ ἐμοὶ χολᾶτε ὅτι ὅλον ἄνθρωπον ὑγιῆ ἐποίησα
of Moses, with me are ye angry because entirely ²a ³man ¹sound I made
ἐν σαββάτῳ; 24 μὴ κρίνετε κατ' ὄψιν, ἀλλὰ τὴν δικαίαν
on sabbath?   Judge not   according to sight, but   righteous
κρίσιν κρίνατε.‖ 25 Ἔλεγον οὖν τινες ἐκ τῶν Ἱεροσο-   7:25
judgment judge.   ⁷Said ⁶therefore ¹some ²of ³those ⁴of ⁵Jeru-
λυμιτῶν,‖ Οὐχ οὗτός ἐστιν ὃν ζητοῦσιν ἀποκτεῖναι; 26 καὶ
salem,   Is not this he whom they seek to kill?   and
ἴδε, παρρησίᾳ λαλεῖ, καὶ οὐδὲν αὐτῷ λέγουσιν. μήποτε
lo, publicly he speaks, and nothing to him they say.
ἀληθῶς ἔγνωσαν οἱ ἄρχοντες, ὅτι οὗτός ἐστιν
⁵Truly ¹have ⁶recognized ²those ³who ⁴rule, that this   is
ἀληθῶς‖ ὁ χριστός; 27 ἀλλὰ τοῦτον οἴδαμεν πόθεν ἐστίν·
truly   the Christ?   But   this one we know· whence he is.
ὁ δὲ χριστὸς ὅταν ἔρχηται,‖ οὐδεὶς γινώσκει πόθεν ἐστίν.
But the Christ, whenever he may come, no one knows   whence he is.
28 Ἔκραξεν οὖν ἐν τῷ ἱερῷ διδάσκων ὁ Ἰησοῦς καὶ λέγων,
    ³Cried ²therefore ⁴in ⁵the ⁶temple ⁷teaching   ¹Jesus and saying,
Κἀμὲ οἴδατε, καὶ οἴδατε πόθεν εἰμί· καὶ ἀπ' ἐμαυτοῦ οὐκ
Both me ye know, and ye know whence I am; and of   myself   ³not
ἐλήλυθα, ἀλλ' ἔστιν ἀληθινὸς ὁ πέμψας με, ὃν ὑμεῖς
¹I ²have come, but ⁵is   ⁶true ¹he ²who ³sent ⁴me, whom ye
οὐκ οἴδατε· 29 ἐγὼ δὲ οἶδα αὐτόν, ὅτι παρ' αὐτοῦ εἰμι,
know not.   But I   know him, because from him   I am,
κἀκεῖνός με ἀπέστειλεν.‖ 30 Ἐζήτουν οὖν αὐτὸν πιά-   7:30
and he   me   sent.   They were seeking therefore him to
σαι· καὶ οὐδεὶς ἐπέβαλεν ἐπ' αὐτὸν τὴν χεῖρα, ὅτι οὔπω
take, but no one   laid   upon him   [his] hand, because not yet
ἐληλύθει ἡ ὥρα αὐτοῦ. 31 Πολλοὶ δὲ ἐκ τοῦ ὄχλου ἐπίστευ-
had come   his hour.   But many   of the crowd believed
σαν‖ εἰς αὐτόν, καὶ ἔλεγον, "Ὅτι‖ ὁ χριστὸς ὅταν ἔλθῃ
       on him,   and   said,   The Christ, when he comes,
μήτι‖ πλείονα σημεῖα τούτων‖ ποιήσει ὧν οὗτος
⁴more ⁵signs ⁶than ⁷these ¹will ²he ³do which this [man]

ἐποίησεν‖; 32 Ἤκουσαν οἱ Φαρισαῖοι τοῦ ὄχλου γογγύζοντος
did? ³Heard ¹the ²Pharisees of the crowd murmuring

περὶ αὐτοῦ ταῦτα· καὶ ἀπέστειλαν οἱ Φαρισαῖοι καὶ
³concerning ⁴him ¹these ²things, and ⁷sent ¹the ²Pharisees ³and

οἱ ἀρχιερεῖς ὑπηρέτας,‖ ἵνα πιάσωσιν αὐτόν. 33 εἶπεν
⁴the ⁵chief ⁶priests officers, that they might take him. ³Said

οὖν αὐτοῖς‖ ὁ Ἰησοῦς, Ἔτι ¹μικρὸν χρόνον‖ μεθ᾽ ὑμῶν
²therefore ⁴to ⁵them ¹Jesus, Yet a little ² time with you

εἰμι, καὶ ὑπάγω πρὸς τὸν πέμψαντά με. 34 ζητήσετέ με καὶ
I am, and I go to him who sent me. Ye will seek me and

οὐχ εὑρήσετε · καὶ ὅπου εἰμὶ ἐγὼ ὑμεῖς οὐ δύνασθε ἐλθεῖν.
shall not find [me], and where ²am ¹I ye are unable to come.

7:35 35 Εἶπον οὖν οἱ Ἰουδαῖοι πρὸς ἑαυτούς, Ποῦ οὗτος
⁴Said ³therefore ¹the ²Jews among themselves, Where ²he

μέλλει‖ πορεύεσθαι ὅτι ἡμεῖς οὐχ εὑρήσομεν αὐτόν; μὴ εἰς
¹is about to go that we shall not find him? to

τὴν διασπορὰν τῶν Ἑλλήνων μέλλει πορεύεσθαι, καὶ
the dispersion among the Greeks is he about to go, and

διδάσκειν τοὺς Ἕλληνας; 36 τίς ἐστιν ⁴οὗτος ὁ λόγος‖ ὃν
teach the Greeks? What is this word which

εἶπεν, Ζητήσετέ με, καὶ οὐχ εὑρήσετε · καὶ Ὅπου εἰμὶ ἐγὼ
he said, Ye will seek me, and shall not find [me]; and Where ²am ¹I

ὑμεῖς οὐ δύνασθε ἐλθεῖν;
ye are unable to come?

37 Ἐν δὲ τῇ ἐσχάτῃ ἡμέρᾳ τῇ μεγάλῃ τῆς ἑορτῆς εἱστήκει
And in the last ³day ¹the ²great of the feast stood

ὁ Ἰησοῦς, καὶ ἔκραξεν‖ λέγων, Ἐάν τις διψᾷ, ἐρχέσθω
Jesus, and cried, saying, If anyone thirst, let him come

πρός με‖ καὶ πινέτω· 38 ὁ πιστεύων εἰς ἐμέ, καθὼς εἶπεν
to me and drink. He that believes on me, as said

ἡ γραφή, ποταμοὶ ἐκ τῆς κοιλίας αὐτοῦ ῥεύσουσιν ὕδατος
the scripture, rivers out of his belly shall flow of ²water

ζῶντος. 39 Τοῦτο δὲ εἶπεν περὶ τοῦ πνεύματος οὗ ἔμελ-
¹living. But this he said concerning the Spirit which ⁵were

λον‖ λαμβάνειν οἱ πιστεύοντες‖ εἰς αὐτόν· οὔπω γὰρ ἦν
⁴about ⁷to ⁶receive ¹those ²believing ³on ⁴him; for not yet was

πνεῦμα ἅγιον‖, ὅτι ὁ‖ Ἰησοῦς οὐδέπω ἐδοξάσθη.
[the] ²Spirit ¹Holy, because Jesus not yet was glorified.

7:40 40 πολλοὶ οὖν ἐκ τοῦ ὄχλου‖ ἀκούσαντες ⁷τὸν λόγον‖
Many therefore out of the crowd having heard the word

ἔλεγον, Οὗτός ἐστιν ἀληθῶς ὁ προφήτης. 41 Ἄλλοι ἔλεγον,
said, This is truly the prophet. Others said,

Οὗτός ἐστιν ὁ χριστός. Ἄλλοι‖ δὲ‖ ἔλεγον, Μὴ γὰρ ἐκ
This is the Christ. ²Others ¹and said, ⁴Then ⁵out ⁶of

τῆς Γαλιλαίας ὁ χριστὸς ἔρχεται; 42 οὐχὶ‖ ἡ γραφὴ εἶπεν,
⁷Galilee ²the ³Christ ¹comes? ⁹Not ¹⁰the ¹¹scripture ⁸said,

ὅτι ἐκ τοῦ σπέρματος Δαβίδ,‖ καὶ ἀπὸ Βηθλεὲμ τῆς κώμης
that out of the seed of David, and from Bethlehem the village

ὅπου ἦν Δαβίδ,‖ ὁ χριστὸς ἔρχεται;‖ 43 Σχίσμα οὖν ἐν
where ²was ¹David, the Christ comes? A division therefore in

τῷ ὄχλῳ ἐγένετο δι᾽ αὐτόν. 44 τινὲς δὲ ἤθελον ἐξ αὐτῶν
the crowd occurred because of him. But some ³desired ¹of ²them
πιάσαι αὐτόν, ἀλλ᾽ οὐδεὶς ἐπέβαλεν ἐπ᾽ αὐτὸν τὰς χεῖρας.
to take him, but no one laid ²on ³him ¹hands.
45 ἦλθον οὖν οἱ ὑπηρέται πρὸς τοὺς ἀρχιερεῖς καὶ Φαρι-
Came therefore the officers to the chief priests and Phari-
σαίους· καὶ εἶπον αὐτοῖς ἐκεῖνοι, Διατί οὐκ ἠγάγετε αὐτόν;
sees, and ²said ³to ⁴them ¹they, Why did ye not bring him?
46 Ἀπεκρίθησαν οἱ ὑπηρέται, Οὐδέποτε οὕτως ἐλάλησεν
³Answered ¹the ²officers, Never thus spoke
ἄνθρωπος ὡς οὗτος ὁ ἄνθρωπος. 47 Ἀπεκρίθησαν οὖν
man as this man. ⁴Answered ³therefore
αὐτοῖς οἱ Φαρισαῖοι, Μὴ καὶ ὑμεῖς πεπλάνησθε; 48 μή
⁵them ¹the ²Pharisees, ⁸also ⁷ye ⁶have been deceived?
τις ἐκ τῶν ἀρχόντων ἐπίστευσεν εἰς αὐτόν, ἢ ἐκ τῶν
²Any ³one ⁴of ⁵the ⁶rulers ¹has believed on him, or of the
Φαρισαίων; 49 ἀλλ᾽ ὁ ὄχλος οὗτος ὁ μὴ γινώσκων τὸν
Pharisees? But this crowd, which knows not the
νόμον ἐπικατάρατοί εἰσιν. 50 Λέγει Νικόδημος πρὸς αὐτούς,
law, accursed are. ²Says ¹Nicodemus to them,
ὁ ἐλθὼν νυκτὸς πρὸς αὐτόν, εἷς ὢν ἐξ αὐτῶν, 51 Μὴ
(he who came by night to him, ²one ¹being of themselves,)
ὁ νόμος ἡμῶν κρίνει τὸν ἄνθρωπον, ἐὰν μὴ ἀκούσῃ παρ᾽
²Our ³law ¹does judge the man, unless it have heard from
αὐτοῦ πρότερον, καὶ γνῷ τί ποιεῖ; 52 Ἀπεκρίθησαν καὶ
himself first, and known what he does? They answered and
εἶπον αὐτῷ, Μὴ καὶ σὺ ἐκ τῆς Γαλιλαίας εἶ; ἐρεύνησον
said to him, ³Also ²thou ⁴of ⁵Galilee ¹art? Search
καὶ ἴδε, ὅτι προφήτης ἐκ τῆς Γαλιλαίας οὐκ ἐγήγερται.
and look, that a prophet out of Galilee has not arisen.
53 Καὶ ἐπορεύθη ἕκαστος εἰς τὸν οἶκον αὐτοῦ.
And ²went ¹each to his house.

8 Ἰησοῦς δὲ ἐπορεύθη εἰς τὸ ὄρος τῶν ἐλαιῶν· 2 ὄρθρου δὲ
But Jesus went to the mount of Olives. And at dawn
πάλιν παρεγένετο εἰς τὸ ἱερόν, καὶ πᾶς ὁ λαὸς ἤρχετο πρὸς
again he came into the temple, and all the people came to
αὐτόν· καὶ καθίσας ἐδίδασκεν αὐτούς. 3 ἄγουσιν δὲ οἱ
him; and having sat down he was teaching them. ⁷Bring ¹and ²the
γραμματεῖς καὶ οἱ Φαρισαῖοι πρὸς αὐτὸν γυναῖκα ἐν μοιχείᾳ
³scribes ⁴and ⁵the ⁶Pharisees to him a woman in adultery
κατειλημμένην, καὶ στήσαντες αὐτὴν ἐν μέσῳ, 4 λέγουσιν
having been taken, and having set her in [the] midst, they say
αὐτῷ, Διδάσκαλε, αὕτη ἡ γυνὴ κατελήφθη ἐπ᾽ αὐτοφώρῳ
to him, Teacher, this woman was taken in the very act
μοιχευομένη. 5 ἐν δὲ τῷ νόμῳ Μωσῆς ἡμῖν ἐνετείλατο
committing adultery. Now in the law Moses us commanded
τὰς τοιαύτας λιθοβολεῖσθαι· σὺ οὖν τί λέγεις;
such to be stoned: thou therefore what sayest thou?
6 Τοῦτο δὲ ἔλεγον πειράζοντες αὐτὸν ἵνα ἔχωσιν κατη-
But this they said tempting him that they might have to ac-

γορεῖν αὐτοῦ. ὁ δὲ Ἰησοῦς κάτω κύψας, τῷ δακτύλῳ
cuse him. But Jesus having stooped down, with [his] finger
ἔγραφεν εἰς τὴν γῆν. 7 ὡς δὲ ἐπέμενον ἐρωτῶντες αὐτόν,
wrote on the ground. But as they continued asking him,
ἀνακύψας εἶπεν πρὸς αὐτούς, Ὁ ἀναμάρτητος ὑ-
having lifted up he said to them, The sinless one among
μῶν πρῶτος τὸν λίθον ἐπ' αὐτῇ βαλέτω. 8 καὶ πάλιν
you ⁵first ⁴the ⁶stone ⁷at ⁸her ¹let ²him ³cast. And again
κάτω κύψας ἔγραφεν εἰς τὴν γῆν. 9 οἱ δὲ ἀκούσαντες,
having stooped down he wrote on the ground. But they having heard,
καὶ ὑπὸ τῆς συνειδήσεως ἐλεγχόμενοι, ἐξήρχοντο εἷς καθ' εἷς,
and by the conscience being convicted, went out one by one,
ἀρξάμενοι ἀπὸ τῶν πρεσβυτέρων ἕως τῶν ἐσχάτων· καὶ
beginning from the elder ones until the last; and
κατελείφθη μόνος ὁ Ἰησοῦς, καὶ ἡ γυνὴ ἐν μέσῳ ἑστῶσα."
was left alone Jesus, and the woman in [the] midst standing.

8:10   10 ἀνακύψας δὲ ὁ Ἰησοῦς, καὶ μηδένα θεασάμενος
And ²having ³lifted ⁴up ⁵himself ¹Jesus, and ⁴no ³one ¹seeing
πλὴν τῆς γυναικός, εἶπεν αὐτῇ, ⁸Ἡ γυνή," ποῦ εἰσιν ἐκεῖνοι
but the woman, said to her, Woman, where are those
οἱ κατήγοροί σου, οὐδείς σε κατέκρινεν; 11 Ἡ δὲ εἶπεν,
thine accusers, ⁴no ³one ²thee ¹did ⁴condemn? And she said,
Οὐδείς, κύριε. Εἶπεν δὲ αὐτῇ ὁ Ἰησοῦς, Οὐδὲ ἐγώ σε κατα-
No one, Sir. And ²said ³to ⁴her ¹Jesus, Neither ²I ⁴thee ¹do
κρίνω· πορεύου καὶ μηκέτι ἁμάρτανε."
³condemn: go, and no more sin.

12 Πάλιν οὖν ὁ Ἰησοῦς αὐτοῖς ἐλάλησεν," λέγων, Ἐγώ
Again therefore Jesus to them spoke, saying, I
εἰμι τὸ φῶς τοῦ κόσμου· ὁ ἀκολουθῶν ἐμοὶ" οὐ μὴ
am the light of the world; he that follows me in no wise
περιπατήσει" ἐν τῇ σκοτίᾳ, ἀλλ' ἕξει τὸ φῶς τῆς ζωῆς.
shall walk in the darkness, but shall have the light of the life.
13 Εἶπον οὖν αὐτῷ οἱ Φαρισαῖοι, Σὺ περὶ σεαυτοῦ
³Said ⁴therefore ⁵to ⁶him ¹the ²Pharisees, Thou concerning thyself
μαρτυρεῖς· ἡ μαρτυρία σου οὐκ ἔστιν ἀληθής. 14 Ἀπεκρίθη
bearest witness; thy witness is not true. ²Answered
Ἰησοῦς καὶ εἶπεν αὐτοῖς, Κἂν ἐγὼ μαρτυρῶ περὶ ἐμαυτοῦ,
¹Jesus and said to them, Even if I bear witness concerning myself,
ἀληθής ἐστιν ἡ μαρτυρία μου, ὅτι οἶδα πόθεν ἦλθον καὶ
true is my witness, because I know whence I came and
ποῦ ὑπάγω· ὑμεῖς δὲ" οὐκ οἴδατε πόθεν ἔρχομαι καὶ" ποῦ
whither I go: but ye know not whence I come and whither

8:15 ὑπάγω. 15 ὑμεῖς κατὰ τὴν σάρκα κρίνετε· ἐγὼ οὐ κρίνω
I go. Ye according to the flesh judge, I judge
οὐδένα. 16 καὶ ἐὰν κρίνω δὲ ἐγώ, ἡ κρίσις ἡ ἐμὴ ἀληθής"
no one. And if ³judge ²also ¹I, ⁵judgment ⁴my true
ἐστιν· ὅτι μόνος οὐκ εἰμί, ἀλλ' ἐγὼ καὶ ὁ πέμψας με πα-
is, because alone I am not, but I and the ²who ³sent ⁴me ¹Fa-
τήρ." 17 καὶ ἐν τῷ νόμῳ δὲ τῷ ὑμετέρῳ γέγραπται," ὅτι
ther. And in ²law ³also ¹your it has been written, that
δύο ἀνθρώπων ἡ μαρτυρία ἀληθής ἐστιν. 18 ἐγώ εἰμι ὁ
of two men the witness true is. I am [one] who

μαρτυρῶν περὶ ἐμαυτοῦ, καὶ μαρτυρεῖ περὶ ἐμοῦ ὁ
bears witness concerning myself, and ⁶bears ⁷witness ⁸concerning, ⁹me ¹the

πέμψας με πατήρ. 19 Ἔλεγον οὖν αὐτῷ, Ποῦ ἐστιν ὁ
³who ⁴sent ⁵me ²Father. They said therefore to him, Where is

πατήρ σου; Ἀπεκρίθη ὁ Ἰησοῦς, Οὔτε ἐμὲ οἴδατε οὔτε τὸν
thy Father? ²Answered ¹Jesus, Neither me ye know nor

πατέρα μου· εἰ ἐμὲ ᾔδειτε, καὶ τὸν πατέρα μου ᾔδειτε ἄν.
my Father. If me ye had known, also my Father ye would have known.

20 Ταῦτα τὰ ῥήματα ἐλάλησεν ὁ Ἰησοῦς ἐν τῷ γαζοφυλακίῳ, 8:20
These words spoke Jesus in the treasury,

διδάσκων ἐν τῷ ἱερῷ· καὶ οὐδεὶς ἐπίασεν αὐτόν, ὅτι οὔπω
teaching in the temple; and no one took him, for not yet

ἐληλύθει ἡ ὥρα αὐτοῦ.
had come his hour.

21 Εἶπεν οὖν πάλιν αὐτοῖς ὁ Ἰησοῦς, Ἐγὼ ὑπάγω,
²Said ³therefore ⁴again ⁵to ⁶them ¹Jesus, I go away,

καὶ ζητήσετέ με, καὶ ἐν τῇ ἁμαρτίᾳ ὑμῶν ἀποθανεῖσθε· ὅπου
and ye will seek me, and in your sin ye will die; where

ἐγὼ ὑπάγω ὑμεῖς οὐ δύνασθε ἐλθεῖν. 22 Ἔλεγον οὖν οἱ
I go ye are unable to come. ⁴Said ³therefore ¹the

Ἰουδαῖοι, Μήτι ἀποκτενεῖ ἑαυτόν, ὅτι λέγει, Ὅπου ἐγὼ ὑπάγω
²Jews, Will he kill himself, that he says, Where I go

ὑμεῖς οὐ δύνασθε ἐλθεῖν; 23 Καὶ εἶπεν αὐτοῖς, Ὑμεῖς ἐκ
ye are unable to come? And he said to them, Ye from

τῶν κάτω ἐστέ, ἐγὼ ἐκ τῶν ἄνω εἰμί· ὑμεῖς ἐκ τοῦ κόσμου
beneath are, I from above am; Ye of ²world

τούτου ἐστέ, ἐγὼ οὐκ εἰμὶ ἐκ τοῦ κόσμου τούτου. 24 εἶπον
¹this are, I am not of this world. I said

οὖν ὑμῖν ὅτι ἀποθανεῖσθε ἐν ταῖς ἁμαρτίαις ὑμῶν· ἐὰν γὰρ
therefore to you that ye will die in your sins; for if

μὴ πιστεύσητε ὅτι ἐγώ εἰμι, ἀποθανεῖσθε ἐν ταῖς ἁμαρτίαις
ye believe not that I am [he], ye will die in ²sins

ὑμῶν. 25 Ἔλεγον οὖν αὐτῷ, Σὺ τίς εἶ; Καὶ εἶπεν 8:25
¹your. They said therefore to him, ³Thou ¹who ²art? And ²said

αὐτοῖς ὁ Ἰησοῦς, Τὴν ἀρχὴν ὅ τι καὶ λαλῶ ὑμῖν.
³to ⁴them ¹Jesus, Altogether that which also I say to you.

26 πολλὰ ἔχω περὶ ὑμῶν λαλεῖν καὶ κρίνειν· ἀλλ' ὁ
Many things I have concerning you to say and to judge; but he who

πέμψας με ἀληθής ἐστιν, κἀγὼ ἃ ἤκουσα παρ' αὐτοῦ, ταῦτα
sent me true is, and I what I heard from him, these things

λέγω εἰς τὸν κόσμον. 27 Οὐκ ἔγνωσαν ὅτι τὸν πατέρα αὐτοῖς
I say to the world. They knew not that the Father to them

ἔλεγεν. 28 Εἶπεν οὖν αὐτοῖς ὁ Ἰησοῦς, Ὅταν ὑψώ-
he spoke of. ³Said ²therefore ⁴to ⁵them ¹Jesus, When ye shall have

σητε τὸν υἱὸν τοῦ ἀνθρώπου, τότε γνώσεσθε ὅτι ἐγώ εἰμι·
lifted up the Son of man, then ye shall know that I am [he],

καὶ ἀπ' ἐμαυτοῦ ποιῶ οὐδέν, ἀλλὰ καθὼς ἐδίδαξέν με ὁ
and from myself I do nothing, but as ³taught ⁴me

πατήρ μου, ταῦτα λαλῶ. 29 καὶ ὁ πέμψας με, μετ'
¹my ²Father, these things I speak. And he who sent me, with

ἐμοῦ ἐστιν· οὐκ ἀφῆκέν με μόνον ὁ πατήρ, ὅτι ἐγὼ τὰ
me is; ³left ⁵not ⁴me ⁶alone ¹the ²Father, because I the things

8:30 ἀρεστὰ αὐτῷ ποιῶ πάντοτε. 30 Ταῦτα αὐτοῦ λαλοῦντος
pleasing to him do always. ⁴These ⁵things ¹as ²he ³spoke
πολλοὶ ἐπίστευσαν εἰς αὐτόν.
many believed on him.
31 Ἔλεγεν οὖν ὁ Ἰησοῦς πρὸς τοὺς πεπιστευκότας αὐτῷ
³Said ₁therefore ¹Jesus to the ²who ³had ⁴believed ⁵on ⁶him
Ἰουδαίους, Ἐὰν ὑμεῖς μείνητε ἐν τῷ λόγῳ τῷ ἐμῷ, ἀληθῶς
¹Jews, If ye abide in ²word ¹my, truly
μαθηταί μου ἐστέ· 32 καὶ γνώσεσθε τὴν ἀλήθειαν, καὶ ἡ
²disciples ¹my ye are. And ye shall know the truth, and the
ἀλήθεια ἐλευθερώσει ὑμᾶς. 33 Ἀπεκρίθησαν αὐτῷ, ǁ Σπέρμα
truth shall set free you. They answered him, ²Seed
Ἀβραάμ ἐσμεν, καὶ οὐδενὶ δεδουλεύκαμεν πώποτε· πῶς
¹Abraham's we are, and to anyone have been under bondage never; how
(lit. to no one)
σὺ λέγεις, Ὅτι ἐλεύθεροι γενήσεσθε; 34 Ἀπεκρίθη αὐτοῖς
²thou ¹sayest, Free ye shall become? ²Answered ³them
ὁǁ Ἰησοῦς, Ἀμὴν ἀμὴν λέγω ὑμῖν, ὅτι πᾶς ὁ ποιῶν
¹Jesus, Verily verily I say to you, that everyone that practises
8:35 τὴν ἁμαρτίαν δοῦλός ἐστιν τῆς ἁμαρτίας. 35 ὁ δὲ δοῦλος
sin a bondman is of sin. Now the bondman
οὐ μένει ἐν τῇ οἰκίᾳ εἰς τὸν αἰῶνα· ὁ υἱὸς μένει εἰς τὸν αἰῶνα.
abides not in the house for ever; the Son abides for ever.
36 ἐὰν οὖν ὁ υἱὸς ὑμᾶς ἐλευθερώσῃ, ὄντως ἐλεύθεροι ἔσ-
If therefore the Son ³you ¹shall ²set free, really free ye
εσθε. 37 οἶδα ὅτι σπέρμα Ἀβραάμ ἐστε· ἀλλὰ ζητεῖτέ με
shall be. I know that ²seed ¹Abraham's ye are; but ye seek me
ἀποκτεῖναι, ὅτι ὁ λόγος ὁ ἐμὸς οὐ χωρεῖ ἐν ὑμῖν. 38 ἐγὼ
to kill, because ²word ¹my has no entrance in you. I
ὃǁ ἑώρακα παρὰ τῷ πατρί μουǁ λαλῶ· καὶ ὑμεῖς οὖν ὃ
what I have seen with my Father speak; and ye therefore what
ἑωράκατεǁ παρὰ τῷ πατρὶ ὑμῶνǁ ποιεῖτε. 39 Ἀπεκρίθησαν
ye have seen with your father do. They answered
καὶ εἶπον αὐτῷ, Ὁ πατὴρ ἡμῶν Ἀβραάμ ἐστιν. Λέγει αὐτοῖς
and said to him, ³Our ⁴Father ¹Abraham ²is. ⁶Says ⁷to ⁸them
ὁǁ Ἰησοῦς, Εἰ τέκνα τοῦ Ἀβραὰμ ἦτε,ǁ τὰ ἔργα τοῦ Ἀβραὰμ
⁵Jesus, If children of Abraham ye were, the works of Abraham
8:40 ἐποιεῖτε.ǁ ἄν·ǁ 40 νῦν δὲ ζητεῖτέ με ἀποκτεῖναι, ἄνθρωπον ὃς
ye would do; but now ye seek me to kill, a man who
τὴν ἀλήθειαν ὑμῖν λελάληκα, ἣν ἤκουσα παρὰ τοῦ θεοῦ·
the truth to you has spoken, which I heard from God:
τοῦτο Ἀβραὰμ οὐκ ἐποίησεν. 41 ὑμεῖς ποιεῖτε τὰ ἔργα τοῦ
this Abraham did not. Ye do the works
πατρὸς ὑμῶν. Εἶπονǁ οὖνǁ αὐτῷ, Ἡμεῖς ἐκ πορνείας οὐ
of your father. They said therefore to him, We of fornication ²not
γεγεννήμεθα.ǁ ἕνα πατέρα ἔχομεν, τὸν θεόν. 42 Εἶπεν οὖνǁ
¹have been born; one Father we have, God. ³Said ²therefore
αὐτοῖς ὁǁ Ἰησοῦς, Εἰ ὁ θεὸς πατὴρ ὑμῶν ἦν, ἠγαπᾶτε ἂν
⁴to ⁵them ¹Jesus, If God Father of you were, ye would have loved
ἐμέ· ἐγὼ γὰρ ἐκ τοῦ θεοῦ ἐξῆλθον καὶ ἥκω· οὐδὲ γὰρ ἀπ'
me, for I from God came forth and am come; for neither of
ἐμαυτοῦ ἐλήλυθα, ἀλλ' ἐκεῖνός με ἀπέστειλεν. 43 διατίǁ τὴν
myself have I come, but he ²me ¹sent. Why

John Chapter 8

λαλιὰν τὴν ἐμὴν οὐ γινώσκετε; ὅτι οὐ δύνασθε ἀκούειν τὸν
²speech ¹my do ye not know? Because ye are unable to hear

λόγον τὸν ἐμόν. 44 ὑμεῖς ἐκ πατρὸς τοῦ διαβόλου ἐστέ,
²word ¹my. Ye of [the] father ,the devil are,

καὶ τὰς ἐπιθυμίας τοῦ πατρὸς ὑμῶν θέλετε ποιεῖν. ἐκεῖνος
and the lusts of your father ye desire to do. He

ἀνθρωποκτόνος ἦν ἀπ' ἀρχῆς, καὶ ἐν τῇ ἀληθείᾳ οὐχ∥
a murderer was from [the] beginning, and in the truth ²not

ἔστηκεν· ὅτι οὐκ ἔστιν ἀλήθεια ἐν αὐτῷ. ὅταν λαλῇ
¹has stood, because there is not truth in him. Whenever he may speak

τὸ ψεῦδος, ἐκ τῶν ἰδίων λαλεῖ· ὅτι ψεύστης ἐστὶν καὶ ὁ
falsehood, from his own he speaks; for a liar he is and the

πατὴρ αὐτοῦ. 45 ἐγὼ δὲ ὅτι τὴν ἀλήθειαν λέγω, οὐ   8:45
father of it. ³I ¹and ²because the truth speak, ³not

πιστεύετέ μοι. 46 τίς ἐξ ὑμῶν ἐλέγχει με περὶ ἁμαρτίας;
¹ye ²do believe me. Which of you convinces me concerning sin?

εἰ δὲ∥ ἀλήθειαν λέγω, διατί∥ ὑμεῖς οὐ πιστεύετέ μοι; 47 ὁ
But if truth I speak, why ²ye ¹do ³not believe me? He that

ὢν ἐκ τοῦ θεοῦ τὰ ῥήματα τοῦ θεοῦ ἀκούει· διὰ τοῦτο ὑμεῖς
is of God the words of God hears: therefore ye

οὐκ ἀκούετε, ὅτι ἐκ τοῦ θεοῦ οὐκ ἐστέ. 48 Ἀπεκρίθησαν
hear not, because of God ye are not. Answered

οὖν∥ οἱ Ἰουδαῖοι καὶ ᶜεἶπον∥ αὐτῷ, Οὐ καλῶς λέγομεν ἡμεῖς
therefore the Jews and said to him, ³Not ⁴well ¹say ²we

ὅτι Σαμαρείτης∥ εἶ σύ, καὶ δαιμόνιον ἔχεις; 49 Ἀπεκρίθη
that a Samaritan ²art ¹thou, and a demon hast? ²Answered

Ἰησοῦς, Ἐγὼ δαιμόνιον οὐκ ἔχω, ἀλλὰ τιμῶ τὸν πατέρα μου,
¹Jesus, I a demon have not; but I honour my Father,

καὶ ὑμεῖς ἀτιμάζετέ με. 50 ἐγὼ δὲ οὐ ζητῶ τὴν δόξαν μου·   8:50
and ye dishonour me. But I seek not my glory:

ἔστιν ὁ ζητῶν καὶ κρίνων. 51 ἀμὴν ἀμὴν λέγω ὑμῖν, ἐάν
there is he who seeks and judges. Verily verily I say to you, If

τις τὸν λόγον τὸν ἐμὸν∥ τηρήσῃ, θάνατον οὐ μὴ θεωρήσῃ
anyone ³word ²my ¹keep, death in no wise shall he see

εἰς τὸν αἰῶνα. 52 Εἶπον∥ ᵍοὖν∥ αὐτῷ οἱ Ἰουδαῖοι, Νῦν
for ever. ⁴Said ³therefore ⁵to ⁶him ¹the ⁷Jews, Now

ἐγνώκαμεν ὅτι δαιμόνιον ἔχεις. Ἀβραὰμ ἀπέθανεν καὶ οἱ
we know that a demon thou hast. Abraham died and the

προφῆται, καὶ σὺ λέγεις, Ἐάν τις τὸν λόγον μου τηρήσῃ,
prophets, and thou sayest, If anyone ²my ³word ¹keep,

οὐ μὴ γεύσεται∥ θανάτου εἰς τὸν αἰῶνα. 53 μὴ σὺ μείζων
in no wise shall he taste of death for ever. ²Thou ³greater

εἶ τοῦ πατρὸς ἡμῶν Ἀβραάμ, ὅστις ἀπέθανεν; καὶ οἱ προ-
¹art than our father Abraham, who died? and the pro-

φῆται ἀπέθανον· τίνα σεαυτὸν σὺ∥ ποιεῖς; 54 Ἀπεκρίθη
phets died! whom ³thyself ²thou ¹makest? ⁵Answered

Ἰησοῦς, Ἐὰν ἐγὼ δοξάζω∥ ἐμαυτόν, ἡ δόξα μου οὐδέν ἐστιν·
⁴Jesus, If I glorify myself, my glory nothing is;

ἔστιν ὁ πατήρ μου ὁ δοξάζων με, ὃν ὑμεῖς λέγετε, ὅτι
it is my Father who glorifies me, [of] whom ye say, that

θεὸς ὑμῶν∥ ἐστιν, 55 καὶ οὐκ ἐγνώκατε αὐτόν, ἐγὼ δὲ οἶδα 8:55
²God ¹your he is. And ye have not known him, but I know

αὐτόν· ᵐκαὶ ἐὰν∥ εἴπω ὅτι οὐκ οἶδα αὐτόν, ἔσομαι ὅμοιος
him;   and   if   I say that I know not   him,   I shall be   like

ὑμῶν,∥ ψεύστης· ἀλλ'∥ οἶδα αὐτόν, καὶ τὸν λόγον αὐτοῦ
you,   a liar.   But I know him,   and   his word

τηρῶ. 56 Ἀβραὰμ ὁ πατὴρ ὑμῶν ἠγαλλιάσατο ἵνα ἴδῃ∥
I keep. Abraham your Father   exulted   in that he should see

τὴν ἡμέραν τὴν ἐμήν· καὶ εἶδεν καὶ ἐχάρη. 57 Εἶπον∥ οὖν
²day   ¹my,   and he saw and rejoiced.   Said   therefore

οἱ Ἰουδαῖοι πρὸς αὐτόν, Πεντήκοντα ἔτη οὔπω ἔχεις,
the Jews   to   him,   Fifty   years [old] not yet art thou,

καὶ Ἀβραὰμ ἑώρακας; 58 Εἶπεν αὐτοῖς ὁ∥ Ἰησοῦς, Ἀμὴν
and Abraham hast thou seen? ²Said ³to ⁴them ¹Jesus,   Verily

ἀμὴν λέγω ὑμῖν, πρὶν Ἀβραὰμ γενέσθαι ἐγώ εἰμι. 59 Ἦραν
verily I say to you, Before Abraham   was   I am. They took up

οὖν λίθους ἵνα βάλωσιν ἐπ' αὐτόν· Ἰησοῦς δὲ ἐκρύβη,
therefore stones that they might cast at him; but Jesus hid himself,

καὶ ἐξῆλθεν ἐκ τοῦ ἱεροῦ, διελθὼν διὰ μέσου αὐτῶν·
and went forth out of the temple,   going through the midst of them,

καὶ παρῆγεν οὕτως.∥
and ²passed ³on ¹thus.

9 Καὶ παράγων εἶδεν ἄνθρωπον τυφλὸν ἐκ γενετῆς. 2 καὶ
  And passing on he saw   a man   blind from birth.   And

ἠρώτησαν αὐτὸν οἱ μαθηταὶ αὐτοῦ λέγοντες, Ῥαββί,∥ τίς
³asked   ⁴him   ¹his ²disciples   saying,   Rabbi,   who

ἥμαρτεν, οὗτος ἢ οἱ γονεῖς αὐτοῦ, ἵνα τυφλὸς γεννηθῇ;
sinned, this [man] or his parents, that blind he should be born?

3 Ἀπεκρίθη ὁ∥ Ἰησοῦς, Οὔτε οὗτος ἥμαρτεν οὔτε οἱ γονεῖς
²Answered ¹Jesus, Neither this [man] sinned nor   ²parents

αὐτοῦ ἀλλ' ἵνα φανερωθῇ τὰ ἔργα τοῦ θεοῦ ἐν αὐτῷ.
¹his;   but that should be manifested the works of God in him.

4 ἐμὲ∥ δεῖ ἐργάζεσθαι τὰ ἔργα τοῦ πέμψαντός με∥
³Me ¹it ²behoves to work the works of him who sent   me

ἕως ἡμέρα ἐστίν· ἔρχεται νύξ, ὅτε οὐδεὶς δύναται ἐργάζεσθαι.
while day it is; ²comes ¹night, when no one is able   to work.

5 ὅταν ἐν τῷ κόσμῳ ὦ, φῶς εἰμι τοῦ κόσμου. 6 Ταῦ-
While in the world I may be, [the] light I am of the world.   These

τα εἰπών, ἔπτυσεν χαμαί, καὶ ἐποίησεν πηλὸν ἐκ
things having said, he spat on [the] ground, and made   clay of

τοῦ πτύσματος, καὶ ἐπέχρισεν τὸν πηλὸν ἐπὶ τοὺς ὀφθαλμοὺς
the spittle,   and applied   the clay   to   the   eyes

τοῦ τυφλοῦ·∥ 7 καὶ εἶπεν αὐτῷ, Ὕπαγε, νίψαι∥ εἰς τὴν
of the blind [man]. And he said to him,   Go,   wash   in the

κολυμβήθραν τοῦ Σιλωάμ, ὃ ἑρμηνεύεται, ἀπεσταλμένος.
pool   of Siloam, which is interpreted,   Sent.

ἀπῆλθεν οὖν καὶ ἐνίψατο, καὶ ἦλθεν βλέπων. 8 Οἱ οὖν
He went therefore and washed,   and came seeing.   The ²therefore

γείτονες καὶ οἱ θεωροῦντες αὐτὸν τὸ πρότερον ὅτι τυφλὸς∥
¹neighbours and those who   saw   him   before   that   blind

ἦν, ἔλεγον, Οὐχ οὗτός ἐστιν ὁ καθήμενος καὶ προσαιτῶν;
he was, said, ²Not ³this ¹is he who was sitting and   begging?

9 Ἄλλοι ἔλεγον, Ὅτι οὗτός ἐστιν· ἄλλοι ᵇδέ,∥ Ὅτι∥ ὅμοιος
  Some said,   ³He ¹it ²is ,   but others,   ³Like

αὐτῷ ἐστιν. Ἐκεῖνος ἔλεγεν, Ὅτι ἐγώ εἰμι. 10 Ἔλεγον 9:10
*him ¹he ²is.   He   said,   I am [he]. They said
οὖν αὐτῷ, Πῶς ἀνεῴχθησάν∥ ᵍσου∥ οἱ ὀφθαλμοί; 11 Ἀπ-
therefore to him, How were opened thine eyes?   ²An-
εκρίθη ἐκεῖνος καὶ εἶπεν,∥ Ἄνθρωπος λεγόμενος Ἰησοῦς
swered ¹he   and said, A man   called   Jesus
πηλὸν ἐποίησεν καὶ ἐπέχρισέν μου τοὺς ὀφθαλμούς, καὶ εἰπέν
clay   made and applied to mine eyes,   and said
μοι, Ὕπαγε εἰς τὴν κολυμβήθραν τοῦ∥ Σιλωὰμ καὶ νίψαι.
to me, Go to the   pool   of Siloam and wash:
ἀπελθὼν δὲ∥ καὶ νιψάμενος ἀνέβλεψα. 12 Εἶπον∥ οὖν∥
²having ³gone ¹and and washed I received sight.   They said therefore
αὐτῷ, Ποῦ ἐστιν ἐκεῖνος; Λέγει, Οὐκ οἶδα.
to him, Where is   he?   He says, I know not.
13 Ἄγουσιν αὐτὸν πρὸς τοὺς Φαρισαίους, τόν ποτε
They bring *him ¹to ²the ³Pharisees, who once [was]
τυφλόν. 14 ἦν δὲ σάββατον ὅτε∥ τὸν πηλὸν ἐποίησεν ὁ
blind.   Now it was sabbath when ³the ⁴clay ²made
Ἰησοῦς καὶ ἀνέῳξεν αὐτοῦ τοὺς ὀφθαλμούς. 15 πάλιν οὖν 9:15
¹Jesus and opened his   eyes.   Again therefore
ἠρώτων αὐτὸν καὶ οἱ Φαρισαῖοι πῶς ἀνέβλεψεν. ὁ δὲ εἶπεν
asked him also the Pharisees how he received sight. And he said
αὐτοῖς, Πηλὸν ἐπέθηκεν ἐπὶ τοὺς ὀφθαλμούς μου, καὶ ἐνι-
to them, Clay he put on   mine eyes,   and I
ψάμην, καὶ βλέπω. 16 Ἔλεγον οὖν ἐκ τῶν Φαρισαίων τινές,
washed, and I see.   Said therefore ²of ³the ⁴Pharisees ¹some,
Οὗτος ὁ ἄνθρωπος οὐκ ἔστιν παρὰ τοῦ θεοῦ,∥ ὅτι τὸ σάββατον
This   man   is not   from   God,   for the sabbath
οὐ τηρεῖ. Ἄλλοι ἔλεγον, Πῶς δύναται ἄνθρωπος ἁμαρτωλὸς
he does not keep. Others said, How can   a man   a sinner
τοιαῦτα σημεῖα ποιεῖν; Καὶ σχίσμα ἦν ἐν αὐτοῖς. 17 Λέ-
such   signs   do?   And a division was among them. They
γουσιν ᵗ τῷ τυφλῷ πάλιν, Σὺ τί∥ λέγεις περὶ αὐτοῦ,
say· to the blind [man] again, ³Thou ¹what ²sayest concerning him,
ὅτι ʷἤνοιξέν∥ σου τοὺς ὀφθαλμούς; Ὁ δὲ εἶπεν, Ὅτι προ-
for he opened thine   eyes?   And he said,   A pro-
φήτης ἐστίν. 18 Οὐκ ἐπίστευσαν οὖν οἱ Ἰουδαῖοι περὶ
phet he is.   ⁴Did ⁵not ⁶believe ³therefore ¹the ²Jews concerning
αὐτοῦ, ὅτι ˣτυφλὸς ἦν∥ καὶ ἀνέβλεψεν, ἕως ὅτου ἐφώνησαν
him, that ³blind ¹he ²was and received sight, until they called
τοὺς γονεῖς αὐτοῦ τοῦ ἀναβλέψαντος· 19 καὶ ἠρώτησαν
the parents of him who had received sight. And they asked
αὐτοὺς λέγοντες, Οὗτός ἐστιν ὁ υἱὸς ὑμῶν ὃν ὑμεῖς λέγετε
them   saying, ²This ¹is your son, of whom ye say
ὅτι τυφλὸς ἐγεννήθη; πῶς οὖν ἄρτι βλέπει·; 20 Ἀπεκρίθη- 9:20
that blind he was born? how then now does he see?   ³Answered
σαν αὐτοῖς∥ οἱ γονεῖς αὐτοῦ καὶ εἶπον,∥ Οἴδαμεν ὅτι οὗτός
⁴them   ¹his ²parents   and said,   We know that this
ἐστιν ὁ υἱὸς ἡμῶν, καὶ ὅτι τυφλὸς ἐγεννήθη· 21 πῶς δὲ νῦν
is   our son,   and that blind he was born; but how now

βλέπει ούκ οίδαμεν, ή τίς ήνοιξεν αυτού τους οφθαλμούς
he sees   we know not, or who opened   his   eyes
ημείς ούκ οίδαμεν· αυτός ηλικίαν έχει, αυτόν ερωτήσατε,
we   know not;   he   is of age,   him   ask,
αυτός περί αυτού λαλήσει. 22 Ταύτα είπον οι γονείς
he   concerning himself shall speak. These things said parents
αυτού, ότι εφοβούντο τους Ιουδαίους· ήδη γάρ συνε-
his,   because they feared the Jews;   for already had agreed
τέθειντο οι Ιουδαίοι, ίνα εάν τις αυτόν ομολογήση
together the Jews,   that if anyone him   should confess [to be the]
χριστόν, αποσυνάγωγος γένηται. 23 διά τούτο οι γονείς
Christ, put out of the synagogue he should be. Because of this parents
αυτού είπον, Ότι ηλικίαν έχει, αυτόν ερωτήσατε· 24 Εφώ-
his   said,   He is of age,   him   ask.   They
νησαν ούν εκ δευτέρου τον άνθρωπον ός ήν τυφλός, καί
called therefore a second time the man   who was blind, and
είπον αυτώ, Δός δόξαν τώ θεώ· ημείς οίδαμεν ότι ο άνθρω-
said to him, Give glory to God; we   know   that   man
πος ούτος αμαρτωλός εστιν. 25 Απεκρίθη ούν εκείνος
this   a sinner   is.   Answered therefore he
καί είπεν, Ει αμαρτωλός εστιν ούκ οίδα· έν οίδα, ότι
and said,   If a sinner   he is I know not. One [thing] I know, that
τυφλός ών άρτι βλέπω. 26 Είπον δε αυτώ πάλιν, Τί
blind being now I see.   And they said to him again, What
εποίησέν σοι; πώς ήνοιξέν σου τους οφθαλμούς; 27 Απε-
did he   to thee? how opened he thine   eyes?   He an-
κρίθη αυτοίς, Είπον υμίν ήδη, καί ούκ ηκούσατε· τί πάλιν
swered them,   I told you already, and ye did not hear: why again
θέλετε ακούειν; μή καί υμείς θέλετε αυτού μαθηταί γενέσθαι;
do ye wish to hear? also do ye wish his disciples   to become?
28 Ελοιδόρησαν ούν αυτόν, καί είπον, Σύ εί μαθητής
They railed at therefore him, and said, Thou art disciple
εκείνου· ημείς δέ του Μωσέως εσμέν μαθηταί. 29 ημείς οίδα-
his,   but we of Moses   are disciples.   We know
μεν ότι Μωσή λελάληκεν ο θεός· τούτον δέ ούκ οίδαμεν
that to Moses has spoken   God; but this [man] we know not
πόθεν εστίν. 30 Απεκρίθη ο άνθρωπος καί είπεν αυτοίς, Εν
whence he is. Answered the man   and said to them, In
γάρ τούτω θαυμαστόν εστιν, ότι υμείς ούκ οίδατε πόθεν
indeed this a wonderful thing is, that ye   know not whence
εστίν, καί ανέωξέν μου τους οφθαλμούς. 31 οίδαμεν δε ότι
he is, and he opened mine   eyes.   But we know that
αμαρτωλών ο θεός ούκ ακούει· αλλ' εάν τις θεοσεβής ή,
sinners   God does not hear; but if anyone God-fearing be,
καί τό θέλημα αυτού ποιή, τούτου ακούει. 32 εκ του αιώνος
and the will of him do, him   he hears.   Ever
ούκ ηκούσθη, ότι ήνοιξέν τις οφθαλμούς τυφλού
it was not heard that opened anyone [the] eyes of [one] blind
γεγεννημένου. 33 ει μή ήν ούτος παρά θεού ούκ η-
having been born.   If not were this [man] from God   he
δύνατο ποιείν ουδέν. 34 Απεκρίθησαν καί είπον αυτώ, Εν
could do   nothing.   They answered and said to him, In

ἁμαρτίαις σὺ ἐγεννήθης ὅλος, καὶ σὺ διδάσκεις ἡμᾶς; Καὶ
sins   thou wast born   wholly, and ²thou ¹teachest us? And
ἐξέβαλον αὐτὸν ἔξω. 35 Ἤκουσεν ὁ Ἰησοῦς ὅτι ἐξέβαλον
they cast him out.   ²Heard   ¹Jesus that they cast
αὐτὸν ἔξω· καὶ εὑρὼν αὐτὸν εἶπεν αὐτῷ, Σὺ πιστεύεις
him   out, and having found him   said to him, ²Thou ¹believest
εἰς τὸν υἱὸν τοῦ θεοῦ; 36 Ἀπεκρίθη ἐκεῖνος καὶ εἶπεν, Τίς
on the Son of God?   ²Answered ¹he   and said, Who
ἐστιν, κύριε, ἵνα πιστεύσω εἰς αὐτόν; 37 Εἶπεν δὲ αὐτῷ
is he, Lord, that I may believe on him?   And ²said ³to ⁴him
ὁ Ἰησοῦς, Καὶ ἑώρακας αὐτόν, καὶ ὁ λαλῶν μετὰ σοῦ
¹Jesus,   ⁷Both ⁵thou ⁶hast seen him, and he who speaks with thee
ἐκεῖνός ἐστιν. 38 Ὁ δὲ ἔφη, Πιστεύω, κύριε· καὶ προσεκύνη-
²he   ¹is.   And he said, I believe, Lord: and he worshipped
σεν αὐτῷ. 39 καὶ εἶπεν ὁ Ἰησοῦς, Εἰς κρίμα ἐγὼ εἰς τὸν
him.   And ²said   ¹Jesus, For judgment I into
κόσμον τοῦτον ἦλθον, ἵνα οἱ μὴ βλέποντες βλέπωσιν, καὶ
this world   came, that they that see not   might see, and
οἱ βλέποντες τυφλοὶ γένωνται. 40 Καὶ ἤκουσαν ἐκ τῶν
they that see blind might become. And ⁹heard ²of ³the
Φαρισαίων ταῦτα οἱ ὄντες μετ' αὐτοῦ, καὶ εἶ-
⁴Pharisees ¹⁰these ¹¹things ¹those ⁵who ⁶were ⁷with ⁸him, and they
πον αὐτῷ, Μὴ καὶ ἡμεῖς τυφλοί ἐσμεν; 41 Εἶπεν αὐτοῖς ὁ
said to him, ³Also ²we ⁴blind ¹are?   Said to them
Ἰησοῦς, Εἰ τυφλοὶ ἦτε, οὐκ ἂν εἴχετε ἁμαρτίαν· νῦν δὲ λέ-
Jesus, If blind ye were, ye would not have sin; but now ye
γετε, Ὅτι βλέπομεν· ἡ οὖν ἁμαρτία ὑμῶν μένει.
say   We see,   the ²therefore ¹sin of you remains.

10 Ἀμὴν ἀμὴν λέγω ὑμῖν, ὁ μὴ εἰσερχόμενος διὰ τῆς
     Verily verily I say to you, He that enters not in by the
θύρας εἰς τὴν αὐλὴν τῶν προβάτων, ἀλλὰ ἀναβαίνων ἀλ-
door to the fold   of the sheep,   but mounts up else-
λαχόθεν, ἐκεῖνος κλέπτης ἐστὶ καὶ λῃστής· 2 ὁ δὲ εἰσερ-
where,   he   a thief is, and a robber; but he that en-
χόμενος διὰ τῆς θύρας ποιμήν ἐστιν τῶν προβάτων. 3 τούτῳ
ters in by the door shepherd is of the sheep.   To him
ὁ θυρωρὸς ἀνοίγει, καὶ τὰ πρόβατα τῆς φωνῆς αὐτοῦ ἀκούει,
the door-keeper opens, and the sheep his voice   hear,
καὶ τὰ ἴδια πρόβατα καλεῖ κατ' ὄνομα, καὶ ἐξάγει αὐτά.
and his own   sheep   he calls by name,   and leads ²out ¹them.
4 καὶ ὅταν τὰ ἴδια πρόβατα ἐκβάλῃ ἔμπροσθεν αὐτῶν
And when his own   sheep   he puts forth before them
πορεύεται· καὶ τὰ πρόβατα αὐτῷ ἀκολουθεῖ, ὅτι οἴδασιν
he goes;   and the sheep   him follow,   because they know
τὴν φωνὴν αὐτοῦ. 5 ἀλλοτρίῳ δὲ οὐ μὴ ἀκολουθήσωσιν,
his voice.   But a stranger in no wise they should follow,
ἀλλὰ φεύξονται ἀπ' αὐτοῦ· ὅτι οὐκ οἴδασιν τῶν ἀλλοτρίων
but will flee   from him, because they know not of strangers
τὴν φωνήν. 6 Ταύτην τὴν παροιμίαν εἶπεν αὐτοῖς ὁ Ἰησοῦς,
the voice.   This   allegory ²spoke ³to ⁴them ¹Jesus,
ἐκεῖνοι δὲ οὐκ ἔγνωσαν τίνα ἦν ἃ ἐλάλει αὐτοῖς.
but they   knew not   what it was which he spoke to them.

7 Εἶπεν οὖν πάλιν αὐτοῖς ὁ Ἰησοῦς, Ἀμὴν ἀμὴν λέγω
²Said ³therefore ⁴again ⁵to ⁶them ¹Jesus, Verily verily I say
ὑμῖν, ὅτι ἐγώ εἰμι ἡ θύρα τῶν προβάτων. 8 πάντες ὅσοι
to you, that I am the door of the sheep. All whoever
πρὸ ἐμοῦ ἦλθον κλέπται εἰσὶν καὶ λῃσταί· ἀλλ' οὐκ ἤκουσαν
before me came thieves are and robbers; but ³did ⁴not ⁵hear
αὐτῶν τὰ πρόβατα. 9 ἐγώ εἰμι ἡ θύρα· δι' ἐμοῦ ἐάν τις
⁶them ¹the ²sheep. I am the door: by me if anyone
εἰσέλθῃ σωθήσεται, καὶ εἰσελεύσεται καὶ ἐξελεύσεται, καὶ
enter in he shall be saved, and shall go in and shall go out, and
νομὴν εὑρήσει. 10 ὁ κλέπτης οὐκ ἔρχεται εἰ μὴ ἵνα κλέψῃ
pasture shall find. The thief comes not except that he may steal
καὶ θύσῃ καὶ ἀπολέσῃ· ἐγὼ ἦλθον ἵνα ζωὴν ἔχωσιν,
and may kill and may destroy: I came that life they might have,
καὶ περισσὸν ἔχωσιν. 11 Ἐγώ εἰμι ὁ ποιμὴν ὁ καλός· ὁ
and abundantly might have [it]. I am the ²shepherd ¹good. The
ποιμὴν ὁ καλὸς τὴν ψυχὴν αὐτοῦ τίθησιν ὑπὲρ τῶν προβά-
²shepherd ¹good his life lays down for the sheep:
των. 12 ὁ μισθωτὸς δέ, καὶ οὐκ ὢν ποιμήν, οὗ οὐκ
but the hired servant, and who is not [the] shepherd, whose ⁵not
εἰσὶν τὰ πρόβατα ἴδια, θεωρεῖ τὸν λύκον ἐρχόμενον, καὶ
⁴are ²the ³sheep ¹own, sees the wolf coming, and
ἀφίησιν τὰ πρόβατα καὶ φεύγει· καὶ ὁ λύκος ἁρπάζει αὐτὰ
leaves the sheep, and flees; and the wolf seizes them
καὶ σκορπίζει τὰ πρόβατα. 13 ὁ δὲ μισθωτὸς φεύγει ὅτι
and scatters the sheep. Now the hired servant flees because
μισθωτός ἐστιν, καὶ οὐ μέλει αὐτῷ περὶ τῶν προβάτων.
a hired servant he is, and is not himself concerned about the sheep.
14 ἐγώ εἰμι ὁ ποιμὴν ὁ καλός· καὶ γινώσκω τὰ ἐμά,
I am the ²shepherd ¹good; and I know those that [are] mine,
καὶ γινώσκομαι ὑπὸ τῶν ἐμῶν. 15 καθὼς γινώσκει
and am known of those that [are] mine. As ³knows
με ὁ πατήρ, κἀγὼ γινώσκω τὸν πατέρα· καὶ τὴν ψυχήν μου
⁴me ¹the ²Father, I also know the Father; and my life
τίθημι ὑπὲρ τῶν προβάτων. 16 καὶ ἄλλα πρόβατα ἔχω,
I lay down for the sheep. And other sheep I have,
ἃ οὐκ ἔστιν ἐκ τῆς αὐλῆς ταύτης· κἀκεῖνά με δεῖ
which are not of this fold; those also ³me ¹it ²behoves
ἀγαγεῖν, καὶ τῆς φωνῆς μου ἀκούσουσιν· καὶ γενήσεται μία
to bring, and my voice they will hear; and there shall be one
ποίμνη, εἷς ποιμήν. 17 διὰ τοῦτο ὁ πατήρ με ἀγαπᾷ,
flock, one shepherd. On this account the Father me loves,
ὅτι ἐγὼ τίθημι τὴν ψυχήν μου, ἵνα πάλιν λάβω αὐτήν.
because I lay down my life, that again I may take it.
18 οὐδεὶς αἴρει αὐτὴν ἀπ' ἐμοῦ, ἀλλ' ἐγὼ τίθημι αὐτὴν ἀπ'
No one takes it from me, but I lay down it of
ἐμαυτοῦ. ἐξουσίαν ἔχω θεῖναι αὐτήν, καὶ ἐξουσίαν ἔχω
myself. Authority I have to lay down it, and authority I have
πάλιν λαβεῖν αὐτήν· ταύτην τὴν ἐντολὴν ἔλαβον παρὰ
again to take it. This commandment I received from
τοῦ πατρός μου. 19 Σχίσμα οὖν πάλιν ἐγένετο ἐν τοῖς
my Father. A division therefore again there was among the

John Chapter 10

Ἰουδαίοις διὰ τοὺς λόγους τούτους. 20 ἔλεγον δὲ
Jews on account of these words; ²said ¹but

πολλοὶ ἐξ αὐτῶν, Δαιμόνιον ἔχει καὶ μαίνεται· τί αὐτοῦ
many of them, A demon he has and is mad; why him

ἀκούετε; 21 Ἄλλοι ἔλεγον, Ταῦτα τὰ ῥήματα οὐκ ἔστιν
do ye hear? Others said, These sayings are not [those]

δαιμονιζομένου· μὴ δαιμόνιον δύναται τυφλῶν
of one possessed by a demon. ²A ³demon ¹is able of [the] blind [the]

ὀφθαλμοὺς ἀνοίγειν;
eyes to open?

22 Ἐγένετο δὲ τὰ ἐγκαίνια ἐν τοῖς Ἱεροσολύμοις,
And took place the feast of dedication at Jerusalem,

καὶ χειμὼν ἦν· 23 καὶ περιεπάτει ὁ Ἰησοῦς ἐν τῷ ἱερῷ
and winter it was. And ²was ³walking ¹Jesus in the temple

ἐν τῇ στοᾷ τοῦ Σολομῶντος. 24 ἐκύκλωσαν οὖν αὐτὸν
in the porch of Solomon. ⁴Encircled ³therefore ⁵him

οἱ Ἰουδαῖοι, καὶ ἔλεγον αὐτῷ, Ἕως πότε τὴν ψυχὴν ἡμῶν
¹the ²Jews, and said to him, Until when our soul

αἴρεις; εἰ σὺ εἶ ὁ χριστός, εἰπὲ ἡμῖν παρ-
holdest thou in suspense? If thou art the Christ, tell us plain-

ρησίᾳ. 25 Ἀπεκρίθη αὐτοῖς ὁ Ἰησοῦς, Εἶπον ὑμῖν, καὶ
ly. ²Answered ³them ¹Jesus, I told you, and

οὐ πιστεύετε. τὰ ἔργα ἃ ἐγὼ ποιῶ ἐν τῷ ὀνόματι τοῦ πατρός
ye believe not. The works which I do in the name of ²Father

μου, ταῦτα μαρτυρεῖ περὶ ἐμοῦ· 26 ἀλλ' ὑμεῖς οὐ
¹my, these bear witness concerning me: but ye ²not

πιστεύετε· οὐ γάρ ἐστε ἐκ τῶν προβάτων τῶν ἐμῶν, καθὼς
¹believe, for ye are not of ²sheep ¹my, as

εἶπον ὑμῖν. 27 τὰ πρόβατα τὰ ἐμὰ τῆς φωνῆς μου ἀκούει,
I said to you. ²Sheep ¹my my voice hear,

κἀγὼ γινώσκω αὐτά· καὶ ἀκολουθοῦσίν μοι, 28 κἀγὼ ζωὴν
and I know them, and they follow me; and I life

αἰώνιον δίδωμι αὐτοῖς· καὶ οὐ μὴ ἀπόλωνται εἰς τὸν
eternal give them; and in no wise shall they perish for

αἰῶνα, καὶ οὐχ ἁρπάσει τις αὐτὰ ἐκ τῆς χειρός μου. 29 ὁ
ever, and ³shall ¹not ⁴seize ²anyone them out of my hand.

πατήρ μου ὃς δέδωκέν μοι μείζων πάντων ἐστίν· καὶ
My Father who has given [them] to me greater than all is, and

οὐδεὶς δύναται ἁρπάζειν ἐκ τῆς χειρὸς τοῦ πατρός μου.
no one is able to seize out of the hand of my Father.

30 ἐγὼ καὶ ὁ πατὴρ ἕν ἐσμεν. 31 Ἐβάστασαν οὖν πάλιν
I and the Father one are. ⁵Took ⁶up ³therefore ⁴again

λίθους οἱ Ἰουδαῖοι ἵνα λιθάσωσιν αὐτόν. 32 ἀπεκρίθη
⁷stones ¹the ²Jews that they might stone him. ²Answered

αὐτοῖς ὁ Ἰησοῦς, Πολλὰ καλὰ ἔργα ἔδειξα ὑμῖν ἐκ τοῦ
³them ¹Jesus, Many good works I shewed you from

πατρός μου· διὰ ποῖον αὐτῶν ἔργον λιθάζετέ με;
my Father; because of which ²of ³them ¹work do ye stone me?

33 Ἀπεκρίθησαν αὐτῷ οἱ Ἰουδαῖοι λέγοντες, Περὶ καλοῦ
³Answered ⁴him ¹the ²Jews, saying, For a good

ἔργου οὐ λιθάζομέν σε, ἀλλὰ περὶ βλασφημίας, καὶ ὅτι
work we do not stone thee, but for blasphemy, and because
σὺ ἄνθρωπος ὢν ποιεῖς σεαυτὸν θεόν. 34 Ἀπεκρίθη αὐτοῖς
thou ²a ³man ¹being makest thyself God. ²Answered ³them
ὁ Ἰησοῦς, Οὐκ ἔστιν γεγραμμένον ἐν τῷ νόμῳ ὑμῶν, Ἐγὼ
¹Jesus,   Is it not written in your law, I

10:35 εἶπα, θεοί ἐστε; 35 Εἰ ἐκείνους εἶπεν θεούς, πρὸς οὓς ὁ
said, ³gods ¹ye ²are? If them he called gods, to whom the
λόγος τοῦ θεοῦ ἐγένετο, καὶ οὐ δύναται λυθῆναι ἡ γραφή·
word   of God came, (and ³cannot ⁴be ⁵broken ¹the ²scripture,)
36 ὃν ὁ πατὴρ ἡγίασεν καὶ ἀπέστειλεν εἰς τὸν κόσμον,
[of him] whom the Father sanctified and sent into the world,
ὑμεῖς λέγετε, Ὅτι βλασφημεῖς, ὅτι εἶπον, Υἱὸς τοῦ θεοῦ
do ye say,   Thou blasphemest, because I said, Son of God
εἰμι; 37 εἰ οὐ ποιῶ τὰ ἔργα τοῦ πατρός μου, μὴ πιστεύετέ
I am? If I do not the works of my Father, believe not
μοι· 38 εἰ δὲ ποιῶ, κἂν ἐμοὶ μὴ πιστεύητε, τοῖς ἔργοις
me; but if I do, even if me ye believe not, the works
πιστεύσατε, ἵνα γνῶτε καὶ πιστεύσητε ὅτι ἐν ἐμοὶ
believe, that ye may perceive and may believe that in me [is]
ὁ πατήρ, κἀγὼ ἐν αὐτῷ. 39 Ἐζήτουν οὖν πάλιν
the Father, and I in him. They sought therefore again

10:40 αὐτὸν πιάσαι· καὶ ἐξῆλθεν ἐκ τῆς χειρὸς αὐτῶν. 40 Καὶ
him to take; and he went forth out of their hand; and
ἀπῆλθεν πάλιν πέραν τοῦ Ἰορδάνου, εἰς τὸν τόπον ὅπου ἦν
departed again beyond the Jordan, to the place where was
Ἰωάννης τὸ πρῶτον βαπτίζων· καὶ ⁴ἔμεινεν ἐκεῖ. 41 καὶ
John   first baptizing; and he abode there. And
πολλοὶ ἦλθον πρὸς αὐτόν, καὶ ἔλεγον, Ὅτι Ἰωάννης μὲν
many came to him, and said,   John indeed
σημεῖον ἐποίησεν οὐδέν· πάντα δὲ ὅσα εἶπεν Ἰωάννης
³sign ¹did ²no; but all whatsoever ²said ¹John
περὶ τούτου, ἀληθῆ ἦν. 42 Καὶ ἐπίστευσαν πολλοὶ
concerning this [man], true were. And ²believed ¹many
ἐκεῖ εἰς αὐτόν.
there on him.

11:1 **11** Ἦν δέ τις ἀσθενῶν Λάζαρος ἀπὸ Βηθανίας,
Now there was a certain [man] sick, Lazarus of Bethany,
ἐκ τῆς κώμης Μαρίας καὶ Μάρθας τῆς ἀδελφῆς αὐτῆς. 2 ἦν
of the village of Mary and Martha   her sister. ²It ³was
δὲ Μαρία ἡ ἀλείψασα τὸν κύριον μύρῳ καὶ ἐκμάξασα
¹and Mary who anointed the Lord with ointment and wiped
τοὺς πόδας αὐτοῦ ταῖς θριξὶν αὐτῆς, ἧς ὁ ἀδελφὸς Λάζαρος
his feet with her hair, whose brother Lazarus
ἠσθένει. 3 ἀπέστειλαν οὖν αἱ ἀδελφαὶ πρὸς αὐτὸν λέγου-
was sick. ⁴Sent ³therefore ¹the ²sisters to him, say-
σαι, Κύριε, ἴδε ὃν φιλεῖς ἀσθενεῖ. 4 Ἀκούσας δὲ ὁ Ἰησοῦς
ing, Lord, lo, he whom thou lovest is sick. But ²having ³heard ¹Jesus
εἶπεν, Αὕτη ἡ ἀσθένεια οὐκ ἔστιν πρὸς θάνατον, ἀλλ' ὑπὲρ
said, This sickness is not unto death, but for
τῆς δόξης τοῦ θεοῦ, ἵνα δοξασθῇ ὁ υἱὸς τοῦ θεοῦ δι'
the glory of God, that may be glorified the Son of God by

αὐτῆς.	5 Ἠγάπα δὲ ὁ Ἰησοῦς τὴν Μάρθαν καὶ τὴν ἀδελφὴν	11:5
it.	³Loved ¹now ²Jesus Martha and ²sister	

αὐτῆς καὶ τὸν Λάζαρον. 6 ὡς οὖν ἤκουσεν ὅτι ἀσθενεῖ,
¹her and Lazarus. When therefore he heard that he is sick,
τότε μὲν ἔμεινεν ἐν ᾧ ἦν τόπῳ δύο ἡμέρας. 7 Ἔπειτα
then indeed he remained in which ²he ³was ¹place two days. Then
μετὰ τοῦτο λέγει τοῖς μαθηταῖς, Ἄγωμεν εἰς τὴν Ἰουδαίαν
after this he says to the disciples, Let us go into Judæa
πάλιν. 8 Λέγουσιν αὐτῷ οἱ μαθηταί, Ῥαββί, νῦν ἐζή-
again. ³Say ⁴to ⁵him ¹the ²disciples, Rabbi, just now ³were
τουν σε λιθάσαι οἱ Ἰουδαῖοι, καὶ πάλιν ὑπάγεις ἐκεῖ;
⁴seeking ⁷thee ⁵to ⁶stone ¹the ²Jews, and again goest thou thither?
9 Ἀπεκρίθη ὁ Ἰησοῦς, Οὐχὶ δώδεκά εἰσιν ὧραι τῆς
²Answered ¹Jesus, ⁵Not ⁶twelve ³are ⁴there hours in the
ἡμέρας; ἐάν τις περιπατῇ ἐν τῇ ἡμέρᾳ, οὐ προσκόπτει,
day? If anyone walk in the day, he stumbles not,

ὅτι τὸ φῶς τοῦ κόσμου τούτου βλέπει· 10 ἐὰν δέ τις		11:10
because the light of this world he sees; but if anyone		

περιπατῇ ἐν τῇ νυκτί, προσκόπτει, ὅτι τὸ φῶς οὐκ ἔστιν ἐν
walk in the night, he stumbles, because the light is not in
αὐτῷ. 11 Ταῦτα εἶπεν, καὶ μετὰ τοῦτο λέγει αὐτοῖς, Λά-
him. These things he said; and after this he says to them, La-
ζαρος ὁ φίλος ἡμῶν κεκοίμηται· ἀλλὰ πορεύομαι ἵνα ἐξ-
zarus our friend has fallen asleep; but I go that I may
υπνίσω αὐτόν. 12 Εἶπον οὖν οἱ μαθηταὶ αὐτοῦ, Κύριε,
awake him. ²Said ¹therefore his disciples, Lord,
εἰ κεκοίμηται σωθήσεται. 13 Εἰρήκει δὲ ὁ Ἰησοῦς περὶ
if he has fallen asleep he will get well. But ²had ³spoken ¹Jesus of
τοῦ θανάτου αὐτοῦ· ἐκεῖνοι δὲ ἔδοξαν ὅτι περὶ τῆς κοιμήσεως
his death, but they thought that of the rest
τοῦ ὕπνου λέγει. 14 τότε οὖν εἶπεν αὐτοῖς ὁ Ἰησοῦς
of sleep he speaks. Then therefore ²said ³to ⁴them ¹Jesus

παρρησίᾳ, Λάζαρος ἀπέθανεν· 15 καὶ χαίρω δι' ὑμᾶς,		11:15
plainly, Lazarus died. And I rejoice on your account,		

ἵνα πιστεύσητε, ὅτι οὐκ ἤμην ἐκεῖ· ἀλλ' ἄγωμεν πρὸς
in order that ye may believe, that I was not there. But let us go to
αὐτόν. 16 Εἶπεν οὖν Θωμᾶς, ὁ λεγόμενος Δίδυμος, τοῖς
him. ²Said ¹therefore Thomas, called Didymus, to the
συμμαθηταῖς, Ἄγωμεν καὶ ἡμεῖς, ἵνα ἀποθάνωμεν μετ'
fellow-disciples, Let ³go ²also ¹us, that we may die with
αὐτοῦ.
him.
17 Ἐλθὼν οὖν ὁ Ἰησοῦς εὗρεν αὐτὸν τέσσαρας
³Having ⁴come ²therefore ¹Jesus found him four
ἡμέρας ἤδη ἔχοντα ἐν τῷ μνημείῳ. 18 ἦν δὲ ἡ Βηθανία
days already having been in the tomb. Now ²was ¹Bethany
ἐγγὺς τῶν Ἱεροσολύμων, ὡς ἀπὸ σταδίων δεκαπέντε 19 καὶ
near to Jerusalem, about ³off ²furlongs ¹fifteen, and
πολλοὶ ἐκ τῶν Ἰουδαίων ἐληλύθεισαν πρὸς τὰς περὶ
many of the Jews had come unto those around
Μάρθαν καὶ Μαρίαν, ἵνα παραμυθήσωνται αὐτὰς περὶ
Martha and Mary, that they might console them concerning

11:20 τοῦ ἀδελφοῦ αὐτῶν. 20 ἡ οὖν Μάρθα ὡς ἤκουσεν ὅτι ὁ
their brother. Martha therefore when she heard that

Ἰησοῦς ἔρχεται, ὑπήντησεν αὐτῷ· Μαρία δὲ ἐν τῷ οἴκῳ ἐκα-
Jesus is coming, met him; but Mary in the house was

θέζετο. 21 εἶπεν οὖν ἡ Μάρθα πρὸς τὸν Ἰησοῦν, Κύριε, εἰ
sitting. Then said Martha to Jesus, Lord, if

ἦς ὧδε, ὁ ἀδελφός μου οὐκ ἂν ἐτεθνήκει. 22 ἀλλὰ
thou hadst been here, my brother had not died; but

καὶ νῦν οἶδα ὅτι ὅσα ἂν αἰτήσῃ τὸν θεόν, δώσει
even now I know that whatsoever thou mayest ask of God, ²will ³give

σοι ὁ θεός. 23 Λέγει αὐτῇ ὁ Ἰησοῦς, Ἀναστήσεται ὁ ἀδελφός
⁴thee ¹God. Says to her Jesus, ³Will ⁴rise ⁵again ²brother

σου. 24 Λέγει αὐτῷ Μάρθα, Οἶδα ὅτι ἀναστήσεται ἐν τῇ
¹thy. Says to him Martha, I know that he will rise again in the

11:25 ἀναστάσει ἐν τῇ ἐσχάτῃ ἡμέρᾳ 25 Εἶπεν αὐτῇ ὁ Ἰησοῦς,
resurrection in the last day. ²Said ³to ⁴her ¹Jesus,

Ἐγώ εἰμι ἡ ἀνάστασις καὶ ἡ ζωή. ὁ πιστεύων εἰς ἐμέ,
I am the resurrection and the life: he that believes on me,

κἂν ἀποθάνῃ ζήσεται· 26 καὶ πᾶς ὁ ζῶν καὶ πιστεύων
though he die he shall live; and everyone who lives and believes

εἰς ἐμέ, οὐ μὴ ἀποθάνῃ εἰς τὸν αἰῶνα. πιστεύεις τοῦτο;
on me, in no wise shall die for ever. Believest thou this?

27 Λέγει αὐτῷ, Ναί, κύριε· ἐγὼ πεπίστευκα ὅτι σὺ εἶ ὁ
She says to him; Yea, Lord; I have believed that thou art the

χριστός, ὁ υἱὸς τοῦ θεοῦ, ὁ εἰς τὸν κόσμον ἐρχόμενος.
Christ, the Son of God, who into the world comes.

28 Καὶ ταῦτα εἰποῦσα ἀπῆλθεν, καὶ ἐφώνησεν Μαρίαν
And these things having said she went away, and called Mary

τὴν ἀδελφὴν αὐτῆς λάθρα, εἰποῦσα, Ὁ διδάσκαλος πάρ-
her sister secretly, saying, The teacher is

εστιν καὶ φωνεῖ σε. 29 Ἐκείνη ὡς ἤκουσεν ἐγείρεται ταχὺ
come and calls thee. She when she heard rises up quickly

11:30 καὶ ἔρχεται πρὸς αὐτόν. 30 οὔπω δὲ ἐληλύθει ὁ Ἰησοῦς
and comes to him. Now not yet had ²come ¹Jesus

εἰς τὴν κώμην, ἀλλ' ἦν ἐν τῷ τόπῳ ὅπου ὑπήντησεν αὐτῷ
into the village, but was in the place where ²met ³him

ἡ Μάρθα. 31 οἱ οὖν Ἰουδαῖοι οἱ ὄντες μετ' αὐτῆς ἐν τῇ οἰκίᾳ
¹Martha. The Jews therefore who were with her in the house

καὶ παραμυθούμενοι αὐτήν, ἰδόντες τὴν Μαρίαν ὅτι ταχέως
and consoling her, having seen Mary that quickly

ἀνέστη καὶ ἐξῆλθεν, ἠκολούθησαν αὐτῇ, λέγοντες, Ὅτι
she rose up and went out, followed her, saying,

ὑπάγει εἰς τὸ μνημεῖον ἵνα κλαύσῃ ἐκεῖ. 32 Ἡ οὖν Μαρία
She is going to the tomb that she may weep there. Mary therefore

ὡς ἦλθεν ὅπου ἦν ὁ Ἰησοῦς, ἰδοῦσα αὐτὸν ἔπεσεν εἰς
when she came where ²was ¹Jesus, seeing him, fell at

τοὺς πόδας αὐτοῦ, λέγουσα αὐτῷ, Κύριε, εἰ ἦς ὧδε
his feet, saying to him, Lord, if thou hadst been here

οὐκ ἂν ἀπέθανέν μου ὁ ἀδελφός. 33 Ἰησοῦς οὖν ὡς εἶδεν
³had ⁴not ⁵died ¹my ²brother. Jesus therefore when he saw

αὐτὴν κλαίουσαν, καὶ τοὺς συνελθόντας αὐτῇ Ἰουδαίους
her   weeping,   and the ²who ³came ⁴with ⁵her   ¹Jews
κλαίοντας, ἐνεβριμήσατο τῷ πνεύματι, καὶ ἐτάραξεν ἑαυτόν,
weeping,   he groaned   in spirit, and troubled   himself,
34 καὶ εἶπεν, Ποῦ τεθείκατε αὐτόν; Λέγουσιν αὐτῷ, Κύριε,
  and said, Where have ye laid him; They say to him, Lord,
ἔρχου καὶ ἴδε. 35 Ἐδάκρυσεν ὁ Ἰησοῦς. 36 ἔλεγον οὖν οἱ   11:35
come and see.   ²Wept   ¹Jesus.   ³Said ⁴therefore ¹the
Ἰουδαῖοι, Ἴδε πῶς ἐφίλει αὐτόν. 37 Τινὲς δὲ ἐξ αὐτῶν
²Jews,   Behold how he loved him! But some of them
εἶπον, Οὐκ ἠδύνατο‖ οὗτος ὁ ἀνοίξας τοὺς ὀφθαλμοὺς
said, Was not ³able ¹this [²man] who opened the eyes
τοῦ τυφλοῦ,   ποιῆσαι ἵνα καὶ οὗτος μὴ ἀποθάνῃ;
of the blind [man], to have caused that also this one should not have died?
38 Ἰησοῦς οὖν πάλιν ἐμβριμώμενος‖ ἐν ἑαυτῷ ἔρχεται
   Jesus therefore again groaning   in himself comes
εἰς τὸ μνημεῖον. ἦν δὲ σπήλαιον, καὶ λίθος ἐπέκειτο ἐπ᾽
to the   tomb. Now it was a cave, and a stone was lying upon
αὐτῷ. 39 λέγει ὁ‖ Ἰησοῦς, Ἄρατε τὸν λίθον. Λέγει αὐτῷ
it.   ²Says   ¹Jesus, Take away the stone. ³Says ¹to ²him
ἡ ἀδελφὴ τοῦ τεθνηκότος‖ Μάρθα, Κύριε, ἤδη ὄζει·
⁵the ⁶sister ⁷of ⁸him ⁹who ¹⁰has ¹¹died, ⁴Martha, Lord, already he stinks,
τεταρταῖος γάρ ἐστιν. 40 Λέγει αὐτῇ ὁ Ἰησοῦς, Οὐκ εἶπόν   11:40
⁴four ⁵days ¹for ²it ³is. ²Says ³to ⁴her ¹Jesus, Said I not
σοι, ὅτι ἐὰν πιστεύσῃς, ὄψει‖ τὴν δόξαν τοῦ θεοῦ;
to thee, that if thou shouldest believe, thou shalt see the glory of God?
41 Ἦραν οὖν τὸν λίθον οὗ ἦν ὁ τεθνηκὼς κείμενος.‖
They took away therefore the stone where ³was ¹the ²dead ⁴laid.
Ὁ δὲ Ἰησοῦς ἦρεν τοὺς ὀφθαλμοὺς ἄνω, καὶ εἶπεν, Πά-
And Jesus lifted [his] eyes upwards, and said, Fa-
τερ, εὐχαριστῶ σοι ὅτι ἤκουσάς μου. 42 ἐγὼ δὲ ᾔδειν ὅτι
ther, I thank thee that thou heardest me; and I knew that
πάντοτέ μου ἀκούεις· ἀλλὰ διὰ τὸν ὄχλον τὸν περι-
always me thou hearest; but on account of the crowd who peri-
εστῶτα εἶπον ἵνα πιστεύσωσιν ὅτι σύ με ἀπέστειλας.
around I said [it], that they might believe that thou me didst send.
43 Καὶ ταῦτα εἰπών, φωνῇ μεγάλῃ ἐκραύγασεν, Λά-
And these things having said, with a ²voice ¹loud he cried, La-
ζαρε, δεῦρο ἔξω. 44 Καὶ‖ ἐξῆλθεν ὁ τεθνηκώς, δεδεμένος
zarus, come forth. And came forth he who had been dead, bound
τοὺς πόδας καὶ τὰς χεῖρας κειρίαις, καὶ ἡ ὄψις αὐτοῦ
feet and hands with grave clothes, and his face
σουδαρίῳ περιεδέδετο. λέγει αὐτοῖς ὁ Ἰησοῦς, Λύσατε
with a handkerchief bound about. ²Says ³to ⁴them ¹Jesus, Loose
αὐτὸν καὶ ἄφετε ὑπάγειν.
him and let [him] go.
45 Πολλοὶ οὖν ἐκ τῶν Ἰουδαίων οἱ ἐλθόντες πρὸς τὴν   11:45
Many therefore of the Jews who came to
Μαρίαν‖ καὶ θεασάμενοι ἃ‖ ἐποίησεν ὁ Ἰησοῦς, ἐπίστευσαν
Mary and saw what ²did ¹Jesus, believed
εἰς αὐτόν. 46 τινὲς δὲ ἐξ αὐτῶν ἀπῆλθον πρὸς τοὺς Φαρι-
on him; but some of them went to the Phari-

σαίους καὶ εἶπον αὐτοῖς ἃ ἐποίησεν ὁ Ἰησοῦς. 47 συνήγα-
sees   and   told   them   what ²did   ¹Jesus.   Gathered
γον οὖν οἱ ἀρχιερεῖς καὶ οἱ Φαρισαῖοι συνέδριον, καὶ ἔλεγον,
therefore the chief priests and the Pharisees   a council,   and   said,
Τί ποιοῦμεν; ὅτι οὗτος ὁ ἄνθρωπος πολλὰ ªσημεῖα ποιεῖ.
What do we? for this   man   many   signs   does.
48 ἐὰν ἀφῶμεν αὐτὸν οὕτως, πάντες πιστεύσουσιν εἰς αὐτόν·
   If we let alone him   thus,   all   will believe   on   him,
καὶ ἐλεύσονται οἱ Ῥωμαῖοι καὶ ἀροῦσιν ἡμῶν καὶ τὸν τόπον
and   will come   the Romans and will take away from us both the place
καὶ τὸ ἔθνος. 49 Εἷς δέ τις ἐξ αὐτῶν, Καϊάφας, ἀρχιερεὺς
and the nation.   But a certain one of them,   Caiaphas,   high priest
ὢν τοῦ ἐνιαυτοῦ ἐκείνου, εἶπεν αὐτοῖς, Ὑμεῖς οὐκ οἴδατε
being   of that year,   said to them,   Ye   know

11:50 οὐδέν, 50 οὐδὲ ᵇδιαλογίζεσθε ὅτι συμφέρει ᶜἡμῖν ἵνα εἷς
nothing,   nor   consider   that it is profitable for us that one
ἄνθρωπος ἀποθάνῃ ὑπὲρ τοῦ λαοῦ, καὶ μὴ ὅλον τὸ ἔθνος
  man   should die   for   the people, and not ²whole ¹the nation
ἀπόληται. 51 Τοῦτο δὲ ἀφ' ἑαυτοῦ οὐκ εἶπεν, ἀλλὰ ἀρχ-
should perish. But this   from   himself he said not, but high
ιερεὺς ὢν τοῦ ἐνιαυτοῦ ἐκείνου, ᵈπροεφήτευσεν ὅτι ἔμελλεν
priest being of that year,   prophesied   that ²was ³about
ὁ Ἰησοῦς ἀποθνήσκειν ὑπὲρ τοῦ ἔθνους, 52 καὶ οὐχ ὑπὲρ
¹Jesus   to die   for the nation;   and   not   for
τοῦ ἔθνους μόνον, ἀλλ' ἵνα καὶ τὰ τέκνα τοῦ θεοῦ τὰ διεσκορ-
the nation only, but that also the children of God who have been
πισμένα συναγάγῃ εἰς ἕν. 53 ἀπ' ἐκείνης οὖν
scattered abroad he might gather together into one. From that ²therefore
τῆς ἡμέρας συνεβουλεύσαντο ἵνα ἀποκτείνωσιν αὐτόν.
¹day   they took counsel together that they might kill   him.
54 Ἰησοῦς οὖν οὐκ ἔτι παρρησίᾳ περιεπάτει ἐν τοῖς
Jesus therefore no longer   publicly   walked   among the
Ἰουδαίοις, ἀλλὰ ἀπῆλθεν ἐκεῖθεν εἰς τὴν χώραν ἐγγὺς τῆς
Jews,   but   went away thence into the country near the
ἐρήμου, εἰς Ἐφραῒμ λεγομένην πόλιν, κἀκεῖ διέτριβεν
desert, to ⁴Ephraim   ³called   ¹a ²city, and there he stayed
μετὰ τῶν μαθητῶν ¹αὐτοῦ.
with   his disciples.

11:55 55 Ἦν δὲ ἐγγὺς τὸ πάσχα τῶν Ἰουδαίων, καὶ ἀνέβησαν
Now ⁶was ⁷near ¹the ²passover ³of ⁴the ⁵Jews, and went up
πολλοὶ εἰς Ἱεροσόλυμα ἐκ τῆς χώρας πρὸ τοῦ πάσχα, ἵνα
many   to   Jerusalem   out of the country before the passover, that
ἁγνίσωσιν ἑαυτούς. 56 ἐζήτουν οὖν τὸν Ἰησοῦν, καὶ
they might purify themselves. They were seeking therefore Jesus, and
ἔλεγον μετ' ἀλλήλων ἐν τῷ ἱερῷ ἑστηκότες, Τί δοκεῖ
were saying among one another in the temple standing, What does it seem
ὑμῖν, ὅτι οὐ μὴ ἔλθῃ εἰς τὴν ἑορτήν; 57 Δεδώκεισαν δὲ
to you, that in no wise he will come to the feast?   Now had given
καὶ οἱ ἀρχιερεῖς καὶ οἱ Φαρισαῖοι ºἐντολήν, ἵνα ἐάν τις
both the chief priests and the Pharisees   a command, that if anyone
γνῷ ποῦ ἐστιν μηνύσῃ, ὅπως πιάσωσιν αὐτόν.
should know where he is he should shew [it], that they might take him.

John Chapter 12

12 Ὁ οὖν Ἰησοῦς πρὸ ἓξ ἡμερῶν τοῦ πάσχα ἦλθεν εἰς 12:1
Jesus therefore ³before ¹six ²days the passover came to
Βηθανίαν, ὅπου ἦν Λάζαρος ὁ τεθνηκώς, ὃν ἤγειρεν
Bethany, where was Lazarus who had died, whom he raised
ἐκ νεκρῶν. **2** ἐποίησαν οὖν αὐτῷ δεῖπνον ἐκεῖ,
from among [the] dead. They made therefore him a supper there,
καὶ ἡ Μάρθα διηκόνει· ὁ δὲ Λάζαρος εἷς ἦν τῶν συνανα-
and Martha served, but Lazarus one was of those re-
κειμένων αὐτῷ. **3** Ἡ οὖν Μαρία λαβοῦσα λίτραν μύρου
clining with him. Mary therefore having taken a pound of ointment
νάρδου πιστικῆς πολυτίμου, ἤλειψεν τοὺς πόδας τοῦ Ἰησοῦ,
of ²nard ¹pure of great price, anointed the feet of Jesus,
καὶ ἐξέμαξεν ταῖς θριξὶν αὐτῆς τοὺς πόδας αὐτοῦ· ἡ δὲ οἰκία
and wiped with her hair his feet; and the house
ἐπληρώθη ἐκ τῆς ὀσμῆς τοῦ μύρου. **4** λέγει οὖν εἷς ἐκ
was filled with the odour of the ointment. Says therefore one of
τῶν μαθητῶν αὐτοῦ, Ἰούδας, Σίμωνος Ἰσκαριώτης, ὁ
his disciples, Judas, Simon's [son] Iscariote, who
μέλλων αὐτὸν παραδιδόναι, **5** Διατί τοῦτο τὸ μύρον οὐκ 12:5
was about him to deliver up, Why ³this ⁴ointment ²not
ἐπράθη τριακοσίων δηναρίων, καὶ ἐδόθη πτωχοῖς; **6** Εἶπεν
¹was sold for three hundred denarii, and given to [the] poor? ²he ³said
δὲ τοῦτο, οὐχ ὅτι περὶ τῶν πτωχῶν ἔμελεν αὐτῷ, ἀλλ᾽ ὅτι
¹but this, not that for the poor he was caring, but because
κλέπτης ἦν, καὶ τὸ γλωσσόκομον εἶχεν, καὶ τὰ βαλλόμενα
a thief he was, and the bag had, and what was put into
ἐβάσταζεν. **7** εἶπεν οὖν ὁ Ἰησοῦς, Ἄφες αὐτήν· ᵃ εἰς
[it] carried. ³Said ²therefore ¹Jesus, Let ²alone ¹her: for
τὴν ἡμέραν τοῦ ἐνταφιασμοῦ μου τετήρηκεν αὐτό. **8** τοὺς
the day of my burial has she kept it: ²the
πτωχοὺς γὰρ πάντοτε ἔχετε μεθ᾽ ἑαυτῶν, ἐμὲ δὲ οὐ πάντοτε
³poor ⁴for always ye have with you, but me not always
ἔχετε.
ye have.
9 Ἔγνω οὖν ὄχλος πολὺς ἐκ τῶν Ἰουδαίων ὅτι ἐκεῖ
⁷Knew ⁸therefore ¹a ³crowd ²great ⁴of ⁵the ⁶Jews that there
ἐστιν, καὶ ἦλθον, οὐ διὰ τὸν Ἰησοῦν μόνον, ἀλλ᾽ ἵνα
he is; and they came, not because of Jesus only, but that
καὶ τὸν Λάζαρον ἴδωσιν ὃν ἤγειρεν ἐκ νεκρῶν.
also Lazarus they might see whom he raised from among [the] dead.
10 ἐβουλεύσαντο δὲ οἱ ἀρχιερεῖς ἵνα καὶ τὸν Λάζαρον ἀπο- 12:10
But ⁴took ⁵counsel ¹the ²chief ³priests that also Lazarus they
κτείνωσιν, **11** ὅτι πολλοὶ δι᾽ αὐτὸν ὑπῆγον
might kill, because many ⁴by ⁵reason ⁶of ⁷him ⁸were ⁹going ¹⁰away
τῶν Ἰουδαίων καὶ ἐπίστευον εἰς τὸν Ἰησοῦν.
¹of ²the ³Jews and were believing on Jesus.
12 Τῇ ἐπαύριον ὄχλος πολὺς ὁ ἐλθὼν εἰς τὴν ἑορτήν,
On the morrow a ²crowd ¹great who came to the feast,
ἀκούσαντες ὅτι ἔρχεται ὁ Ἰησοῦς εἰς Ἱεροσόλυμα, **13** ἔλα-
having heard that ²is ³coming ¹Jesus into Jerusalem, took
βον τὰ βαΐα τῶν φοινίκων καὶ ἐξῆλθον εἰς ὑπάντησιν αὐτῷ,
branches of the palms and went out to meet him,

καὶ ἔκραζον, Ὡσαννά, εὐλογημένος ὁ ἐρχόμενος ἐν
and were crying, Hosanna, blessed [is] he who comes in [the]
ὀνόματι κυρίου, ὁ βασιλεὺς τοῦ Ἰσραήλ. 14 Εὑρὼν δὲ
name of [the] Lord, the king of Israel. ³Having ⁴found ¹and
ὁ Ἰησοῦς ὀνάριον ἐκάθισεν ἐπ' αὐτό, καθώς ἐστιν γεγραμ-
²Jesus a young ass sat upon it, as it is writ-

12:15 μένον, 15 Μὴ φοβοῦ, θύγατερ Σιών· ἰδού, ὁ βασιλεύς σου
ten, Fear not, daughter of Sion : behold, thy king
ἔρχεται, καθήμενος ἐπὶ πῶλον ὄνου 16 ταῦτα δὲ οὐκ
comes, sitting on a colt of an ass. ²These ³things ¹now ⁷not
ἔγνωσαν οἱ μαθηταὶ αὐτοῦ τὸ πρῶτον, ἀλλ' ὅτε ἐδοξάσθη
⁶knew ⁴his ⁵disciples at the first, but when was glorified
ὁ Ἰησοῦς τότε ἐμνήσθησαν ὅτι ταῦτα ἦν ἐπ' αὐτῷ
Jesus then they remembered that these things were of him
γεγραμμένα, καὶ ταῦτα ἐποίησαν αὐτῷ. 17 ἐμαρτύρει οὖν
written, and these things they did to him. Bore witness therefore
ὁ ὄχλος ὁ ὢν μετ' αὐτοῦ, ὅτε τὸν Λάζαρον ἐφώνησεν ἐκ
the crowd that was with him, when Lazarus he called out of
τοῦ μνημείου, καὶ ἤγειρεν αὐτὸν ἐκ νεκρῶν. 18 διὰ
the tomb, and raised him from among [the] dead. On account of
τοῦτο καὶ ὑπήντησεν αὐτῷ ὁ ὄχλος, ὅτι ἤκουσεν τοῦτο
this also met him the crowd, because it heard ⁵this
αὐτὸν πεποιηκέναι τὸ σημεῖον. 19 οἱ οὖν Φαρισαῖοι εἶπον
¹of ²his ³having ⁴done sign. The ²therefore ¹Pharisees said
πρὸς ἑαυτούς, Θεωρεῖτε ὅτι οὐκ ὠφελεῖτε οὐδέν; ἴδε, ὁ κόσμος
among themselves, Do ye see that ye gain nothing? lo, the world
ὀπίσω αὐτοῦ ἀπῆλθεν.
after him is gone.

12:20 20 Ἦσαν δὲ τινες Ἕλληνες ἐκ τῶν ἀναβαινόντων ἵνα
And there were certain Greeks among those coming up that
προσκυνήσωσιν ἐν τῇ ἑορτῇ· 21 οὗτοι οὖν προσῆλθον
they might worship in the feast; these therefore came
Φιλίππῳ, τῷ ἀπὸ Βηθσαϊδὰ τῆς Γαλιλαίας, καὶ ἠρώτων
to Philip, who was from Bethsaida of Galilee, and they asked
αὐτὸν λέγοντες, Κύριε, θέλομεν τὸν Ἰησοῦν ἰδεῖν. 22 Ἔρχε-
him saying, Sir, we desire ³Jesus ¹to ²see. ⁵Comes
ται Φίλιππος καὶ λέγει τῷ Ἀνδρέᾳ· καὶ πάλιν Ἀνδρέας
⁴Philip and tells Andrew, and again Andrew
καὶ Φίλιππος λέγουσιν τῷ Ἰησοῦ. 23 ὁ δὲ Ἰησοῦς ἀπε-
and Philip tell Jesus. But Jesus an-
κρίνατο αὐτοῖς λέγων, Ἐλήλυθεν ἡ ὥρα ἵνα δοξασθῇ
swered them saying, ³Has ⁴come ¹the ²hour that should be glorified
ὁ υἱὸς τοῦ ἀνθρώπου. 24 ἀμὴν ἀμὴν λέγω ὑμῖν, ἐὰν μὴ ὁ
the Son of man. Verily verily I say to you, Unless the
κόκκος τοῦ σίτου πεσὼν εἰς τὴν γῆν ἀποθάνῃ, αὐτὸς μόνος
grain of wheat falling into the ground should die, it alone

12:25 μένει· ἐὰν δὲ ἀποθάνῃ, πολὺν καρπὸν φέρει. 25 ὁ φιλῶν
abides; but if it should die, much fruit it bears. He that loves
τὴν ψυχὴν αὐτοῦ ἀπολέσει αὐτήν, καὶ ὁ μισῶν τὴν
his life shall lose it, and he that hates
ψυχὴν αὐτοῦ ἐν τῷ κόσμῳ τούτῳ εἰς ζωὴν αἰώνιον φυλάξει
²life ¹his in this world to life eternal shall keep

αὐτήν. 26 ἐὰν ἐμοὶ διακονῇ τις, ἐμοὶ ἀκολουθείτω· καὶ
it.   If me serve anyone, me let him follow ; and
ὅπου εἰμὶ ἐγὼ ἐκεῖ καὶ ὁ διάκονος ὁ ἐμὸς ἔσται· καὶ ἐάν
where am I there also servant my shall be. And if
τις ἐμοὶ διακονῇ, τιμήσει αὐτὸν ὁ πατήρ.
anyone me serve, will honour him the Father.
27 Νῦν ἡ ψυχή μου τετάρακται, καὶ τί εἴπω; Πάτερ,
   Now my soul has been troubled, and what shall I say? Father,
σῶσόν με ἐκ τῆς ὥρας ταύτης. ἀλλὰ διὰ τοῦτο ἦλθον
save me from this hour. But on account of this I came
εἰς τὴν ὥραν ταύτην. 28 Πάτερ, δόξασόν σου τὸ ὄνομα.
to this hour. Father, glorify thy name.
Ἦλθεν οὖν φωνὴ ἐκ τοῦ οὐρανοῦ, Καὶ ἐδόξασα καὶ πάλιν
Therefore came a voice out of heaven, Both I glorified and again
δοξάσω. 29 Ὁ οὖν ὄχλος ὁ ἑστὼς καὶ ἀκούσας
will glorify [it]. Therefore the crowd which stood [there] and heard
ἔλεγεν βροντὴν γεγονέναι. ἄλλοι ἔλεγον, Ἄγγελος αὐτῷ
said, Thunder there has been: others said, An angel to him
λελάληκεν. 30 Ἀπεκρίθη ὁ Ἰησοῦς καὶ εἶπεν, Οὐ δι' ἐμὲ   12:30
has spoken.   Answered   Jesus   and said, Not because of me
αὕτη ἡ φωνὴ γέγονεν, ἀλλὰ δι' ὑμᾶς. 31 νῦν κρίσις
this   voice has come, but because of you. Now judgment
ἐστὶν τοῦ κόσμου τούτου· νῦν ὁ ἄρχων τοῦ κόσμου τούτου
is of this world; now the prince of this world
ἐκβληθήσεται ἔξω· 32 κἀγὼ ἐὰν ὑψωθῶ ἐκ τῆς γῆς, πάν-
shall be cast out: and I if I be lifted up from the earth, all
τας ἑλκύσω πρὸς ἐμαυτόν. 33 Τοῦτο δὲ ἔλεγεν, σημαίνων
will draw to myself. But this he said, signifying
ποίῳ θανάτῳ ἤμελλεν ἀποθνήσκειν. 34 ἀπεκρίθη αὐτῷ
by what death he was about to die. Answered him
ὁ ὄχλος, Ἡμεῖς ἠκούσαμεν ἐκ τοῦ νόμου ὅτι ὁ χριστὸς
the crowd, We heard out of the law that the Christ
μένει εἰς τὸν αἰῶνα, καὶ πῶς σὺ λέγεις, Ὅτι δεῖ ὑψωθῆναι
abides for ever, and how thou sayest, that must be lifted up
τὸν υἱὸν τοῦ ἀνθρώπου; τίς ἐστιν οὗτος ὁ υἱὸς τοῦ ἀνθρώπου;
the Son of man? Who is this Son of man?
35 Εἶπεν οὖν αὐτοῖς ὁ Ἰησοῦς, Ἔτι μικρὸν χρόνον τὸ   12:35
   Said therefore to them Jesus, Yet a little while the
φῶς μεθ' ὑμῶν ἐστιν. περιπατεῖτε ἕως τὸ φῶς ἔχετε, ἵνα
light with you is. Walk while the light ye have, that
μὴ σκοτία ὑμᾶς καταλάβῃ· καὶ ὁ περιπατῶν ἐν τῇ
not darkness you may overtake. And he who walks in the
σκοτίᾳ οὐκ οἶδεν ποῦ ὑπάγει. 36 ἕως τὸ φῶς ἔχετε, πισ-
darkness knows not where he goes. While the light ye have, be-
τεύετε εἰς τὸ φῶς, ἵνα υἱοὶ φωτὸς γένησθε. Ταῦτα
lieve in the light, that sons of light ye may become. These things
ἐλάλησεν ὁ Ἰησοῦς, καὶ ἀπελθὼν ἐκρύβη ἀπ' αὐτῶν.
spoke Jesus, and going away was hid from them.
37 Τοσαῦτα δὲ αὐτοῦ σημεῖα πεποιηκότος ἔμπροσθεν αὐτῶν
But [though] so many he signs had done before them
οὐκ ἐπίστευον εἰς αὐτόν, 38 ἵνα ὁ λόγος Ἡσαΐου τοῦ προ-
they believed not on him, that the word of Esaias the pro-

φήτου πληρωθῇ, ὃν εἶπεν, Κύριε, τίς ἐπίστευσεν τῇ
phet   might be fulfilled, which he said, Lord,   who   believed

ἀκοῇ ἡμῶν; καὶ ὁ βραχίων κυρίου τίνι ἀπεκαλύφθη;
our report?   and the   arm   of [the] Lord to whom was it revealed?

39 Διὰ τοῦτο οὐκ ἠδύναντο πιστεύειν, ὅτι πάλιν εἶπεν
On this account   they could not   believe,   because again   said

12:40 Ἡσαΐας, 40 Τετύφλωκεν αὐτῶν τοὺς ὀφθαλμοὺς καὶ πε-
Esaias,   He has blinded   their   eyes   and has

πώρωκεν αὐτῶν τὴν καρδίαν· ἵνα μὴ ἴδωσιν τοῖς ὀφ-
hardened   their   heart,   that they should not see with the

θαλμοῖς καὶ νοήσωσιν τῇ καρδίᾳ καὶ ἐπιστραφῶσιν, καὶ
eyes   and understand with the heart and   be converted,   and

ἰάσωμαι αὐτούς. 41 Ταῦτα εἶπεν Ἡσαΐας, ὅτε εἶδεν
I should heal them.   These things said   Esaias,   when he saw

τὴν δόξαν αὐτοῦ, καὶ ἐλάλησεν περὶ αὐτοῦ. 42 ὅμως μέντοι
his glory,   and   spoke   concerning him.   Although indeed

καὶ ἐκ τῶν ἀρχόντων πολλοὶ ἐπίστευσαν εἰς αὐτόν·
even from among the   rulers   many   believed   on   him,

ἀλλὰ διὰ τοὺς Φαρισαίους οὐχ ὡμολόγουν, ἵνα μὴ
but on account of the   Pharisees   they confessed not,   that not

ἀποσυνάγωγοι γένωνται. 43 ἠγάπησαν γὰρ τὴν δόξαν
put out of the synagogue they might be;   for they loved   the glory

τῶν ἀνθρώπων μᾶλλον ἤπερ τὴν δόξαν τοῦ θεοῦ. 44 Ἰησοῦς
of men   more than   the glory   of God.   ²Jesus

δὲ ἔκραξεν καὶ εἶπεν, Ὁ πιστεύων εἰς ἐμέ, οὐ πιστεύει εἰς
¹but   cried   and said, He that believes on me,   believes not on

12:45 ἐμέ, ἀλλ' εἰς τὸν πέμψαντά με· 45 καὶ ὁ θεωρῶν ἐμέ,
me,   but   on him who   sent   me;   and he that beholds me,

θεωρεῖ τὸν πέμψαντά με. 46 ἐγὼ φῶς εἰς τὸν κόσμον
beholds him who   sent   me.   I a light into the   world

ἐλήλυθα, ἵνα πᾶς ὁ πιστεύων εἰς ἐμέ ἐν τῇ σκοτίᾳ μὴ
have come, that everyone that believes   on me in the   darkness ²not

μείνῃ. 47 καὶ ἐάν τις μου ἀκούσῃ τῶν ῥημάτων καὶ μὴ
¹may abide.   And if anyone ⁴of ⁵me ¹hear ²the   ³words   and ²not

πιστεύσῃ, ἐγὼ οὐ κρίνω αὐτόν· οὐ γὰρ ἦλθον ἵνα κρίνω
¹believe,   I   do not judge him,   for I came not that I might judge

τὸν κόσμον, ἀλλ' ἵνα σώσω τὸν κόσμον. 48 ὁ ἀθετῶν
the   world,   but that I might save the   world.   He that rejects

ἐμὲ καὶ μὴ λαμβάνων τὰ ῥήματά μου, ἔχει τὸν κρίνοντα
me and   does not receive   my words,   has him who   judges

αὐτόν· ὁ λόγος ὃν ἐλάλησα, ἐκεῖνος κρινεῖ αὐτὸν ἐν τῇ
him: the word which I spoke,   that   shall judge him   in the

ἐσχάτῃ ἡμέρᾳ. 49 ὅτι ἐγὼ ἐξ ἐμαυτοῦ οὐκ ἐλάλησα· ἀλλ'
last   day;   for   I from myself   spoke not,   but

ὁ πέμψας με πατήρ, αὐτός μοι ἐντολὴν ἔδωκεν τί
the ²who ³sent ⁴me ¹Father,   himself   me commandment   gave   what

12:50 εἴπω καὶ τί λαλήσω· 50 καὶ οἶδα ὅτι ἡ ἐντολὴ αὐτοῦ
I should say and what I should speak;   and I know that his commandment

ζωὴ αἰώνιός ἐστιν· ἃ οὖν λαλῶ ἐγώ, καθὼς εἴρηκέν μοι
life eternal   is.   What therefore ²speak ¹I,   as   has said to me

ὁ πατήρ, οὕτως λαλῶ.
the Father,   so   I speak.

13:1 13 Πρὸ δὲ τῆς ἑορτῆς τοῦ πάσχα, εἰδὼς ὁ Ἰησοῦς ὅτι
Now before the   feast   of the passover,   ²knowing   ¹Jesus that

John Chapter 13

ἐλήλυθεν∥ αὐτοῦ ἡ ὥρα ἵνα μεταβῇ ἐκ τοῦ κόσμου τού-
has come his hour that he should depart out of this world
του πρὸς τὸν πατέρα, ἀγαπήσας τοὺς ἰδίους τοὺς ἐν τῷ
to the Father, having loved his own which [were] in the
κόσμῳ εἰς τέλος ἠγάπησεν αὐτούς. 2 καὶ δείπνου γενο-
world to [the] end he loved them. And supper taking
μένου,∥ τοῦ διαβόλου ἤδη βεβληκότος εἰς τὴν καρδίαν
place, the devil already having put into the heart
Ἰούδα Σίμωνος Ἰσκαριώτου, ἵνα αὐτὸν παραδῷ,∥
of Judas, Simon's [son] Iscariote, that him he should deliver up,
3 εἰδὼς ὁ Ἰησοῦς∥ ὅτι πάντα δέδωκεν∥ αὐτῷ ὁ πατὴρ
²knowing ¹Jesus ³that ⁹all ¹⁰things ⁸has ⁷given ⁶him ⁴the ⁵Father
εἰς τὰς χεῖρας, καὶ ὅτι ἀπὸ θεοῦ ἐξῆλθεν καὶ πρὸς τὸν
into [his] hands, and that from God he came out and to
θεὸν ὑπάγει, 4 ἐγείρεται ἐκ τοῦ δείπνου καὶ τίθησιν τὰ
God goes, he rises from the supper and lays aside [his]
ἱμάτια, καὶ λαβὼν λέντιον διέζωσεν ἑαυτόν· 5 εἶτα βάλ-   13:5
garments and having taken a towel he girded himself: afterwards he
λει ὕδωρ εἰς τὸν νιπτῆρα, καὶ ἤρξατο νίπτειν τοὺς πόδας
pours water into the washing-basin, and began to wash the feet
τῶν μαθητῶν, καὶ ἐκμάσσειν τῷ λεντίῳ ᾧ ἦν
of the disciples, and to wipe [them] with the towel with which he was
διεζωσμένος. 6 ἔρχεται οὖν πρὸς Σίμωνα Πέτρον· καὶ∥
girded. He comes therefore to Simon Peter, and
λέγει αὐτῷ ἐκεῖνος,∥ Κύριε, σύ μου νίπτεις τοὺς πόδας;
²says ³to ⁴him ¹he, Lord, ²thou ³of ⁴me ¹dost wash the feet?
7 Ἀπεκρίθη Ἰησοῦς καὶ εἶπεν αὐτῷ, Ὃ ἐγὼ ποιῶ σὺ οὐκ
²Answered ¹Jesus and said to him, What I do thou ²not
οἶδας ἄρτι, γνώσῃ δὲ μετὰ ταῦτα. 8 Λέγει αὐτῷ Πέ-
¹knowest now, but thou shalt know hereafter. ²Says ³to ⁴him ¹Pe-
τρος, Οὐ μὴ νίψῃς τοὺς πόδας μου∥ εἰς τὸν αἰῶνα.
ter, In no wise mayest thou wash my feet for ever.
Ἀπεκρίθη αὐτῷ ὁ Ἰησοῦς,∥ Ἐὰν μὴ νίψω σε, οὐκ ἔχεις
²Answered ³him ¹Jesus, Unless I wash thee, thou hast not
μέρος μετ' ἐμοῦ. 9 Λέγει αὐτῷ Σίμων Πέτρος, Κύριε, μὴ
part with me. ³Says ⁴to ⁵him ¹Simon ²Peter, Lord, not
τοὺς πόδας μου μόνον, ἀλλὰ καὶ τὰς χεῖρας καὶ τὴν κεφαλήν.
my feet only, but also the hands and the head.
10 Λέγει αὐτῷ ὁ∥ Ἰησοῦς, Ὁ λελουμένος οὐ χρείαν   13:10
²Says ³to ⁴him ¹Jesus, He that has been laved ²not ³need
ἔχει∥ ἢ∥ τοὺς πόδας∥ νίψασθαι, ἀλλ' ἔστιν καθαρὸς
¹has [other] than the feet to wash, but is clean
ὅλος· καὶ ὑμεῖς καθαροί ἐστε, ἀλλ' οὐχὶ πάντες. 11 ᾔδει γὰρ
wholly; and ye clean are, but not all. For he knew
τὸν παραδιδόντα αὐτόν· διὰ τοῦτο εἶπεν, Οὐχὶ πάν-
him who was delivering up him: on account of this he said, ³Not ⁴all
τες καθαροί ἐστε. 12 Ὅτε οὖν ἔνιψεν τοὺς πόδας αὐτῶν,
²clean ¹ye ²are. When therefore he had washed their feet,
καὶ∥ ἔλαβεν τὰ ἱμάτια αὐτοῦ, ἀναπεσὼν∥ πάλιν, εἶπεν
and taken his garments, having reclined again, he said
αὐτοῖς, Γινώσκετε τί πεποίηκα ὑμῖν; 13 ὑμεῖς φωνεῖτέ με
to them, Do ye know what I have done to you? Ye call me

ὁ διδάσκαλος καὶ ὁ κύριος, καὶ καλῶς λέγετε, εἰμὶ γάρ.
the Teacher and the Lord, and well ye say, I am [so] for.
14 εἰ οὖν ἐγὼ ἔνιψα ὑμῶν τοὺς πόδας, ὁ κύριος καὶ ὁ
If therefore I washed your feet, the Lord and the
διδάσκαλος, καὶ ὑμεῖς ὀφείλετε ἀλλήλων νίπτειν τοὺς πόδας.
Teacher, also ye ought of one another to wash the feet;

13:15 15 ὑπόδειγμα γὰρ ἔδωκα ὑμῖν, ἵνα καθὼς ἐγὼ ἐποίησα ὑμῖν,
for an example I gave you, that as I did to you,
καὶ ὑμεῖς ποιῆτε. 16 ἀμὴν ἀμὴν λέγω ὑμῖν, οὐκ ἔστιν δοῦλος
also ye should do. Verily verily I say to you, Is not a bondman
μείζων τοῦ κυρίου αὐτοῦ, οὐδὲ ἀπόστολος μείζων τοῦ πέμψαν-
greater than his lord, nor a messenger greater than he who sent
τος αὐτόν. 17 εἰ ταῦτα οἴδατε, μακάριοί ἐστε ἐὰν ποιῆτε
him. If these things ye know, blessed are ye if ye do
αὐτά. 18 οὐ περὶ πάντων ὑμῶν λέγω· ἐγὼ οἶδα οὓς
them. Not of all you I speak. I know whom
ἐξελεξάμην· ἀλλ' ἵνα ἡ γραφὴ πληρωθῇ, Ὁ τρώγων
I chose, but that the scripture might be fulfilled, He that eats
μετ' ἐμοῦ τὸν ἄρτον ἐπῆρεν ἐπ' ἐμὲ τὴν πτέρναν αὐτοῦ.
with me bread lifted up against me his heel.
19 ἀπ' ἄρτι λέγω ὑμῖν πρὸ τοῦ γενέσθαι, ἵνα ὅταν γένη-
From this time I tell you, before it comes to pass, that when it come

13:20 ται, πιστεύσητε ὅτι ἐγώ εἰμι. 20 ἀμὴν ἀμὴν λέγω ὑμῖν,
to pass, ye may believe that I am [he]. Verily verily I say to you,
Ὁ λαμβάνων ἐάν τινα πέμψω, ἐμὲ λαμβάνει· ὁ δὲ
He that receives whomsoever I shall send, me receives; and he that
ἐμὲ λαμβάνων, λαμβάνει τὸν πέμψαντά με. 21 Ταῦτα
me receives, receives him who sent me. These things
εἰπὼν ὁ Ἰησοῦς ἐταράχθη τῷ πνεύματι, καὶ ἐμαρτύρησεν
saying Jesus was troubled in spirit, and testified
καὶ εἶπεν, Ἀμὴν ἀμὴν λέγω ὑμῖν, ὅτι εἷς ἐξ ὑμῶν παραδώσει
and said, Verily verily I say to you, that one of you will deliver up
με. 22 Ἔβλεπον οὖν εἰς ἀλλήλους οἱ μαθηταί, ἀπορού-
me. Looked therefore upon one another the disciples, doubt-
μενοι περὶ τίνος λέγει. 23 ἦν δὲ ἀνακείμενος εἷς τῶν
ing of whom he speaks. But there was reclining one
μαθητῶν αὐτοῦ ἐν τῷ κόλπῳ τοῦ Ἰησοῦ, ὃν ἠγάπα ὁ Ἰησοῦς·
of his disciples in the bosom of Jesus, whom loved Jesus.
24 νεύει οὖν τούτῳ Σίμων Πέτρος πυθέσθαι τίς
Makes a sign therefore to him Simon Peter to ask who

13:25 ἂν εἴη περὶ οὗ λέγει. 25 ἐπιπεσὼν δὲ ἐκεῖνος ἐπὶ τὸ
it might be of whom he speaks. Having leaned and he on the
στῆθος τοῦ Ἰησοῦ, λέγει αὐτῷ, Κύριε, τίς ἐστιν; 26 Ἀπο-
breast of Jesus, says to him, Lord, who is it? An-
κρίνεται ὁ Ἰησοῦς, Ἐκεῖνός ἐστιν ᾧ ἐγὼ βάψας τὸ
swers Jesus, He it is to whom I, having dipped the
ψωμίον ἐπιδώσω. Καὶ ἐμβάψας τὸ ψωμίον δίδωσιν
morsel, shall give [it]. And having dipped the morsel he gives [it]
Ἰούδᾳ Σίμωνος Ἰσκαριώτῃ. 27 καὶ μετὰ τὸ ψωμίον,
to Judas, Simon's [son] Iscariote. And after the morsel,

τότε εἰσῆλθεν εἰς ἐκεῖνον ὁ σατανᾶς. λέγει οὖν αὐτῷ ὁ
then   entered   into   him   Satan.   ²Says ²therefore ⁴to ⁵him
Ἰησοῦς, Ὅ ποιεῖς, ποίησον τάχιον. 28 Τοῦτο δὲ οὐδεὶς
¹Jesus, What thou doest,   do   quickly.   But this   no one
ἔγνω τῶν ἀνακειμένων πρὸς τί εἶπεν αὐτῷ. 29 τινὲς γὰρ
knew of those   reclining   wherefore he spoke to him;   for some
ἐδόκουν, ἐπεὶ τὸ γλωσσόκομον εἶχεν ὁ Ἰούδας, ὅτι λέγει
thought, since ³the   ⁴bag   ²had   ¹Judas, that ²is ³saying
αὐτῷ ὁ Ἰησοῦς, Ἀγόρασον ὧν χρείαν ἔχομεν εἰς
⁴to ⁵him   ¹Jesus,   Buy   what things need [of] we have for
τὴν ἑορτήν· ἢ τοῖς πτωχοῖς ἵνα τι δῷ. 30 λα-
the feast;   or to the   poor   that something he should give. Having 13:30
βὼν οὖν τὸ ψωμίον ἐκεῖνος εὐθέως ἐξῆλθεν· ἦν δὲ
received therefore the morsel   he   immediately went out; and it was
νύξ.
night.

31 Ὅτε ἐξῆλθεν λέγει ὁ Ἰησοῦς, Νῦν ἐδοξάσθη
When he was gone out ²says   ¹Jesus,   Now has been glorified
ὁ υἱὸς τοῦ ἀνθρώπου, καὶ ὁ θεὸς ἐδοξάσθη ἐν αὐτῷ. 32 εἰ
the Son   of man,   and God has been glorified in him.   If
ὁ θεὸς ἐδοξάσθη ἐν αὐτῷ, καὶ ὁ θεὸς δοξάσει αὐτὸν ἐν
God has been glorified in him,   also God shall glorify him in
ἑαυτῷ, καὶ εὐθὺς δοξάσει αὐτόν. 33 Τεκνία, ἔτι
himself, and immediately shall glorify him.   Little children, yet
μικρὸν μεθ' ὑμῶν εἰμι. ζητήσετέ με, καὶ καθὼς εἶπον τοῖς
little while with you I am. Ye will seek me; and,   as   I said to the
Ἰουδαίοις, Ὅτι ὅπου ὑπάγω ἐγώ, ὑμεῖς οὐ δύνασθε ἐλθεῖν,
Jews,   That where   ²go   ¹I,   ye   are not able to come,
καὶ ὑμῖν λέγω ἄρτι. 34 ἐντολὴν καινὴν δίδωμι ὑμῖν, ἵνα
also to you I say now. A ²commandment ¹new I give to you, that
ἀγαπᾶτε ἀλλήλους· καθὼς ἠγάπησα ὑμᾶς, ἵνα καὶ ὑμεῖς
ye should love one another; according as I loved   you, that ²also ¹ye
ἀγαπᾶτε ἀλλήλους. 35 ἐν τούτῳ γνώσονται πάντες ὅτι ἐμοὶ 13:35
should love one another. By this   shall ²know   ¹all   that to me
μαθηταί ἐστε, ἐὰν ἀγάπην ἔχητε ἐν ἀλλήλοις. 36 Λέγει
disciples ye are, if   love   ye have among one another.   ³Says
αὐτῷ Σίμων Πέτρος, Κύριε, ποῦ ὑπάγεις; ἀπεκρίθη αὐτῷ
⁴to ⁵him ¹Simon ²Peter, Lord, where goest thou? ²Answered ³him
ὁ Ἰησοῦς, Ὅπου ὑπάγω οὐ δύνασαί μοι νῦν ἀκολουθῆσαι·
¹Jesus,   Where I go   thou art not able me now   to follow,
ὕστερον δὲ ἀκολουθήσεις μοι. 37 Λέγει αὐτῷ ὁ Πέτρος,
but afterwards thou shalt follow me.   ²Says ³to ⁴him   ¹Peter,
Κύριε, διατί οὐ δύναμαί σοι ἀκολουθῆσαι ἄρτι; τὴν ψυχήν
Lord,   why   am I not able thee   to follow   now?   ²life
μου ὑπὲρ σοῦ θήσω. 38 Ἀπεκρίθη αὐτῷ ὁ Ἰησοῦς,
¹my   for thee I will lay down. ²Answered ³him   ¹Jesus,
Τὴν ψυχήν σου ὑπὲρ ἐμοῦ θήσεις; ἀμὴν ἀμὴν λέγω
Thy life   for   me thou wilt lay down! Verily verily I say
σοι, οὐ μὴ ἀλέκτωρ φωνήσει ἕως οὗ ἀπαρνήσῃ με
to thee, in no wise [the] cock   will crow until thou wilt deny me
τρίς.
thrice.

14:1 **14** Μὴ ταρασσέσθω ὑμῶν ἡ καρδία· πιστεύετε εἰς τὸν θεόν,
Let not be troubled your heart; ye believe on God,
καὶ εἰς ἐμὲ πιστεύετε. 2 ἐν τῇ οἰκίᾳ τοῦ πατρός μου μοναὶ
also on me believe. In the house of my Father abodes
πολλαί εἰσιν· εἰ δὲ μή, εἶπον ἂν ὑμῖν· πορεύομαι ἑτοι-
¹many there are; otherwise I would have told you; I go to pre-
μάσαι τόπον ὑμῖν. 3 καὶ ἐὰν πορευθῶ καὶ ἑτοιμάσω ὑμῖν
pare a place for you; and if I go and prepare for you
τόπον, πάλιν ἔρχομαι καὶ παραλήψομαι ὑμᾶς πρὸς ἐμαυ-
a place, again I am coming and will receive you to my-
τόν· ἵνα ὅπου εἰμὶ ἐγώ, καὶ ὑμεῖς ἦτε. 4 καὶ ὅπου ἐγὼ
self, that where ²am ¹I ⁴also ³ye may be. And where I

14:5 ὑπάγω οἴδατε καὶ τὴν ὁδὸν οἴδατε. 5 Λέγει αὐτῷ Θωμᾶς,
go ye know and the way ye know. ²Says ³to ⁴him ¹Thomas,
Κύριε, οὐκ οἴδαμεν ποῦ ὑπάγεις, καὶ πῶς δυνάμεθα τὴν
Lord, we know not where thou goest, and how can we the
ὁδὸν εἰδέναι; 6 Λέγει αὐτῷ ὁ Ἰησοῦς, Ἐγώ εἰμι ἡ ὁδὸς
way know? ²Says ³to ⁴him ¹Jesus, I am the way
καὶ ἡ ἀλήθεια καὶ ἡ ζωή· οὐδεὶς ἔρχεται πρὸς τὸν πατέρα
and the truth and the life. No one comes to the Father
εἰ μὴ δι' ἐμοῦ. 7 εἰ ἐγνώκειτέ με, καὶ τὸν πατέρα μου
but by me. If ye had known me, also my Father
ἐγνώκειτε ἄν· καὶ ἀπ' ἄρτι γινώσκετε αὐτόν, καὶ ἑωρά-
ye would have known; and henceforth ye know him, and have
κατε αὐτόν. 8 Λέγει αὐτῷ Φίλιππος, Κύριε, δεῖξον ἡμῖν
seen him. ²Says ³to ⁴him ¹Philip, Lord, shew us
τὸν πατέρα, καὶ ἀρκεῖ ἡμῖν. 9 Λέγει αὐτῷ ὁ Ἰησοῦς,
the Father, and it suffices us. ²Says ³to ⁴him ¹Jesus,
Τοσοῦτον χρόνον μεθ' ὑμῶν εἰμι, καὶ οὐκ ἔγνωκάς με,
So long a time with you am I, and thou hast not known me,
Φίλιππε; ὁ ἑωρακὼς ἐμέ, ἑώρακεν τὸν πατέρα· καὶ πῶς
Philip? He that has seen me, has seen the Father; and how

14:10 σὺ λέγεις, Δεῖξον ἡμῖν τὸν πατέρα; 10 οὐ πιστεύεις ὅτι
²thou ¹sayest, Shew us the Father? Believest thou not that
ἐγὼ ἐν τῷ πατρί, καὶ ὁ πατὴρ ἐν ἐμοί ἐστιν; τὰ ῥήματα
I [am] in the Father, and the Father ²in ³me ¹is? The words
ἃ ἐγὼ λαλῶ ὑμῖν, ἀπ' ἐμαυτοῦ οὐ λαλῶ· ὁ δὲ πατὴρ
which I speak to you, from myself I speak not; but the Father
ὁ ἐν ἐμοὶ μένων αὐτὸς ποιεῖ τὰ ἔργα. 11 πιστεύετέ μοι
who in me abides he does the works. Believe me
ὅτι ἐγὼ ἐν τῷ πατρί, καὶ ὁ πατὴρ ἐν ἐμοί· εἰ δὲ μή,
that I [am] in the Father, and the Father in me; but if not,
διὰ τὰ ἔργα αὐτὰ πιστεύετέ μοι. 12 Ἀμὴν ἀμὴν λέγω
because of the works themselves believe me. Verily verily I say
ὑμῖν, ὁ πιστεύων εἰς ἐμέ, τὰ ἔργα ἃ ἐγὼ ποιῶ, κἀκεῖνος
to you, He that believes on me, the works which I do, also he
ποιήσει, καὶ μείζονα τούτων ποιήσει, ὅτι ἐγὼ πρὸς τὸν
shall do, and greater than these he shall do, because I to
πατέρα μου πορεύομαι. 13 καὶ ὅ τι ἂν αἰτήσητε ἐν τῷ
my Father go. And whatsoever ye may ask in

ὀνόματί μου, τοῦτο ποιήσω, ἵνα δοξασθῇ ὁ πατὴρ ἐν τῷ
my name,   this   will I do, that may be glorified the Father in the
υἱῷ. 14 ἐάν τι αἰτήσητε ἐν τῷ ὀνόματί μου, ἐγὼ ποιήσω.
Son.   If anything ye ask   in   my name,   I   will do [it].
15 ἐὰν ἀγαπᾶτέ με, τὰς ἐντολὰς τὰς ἐμὰς τηρήσατε. ‖   14:15
   If   ye love   me, ²commandments ¹my   keep.
16 καὶ ἐγὼ ‖ ἐρωτήσω τὸν πατέρα, καὶ ἄλλον παράκλητον
   And   I   will ask   the   Father, and another   Paraclete
δώσει ὑμῖν, ἵνα μένῃ μεθ' ὑμῶν εἰς τὸν αἰῶνα, ‖ 17 τὸ
he will give you, that he may remain with · you   for ever,   the
πνεῦμα τῆς ἀληθείας, ὃ ὁ κόσμος οὐ δύναται λαβεῖν, ὅτι
Spirit   of truth, whom the world   cannot   receive, because
οὐ θεωρεῖ αὐτό, οὐδὲ γινώσκει αὐτό· ‖ ὑμεῖς δὲ ‖ γινώσκετε
it does not see him;   nor   know   him ;   but ye   know
αὐτό, ὅτι παρ' ὑμῖν μένει, καὶ ἐν ὑμῖν ἔσται. ‖ 18 οὐκ ἀφήσω
him,   for with   you he abides, and in you shall be.   I will not leave
ὑμᾶς ὀρφανούς· ἔρχομαι πρὸς ὑμᾶς. 19 ἔτι μικρὸν καὶ ὁ
 you   orphans,   I am coming to you.   Yet a little while and the
κόσμος με οὐκ ἔτι ‖ θεωρεῖ, ὑμεῖς δὲ θεωρεῖτέ με· ὅτι ἐγὼ
world   me no   longer   sees,   but ye   see   me: because I
ζῶ, καὶ ὑμεῖς ζήσεσθε. ‖ 20 ἐν ἐκείνῃ τῇ ἡμέρᾳ γνώσεσθε   14:20
live, ²also ¹ye   shall live.   In   that   day   shall ²know
ὑμεῖς ‖ ὅτι ἐγὼ ἐν τῷ πατρί μου, καὶ ὑμεῖς ἐν ἐμοί, κἀγὼ
 ¹ye   that I [am] in my Father,   and   ye   in me, and I
ἐν ὑμῖν. 21 ὁ ἔχων τὰς ἐντολάς μου καὶ τηρῶν αὐτάς·
in you.   He that has my commandments and keeps   them,
ἐκεῖνός ἐστιν ὁ ἀγαπῶν με· ὁ δὲ ἀγαπῶν με, ἀγαπηθήσε-
  he   it is that   loves   me; but he that loves   me,   shall be loved
ται ὑπὸ τοῦ πατρός μου· καὶ ἐγὼ ‖ ἀγαπήσω αὐτόν, καὶ
    by   my Father ;   and I   will love   him,   and
ἐμφανίσω αὐτῷ ἐμαυτόν. 22 Λέγει αὐτῷ Ἰούδας οὐχ
will manifest to him   myself.   ²Says ³to ⁴him ¹Judas, (not
ὁ Ἰσκαριώτης, Κύριε, τί γέγονεν ὅτι ἡμῖν μέλλεις
the Iscariote,) Lord, what has occurred that to us thou art about
ἐμφανίζειν σεαυτόν, καὶ οὐχὶ τῷ κόσμῳ; 23 Ἀπεκρίθη ὁ ‖
to manifest thyself,   and not to the world?   ²Answered
Ἰησοῦς καὶ εἶπεν αὐτῷ, Ἐάν τις ἀγαπᾷ με, τὸν λόγον μου
¹Jesus and said to him, If anyone love me,   my word
τηρήσει, καὶ ὁ πατήρ μου ἀγαπήσει αὐτόν, καὶ πρὸς αὐτὸν
he will keep, and   my Father   will love   him,   and   to   him
ἐλευσόμεθα, καὶ μονὴν παρ' αὐτῷ ποιήσομεν. ‖ 24 ὁ μὴ
we will come, and an abode with   him   will make.   He that ²not
ἀγαπῶν με, τοὺς λόγους μου οὐ τηρεῖ· καὶ ὁ λόγος ὃν
¹loves   me,   my words   does not keep; and the word which
ἀκούετε οὐκ ἔστιν ἐμός, ἀλλὰ τοῦ πέμψαντός με πατρός.
ye hear   is not   mine,   but of the ²who ³sent ⁴me ¹Father.
25 Ταῦτα λελάληκα ὑμῖν παρ' ὑμῖν μένων· 26 ὁ δὲ παρά-   14:25
  These things I have said to you, with you abiding;   but the Para-
κλητος, τὸ πνεῦμα τὸ ἅγιον, ὃ πέμψει ὁ πατὴρ ἐν τῷ
clete,   the Spirit   the Holy, whom ³will ⁴send ¹the ²Father in
ὀνόματί μου, ἐκεῖνος ὑμᾶς διδάξει πάντα, καὶ ὑπο-
  my name,   he   ³you ¹will ²teach all things, and will bring to ²re-

μνήσει ὑμᾶς πάντα ἃ εἶπον ὑμῖν. 27 εἰρήνην ἀφίημι
membrance your all things which I said to you. Peace I leave

ὑμῖν, εἰρήνην τὴν ἐμὴν δίδωμι ὑμῖν· οὐ καθὼς ὁ κόσμος
with you; peace my I give to you; not as the world

δίδωσιν, ἐγὼ δίδωμι ὑμῖν· μὴ ταρασσέσθω ὑμῶν ἡ καρδία, μηδὲ
gives, I give to you. Let not be troubled your heart, nor

δειλιάτω. 28 ἠκούσατε ὅτι ἐγὼ εἶπον ὑμῖν, Ὑπάγω καὶ
let it fear. Ye heard that I said to you, I am going away and

ἔρχομαι πρὸς ὑμᾶς. εἰ ἠγαπᾶτέ με, ἐχάρητε ἂν ὅτι
I am coming to you. If ye loved me, ye would have rejoiced that

εἶπον, Πορεύομαι πρὸς τὸν πατέρα· ὅτι ὁ πατήρ μου
I said, I am going to the Father, for my Father

μείζων μου ἐστίν. 29 καὶ νῦν εἴρηκα ὑμῖν πρὶν γενέ-
greater than I is. And now I have told you before it comes to

14:30 σθαι, ἵνα ὅταν γένηται πιστεύσητε. 30 οὐκ ἔτι
pass, that when it shall have come to pass ye may believe. No longer

πολλὰ λαλήσω μεθ' ὑμῶν· ἔρχεται γὰρ ὁ τοῦ κόσμου
much I will speak with you, for comes the of world

τούτου ἄρχων, καὶ ἐν ἐμοὶ οὐκ ἔχει οὐδέν· 31 ἀλλ' ἵνα
this ruler, and in me he has nothing; but that

γνῷ ὁ κόσμος ὅτι ἀγαπῶ τὸν πατέρα, καὶ καθὼς
may know the world that I love the Father, and as

ἐνετείλατό μοι ὁ πατήρ, οὕτως ποιῶ· ἐγείρεσθε, ἄγωμεν
commanded me the Father, thus I do. Rise up, let us go

ἐντεῦθεν.
hence.

15:1 **15** Ἐγώ εἰμι ἡ ἄμπελος ἡ ἀληθινή, καὶ ὁ πατήρ μου ὁ
I am the vine true, and my Father the

γεωργός ἐστιν. 2 πᾶν κλῆμα ἐν ἐμοὶ μὴ φέρον καρπόν,
husbandman is. Every branch in me not bearing fruit,

αἴρει αὐτό· καὶ πᾶν τὸ καρπὸν φέρον, καθαίρει αὐτὸ
he takes away it; and everyone that fruit bears, he cleanses it

ἵνα πλείονα καρπὸν φέρῃ. 3 ἤδη ὑμεῖς καθαροί ἐστε
that more fruit it may bear. Already ye clean are

διὰ τὸν λόγον ὃν λελάληκα ὑμῖν. 4 μείνατε ἐν ἐμοί,
by reason of the word which I have spoken to you. Abide in me,

κἀγὼ ἐν ὑμῖν. καθὼς τὸ κλῆμα οὐ δύναται καρπὸν φέρειν ἀφ'
and I in you. As the branch is not able fruit to bear of

ἑαυτοῦ ἐὰν μὴ μείνῃ ἐν τῇ ἀμπέλῳ, οὕτως οὐδὲ ὑμεῖς
itself unless it abide in the vine, so neither [can] ye

15:5 ἐὰν μὴ ἐν ἐμοὶ μείνητε. 5 ἐγώ εἰμι ἡ ἄμπελος, ὑμεῖς τὰ
unless in me ye abide. I am the vine, ye [are] the

κλήματα. ὁ μένων ἐν ἐμοί, κἀγὼ ἐν αὐτῷ, οὗτος φέρει
branches. He that abides in me, and I in him, he bears

καρπὸν πολύν· ὅτι χωρὶς ἐμοῦ οὐ δύνασθε ποιεῖν οὐδέν.
fruit much; for apart from me ye are able to do nothing.

6 ἐὰν μή τις μείνῃ ἐν ἐμοί, ἐβλήθη ἔξω ὡς τὸ κλῆμα, καὶ
Unless anyone abide in me, he is cast out as the branch; and

ἐξηράνθη, καὶ συνάγουσιν αὐτὰ καὶ εἰς πῦρ βάλλουσιν, καὶ
is dried up, and they gather them and into a fire cast, and

καίεται. 7 ἐὰν μείνητε ἐν ἐμοί, καὶ τὰ ῥήματά μου ἐν ὑμῖν
it is burned. If ye abide in me, and my words in you

μείνῃ, ὃ ἐὰν∥ θέλητε ¹αἰτήσεσθε,∥ καὶ γενήσεται ὑμῖν.
abide, whatever ye will ye shall ask, and it shall come to pass to you.
8 ἐν τούτῳ ἐδοξάσθη ὁ πατήρ μου, ἵνα καρπὸν πολὺν φέρητε,
In this is glorified my Father, that ²fruit ¹much ye should bear,
καὶ γενήσεσθε∥ ἐμοὶ μαθηταί. 9 καθὼς ἠγάπησέν με ὁ
and ye shall become ²to ³me ¹disciples. As loved me the
πατήρ, κἀγὼ ἠγάπησα ὑμᾶς·∥ μείνατε ἐν τῇ ἀγάπῃ τῇ ἐμῇ.
Father, I also loved you: abide in ²love ¹my.
10 ἐὰν τὰς ἐντολάς μου τηρήσητε, μενεῖτε ἐν τῇ ἀγάπῃ μου·
If my commandments ye keep, ye shall abide in my love,
καθὼς ἐγὼ∥ τὰς ἐντολὰς τοῦ πατρός∥ μου∥ τετήρηκα, καὶ
as I the commandments of my Father have kept, and
μένω αὐτοῦ ἐν τῇ ἀγάπῃ. 11 ταῦτα λελάληκα ὑμῖν, ἵνα
abide ²his ¹in love. These things I have spoken to you, that
ἡ χαρὰ ἡ ἐμὴ ἐν ὑμῖν μείνῃ,∥ καὶ ἡ χαρὰ ὑμῶν πληρωθῇ.
²joy ¹my in you may abide, and your joy may be full.
12 αὕτη ἐστὶν ἡ ἐντολὴ ἡ ἐμή, ἵνα ἀγαπᾶτε ἀλλήλους,
This is ²commandment ¹my, that ye love one another,
καθὼς ἠγάπησα ὑμᾶς. 13 μείζονα ταύτης ἀγάπην οὐδεὶς
as I loved you. Greater than this love no one
ἔχει, ἵνα ⁵τις∥ τὴν ψυχὴν αὐτοῦ θῇ ὑπὲρ τῶν φίλων
has, that one his life should lay down for ²friends
αὐτοῦ. 14 ὑμεῖς φίλοι μου ἐστέ ἐὰν ποιῆτε ὅσα∥ ἐγὼ
¹his. Ye ²friends ¹my are if ye practise whatsoever I
ἐντέλλομαι ὑμῖν. 15 οὐκέτι ὑμᾶς λέγω∥ δούλους, ὅτι ὁ δοῦ-
command you. No longer you I call bondmen, for the bond-
λος οὐκ οἶδεν τί ποιεῖ αὐτοῦ ὁ κύριος· ὑμᾶς δὲ εἴρηκα
man knows not what ³is ⁴doing ¹his ²master. But you I have called
φίλους, ὅτι πάντα ἃ ἤκουσα παρὰ τοῦ πατρός μου ἐγνώ-
friends, for all things which I heard of my Father I made
ρισα ὑμῖν. 16 οὐχ ὑμεῖς με ἐξελέξασθε, ἀλλ' ἐγὼ ἐξελεξάμην
known to you. ³Not ¹ye ⁴me ²chose, but I chose
ὑμᾶς, καὶ ἔθηκα ὑμᾶς ἵνα ὑμεῖς ὑπάγητε καὶ καρπὸν φέ-
you, and appointed you that ye should go and fruit ye should
ρητε, καὶ ὁ καρπὸς ὑμῶν μένῃ· ἵνα ὅ τι ἂν αἰτήσητε τὸν
bear, and your fruit should abide; that whatsoever ye may ask the
πατέρα ἐν τῷ ὀνόματί μου δῷ ὑμῖν. 17 ταῦτα ἐντέλ-
Father in my name he may give you. These things I com-
λομαι ὑμῖν, ἵνα ἀγαπᾶτε ἀλλήλους. 18 Εἰ ὁ κόσμος ὑμᾶς
mand you, that ye love one another. If the world you
μισεῖ, γινώσκετε ὅτι ἐμὲ πρῶτον ὑμῶν∥ μεμίσηκεν. 19 εἰ ἐκ
hates, ye know that me before you it has hated. If of
τοῦ κόσμου ἦτε, ὁ κόσμος ἂν τὸ ἴδιον ἐφίλει· ὅτι δὲ ἐκ τοῦ
the world ye were, the world would love its own; but because of the
κόσμου οὐκ ἐστέ, ἀλλ' ἐγὼ ἐξελεξάμην ὑμᾶς ἐκ τοῦ κόσμου,
world ye are not, but I chose you out of the world,
διὰ τοῦτο μισεῖ ὑμᾶς ὁ κόσμος. 20 μνημονεύετε τοῦ
on account of this ³hates ⁴you ¹the ²world. Remember the
λόγου οὗ ἐγὼ εἶπον ὑμῖν, Οὐκ ἔστιν δοῦλος μείζων τοῦ
word which I said to you, ³Is ⁴not ¹a ²bondman greater
κυρίου αὐτοῦ. εἰ ἐμὲ ἐδίωξαν, καὶ ὑμᾶς διώξουσιν· εἰ
than his master. If me they persecuted, also you they will persecute; if

τὸν λόγον μου ἐτήρησαν, καὶ τὸν ὑμέτερον τηρήσουσιν. 21 ἀλλὰ
my word they kept, also yours they will keep. But

ταῦτα πάντα ποιήσουσιν ὑμῖν διὰ τὸ ὄνομά μου,
these things all they will do to you on account of my name,

ὅτι οὐκ οἴδασιν τὸν πέμψαντά με. 22 εἰ μὴ ἦλθον καὶ
because they know not him who sent me. If I had not come and

ἐλάλησα αὐτοῖς, ἁμαρτίαν οὐκ εἶχον· νῦν δὲ πρόφασιν
spoken to them, sin they had not had; but now a pretext

οὐκ ἔχουσιν περὶ τῆς ἁμαρτίας αὐτῶν. 23 ὁ ἐμὲ μισῶν, καὶ
they have not for their sin. He that me hates, also

τὸν πατέρα μου μισεῖ. 24 εἰ τὰ ἔργα μὴ ἐποίησα ἐν
my Father hates. If the works I had not done among

αὐτοῖς ἃ οὐδεὶς ἄλλος πεποίηκεν, ἁμαρτίαν οὐκ εἶχον·
them which no other one has done, sin they had not had;

νῦν δὲ καὶ ἑωράκασιν καὶ μεμισήκασιν καὶ ἐμὲ καὶ τὸν πατέρα
but now both they have seen and have hated both me and Father

15:25 μου· 25 ἀλλ' ἵνα πληρωθῇ ὁ λόγος ὁ γεγραμμένος ἐν
my. But that might be fulfilled the word that has been written in

τῷ νόμῳ αὐτῶν, Ὅτι ἐμίσησάν με δωρεάν. 26 Ὅταν δὲ
their law, They hated me without cause. But when

ἔλθῃ ὁ παράκλητος, ὃν ἐγὼ πέμψω ὑμῖν παρὰ τοῦ πατρός,
is come the Paraclete, whom I will send to you from the Father,

τὸ πνεῦμα τῆς ἀληθείας, ὃ παρὰ τοῦ πατρὸς ἐκπορεύεται,
the Spirit of truth, who from the Father goes forth,

ἐκεῖνος μαρτυρήσει περὶ ἐμοῦ· 27 καὶ ὑμεῖς δὲ μαρ-
he will bear witness concerning me; also ye and bear

τυρεῖτε, ὅτι ἀπ' ἀρχῆς μετ' ἐμοῦ ἐστε.
witness, because from [the] beginning with me ye are.

16:1 **16** Ταῦτα λελάληκα ὑμῖν ἵνα μὴ σκανδαλισθῆτε. 2 ἀπο-
These things I have spoken to you that ye may not be offended. Out of

συναγώγους ποιήσουσιν ὑμᾶς· ἀλλ' ἔρχεται ὥρα ἵνα πᾶς
the synagogues they will put you; but is coming an hour that everyone

ὁ ἀποκτείνας ὑμᾶς δόξῃ λατρείαν προσφέρειν τῷ θεῷ.
who kills you will think service to render to God;

3 καὶ ταῦτα ποιήσουσιν ὑμῖν ὅτι οὐκ ἔγνωσαν τὸν πα-
and these things they will do to you because they know not the Fa-

τέρα οὐδὲ ἐμέ. 4 ἀλλὰ ταῦτα λελάληκα ὑμῖν, ἵνα ὅταν
ther nor me. But these things I have said to you, that when

ἔλθῃ ἡ ὥρα μνημονεύητε αὐτῶν ὅτι ἐγὼ εἶπον
may have come the hour ye may remember them that I said [them]

ὑμῖν· ταῦτα δὲ ὑμῖν ἐξ ἀρχῆς οὐκ εἶπον
to you. But these things to you from [the] beginning I did not say because

16:5 μεθ' ὑμῶν ἤμην. 5 νῦν δὲ ὑπάγω πρὸς τὸν πέμψαντά με,
with you I was. But now I go to him who sent me,

καὶ οὐδεὶς ἐξ ὑμῶν ἐρωτᾷ με, Ποῦ ὑπάγεις; 6 ἀλλ' ὅτι
and none of you asks me, Where goest thou? But because

ταῦτα λελάληκα ὑμῖν ἡ λύπη πεπλήρωκεν ὑμῶν τὴν
these things I have said to you grief has filled your

καρδίαν. 7 ἀλλ' ἐγὼ τὴν ἀλήθειαν λέγω ὑμῖν, συμφέρει
heart. But I the truth say to you, It is profitable

ὑμῖν ἵνα ἐγὼ ἀπέλθω· ἐὰν γὰρ μὴ ἀπέλθω ὁ παράκλη-
for you that I should go away; for if I go not away the Paraclete

τος οὐκ ἐλεύσεται πρὸς ὑμᾶς· ἐὰν δὲ πορευθῶ, πέμψω
will not come to you; but if I go, I will send

αὐτὸν πρὸς ὑμᾶς· 8 καὶ ἐλθὼν ἐκεῖνος ἐλέγξει τὸν κόσμον
him   to   you.   And having come   he   will convict the   world
περὶ ἁμαρτίας καὶ περὶ δικαιοσύνης καὶ περὶ κρίσεως.
concerning sin   and concerning righteousness and concerning judgment.
9 περὶ ἁμαρτίας μέν, ὅτι οὐ πιστεύουσιν εἰς ἐμέ· 10 περὶ
Concerning sin,   because they believe not   on me ;   concerning
δικαιοσύνης δέ, ὅτι πρὸς τὸν πατέρα μου‖ ὑπάγω, καὶ οὐκ
righteousness because   to   my Father   I go away, and   no
ἔτι‖ θεωρεῖτέ με· 11 περὶ δὲ κρίσεως, ὅτι ὁ ἄρχων τοῦ
longer ye behold me ; and concerning judgment, because the ruler
κόσμου τούτου κέκριται. 12 Ἔτι πολλὰ ἔχω λέγειν
of this world   has been judged. Yet many things I have to say
ὑμῖν,‖ ἀλλ᾽ οὐ δύνασθε βαστάζειν ἄρτι· 13 ὅταν δὲ ἔλθῃ
to you, but ye are not able to bear them now.   But when ²may ³have ⁴come
ἐκεῖνος, τὸ πνεῦμα τῆς ἀληθείας, ὁδηγήσει ὑμᾶς εἰς πᾶσαν
    ¹he,   the Spirit   of truth,   he will guide you into   all
τὴν ἀλήθειαν·‖ οὐ γὰρ λαλήσει ἀφ᾽ ἑαυτοῦ, ἀλλ᾽ ὅσα ἂν‖
the   truth ; ⁴not ¹for ²he ³will speak from himself, but whatsoever
ἀκούσῃ‖ λαλήσει, καὶ τὰ ἐρχόμενα ἀναγγελεῖ ὑμῖν.
he may hear he will speak ; and the things coming   he will announce to you.
14 ἐκεῖνος ἐμὲ δοξάσει, ὅτι ἐκ τοῦ ἐμοῦ ᵖλήψεται,‖ καὶ ἀναγ-
   He   me will glorify, for of   mine he will receive, and will an-
γελεῖ ὑμῖν. 15 πάντα ὅσα ἔχει ὁ πατὴρ ἐμά ἐστιν·
nounce to you. All things whatsoever ³has ¹the ²Father ⁵mine ⁴are ;
διὰ τοῦτο εἶπον, ὅτι ἐκ τοῦ ἐμοῦ λήψεται,‖ καὶ ἀναγ-
because of this   I said, that of mine he will receive, and will an-
γελεῖ ὑμῖν. 16 Μικρὸν καὶ οὐ‖ θεωρεῖτέ με, καὶ πάλιν
nounce to you. A little [while] and ye do not behold me ; and again
μικρὸν καὶ ὄψεσθέ με, ὅτι ἐγὼ ὑπάγω πρὸς τὸν πα-
a little [while] and ye shall see me, because I go away to   the Fa-
τέρα.‖ 17 Εἶπον οὖν ἐκ τῶν μαθητῶν αὐτοῦ πρὸς
ther.   Said therefore [some] of   his disciples   to
ἀλλήλους, Τί ἐστιν τοῦτο ὃ λέγει ἡμῖν, Μικρὸν καὶ
one another, What is   this which he says to us, A little [while] and
οὐ θεωρεῖτέ με, καὶ πάλιν μικρὸν καὶ ὄψεσθέ με ; καὶ
ye do not behold me ; and again a little [while] and ye shall see me ? and
Ὅτι ἐγὼ‖ ὑπάγω πρὸς τὸν πατέρα; 18 Ἔλεγον οὖν,
Because I go away to   the Father ?   They said therefore,
Τοῦτο τί ἐστιν‖ ὃ λέγει, τὸ‖ μικρόν ; οὐκ οἴδαμεν
³This ¹what ²is which he says, the little [while] ? We do not know
τί λαλεῖ. 19 Ἔγνω οὖν‖ ὁ Ἰησοῦς ὅτι ἤθελον αὐτὸν
what he speaks. ²Knew ³therefore ¹Jesus that they desired ³him
ἐρωτᾶν, καὶ εἶπεν αὐτοῖς, Περὶ τούτου ζητεῖτε μετ᾽
¹to ²ask, , and said to them, Concerning this do ye inquire among
ἀλλήλων, ὅτι εἶπον, Μικρὸν καὶ οὐ θεωρεῖτέ με, καὶ
one another, that I said, A little [while] and ye do not behold me ; and
πάλιν μικρὸν καὶ ὄψεσθέ με; 20 ἀμὴν ἀμὴν λέγω ὑμῖν,
again a little [while] and ye shall see me ? Verily verily I say to you,
ὅτι κλαύσετε καὶ θρηνήσετε ὑμεῖς, ὁ δὲ κόσμος χαρήσεται·
that ²will ³weep ⁴and ⁵will ⁶lament ¹ye, but the world   will rejoice ;

ὑμεῖς δὲ λυπηθήσεσθε, ἀλλ' ἡ λύπη ὑμῶν εἰς χαρὰν γενή-
but ye will be grieved, but your grief to joy shall be-
σεται. 21 ἡ γυνὴ ὅταν τίκτῃ, λύπην ἔχει, ὅτι ἦλθεν
come. The woman when she gives birth, grief has, because is come
ἡ ὥρα αὐτῆς· ὅταν δὲ γεννήσῃ τὸ παιδίον, οὐκ ἔτι
her hour; but when she brings forth the child, no longer
μνημονεύει τῆς θλίψεως, διὰ τὴν χαρὰν ὅτι ἐγεννήθη
she remembers the tribulation, on account of the joy that has been born
ἄνθρωπος εἰς τὸν κόσμον. 22 καὶ ὑμεῖς οὖν λύπην μὲν
a man into the world. And ye therefore grief indeed
νῦν ἔχετε· πάλιν δὲ ὄψομαι ὑμᾶς, καὶ χαρήσεται ὑμῶν
now have; but again I will see you, and shall rejoice your
ἡ καρδία, καὶ τὴν χαρὰν ὑμῶν οὐδεὶς αἴρει ἀφ' ὑμῶν. 23 καὶ
heart, and your joy no one takes from you. And
ἐν ἐκείνῃ τῇ ἡμέρᾳ ἐμὲ οὐκ ἐρωτήσετε οὐδέν. Ἀμὴν ἀμὴν
in that day of me ye shall ask nothing. Verily verily
λέγω ὑμῖν, ὅτι ὅσα ἂν αἰτήσητε τὸν πατέρα ἐν τῷ
I say to you, That whatsoever ye may ask the Father in
ὀνόματί μου δώσει ὑμῖν. 24 ἕως ἄρτι οὐκ ᾐτήσατε οὐδὲν
my name he will give you. Hitherto ye asked nothing
ἐν τῷ ὀνόματί μου· αἰτεῖτε, καὶ λήψεσθε, ἵνα ἡ χαρὰ ὑμῶν
in my name: ask, and ye shall receive, that your joy

16:25 ᾖ πεπληρωμένη. 25 ταῦτα ἐν παροιμίαις λελάληκα ὑμῖν·
may be full. These things in allegories I have spoken to you;
ἀλλ' ἔρχεται ὥρα ὅτε οὐκ ἔτι ἐν παροιμίαις λαλήσω
but is coming an hour when no longer in allegories I will speak
ὑμῖν, ἀλλὰ παρρησίᾳ περὶ τοῦ πατρὸς ἀναγγελῶ ὑμῖν.
to you, but plainly concerning the Father I will announce to you.
26 ἐν ἐκείνῃ τῇ ἡμέρᾳ ἐν τῷ ὀνόματί μου αἰτήσεσθε· καὶ οὐ
In that day in my name ye shall ask; and not
λέγω ὑμῖν ὅτι ἐγὼ ἐρωτήσω τὸν πατέρα περὶ ὑμῶν· 27 αὐ-
I say to you that I will beseech the Father for you, him-
τὸς γὰρ ὁ πατὴρ φιλεῖ ὑμᾶς, ὅτι ὑμεῖς ἐμὲ πεφιλήκατε, καὶ
self for the Father loves you, because ye me have loved, and
πεπιστεύκατε ὅτι ἐγὼ παρὰ τοῦ θεοῦ ἐξῆλθον. 28 ἐξῆλθον
have believed that I from God came out. I came out
παρὰ τοῦ πατρὸς καὶ ἐλήλυθα εἰς τὸν κόσμον· πάλιν ἀφίημι
from the Father and have come into the world; again I leave
τὸν κόσμον καὶ πορεύομαι πρὸς τὸν πατέρα. 29 Λέγουσιν
the world and go to the Father. Say
αὐτῷ οἱ μαθηταὶ αὐτοῦ, Ἴδε, νῦν παρρησίᾳ λαλεῖς, καὶ
to him his disciples, Lo, now plainly thou speakest, and

16:30 παροιμίαν οὐδεμίαν λέγεις. 30 νῦν οἴδαμεν ὅτι οἶδας
allegory no speakest. Now we know that thou knowest
πάντα, καὶ οὐ χρείαν ἔχεις ἵνα τίς σε ἐρωτᾷ. ἐν τούτῳ
all things, and not need hast that anyone thee should ask. By this
πιστεύομεν ὅτι ἀπὸ θεοῦ ἐξῆλθες. 31 Ἀπεκρίθη αὐτοῖς
we believe that from God thou camest forth. Answered them
ὁ Ἰησοῦς, Ἄρτι πιστεύετε; 32 ἰδού, ἔρχεται ὥρα καὶ νῦν
Jesus, Now do ye believe? Lo, is coming an hour and now
ἐλήλυθεν, ἵνα σκορπισθῆτε ἕκαστος εἰς τὰ ἴδια, καὶ ἐμὲ
has come, that ye will be scattered each to his own, and me

μόνον ἀφῆτε· καὶ οὐκ εἰμὶ μόνος, ὅτι ὁ πατὴρ μετ'
alone ye will leave; and [yet] I am not alone, for the Father with
ἐμοῦ ἐστιν. 33 ταῦτα λελάληκα ὑμῖν ἵνα ἐν ἐμοὶ εἰρήνην
me is. These things I have spoken to you that in me peace
ἔχητε. ἐν τῷ κόσμῳ θλίψιν ἔχετε·|| ἀλλὰ θαρσεῖτε,
ye may have. In the world tribulation ye have; but be of good courage,
ἐγὼ νενίκηκα τὸν κόσμον.
I have overcome the world.

17 Ταῦτα ἐλάλησεν ὁ|| Ἰησοῦς, καὶ ἐπῆρεν|| τοὺς ὀφθαλ-   17:1
These things spoke Jesus, and lifted up eyes
μοὺς αὐτοῦ εἰς τὸν οὐρανὸν καὶ|| εἶπεν, Πάτερ, ἐλήλυθεν ἡ
his to the heaven and said, Father, ³has ⁴come ¹the
ὥρα· δόξασόν σου τὸν υἱόν, ἵνα καὶ|| ὁ υἱός σου|| δοξάσῃ
²hour; glorify thy Son, that also thy Son may glorify
σε· 2 καθὼς ἔδωκας αὐτῷ ἐξουσίαν πάσης σαρκός, ἵνα
thee; as thou gavest him authority over all flesh, that [of]
πᾶν ὃ δέδωκας αὐτῷ, ᵇδώσῃ|| αὐτοῖς ζωὴν αἰώνιον.
all which thou hast given him, he should give to them life eternal.
3 αὕτη δέ ἐστιν ἡ αἰώνιος ζωή, ἵνα γινώσκωσίν|| σε τὸν
And this is the eternal life, that they should know thee the
μόνον ἀληθινὸν θεόν, καὶ ὃν ἀπέστειλας Ἰησοῦν χριστόν.
only true God, and ³whom ⁴thou ⁵didst ⁶send ¹Jesus ²Christ.
4 ἐγώ σε ἐδόξασα ἐπὶ τῆς γῆς· τὸ ἔργον ἐτελείωσα|| ὃ
I thee glorified on the earth; the work I completed which
δέδωκάς μοι ἵνα ποιήσω· 5 καὶ νῦν δόξασόν με σύ πά-   17:5
thou hast given me that I should do; and now glorify me thou, Fa-
τερ, παρὰ σεαυτῷ, τῇ δόξῃ ᾗ εἶχον πρὸ τοῦ τὸν κόσμον
ther, with thyself, with the glory which I had before the world
εἶναι παρὰ σοί. 6 Ἐφανέρωσά σου τὸ ὄνομα τοῖς ἀνθρώποις
was with thee. I manifested thy name to the men
οὓς δέδωκάς|| μοι ἐκ τοῦ κόσμου· σοὶ ἦσαν, καὶ ἐμοὶ||
whom thou hast given me out of the world. Thine they were, and to me
αὐτοὺς δέδωκας·|| καὶ τὸν λόγον σου τετηρήκασιν.|| 7 νῦν
them thou hast given, and thy word they have kept. Now
ἔγνωκαν ὅτι πάντα ὅσα δέδωκάς|| μοι, παρὰ σοῦ
they have known that all things whatsoever thou hast given me, of thee
ἐστιν·|| 8 ὅτι τὰ ῥήματα ἃ δέδωκάς|| μοι δέδωκα αὐτοῖς·
are; for the words which thou hast given me I have given them,
καὶ αὐτοὶ ἔλαβον, καὶ ἔγνωσαν|| ἀληθῶς ὅτι παρὰ σοῦ
and they received [them], and knew truly that from thee
ἐξῆλθον, καὶ ἐπίστευσαν ὅτι σύ με ἀπέστειλας. 9 ἐγὼ περὶ
I came out, and they believed that thou me didst send. I concerning
αὐτῶν ἐρωτῶ· οὐ περὶ τοῦ κόσμου ἐρωτῶ, ἀλλὰ
them make request; not concerning the world make I request, but
περὶ ὧν δέδωκάς μοι, ὅτι σοί εἰσιν. 10 καὶ τὰ   17:10
concerning whom thou hast given me, for thine they are: (and ³things
ἐμὰ πάντα σά ἐστιν, καὶ τὰ σὰ ἐμά· καὶ δεδόξασμαι
²my ¹all ⁵thine ⁴are, and thine [are] mine:) and I have been glorified
ἐν αὐτοῖς. 11 καὶ οὐκ ἔτι|| εἰμὶ ἐν τῷ κόσμῳ, καὶ οὗτοι|| ἐν
in them. And no longer I am in the world, and these in

τῷ κόσμῳ εἰσίν, καὶ ἐγὼ πρός σε ἔρχομαι. πάτερ ἅγιε, τήρη-
the world are, and I to thee come. ²Father ¹Holy, keep

σον αὐτοὺς ἐν τῷ ὀνόματί σου οὓς δέδωκάς μοι, ἵνα
them in thy name whom thou hast given me, that

ὦσιν ἕν, καθὼς ἡμεῖς. 12 ὅτε ἤμην μετ' αὐτῶν ἐν τῷ
they may be one, as we. When I was with them in the

κόσμῳ ἐγὼ ἐτήρουν αὐτοὺς ἐν τῷ ὀνόματί σου οὓς δέ-
world I was keeping them in thy name: whom thou

δωκάς μοι ἐφύλαξα, καὶ οὐδεὶς ἐξ αὐτῶν ἀπώλετο, εἰ μὴ ὁ
hast given me I guarded, and no one of them perished, except the

υἱὸς τῆς ἀπωλείας, ἵνα ἡ γραφὴ πληρωθῇ. 13 νῦν δὲ
son of perdition, that the scripture might be fulfilled. And now

πρός σε ἔρχομαι, καὶ ταῦτα λαλῶ ἐν τῷ κόσμῳ ἵνα ἔχω-
to thee I come; and these things I speak in the world that they may

σιν τὴν χαρὰν τὴν ἐμὴν πεπληρωμένην ἐν αὑτοῖς. 14 ἐγὼ
have ²joy ¹my fulfilled in them. I

δέδωκα αὐτοῖς τὸν λόγον σου, καὶ ὁ κόσμος ἐμίσησεν αὐτούς,
have given them thy word, and the world hated them,

ὅτι οὐκ εἰσὶν ἐκ τοῦ κόσμου, καθὼς ἐγὼ οὐκ εἰμὶ ἐκ τοῦ
because they are not of the world, as I am not of the

17:15 κόσμου. 15 οὐκ ἐρωτῶ ἵνα ἄρῃς αὐτοὺς ἐκ τοῦ
world. I do not make request that thou shouldest take them out of the

κόσμου, ἀλλ' ἵνα τηρήσῃς αὐτοὺς ἐκ τοῦ πονηροῦ.
world, but that thou shouldest keep them out of the evil.

16 ἐκ τοῦ κόσμου οὐκ εἰσίν, καθὼς ἐγὼ ἐκ τοῦ κόσμου οὐκ
Of the world they are not, as I of the world ²not

εἰμί. 17 ἁγίασον αὐτοὺς ἐν τῇ ἀληθείᾳ σου· ὁ λόγος ὁ σὸς
¹am. Sanctify them by thy truth; ²word ¹thy

ἀλήθειά ἐστιν. 18 καθὼς ἐμὲ ἀπέστειλας εἰς τὸν κόσμον,
truth is. As me thou didst send into the world,

κἀγὼ ἀπέστειλα αὐτοὺς εἰς τὸν κόσμον· 19 καὶ ὑπὲρ αὐτῶν
I also sent them into the world; and for them

ἐγὼ ἁγιάζω ἐμαυτόν, ἵνα καὶ αὐτοὶ ὦσιν ἡγιασμένοι ἐν
I sanctify myself, that also they may be sanctified in

17:20 ἀληθείᾳ. 20 Οὐ περὶ τούτων δὲ ἐρωτῶ μόνον, ἀλλὰ
truth. ²Not ³for ⁴these ¹and ⁷make ⁶I ⁸request ⁵only, but

καὶ περὶ τῶν πιστευσόντων διὰ τοῦ λόγου αὐτῶν εἰς
also for those who shall believe through their word on

ἐμέ· 21 ἵνα πάντες ἓν ὦσιν, καθὼς σύ, πάτερ, ἐν ἐμοί,
me; that all one may be, as thou, Father, [art] in me,

κἀγὼ ἐν σοί, ἵνα καὶ αὐτοὶ ἐν ἡμῖν ἓν ὦσιν· ἵνα ὁ κόσμος
and I in thee, that also they in us one may be, that the world

πιστεύσῃ ὅτι σύ με ἀπέστειλας. 22 καὶ ἐγὼ τὴν δόξαν
may believe that thou me didst send. And I the glory

ἣν δέδωκάς μοι δέδωκα αὐτοῖς, ἵνα ὦσιν ἕν, καθὼς
which thou hast given me have given them, that they may be one, as

ἡμεῖς ἕν ἐσμεν· 23 ἐγὼ ἐν αὐτοῖς, καὶ σὺ ἐν ἐμοί, ἵνα
we one are: I in them, and thou in me, that

ὦσιν τετελειωμένοι εἰς ἕν, καὶ ἵνα γινώσκῃ ὁ κόσμος
they may be perfected into one, and that ³may ⁴know ¹the ²world

ὅτι σύ με ἀπέστειλας, καὶ ἠγάπησας αὐτούς· καθὼς ἐμὲ ἠγά-
that thou me didst send, and lovedst them as me thou
πησας. 24 Πάτερ, οὓς δέδωκάς μοι θέλω ἵνα ὅπου εἰμὶ
lovedst. Father, whom thou hast given me I desire that where am
ἐγὼ κἀκεῖνοι ὦσιν μετ᾽ ἐμοῦ, ἵνα θεωρῶσιν τὴν δόξαν τὴν
I they also may be with me, that they may behold glory
ἐμὴν ἣν ἔδωκάς μοι, ὅτι ἠγάπησάς με πρὸ καταβολῆς
my which thou gavest me, for thou lovedst me before [the] foundation
κόσμου 25 Πάτερ δίκαιε, καὶ ὁ κόσμος σε οὐκ ἔγνω,   17:25
of [the] world. Father righteous, and the world thee knew not,
ἐγὼ δέ σε ἔγνων, καὶ οὗτοι ἔγνωσαν ὅτι σύ με ἀπέστειλας·
but I thee knew, and these knew that thou me didst send.
26 καὶ ἐγνώρισα αὐτοῖς τὸ ὄνομά σου, καὶ γνωρίσω·
And I made known to them thy name, and will make [it] known;
ἵνα ἡ ἀγάπη ἣν ἠγάπησάς με ἐν αὐτοῖς ᾖ, κἀγὼ
that the love with which thou lovedst me in them may be; and I
ἐν αὐτοῖς.
in them.

18 Ταῦτα εἰπὼν ὁ Ἰησοῦς ἐξῆλθεν σὺν τοῖς μαθηταῖς   18:1
These things having said Jesus went out with disciples
αὐτοῦ πέραν τοῦ χειμάρρου τῶν Κέδρων, ὅπου ἦν κῆπος,
his beyond the winter stream of Kedron, where was a garden,
εἰς ὃν εἰσῆλθεν αὐτὸς καὶ οἱ μαθηταὶ αὐτοῦ. 2 ᾔδει δὲ καὶ
into which entered he and his disciples. And knew also
Ἰούδας ὁ παραδιδοὺς αὐτὸν τὸν τόπον· ὅτι πολλάκις
Judas who was delivering up him the place, because often
συνήχθη ὁ Ἰησοῦς ἐκεῖ μετὰ τῶν μαθητῶν αὐτοῦ. 3 ὁ οὖν
was gathered Jesus there with his disciples. Therefore
Ἰούδας λαβὼν τὴν σπεῖραν, καὶ ἐκ τῶν ἀρχιερέων καὶ
Judas having received the band, and from the chief priests and
Φαρισαίων ὑπηρέτας, ἔρχεται ἐκεῖ μετὰ φανῶν καὶ λαμπάδων
Pharisees officers, comes there with torches and lamps
καὶ ὅπλων. 4 Ἰησοῦς οὖν εἰδὼς πάντα τὰ ἐρχόμενα
and weapons. Jesus therefore knowing all things that were coming
ἐπ᾽ αὐτόν, ἐξελθὼν εἶπεν αὐτοῖς, Τίνα ζητεῖτε; 5 Ἀπε-   18:5
upon him, having gone forth said to them, Whom seek ye? They
κρίθησαν αὐτῷ, Ἰησοῦν τὸν Ναζωραῖον. Λέγει αὐτοῖς ὁ
answered him, Jesus the Nazaræan. Says to them
Ἰησοῦς, Ἐγώ εἰμι. Εἱστήκει δὲ καὶ Ἰούδας ὁ παρα-
Jesus, I am [he]. And was standing also Judas who was de-
διδοὺς αὐτὸν μετ᾽ αὐτῶν. 6 Ὡς οὖν εἶπεν αὐτοῖς, Ὅτι
livering up him with them. When therefore he said to them,
ἐγώ εἰμι, ἀπῆλθον εἰς τὰ ὀπίσω καὶ ἔπεσον χαμαί.
I am [he], they went backward and fell to [the] ground.
7 πάλιν οὖν αὐτοὺς ἐπηρώτησεν, Τίνα ζητεῖτε; Οἱ δὲ
Again therefore them he questioned, Whom seek ye? And they
εἶπον, Ἰησοῦν τὸν Ναζωραῖον. 8 Ἀπεκρίθη ὁ Ἰησοῦς, Εἶπον
said, Jesus the Nazaræan. Answered Jesus, I told
ὑμῖν ὅτι ἐγώ εἰμι. εἰ οὖν ἐμὲ ζητεῖτε, ἄφετε τούτους ὑπά-
you that I am [he]. If therefore me ye seek, suffer these to go

γειν· 9 ἵνα πληρωθῇ ὁ λόγος ὃν εἶπεν. Ὅτι οὓς δέ-
away;   that might be fulfilled the word which he said,   Whom thou

δωκάς μοι οὐκ ἀπώλεσα ἐξ αὐτῶν οὐδένα. 10 Σίμων οὖν
hast given me I lost   of them   not one.   Simon ²therefore

Πέτρος ἔχων μάχαιραν, εἵλκυσεν αὐτήν, καὶ ἔπαισεν τὸν
¹Peter having a sword,   drew   it,   and smote the

τοῦ ἀρχιερέως δοῦλον, καὶ ἀπέκοψεν αὐτοῦ τὸ ὠτίον τὸ
²of ³the ⁴high ⁵priest ¹bondman, and cut off   his   ²ear

δεξιόν. ἦν δὲ ὄνομα τῷ δούλῳ Μάλχος. 11 εἶπεν οὖν
¹right. And ⁴was ³name ¹the ²bondman's Malchus.   ³Said ²therefore

ὁ Ἰησοῦς τῷ Πέτρῳ, Βάλε τὴν μάχαιράν σου εἰς τὴν θήκην.
¹Jesus   to Peter, Put   thy sword   into the sheath;

τὸ ποτήριον ὃ δέδωκέν μοι ὁ πατὴρ οὐ μὴ πίω αὐτό;
the   cup   which ³has ⁴given ²me ¹the ⁵Father should I not drink it?

12 Ἡ οὖν σπεῖρα καὶ ὁ χιλίαρχος καὶ οἱ ὑπηρέται τῶν
   The ²therefore ¹band and the chief captain and the officers of the

Ἰουδαίων συνέλαβον τὸν Ἰησοῦν, καὶ ἔδησαν αὐτόν, 13 καὶ
Jews   took hold of   Jesus,   and bound   him;   and

ἀπήγαγον αὐτὸν πρὸς Ἄνναν πρῶτον· ἦν γὰρ πενθερὸς
they led away him to Annas first; for he was father-in-law

τοῦ Καϊάφα, ὃς ἦν ἀρχιερεὺς τοῦ ἐνιαυτοῦ ἐκείνου. 14 ἦν δὲ
of Caiaphas, who was high priest   that year.   And it was

Καϊάφας ὁ συμβουλεύσας τοῖς Ἰουδαίοις, ὅτι συμφέρει
Caiaphas who gave counsel to the Jews, that it is profitable

ἕνα ἄνθρωπον ἀπολέσθαι ὑπὲρ τοῦ λαοῦ. 15 Ἠκολούθει δὲ
for one man   to perish for the people.   Now there followed

τῷ Ἰησοῦ Σίμων Πέτρος καὶ ὁ ἄλλος μαθητής. ὁ δὲ μαθητὴς
Jesus Simon Peter and the other disciple. And ²disciple

ἐκεῖνος ἦν γνωστὸς τῷ ἀρχιερεῖ, καὶ συνεισῆλθεν τῷ Ἰησοῦ
¹that was known to the high priest, and entered with Jesus

εἰς τὴν αὐλὴν τοῦ ἀρχιερέως· 16 ὁ δὲ Πέτρος εἱστήκει πρὸς
into the court of the high priest,   but Peter   stood   at

τῇ θύρᾳ ἔξω. ἐξῆλθεν οὖν ὁ μαθητὴς ὁ ἄλλος ὃς ἦν
the door without. Went out therefore the ²disciple ¹other who was

γνωστὸς τῷ ἀρχιερεῖ, καὶ εἶπεν τῇ θυρωρῷ καὶ εἰσήγα-
known   to the high priest, and spoke to the door-keeper and brought

γεν τὸν Πέτρον. 17 λέγει οὖν ἡ παιδίσκη ἡ θυρωρὸς τῷ
in   Peter.   ⁴Says ⁵therefore ¹the ²maid ³the ⁴door-keeper

Πέτρῳ, Μὴ καὶ σὺ ἐκ τῶν μαθητῶν εἶ τοῦ ἀνθρώπου
to Peter, ²not ⁴also ³thou ⁵of ⁶the ⁷disciples ¹art of ²man

τούτου; Λέγει ἐκεῖνος, Οὐκ εἰμί. 18 Εἱστήκεισαν δὲ οἱ δοῦλοι
¹this?   ⁴Says ³he,   I am not.   But ⁶were ⁷standing ¹the ²bondmen

καὶ οἱ ὑπηρέται ἀνθρακιὰν πεποιηκότες, ὅτι ψῦχος ἦν,
³and ⁴the ⁵officers, a fire of coals   having made, for cold it was,

καὶ ἐθερμαίνοντο· ἦν δὲ μετ' αὐτῶν ὁ Πέτρος ἑστὼς
and were warming themselves; and ²was ³with ⁴them ¹Peter standing

καὶ θερμαινόμενος. 19 Ὁ οὖν ἀρχιερεὺς ἠρώτησεν τὸν Ἰη-
and warming himself. The high priest therefore questioned Je-

σοῦν περὶ τῶν μαθητῶν αὐτοῦ, καὶ περὶ τῆς διδαχῆς
sus concerning   his disciples,   and concerning   ²teaching

αὐτοῦ. 20 ἀπεκρίθη αὐτῷ ὁ Ἰησοῦς, Ἐγὼ παρρησίᾳ
¹his.   ²Answered   ³him   ¹Jesus,   I   openly

ἐλάλησα τῷ κόσμῳ· ἐγὼ πάντοτε ἐδίδαξα ἐν τῇ συνα-
spoke to the world; I always taught in the syna-
γωγῇ καὶ ἐν τῷ ἱερῷ, ὅπου πάντοτε οἱ Ἰουδαῖοι συνέρχον-
gogue and in the temple, where always the Jews come to-
ται, καὶ ἐν κρυπτῷ ἐλάλησα οὐδέν. 21 τί με ἐπερωτᾷς;
gether, and in secret I spoke nothing. Why me dost thou question?
ἐπερώτησον τοὺς ἀκηκοότας τί ἐλάλησα αὐτοῖς· ἴδε οὗτοι
question those who have heard what I spoke to them; lo, they
οἴδασιν ἃ εἶπον ἐγώ. 22 Ταῦτα δὲ αὐτοῦ εἰπόντος εἷς τῶν
know what ²said ¹I. But ⁴these ⁵things ¹on ²his ³saying one of the
ὑπηρετῶν παρεστηκὼς ἔδωκεν ῥάπισμα τῷ
officers standing by gave a blow with the palm of the hand
Ἰησοῦ, εἰπών, Οὕτως ἀποκρίνῃ τῷ ἀρχιερεῖ; 23 Ἀπεκρίθη
to Jesus, saying, Thus answerest thou the high priest? ²Answered
αὐτῷ ὁ Ἰησοῦς, Εἰ κακῶς ἐλάλησα, μαρτύρησον περὶ τοῦ
³him ¹Jesus, If evil I spoke, bear witness concerning the
κακοῦ· εἰ δὲ καλῶς, τί με δέρεις; 24 Ἀπέστειλεν αὐτὸν
evil; but if well, why me strikest thou? ²Sent ³him
ὁ Ἄννας δεδεμένον πρὸς Καϊάφαν τὸν ἀρχιερέα.
¹Annas bound to Caiaphas the high priest.

25 Ἦν δὲ Σίμων Πέτρος ἑστὼς καὶ θερμαινόμενος· 18:25
Now ³was ¹Simon ²Peter standing and warming himself.
εἶπον οὖν αὐτῷ, Μὴ καὶ σὺ ἐκ τῶν μαθητῶν αὐτοῦ
They said therefore to him, ²Not ⁴also ³thou ⁵of ⁶his ⁷disciples
εἶ; Ἠρνήσατο ἐκεῖνος, καὶ εἶπεν, Οὐκ εἰμί. 26 Λέγει εἷς
¹art? He denied, and said, I am not. Says one
ἐκ τῶν δούλων τοῦ ἀρχιερέως, συγγενὴς ὢν οὗ
of the bondmen of the high priest, kinsman being [of him] of whom
ἀπέκοψεν Πέτρος τὸ ὠτίον, Οὐκ ἐγώ σε εἶδον ἐν τῷ κήπῳ
²cut ³off ¹Peter the ear, ²I not ⁴thee ¹saw in the garden
μετ' αὐτοῦ; 27 Πάλιν οὖν ἠρνήσατο ὁ Πέτρος, καὶ εὐθέως
with him? Again therefore ²denied ¹Peter, and immediately
ἀλέκτωρ ἐφώνησεν.
a cock crew.

28 Ἄγουσιν οὖν τὸν Ἰησοῦ ἀπὸ τοῦ Καϊάφα εἰς τὸ
They lead therefore Jesus from Caiaphas into the
πραιτώριον· ἦν δὲ πρωΐα· καὶ αὐτοὶ οὐκ εἰσῆλθον εἰς τὸ
prætorium, and it was early. And they entered not into the
πραιτώριον, ἵνα μὴ μιανθῶσιν, ἀλλ' ἵνα φάγωσιν τὸ
prætorium, that they might not be defiled, but that they might eat the
πάσχα. 29 ἐξῆλθεν οὖν ὁ Πιλάτος πρὸς αὐτούς, καὶ
passover. ³Went ⁴forth ²therefore ¹Pilate to them, and
εἶπεν, Τίνα κατηγορίαν φέρετε κατὰ τοῦ ἀνθρώπου τούτου;
said, What accusation bring ye against this man?
30 Ἀπεκρίθησαν καὶ εἶπον αὐτῷ, Εἰ μὴ ἦν οὗτος κακο- 18:30
They answered and said to him, If ²were ³not ¹he an evil
ποιός, οὐκ ἄν σοι παρεδώκαμεν αὐτόν. 31 Εἶπεν
doer, ³not ⁴to ⁵thee ¹we ²would have delivered up him. ³Said
οὖν αὐτοῖς ὁ Πιλάτος, Λάβετε αὐτὸν ὑμεῖς, καὶ
²therefore ⁴to ⁵them ¹Pilate, Take him ye, and
κατὰ τὸν νόμον ὑμῶν κρίνατε αὐτόν. Εἶπον οὖν
according to your law judge him. ⁴Said ³therefore

αὐτῷ οἱ Ἰουδαῖοι, Ἡμῖν οὐκ ἔξεστιν ἀποκτεῖναι οὐδένα·
to ⁶him ¹the ²Jews, To us it is permitted to put ³to ⁴death ¹no ²one;

32 ἵνα ὁ λόγος τοῦ Ἰησοῦ πληρωθῇ ὃν εἶπεν σημαίνων
that the word of Jesus might be fulfilled which he spoke signifying

ποίῳ θανάτῳ ἤμελλεν ἀποθνήσκειν. 33 Εἰσῆλθεν οὖν
by what death he was about to die. ²Entered ³therefore

εἰς τὸ πραιτώριον πάλιν ὁ Πιλάτος, καὶ ἐφώνησεν τὸν
⁴into ⁵the ⁶prætorium ⁷again ¹Pilate, and called

Ἰησοῦν, καὶ εἶπεν αὐτῷ, Σὺ εἶ ὁ βασιλεὺς τῶν Ἰουδαίων;
Jesus, and said to him, ²Thou ¹art the king of the Jews?

34 Ἀπεκρίθη αὐτῷ ὁ Ἰησοῦς, Ἀφ' ἑαυτοῦ σὺ τοῦτο
²Answered ³him ¹Jesus, From thyself ²thou ³this

18:35 λέγεις, ἢ ἄλλοι σοι εἶπον περὶ ἐμοῦ; 35 Ἀπεκρίθη
¹sayest, ⁴or ⁶others ⁷to ⁸thee ⁵did say [it] concerning me? ²Answered

ὁ Πιλάτος, Μήτι ἐγὼ Ἰουδαῖός εἰμι; τὸ ἔθνος τὸ σὸν καὶ
¹Pilate, ⁴I ⁵a ⁶Jew ³am? ⁸Nation ⁷thy and

οἱ ἀρχιερεῖς παρέδωκάν σε ἐμοί· τί ἐποίησας; 36 Ἀπεκρίθη
the chief priests delivered up thee to me: what didst thou? ²Answered

ὁ Ἰησοῦς, Ἡ βασιλεία ἡ ἐμὴ οὐκ ἔστιν ἐκ τοῦ κόσμου τούτου·
¹Jesus, ⁴kingdom ³my is not of this world;

εἰ ἐκ τοῦ κόσμου τούτου ἦν ἡ βασιλεία ἡ ἐμή, οἱ ὑπηρέται ἂν
if of this world were ²kingdom ¹my, ⁴attendants

οἱ ἐμοὶ ἠγωνίζοντο ἵνα μὴ παραδοθῶ τοῖς Ἰουδαίοις·
³my would fight that I might not be delivered up to the Jews;

νῦν δὲ ἡ βασιλεία ἡ ἐμὴ οὐκ ἔστιν ἐντεῦθεν. 37 Εἶπεν οὖν
but now ²kingdom ¹my is not from hence. ³Said ²therefore

αὐτῷ ὁ Πιλάτος, Οὐκοῦν βασιλεὺς εἶ σύ; Ἀπεκρίθη ὁ
⁴to ⁵him ¹Pilate, Then a king art thou? ²Answered

Ἰησοῦς, Σὺ λέγεις, ὅτι βασιλεύς εἰμι ἐγώ. ἐγὼ εἰς τοῦτο
¹Jesus, Thou sayest [it], for a king ²am ¹I. I for this

γεγέννημαι, καὶ εἰς τοῦτο ἐλήλυθα εἰς τὸν κόσμον, ἵνα
have been born, and for this I have come into the world, that

μαρτυρήσω τῇ ἀληθείᾳ. πᾶς ὁ ὢν ἐκ τῆς ἀληθείας
I may bear witness to the truth. Everyone that is of the truth

ἀκούει μου τῆς φωνῆς. 38 Λέγει αὐτῷ ὁ Πιλάτος, Τί ἐστιν
hears my voice. ²Says ³to ⁴him ¹Pilate, What is

ἀλήθεια; Καὶ τοῦτο εἰπών, πάλιν ἐξῆλθεν πρὸς τοὺς
truth? And this having said, again he went out to the

Ἰουδαίους, καὶ λέγει αὐτοῖς, Ἐγὼ οὐδεμίαν αἰτίαν εὑρίσκω ἐν
Jews, and says to them, I not any fault find in

αὐτῷ. 39 ἔστιν δὲ συνήθεια ὑμῖν ἵνα ἕνα ὑμῖν ἀπολύσω
him. But it is a custom with you that one to you I should release

ἐν τῷ πάσχα· βούλεσθε οὖν ὑμῖν ἀπολύσω τὸν βασιλέα
at the passover; will ye therefore to you I should release the king

τῶν Ἰουδαίων; 40 Ἐκραύγασαν οὖν πάλιν πάντες, λέ-
of the Jews? They ³cried ⁴out ²therefore ⁵again ¹all, say-

γοντες, Μὴ τοῦτον, ἀλλὰ τὸν Βαραββᾶν· ἦν δὲ ὁ Βαραβ-
ing, Not this one, but Barabbas. Now ²was ¹Barab-

19:1 βᾶς λῃστής. 19 Τότε οὖν ἔλαβεν ὁ Πιλάτος τὸν Ἰησοῦν
bas a robber. Then therefore ²took ¹Pilate Jesus

καὶ ἐμαστίγωσεν. 2 καὶ οἱ στρατιῶται πλέξαντες στέφανον
and scourged [him]. And the soldiers having platted a crown

ἐξ ἀκανθῶν ἐπέθηκαν αὐτοῦ τῇ κεφαλῇ, καὶ ἱμάτιον πορ-
of thorns put [it] on his head, and a ²cloak ¹pur-
φυροῦν περιέβαλον αὐτόν, 3 καὶ ἔλεγον, Χαῖρε, ὁ βασιλεὺς
ple cast around him, and said, Hail, king
τῶν Ἰουδαίων· καὶ ἐδίδουν αὐτῷ ῥαπίσματα.
of the Jews! and they gave him blows with the palm of the hand.
4 Ἐξῆλθεν οὖν πάλιν ἔξω ὁ Πιλάτος, καὶ λέγει αὐτοῖς,
⁴Went ²therefore ³again ⁵out ¹Pilate, and says to them,
Ἴδε, ἄγω ὑμῖν αὐτὸν ἔξω, ἵνα γνῶτε ὅτι ἐν αὐτῷ
Behold, I bring ³to ⁴you ¹him ²out, that ye may know that in him
οὐδεμίαν αἰτίαν εὑρίσκω. 5 Ἐξῆλθεν οὖν ὁ Ἰησοῦς ἔξω, 19:5
not any fault I find. Went therefore Jesus out,
φορῶν τὸν ἀκάνθινον στέφανον καὶ τὸ πορφυροῦν ἱμάτιον.
wearing the thorny crown and the purple cloak;
καὶ λέγει αὐτοῖς, Ἴδε ὁ ἄνθρωπος. 6 Ὅτε οὖν εἶδον
and he says to them, Behold the man! When therefore saw
αὐτὸν οἱ ἀρχιερεῖς καὶ οἱ ὑπηρέται ἐκραύγασαν λέγοντες,
him the chief priests and the officers they cried out saying,
Σταύρωσον, σταύρωσον. Λέγει αὐτοῖς ὁ Πιλάτος, Λάβετε
Crucify, crucify [him]. ²Says ³to ⁴them ¹Pilate, Take
αὐτὸν ὑμεῖς καὶ σταυρώσατε· ἐγὼ γὰρ οὐχ εὑρίσκω ἐν αὐτῷ
him ye and crucify [him], for I find not in him
αἰτίαν. 7 Ἀπεκρίθησαν αὐτῷ οἱ Ἰουδαῖοι, Ἡμεῖς νόμον
a fault. ³Answered ⁴him ¹the ²Jews, We a law
ἔχομεν, καὶ κατὰ τὸν νόμον ἡμῶν ὀφείλει ἀποθανεῖν,
have, and according to our law he ought to die,
ὅτι ἑαυτὸν υἱὸν θεοῦ ἐποίησεν. 8 Ὅτε οὖν ἤκουσεν
because himself Son of God he made. When therefore ²heard
ὁ Πιλάτος τοῦτον τὸν λόγον μᾶλλον ἐφοβήθη, 9 καὶ
¹Pilate this word [the] more he was afraid, and
εἰσῆλθεν εἰς τὸ πραιτώριον πάλιν, καὶ λέγει τῷ Ἰησοῦ, Πόθεν
went into the praetorium again, and says to Jesus, Whence
εἶ σύ; Ὁ δὲ Ἰησοῦς ἀπόκρισιν οὐκ ἔδωκεν αὐτῷ. 10 λέγει 19:10
art thou? But Jesus an answer did not give him. ³Says
οὖν αὐτῷ ὁ Πιλάτος, Ἐμοὶ οὐ λαλεῖς; οὐκ οἶδας
²therefore ⁴to ⁵him ¹Pilate, To me speakest thou not? Knowest not thou
ὅτι ἐξουσίαν ἔχω σταυρῶσαί σε, καὶ ἐξουσίαν ἔχω ἀπο-
that authority I have to crucify thee, and authority I have to re-
λῦσαί σε; 11 Ἀπεκρίθη ὁ Ἰησοῦς, Οὐκ εἶχες ἐξουσίαν
lease thee? ²Answered ¹Jesus, Thou hadst ³authority
οὐδεμίαν κατ' ἐμοῦ εἰ μὴ ἦν σοι δεδομένον ἄνωθεν·
¹not ²any against me if it were not to thee given from above.
διὰ τοῦτο ὁ παραδιδούς μέ σοι μείζονα ἁμαρτίαν
On this account he who delivers up me to thee greater sin
ἔχει. 12 Ἐκ τούτου ἐζήτει ὁ Πιλάτος ἀπολῦσαι αὐτόν.
has. From this sought Pilate to release him;
οἱ δὲ Ἰουδαῖοι ἔκραζον, λέγοντες, Ἐὰν τοῦτον ἀπο-
but the Jews cried out, saying, ·If this [man] thou re-

λύσης οὐκ.εἶ φίλος τοῦ Καίσαρος. πᾶς ὁ βασιλέα
lease thou art not a friend of Cæsar. Everyone ³the ⁴king
αὑτὸν‖ ποιῶν ἀντιλέγει τῷ Καίσαρι. 13 Ὁ οὖν Πιλάτος‖
²himself ¹making speaks against Cæsar. Pilate therefore
ἀκούσας τοῦτον τὸν λόγον,‖ ἤγαγεν ἔξω τὸν Ἰησοῦν, καὶ
having heard this word, led out Jesus, and
ἐκάθισεν ἐπὶ τοῦ‖ βήματος, εἰς τόπον λεγόμενον Λιθό-
sat down upon the judgment-seat, at a place called Pave-
στρωτον, Ἑβραϊστὶ.δὲ Γαββαθᾶ· 14 ἦν.δὲ παρασκευὴ
ment, but in Hebrew Gabbatha: (and it was [the] preparation
τοῦ πάσχα, ὥρα δὲ ὡσεὶ‖ ἕκτη· καὶ λέγει τοῖς Ἰου-
of the passover, [²the] ³hour ¹and about the sixth ;) and he says to the Jews,
19:15 δαίοις, Ἴδε ὁ.βασιλεὺς.ὑμῶν. 15 Οἱ.δὲ ἐκραύγασαν,‖ Ἆρον
Behold your king! But they cried out, Away,
ἆρον, σταύρωσον αὐτόν. Λέγει αὐτοῖς ὁ Πιλάτος,‖ Τὸν
away, crucify him. ²Says ³to ⁴them ¹Pilate,
βασιλέα.ὑμῶν σταυρώσω; Ἀπεκρίθησαν οἱ ἀρχιερεῖς, Οὐκ
Your king shall I crucify? ⁴Answered ¹the ²chief ³priests, ⁷Not
ἔχομεν βασιλέα εἰ.μὴ Καίσαρα. 16 Τότε οὖν παρέδωκεν
⁵we ⁶have a king except Cæsar. Then therefore he delivered up
αὐτὸν αὐτοῖς ἵνα σταυρωθῇ. Παρέλαβον δὲ‖ τὸν Ἰη-
him to them that he might be crucified. ²They ³took ¹and Je-
σοῦν καὶ ἀπήγαγον·‖ 17 καὶ βαστάζων τὸν.σταυρὸν.αὐτοῦ‖
sus and led [him] away. And bearing his cross
ἐξῆλθεν εἰς τὸν λεγόμενον κρανίου τοπον, ὃς‖ λέγεται
he went out to the ²called ³of ⁴a ⁵skull ¹place, which is called
Ἑβραϊστὶ Γολγοθᾶ. 18 ὅπου αὐτὸν ἐσταύρωσαν, καὶ μετ'
in Hebrew Golgotha: where him they crucified, and with
αὐτοῦ ἄλλους δύο ἐντεῦθεν καὶ ἐντεῦθεν, μέσον.δὲ
him ²others ¹two on this side and on that side [one], and in the middle
τὸν Ἰησοῦν. 19 Ἔγραψεν.δὲ καὶ τίτλον ὁ Πιλάτος‖ καὶ
Jesus. And ³wrote ²also ⁴a ³title ¹Pilate and
ἔθηκέν ἐπὶ τοῦ σταυροῦ· ἦν.δὲ γεγραμμένον. Ἰησοῦς ὁ
put on the cross. And it was written, Jesus the
19:20 Ναζωραῖος, ὁ βασιλεὺς τῶν Ἰουδαίων. 20 Τοῦτον οὖν
Nazarean, the king of the Jews. This ²therefore
τὸν τίτλον πολλοὶ ἀνέγνωσαν τῶν Ἰουδαίων, ὅτι ἐγγὺς ἦν
¹title ⁴many ³read of the Jews, for near ³was
τῆς πόλεως ὁ τόπος,‖ ὅπου ἐσταυρώθη ὁ Ἰησοῦς· καὶ ἦν
¹the ²city the place, where was crucified Jesus; and it was
γεγραμμένον Ἑβραϊστί, Ἑλληνιστί, Ῥωμαϊστί.‖ 21 ἔλεγον
written in Hebrew, in Greek, in Latin. ⁷Said
οὖν τῷ ¹Πιλάτῳ‖ οἱ ἀρχιερεῖς τῶν Ἰουδαίων, Μὴ.γράφε,
⁸therefore ⁹to ¹⁰Pilate ¹the ²chief ³priests ⁴of ⁵the ⁶Jews, Write not,
Ὁ βασιλεὺς τῶν Ἰουδαίων· ἀλλ' ὅτι ἐκεῖνος εἶπεν, Βασιλεύς
The king of the Jews, but that he said, King
εἰμι τῶν Ἰουδαίων.‖ 22 Ἀπεκρίθη ὁ Πιλάτος,‖ Ὃ γέ-
I am of the Jews. ²Answered ¹Pilate, What I have
γραφα γέγραφα. 23 Οἱ οὖν στρατιῶται, ὅτε ἐσταύρωσαν
written I have written. The ²therefore ¹soldiers, when they crucified
τὸν Ἰησοῦν ἔλαβον τὰ.ἱμάτια.αὐτοῦ, καὶ ἐποίησαν τέσσαρα‖
Jesus took his garments, and made four

μέρη, ἑκάστῳ στρατιώτῃ μέρος, καὶ τὸν χιτῶνα. ἦν δὲ ὁ
parts, to each soldier a part, and the tunic; but ³was ¹the

χιτὼν ἄρραφος,∥ ἐκ τῶν ἄνωθεν ὑφαντὸς δι᾿ ὅλου. 24 εἶ-
²tunic seamless, from the top woven throughout. They

πον οὖν πρὸς ἀλλήλους, Μὴ σχίσωμεν αὐτόν, ἀλλὰ
said therefore to one another, Let us not rend it, but

λάχωμεν περὶ αὐτοῦ τίνος ἔσται· ἵνα ἡ γραφὴ πλη-
let us cast lots for it whose it shall be; that the scripture might be

ρωθῇ ἡ λέγουσα,∥ Διεμερίσαντο τὰ ἱμάτιά μου ἑαυτοῖς.
fulfilled which says, They divided my garments among them,

καὶ ἐπὶ τὸν ἱματισμόν μου ἔβαλον κλῆρον. Οἱ μὲν οὖν
and for my vesture they cast a lot. The ²therefore

στρατιῶται ταῦτα ἐποίησαν.
¹soldiers these things did.

25 Εἱστήκεισαν δὲ παρὰ τῷ σταυρῷ τοῦ Ἰησοῦ ἡ μήτηρ αὐ- 19:25
And stood by the cross of Jesus his mother,

τοῦ, καὶ ἡ ἀδελφὴ τῆς μητρὸς αὐτοῦ, Μαρία∥ ἡ τοῦ
and the sister of his mother, Mary the [wife]

Κλωπᾶ, καὶ Μαρία∥ ἡ Μαγδαληνή. 26 Ἰησοῦς οὖν ἰδὼν
of Clopas, and Mary the Magdalene. Jesus therefore seeing

τὴν μητέρα, καὶ τὸν μαθητὴν παρεστῶτα ὃν ἠγάπα, λέγει
[his] mother, and the disciple standing by whom he loved, says

τῇ μητρὶ αὐτοῦ,∥ Γύναι, ἰδοὺ∥ ὁ υἱός σου. 27 Εἶτα λέγει τῷ
to his mother, Woman, behold thy son. Then he says to the

μαθητῇ, Ἰδοὺ∥ ἡ μήτηρ σου. Καὶ ἀπ᾿ ἐκείνης τῆς ὥρας
disciple, Behold thy mother. And from that hour

ἔλαβεν αὐτὴν ὁ μαθητὴς∥ εἰς τὰ ἴδια. 28 Μετὰ τοῦτο
³took ⁴her ¹the ²disciple to his own [home]. After this,

εἰδὼς ὁ Ἰησοῦς ὅτι πάντα ἤδη∥ τετέλεσται, ἵνα τελειωθῇ
²knowing ¹Jesus that all things now have been finished, that might be fulfilled

ἡ γραφὴ λέγει, Διψῶ. 29 Σκεῦος οὖν∥ ἔκειτο ὄξους
the scripture he says, I thirst. A vessel therefore was set ²of ³vinegar

μεστόν· οἱ δὲ πλήσαντες σπόγγον ὄξους, καὶ ὑσσώπῳ∥
¹full, and they having filled a sponge with vinegar, and ⁵hyssop

περιθέντες προσήνεγκαν αὐτοῦ τῷ στόματι. 30 ὅτε 19:30
¹having ²put [³it] ⁴on they brought it to [his] mouth. When

οὖν ἔλαβεν τὸ ὄξος ὁ Ἰησοῦς∥ εἶπεν, Τετέλεσται· καὶ
therefore ²took ³the ⁴vinegar ¹Jesus he said, It has been finished; and

κλίνας τὴν κεφαλὴν παρέδωκεν τὸ πνεῦμα. 31 Οἱ
having bowed the head he yielded up [his] spirit. The

οὖν Ἰουδαῖοι, ἵνα μὴ μείνῃ ἐπὶ τοῦ σταυροῦ τὰ
²therefore ¹Jews, that might not remain on the cross the

σώματα ἐν τῷ σαββάτῳ, ἐπεὶ παρασκευὴ ἦν,∥ ἦν γὰρ
bodies on the sabbath, because [the] preparation it was, (for was

μεγάλη ἡ ἡμέρα ἐκείνου∥ τοῦ σαββάτου, ἠρώτησαν τὸν Πι-
⁵great ³day ¹that ²sabbath,) requested Pi-

λάτον∥ ἵνα κατεαγῶσιν αὐτῶν τὰ σκέλη, καὶ ἀρθῶσιν.
late that ³might ⁴be ⁵broken ¹their ²legs, and taken away.

32 ἦλθον οὖν οἱ στρατιῶται, καὶ τοῦ μὲν πρώτου κατέαξαν
Came therefore the soldiers, and of the first broke

τὰ σκέλη καὶ τοῦ ἄλλου τοῦ συσταυρωθέντος∥ αὐτῷ· 33 ἐπὶ δὲ
the legs and of the other who was crucified with him; but to

τὸν Ἰησοῦν ἐλθόντες, ὡς εἶδον αὐτὸν ἤδη τεθνηκότα,
Jesus having come, when they saw he already was dead,
οὐ κατέαξαν αὐτοῦ τὰ σκέλη· 34 ἀλλ' εἷς τῶν στρατιωτῶν
they did not break his legs, but one of the soldiers
λόγχῃ αὐτοῦ τὴν πλευρὰν ἔνυξεν, καὶ εὐθὺς ἐξῆλθεν
with a spear his side pierced, and immediately came out

19:35 αἷμα καὶ ὕδωρ. 35 καὶ ὁ ἑωρακὼς μεμαρτύρηκεν, καὶ
blood and water. And he who has seen has borne witness, and
ἀληθινὴ αὐτοῦ ἐστιν ἡ μαρτυρία, κἀκεῖνος οἶδεν ὅτι ἀληθῆ
true ²his ¹is witness, and he knows that true
λέγει, ἵνα ὑμεῖς πιστεύσητε. 36 ἐγένετο γὰρ ταῦτα ἵνα
he says, that ye may believe. For ³took ⁴place ¹these ²things that
ἡ γραφὴ πληρωθῇ, Ὀστοῦν οὐ συντριβήσεται αὐτοῦ.
the scripture might be fulfilled, Not a bone shall be broken of him.
37 καὶ πάλιν ἑτέρα γραφὴ λέγει, Ὄψονται εἰς ὃν
And again another scripture says, They shall look on him whom
ἐξεκέντησαν.
they pierced.
38 Μετὰ δὲ ταῦτα ἠρώτησεν τὸν Πιλάτον ὁ Ἰωσὴφ
And after these things asked Pilate Joseph
ὁ ἀπὸ Ἀριμαθαίας, ὢν μαθητὴς τοῦ Ἰησοῦ, κεκρυμμένος δὲ
(from Arimathæa, being a disciple of Jesus, but concealed
διὰ τὸν φόβον τῶν Ἰουδαίων, ἵνα ἄρῃ τὸ σῶμα
through fear of the Jews,) that he might take away the body
τοῦ Ἰησοῦ· καὶ ἐπέτρεψεν ὁ Πιλάτος. ἦλθεν οὖν καὶ
of Jesus: and ²gave ³leave ¹Pilate. He came therefore and
ἦρεν τὸ σῶμα τοῦ Ἰησοῦ. 39 ἦλθεν δὲ καὶ Νικόδημος,
took away the body of Jesus. And came also Nicodemus,
ὁ ἐλθὼν πρὸς τὸν Ἰησοῦν νυκτὸς τὸ πρῶτον, φέρων μίγμα
who came to Jesus by night at first, bearing a mixture

19:40 σμύρνης καὶ ἀλόης ὡσεὶ λίτρας ἑκατόν. 40 ἔλαβον οὖν
of myrrh and aloes about ³pounds ¹a ²hundred. They took therefore
τὸ σῶμα τοῦ Ἰησοῦ, καὶ ἔδησαν αὐτὸ ὀθονίοις μετὰ τῶν
the body of Jesus, and bound it in linen cloths with the
ἀρωμάτων, καθὼς ἔθος ἐστὶν τοῖς Ἰουδαίοις ἐντα-
aromatics, as a custom is among the Jews to prepare for
φιάζειν. 41 ἦν δὲ ἐν τῷ τόπῳ ὅπου ἐσταυρώθη κῆπος,
burial. Now there was in the place where he was crucified a garden,
καὶ ἐν τῷ κήπῳ μνημεῖον καινόν, ἐν ᾧ οὐδέπω οὐδεὶς ἐτέθη.
and in the garden a ²tomb ¹new, in which no one ever was laid.
42 ἐκεῖ οὖν διὰ τὴν παρασκευὴν τῶν Ἰουδαίων, ὅτι
There therefore on account of the preparation of the Jews, because
ἐγγὺς ἦν τὸ μνημεῖον, ἔθηκαν τὸν Ἰησοῦν.
near was the tomb, they laid Jesus.

20:1 **20** Τῇ δὲ μιᾷ τῶν σαββάτων Μαρία ἡ Μαγδαληνὴ
But on the first [day] of the week Mary the Magdalene
ἔρχεται πρωῒ σκοτίας ἔτι οὔσης εἰς τὸ μνημεῖον, καὶ βλέπει
comes early ⁴dark ³still ¹it ²being to the tomb, and sees
τὸν λίθον ἠρμένον ἐκ τοῦ μνημείου. 2 τρέχει οὖν καὶ
the stone taken away from the tomb. She runs therefore and
ἔρχεται πρὸς Σίμωνα Πέτρον καὶ πρὸς τὸν ἄλλον μαθητὴν
comes to Simon Peter and to the other disciple

ὃν ἐφίλει ὁ Ἰησοῦς, καὶ λέγει αὐτοῖς, Ἦραν τὸν κύριον
whom ²loved ¹Jesus, and says to them, They took away the Lord
ἐκ τοῦ μνημείου, καὶ οὐκ οἴδαμεν ποῦ ἔθηκαν αὐτόν.
out of the tomb, and we know not where they laid him.
3 Ἐξῆλθεν οὖν ὁ Πέτρος καὶ ὁ ἄλλος μαθητής, καὶ ἤρχοντο
³Went ⁴forth ²therefore ¹Peter and the other disciple, and came
εἰς τὸ μνημεῖον. 4 ἔτρεχον δὲ οἱ δύο ὁμοῦ· καὶ ὁ ἄλλος
to the tomb. And ³ran ¹the ²two together· and the other
μαθητὴς προέδραμεν τάχιον τοῦ Πέτρου, καὶ ἦλθεν πρῶτος
disciple ran forward faster than Peter, and came first
εἰς τὸ μνημεῖον, 5 καὶ παρακύψας βλέπει κείμενα τὰ ὀθόνια·   20:5
to the tomb, and stooping down he sees lying the linen cloths;
οὐ μέντοι εἰσῆλθεν. 6 ἔρχεται οὖν Σίμων Πέτρος ἀκολου-
³not ⁴however ¹he ²entered. Comes then Simon Peter follow-
θῶν αὐτῷ, καὶ εἰσῆλθεν εἰς τὸ μνημεῖον, καὶ θεωρεῖ τὰ
ing him, and entered into the tomb, and sees the
ὀθόνια κείμενα, 7 καὶ τὸ σουδάριον ὃ ἦν ἐπὶ τῆς κεφαλῆς
linen cloths lying, and the handkerchief which was upon ²head
αὐτοῦ, οὐ μετὰ τῶν ὀθονίων κείμενον, ἀλλὰ χωρὶς ἐν-
¹his, not with the linen cloths lying, but ⁶by ⁷itself
τετυλιγμένον εἰς ἕνα τόπον. 8 τότε οὖν εἰσῆλθεν καὶ ὁ
¹folded ²up ³in ⁴a ⁵place. Then therefore entered also the
ἄλλος μαθητὴς ὁ ἐλθὼν πρῶτος εἰς τὸ μνημεῖον, καὶ εἶδεν
other disciple who came first to the tomb, and saw
καὶ ἐπίστευσεν· 9 οὐδέπω γὰρ ᾔδεισαν τὴν γραφήν, ὅτι
and believed; for not yet knew they the scripture, that
δεῖ αὐτὸν ἐκ νεκρῶν ἀναστῆναι. 10 ἀπῆλθον   20:10
it behoves him from among [the] dead to rise. Went away
οὖν πάλιν πρὸς ἑαυτοὺς οἱ μαθηταί. 11 Μαρία δὲ
therefore again to their [home] the disciples. But Mary
εἱστήκει πρὸς τὸ μνημεῖον κλαίουσα ἔξω. ὡς οὖν
stood at the tomb ²weeping ¹outside. As therefore
ἔκλαιεν, παρέκυψεν εἰς τὸ μνημεῖον, 12 καὶ θεωρεῖ δύο ἀγ-
she wept, she stooped down into the tomb, and beholds two an-
γέλους ἐν λευκοῖς καθεζομένους, ἕνα πρὸς τῇ κεφαλῇ καὶ ἕνα
gels in white sitting, one at the head and one
πρὸς τοῖς ποσίν, ὅπου ἔκειτο τὸ σῶμα τοῦ Ἰησοῦ. 13 καὶ
at the feet, where was laid the body of Jesus. And
λέγουσιν αὐτῇ ἐκεῖνοι, Γύναι, τί κλαίεις; Λέγει αὐτοῖς,
²say ³to ⁴her ¹they, Woman, why weepest thou? She says to them,
Ὅτι ἦραν τὸν κύριόν μου, καὶ οὐκ οἶδα ποῦ ἔθηκαν
Because they took away my Lord, and I know not where they laid
αὐτόν. 14 Καὶ ταῦτα εἰποῦσα ἐστράφη εἰς τὰ ὀπίσω, καὶ
him. And these things having said she turned backward, and
θεωρεῖ τὸν Ἰησοῦν ἑστῶτα· καὶ οὐκ ᾔδει ὅτι ὁ Ἰησοῦς ἐστιν.
beholds Jesus standing, and knew not that Jesus it is.
15 λέγει αὐτῇ ὁ Ἰησοῦς, Γύναι, τί κλαίεις; τίνα ζητεῖς;   20:15
²Says ³to ⁴her ¹Jesus, Woman, why weepest thou? Whom seekest thou?
Ἐκείνη δοκοῦσα ὅτι ὁ κηπουρός ἐστιν, λέγει αὐτῷ, Κύριε, εἰ
She thinking that the gardener it is, says to him, Sir, if
σὺ ἐβάστασας αὐτόν, εἰπέ μοι ποῦ αὐτὸν ἔθηκας, κἀγὼ
thou didst carry off him, tell me where him thou didst lay, and I
αὐτὸν ἀρῶ. 16 Λέγει αὐτῇ ὁ Ἰησοῦς, Μαρία. Στρα-
him will take away. ²Says ³to ⁴her ¹Jesus, Mary. Turn-

φεῖσα ἐκείνη λέγει αὐτῷ, Ῥαββουνί· ὃ λέγεται, διδάσκαλε.
ing round she says to him, Rabboni, that is to say, Teacher.
17 λέγει αὐτῇ ὁ Ἰησοῦς, Μή μου ἅπτου, οὔπω γὰρ ἀναβέ-
²Says ³to ⁴her ¹Jesus, ⁷Not ⁶me ⁵touch, for not yet have I
βηκα πρὸς τὸν πατέρα μου· πορεύου δὲ πρὸς τοὺς ἀδελφούς
ascended to my Father; but go to ²brethren
μου, καὶ εἰπὲ αὐτοῖς, Ἀναβαίνω πρὸς τὸν πατέρα μου καὶ
¹my, and say to them, I ascend to my Father and
πατέρα ὑμῶν, καὶ θεόν μου καὶ θεὸν ὑμῶν. 18 Ἔρχεται
your Father, and my God and your God. ⁴Comes
Μαρία ἡ Μαγδαληνὴ ἀπαγγέλλουσα τοῖς μαθηταῖς ὅτι
¹Mary ²the ³Magdalene bringing word to the disciples
ἑώρακεν τὸν κύριον, καὶ ταῦτα εἶπεν αὐτῇ. 19 Οὔσης οὖν
she has seen the Lord, and these things he said to her. It being therefore
ὀψίας τῇ ἡμέρᾳ ἐκείνῃ, τῇ μιᾷ τῶν σαββάτων, καὶ τῶν
evening on that day, the first [day] of the week, and the
θυρῶν κεκλεισμένων ὅπου ἦσαν οἱ μαθηταὶ συνηγμένοι, διὰ
doors having been shut where ³were ¹the ²disciples assembled, through
τὸν φόβον τῶν Ἰουδαίων, ἦλθεν ὁ Ἰησοῦς καὶ ἔστη εἰς τὸ
fear of the Jews, ²came ¹Jesus and stood in the
μέσον, καὶ λέγει αὐτοῖς, Εἰρήνη ὑμῖν. 20 Καὶ τοῦτο εἰπὼν
midst, and says to them, Peace to you. And this having said
ἔδειξεν αὐτοῖς τὰς χεῖρας καὶ τὴν πλευρὰν αὐτοῦ. ἐχάρη-
he shewed to them the hands and the side of himself. ³Rejoiced
σαν οὖν οἱ μαθηταὶ ἰδόντες τὸν κύριον. 21 εἶπεν οὖν
⁴therefore ¹the ²disciples having seen the Lord. ³Said ²therefore
αὐτοῖς ὁ Ἰησοῦς πάλιν, Εἰρήνη ὑμῖν· καθὼς ἀπέσταλκέν
⁴to ⁵them ¹Jesus again, Peace to you: as ³has ⁴sent ⁵forth
με ὁ πατήρ, κἀγὼ πέμπω ὑμᾶς. 22 Καὶ τοῦτο εἰπὼν
⁶me ¹the ²Father, I also send you. And this having said
ἐνεφύσησεν, καὶ λέγει αὐτοῖς, Λάβετε πνεῦμα ἅγιον.
he breathed into [them], and says to them, Receive [the] ²Spirit ¹Holy:
23 ἄν τινων ἀφῆτε τὰς ἁμαρτίας, ἀφίενται αὐτοῖς·
of whomsoever ye may remit the sins, they are remitted to them;
ἄν τινων κρατῆτε, κεκράτηνται. 24 Θωμᾶς δέ, εἷς ἐκ
of whomsoever ye may retain, they have been retained. But Thomas, one of
τῶν δώδεκα ὁ λεγόμενος Δίδυμος, οὐκ ἦν μετ' αὐτῶν ὅτε
the twelve called Didymus, was not with them when
ἦλθεν ὁ Ἰησοῦς. 25 ἔλεγον οὖν αὐτῷ οἱ ἄλλοι μαθηταί,
²came ¹Jesus. ⁴Said ⁵therefore ⁶to ⁷him ¹the ²other ³disciples,
Ἑωράκαμεν τὸν κύριον. Ὁ δὲ εἶπεν αὐτοῖς, Ἐὰν μὴ ἴδω ἐν
We have seen the Lord. But he said to them, Unless I see in
ταῖς χερσὶν αὐτοῦ τὸν τύπον τῶν ἥλων, καὶ βάλω τὸν δάκτυ-
his hands the mark of the nails, and put ²finger
λόν μου εἰς τὸν τύπον τῶν ἥλων, καὶ βάλω τὴν χεῖρά μου
¹my into the mark of the nails, and put my hand
εἰς τὴν πλευρὰν αὐτοῦ, οὐ μὴ πιστεύσω. 26 Καὶ μεθ' ἡμέρας
into his side, not at all will I believe. And after ²days
ὀκτὼ πάλιν ἦσαν ἔσω οἱ μαθηταὶ αὐτοῦ, καὶ Θωμᾶς μετ'
¹eight again were ³within ¹his ²disciples, and Thomas with
αὐτῶν. ἔρχεται ὁ Ἰησοῦς, τῶν θυρῶν κεκλεισμένων, καὶ ἔστη
them. Comes Jesus, the doors having been shut, and stood

εἰς τὸ μέσον καὶ εἶπεν, Εἰρήνη ὑμῖν. 27 Εἶτα λέγει τῷ Θωμᾷ,
in the midst and said, Peace to you. Then he says to Thomas,
Φέρε τὸν δάκτυλόν σου ὧδε, καὶ ἴδε τὰς χεῖράς μου· καὶ
Bring thy finger here, and see my hands; and
φέρε τὴν χεῖρά σου, καὶ βάλε εἰς τὴν πλευράν μου· καὶ
bring thy hand, and put [it] into my side; and
μὴ γίνου ἄπιστος, ἀλλὰ πιστός. 28 Καὶ ἀπεκρίθη ὁ
be not unbelieving, but believing. And ²answered
Θωμᾶς καὶ εἶπεν αὐτῷ, Ὁ κύριός μου καὶ ὁ θεός μου. 29 Λέγει
¹Thomas and said to him, My Lord and my God. ²Says
αὐτῷ ὁ Ἰησοῦς, Ὅτι ἑώρακάς με, Θωμᾶ, πεπίστευκας·
³to ⁴him ¹Jesus, Because thou hast seen me, Thomas, thou hast believed:
μακάριοι οἱ μὴ ἰδόντες καὶ πιστεύσαντες.
blessed they who have not seen and have believed.

30 Πολλὰ μὲν οὖν καὶ ἄλλα σημεῖα ἐποίησεν ὁ Ἰη-   20:30
Many ³therefore ⁴also ¹other ²signs did Je-
σοῦς ἐνώπιον τῶν μαθητῶν αὐτοῦ, ἃ οὐκ ἔστιν γεγραμ-
sus in presence of his disciples, which are not written
μένα ἐν τῷ βιβλίῳ τούτῳ. 31 ταῦτα δὲ γέγραπται ἵνα
in this book; but these have been written that
πιστεύσητε ὅτι ὁ Ἰησοῦς ἐστιν ὁ χριστὸς ὁ υἱὸς τοῦ
ye may believe that Jesus is the Christ the Son
θεοῦ, καὶ ἵνα πιστεύοντες ζωὴν ἔχητε ἐν τῷ ὀνόματι
of God, and that believing life ye may have in ²name
αὐτοῦ.
¹his.

21 Μετὰ ταῦτα ἐφανέρωσεν ἑαυτὸν πάλιν ὁ Ἰησοῦς   21:1
After these things ³manifested ⁴himself ²again ¹Jesus
τοῖς μαθηταῖς ἐπὶ τῆς θαλάσσης τῆς Τιβεριάδος· ἐφανέρωσεν δὲ
to the disciples at the sea of Tiberias. And he manifested
οὕτως· 2 ἦσαν ὁμοῦ Σίμων Πέτρος, καὶ Θωμᾶς ὁ
[himself] thus: There were together Simon Peter, and Thomas
λεγόμενος Δίδυμος, καὶ Ναθαναὴλ ὁ ἀπὸ Κανᾶ τῆς Γαλι-
called Didymus, and Nathanael from Cana of Gali-
λαίας, καὶ οἱ τοῦ Ζεβεδαίου, καὶ ἄλλοι ἐκ τῶν μαθητῶν
lee, and the [sons] of Zebedee, and ²others ³of ⁵disciples
αὐτοῦ δύο. 3 λέγει αὐτοῖς Σίμων Πέτρος, Ὑπάγω ἁλιεύειν.
⁴his ¹two. ⁸Says ⁹to ¹⁰them ⁶Simon ⁷Peter, I go to fish.
Λέγουσιν αὐτῷ, Ἐρχόμεθα καὶ ἡμεῖς σὺν σοί. Ἐξῆλθον
They say to him, ³Come ²also ⁴we with thee. They went forth
καὶ ἀνέβησαν εἰς τὸ πλοῖον εὐθύς, καὶ ἐν ἐκείνῃ τῇ
and went up into the ship immediately, and during that
νυκτὶ ἐπίασαν οὐδέν. 4 πρωΐας δὲ ἤδη γενομένης ἔστη ὁ
night they took nothing. And morning already being come ²stood
Ἰησοῦς εἰς τὸν αἰγιαλόν· οὐ μέντοι ᾔδεισαν οἱ μαθηταὶ ὅτι
¹Jesus on the shore; ⁵not ³however ⁴knew ¹the ²disciples that
Ἰησοῦς ἐστιν. 5 λέγει οὖν αὐτοῖς ὁ Ἰησοῦς, Παιδία,   21:5
Jesus it is. ³Says ²therefore ⁴to ⁵them ¹Jesus, Little children,
μή τι προσφάγιον ἔχετε; Ἀπεκρίθησαν αὐτῷ, Οὔ. 6 Ὁ δὲ
any food have ye? They answered him, No. And he
εἶπεν αὐτοῖς, Βάλετε εἰς τὰ δεξιὰ μέρη τοῦ πλοίου τὸ δίκτυον,
said to them, Cast to the right side of the ship the net,

καὶ εὑρήσετε. Ἔβαλον οὖν, καὶ οὐκ ἔτι∥ αὐτὸ ἑλκῦσαι
and ye shall find. They cast therefore, and no longer it to draw

ἴσχυσαν∥ ἀπὸ τοῦ πλήθους τῶν ἰχθύων. 7 λέγει οὖν
were they able from the multitude of the fishes. Says therefore

ὁ μαθητὴς ἐκεῖνος ὃν ἠγάπα ὁ Ἰησοῦς τῷ Πέτρῳ, Ὁ κύριός
that disciple whom ²loved ¹Jesus to Peter, The Lord

ἐστιν. Σίμων οὖν Πέτρος, ἀκούσας ὅτι ὁ κύριός ἐστιν,
it is. Simon ²therefore ¹Peter, having heard that the Lord it is,

τὸν ἐπενδύτην διεζώσατο· ἦν γὰρ γυμνός· καὶ ἔβαλεν
[his] upper garment he girded on, for he was naked, and cast

ἑαυτὸν εἰς τὴν θάλασσαν. 8 οἱ δὲ ἄλλοι μαθηταὶ τῷ
himself into the sea. And the other disciples in the

πλοιαρίῳ ἦλθον· οὐ γὰρ ἦσαν μακρὰν ἀπὸ τῆς γῆς, ἀλλ'∥
small ship came, for not were they far from the land, but

ὡς ἀπὸ πηχῶν διακοσίων, σύροντες τὸ δίκτυον τῶν
somewhere about ³cubits ⁴two ²hundred, dragging the net

ἰχθύων. 9 Ὡς οὖν ἀπέβησαν εἰς τὴν γῆν βλέπουσιν
of fishes. When therefore they went up on the land they see

ἀνθρακιὰν κειμένην καὶ ὀψάριον ἐπικείμενον, καὶ ἄρτον.
a fire of coals lying and fish lying on [it], and bread.

21:10 10 λέγει αὐτοῖς ὁ∥ Ἰησοῦς, Ἐνέγκατε ἀπὸ τῶν ὀψαρίων ὧν
²Says ³to ⁴them ¹Jesus, Bring of the fishes which

ἐπιάσατε νῦν. 11 Ἀνέβη Σίμων Πέτρος, καὶ εἵλκυσεν τὸ
ye took just now. Went up Simon Peter, and drew the

δίκτυον ἐπὶ τῆς γῆς,∥ μεστὸν ἰχθύων μεγάλων∥ ἑκατὸν
net ¹to the land, full of ²fishes ¹large a hundred [and]

πεντηκοντατριῶν·∥ καὶ τοσούτων ὄντων οὐκ ἐσχίσθη τὸ
fifty three; and [though] so many there were was not rent the

δίκτυον. 12 Λέγει αὐτοῖς ὁ∥ Ἰησοῦς, Δεῦτε ἀριστήσατε.
net. ²Says ³to ⁴them ¹Jesus, Come ye, dine.

οὐδεὶς δὲ∥ ἐτόλμα τῶν μαθητῶν ἐξετάσαι αὐτόν, Σὺ τίς
But none ⁴ventured ¹of ²the ³disciples to ask him, ³Thou ¹who

εἶ; εἰδότες ὅτι ὁ κύριός ἐστιν· 13 ἔρχεται οὖν ὁ∥ Ἰησοῦς
²art? knowing that the Lord it is. ³Comes ²therefore ¹Jesus

καὶ λαμβάνει τὸν ἄρτον καὶ δίδωσιν αὐτοῖς, καὶ τὸ ὀψάριον
and takes the bread and gives to them, and the fish

ὁμοίως. 14 τοῦτο ἤδη τρίτον ἐφανερώθη ὁ∥ Ἰησοῦς
in like manner. This [is] now the third time ²was ³manifested ¹Jesus

τοῖς μαθηταῖς αὐτοῦ∥ ἐγερθεὶς ἐκ νεκρῶν.
to his disciples having been raised from among [the] dead.

21:15 15 Ὅτε οὖν ἠρίστησαν, λέγει τῷ Σίμωνι Πέτρῳ ὁ Ἰησοῦς,
When therefore they had dined, ²says ³to ⁴Simon ⁵Peter ¹Jesus,

Σίμων Ἰωνᾶ,∥ ἀγαπᾷς με πλεῖον∥ τούτων; Λέγει αὐτῷ,
Simon [son] of Jonas, lovest thou me more than these? He says to him,

Ναί, κύριε· σὺ οἶδας ὅτι φιλῶ σε. Λέγει αὐτῷ,
Yea, Lord; thou knowest that I have affection for thee. He says to him,

Βόσκε τὰ ἀρνία μου. 16 Λέγει αὐτῷ πάλιν δεύτερον, Σίμων
Feed my lambs. He says to him again a second time, Simon

Ἰωνᾶ,∥ ἀγαπᾷς με; Λέγει αὐτῷ, Ναὶ κύριε· σὺ οἶδας
[son] of Jonas, lovest thou me? He says to him, Yea, Lord; thou knowest

ὅτι φιλῶ σε. Λέγει αὐτῷ, Ποίμαινε τὰ πρόβατά∥
that I have affection for thee. He says to him, Shepherd ²sheep

μου. 17 Λέγει αὐτῷ τὸ τρίτον, Σίμων Ἰωνᾶ, φι-
my.   He says to him   the third time,   Simon [son] of Jonas, hast thou
λεῖς   με;   Ἐλυπήθη ὁ Πέτρος ὅτι εἶπεν αὐτῷ τὸ
affection for me?   ²Was ³grieved   ¹Peter   because he said   to him   the
τρίτον,   Φιλεῖς   με; καὶ   εἶπεν   αὐτῷ, Κύριε, σὺ
third time, Hast thou affection for me? and said   to him, Lord,   thou
πάντα οἶδας· σὺ γινώσκεις ὅτι   φιλῶ σε. Λέγει
all things knowest; thou   knowest   that I have affection for thee. ²Says
αὐτῷ ὁ Ἰησοῦς, Βόσκε τὰ πρόβατά μου. 18 ἀμὴν ἀμὴν
³to ⁴him   ¹Jesus,   Feed   my sheep.   Verily verily
λέγω σοι, ὅτε   ἦς   νεώτερος   ἐζώννυες   σεαυτόν,   καὶ
I say to thee, When thou wast younger thou girdedst   thyself,   and
περιεπάτεις ὅπου ἤθελες· ὅταν δὲ γηράσῃς ἐκ-
walkedst   where thou didst desire; but when thou shalt be old thou shalt
τενεῖς τὰς χεῖράς σου, καὶ ἄλλος σε ζώσει, καὶ οἴσει
stretch forth   thy hands, and another thee shall gird, and bring [thee]
ὅπου οὐ θέλεις. 19 Τοῦτο δὲ εἶπεν σημαίνων ποίῳ
where thou dost not desire. But this he said signifying by what
θανάτῳ δοξάσει τὸν θεόν. καὶ τοῦτο εἰπὼν λέγει αὐτῷ,
death he should glorify God. And this having said he says to him,
Ἀκολούθει μοι. 20 Ἐπιστραφεὶς δὲ ὁ Πέτρος βλέπει τὸν
Follow   me.   But having turned   Peter   sees   the
μαθητὴν ὃν ἠγάπα ὁ Ἰησοῦς ἀκολουθοῦντα, ὃς καὶ ἀνέπεσεν
disciple whom ²loved ¹Jesus   following,   who also   reclined
ἐν τῷ δείπνῳ ἐπὶ τὸ στῆθος αὐτοῦ καὶ εἶπεν, Κύριε, τίς ἐστιν
at the supper   on   his breast   and said, Lord, who is it
ὁ παραδιδούς σε; 21 Τοῦτον ἰδὼν ὁ Πέτρος λέγει τῷ Ἰη-
who is delivering up thee? ³Him ²seeing ¹Peter   says   to Je-
σοῦ, Κύριε, οὗτος δὲ τί; 22 Λέγει αὐτῷ ὁ Ἰησοῦς, Ἐὰν
sus, Lord, but of this one what; ²Says ³to ⁴him ¹Jesus, If
αὐτὸν θέλω μένειν ἕως ἔρχομαι, τί πρός σε; σὺ
³him ¹I ²desire to abide till   I come, what [is it] to thee? ²Thou
ἀκολούθει μοι. 23 Ἐξῆλθεν οὖν ὁ λόγος οὗτος εἰς
¹follow   me.   Went out therefore this word   among
τοὺς ἀδελφούς, Ὅτι ὁ μαθητὴς ἐκεῖνος οὐκ ἀποθνῄσκει καὶ
the brethren, That that disciple   does not die.   However
οὐκ εἶπεν αὐτῷ ὁ Ἰησοῦς, ὅτι οὐκ ἀποθνῄσκει· ἀλλ', Ἐὰν
³not ²said ⁴to ⁵him ¹Jesus, That he does not die;   but,   If
αὐτὸν θέλω μένειν ἕως ἔρχομαι, τί πρός σε;
³him ¹I ²desire to abide till I come, what [is it] to thee?

24 Οὗτός ἐστιν ὁ μαθητὴς ὁ μαρτυρῶν περὶ τούτων,
This   is   the disciple who bears witness concerning these things,
καὶ γράψας ταῦτα· καὶ οἴδαμεν ὅτι ἀληθής ἐστιν ἡ
and [who] wrote these things: and we know that   true   is
μαρτυρία αὐτοῦ. 25 ἔστιν δὲ καὶ ἄλλα πολλὰ ὅσα
his witness.   And there are also ²other ³things ¹many whatsoever
ἐποίησεν ὁ Ἰησοῦς, ἅτινα ἐὰν γράφηται καθ' ἕν, οὐδὲ
²did   ¹Jesus,   which if they should be written one by one, ³not ⁴even
αὐτὸν οἶμαι τὸν κόσμον χωρῆσαι τὰ γραφόμενα βιβλία.
⁷itself ¹I ²suppose ⁵the ⁶world would contain the ⁴written ³books.
Ἀμήν.
Amen.

Part 3

Reference Grammar

Reference grammar

To read fluently you must quickly parse each word as it comes up in sequence in the developing sentence. As you practice that difficult skill, this small grammar will jog your memory of common forms. Remember that words varied by century, dialect, and even author. Use these tables as a memory aid, not as a scholarly authority.

Verbs are presented in an order —*Present, Future, Perfect, Imperfect, Aorist, Pluperfect*— that differs from the familiar sequence of principal parts. Principal parts are excellent for compactly recording the nuances of individual verbs, but for learning the overall structure of Greek verb inflections they are less than ideal. PFP IAP tables are arranged for easy memorization and efficient on the fly parsing, as you will discover if you make them your memorization tool.

	Primary	Secondary
Active	-ω -ς -σι -μεν -τε -ουσι	-ν or - -ς -(ν) -μεν -τε -ν or -σαν
Middle and Passive	-μαι -σαι -ται -μεθα -σθε -νται	-μην -σο -το -μεθα -σθε -ντο

	Primary	Secondary
Active	Present, Future, ≈Perfect	Imperfect, Aorist, Pluperfect
Middle and Passive	Present, Future, ≈Perfect	Imperfect, Aorist, Pluperfect

Reference Grammar

The Article: NAGD 2
The Article: NGDA 2
3d Declension NAGD 3
3d Declension NGDA 3
Indicitive 4
Imperative 6
Infinitive 6
Subjunctive 7
Optative 8
εἰμί (be) 9
εἶμι (go) 9
Participles masculine NAGD 10
Participles feminine NAGD 11
Participles neuter NAGD 12
Participles masculine NGDA 13
Participles feminine NGDA 14
Participles neuter NGDA 15
δίδωμι Indicitive 16
ἐγώ, ἡμεῖς 1st and 2d Person Personal Pronoun I/me, we/us, you 18
αὐτός Third Person and Intensive Pronoun self; him, her, it 19
οὗτος Demonstrative pronoun this, he, she, it 20
ὅδε Demonstrative Pronoun who, which, what 21
τίς Interrogatíve Pronoun whích? whó? whát? τις Indefinite Pronoun any one, some one, a certain one or thing 22
ὅς, ἥ, ὅ Relative Pronoun who, which, what 23
ὅστις Indefinite Relative and Indirect Interrogative Pronoun whoever, whichever, whatever 24

The Article: NAGD [1]

	Masculine	Feminie	Neuter
nom	ὁ	ἡ	τό
acc	τόν	τήν	τό
gen	τοῦ	τῆς	τοῦ
dat	τῷ	τῇ	τῷ
nom	οἱ	αἱ	τά
acc	τούς	τάς	τά
gen	τῶν	τῶν	τῶν
dat	τοῖς	ταῖς	τοῖς

The Article: NGDA [2]

	Masculine	Feminie	Neuter
nom	ὁ	ἡ	τό
gen	τοῦ	τῆς	τοῦ
dat	τῷ	τῇ	τῷ
acc	τόν	τήν	τό
nom	οἱ	αἱ	τά
gen	τῶν	τῶν	τῶν
dat	τοῖς	ταῖς	τοῖς
acc	τούς	τάς	τά

---

[1] as used by Jesus
[2] as used by Satan

3d Declension NAGD

nom	ὁ	λιμήν	ἡ	νύξ	τό	πρᾶγμα
acc	τόν	λιμένα	τήν	νύκτα	τό	πρᾶγμα
gen	τοῦ	λιμένος	τῆς	νυκτός	τοῦ	πράγματος
dat	τῷ	λιμένι	τῇ	νυκτί	τῷ	πράγματι
nom	οἱ	λιμένες	αἱ	νύκτες	τά	πράγματα
acc	τούς	λιμένας	τάς	νύκτας	τά	πράγματα
gen	τῶν	λιμένων	τῶν	νυκτῶν	τῶν	πραγμάτων
dat	τοῖς	λιμέσι	ταῖς	νυξί	τοῖς	πράγμασι

3d Declension NGDA

nom	ὁ	λιμήν	ἡ	νύξ	τό	πρᾶγμα
gen	τοῦ	λιμένος	τῆς	νυκτός	τοῦ	πράγματος
dat	τῷ	λιμένι	τῇ	νυκτί	τῷ	πράγματι
acc	τόν	λιμένα	τήν	νύκτα	τό	πρᾶγμα
nom	οἱ	λιμένες	αἱ	νύκτες	τά	πράγματα
gen	τῶν	λιμένων	τῶν	νυκτῶν	τῶν	πραγμάτων
dat	τοῖς	λιμέσι	ταῖς	νυξί	τοῖς	πράγμασι
acc	τούς	λιμένας	τάς	νύκτας	τά	ράγμαατα

Indicitive

	Present	Future	Perfect
active	λύω	λύσω	λέλυκα
	λύεις	λύσεις	λέλυκας
	λύει	λύσει	λέλυκε
	λύομεν	λύσομεν	λελύκαμεν
	λύετε	λύσετε	λελύκατε
	λύουσι	λύσουσι	λελύκασι
middle	λύομαι	λύσομαι	λέλυμαι
	λύει	λύσει	λέλυσαι
	λύεται	λύσεται	λέλυται
	λυόμεθα	λυσόμεθα	λελύμεθα
	λύεσθε	λύσεσθε	λέλυσθε
	λύονται	λύσονται	λέλυνται
passive		λυθήσομαι	
		λυθήσει	
		λυθήσεται	
		λυθησόμεθα	
		λυθήσεσθε	
		λυθήσονται	

Imperfect	Aorist	Pluperfect
ἔλυον	ἔλυσα	ἐλελύκη
ἔλυες	ἔλυσας	ἐλελύκης
ἔλυε	ἔλυσε	ἐλελύκει
ἐλύομεν	ἐλύσαμεν	ἐλελύκεμεν
ἐλύετε	ἐλύσατε	ἐλελύκετε
ἔλυον	ἔλυσαν	ἐλελύκεσαν
ἐλυόμην	ἐλυσάμην	ἐλελύμην
ἐλύου	ἐλύσω	ἐλέλυσο
ἐλύετο	ἐλύσατο	ἐλέλυτο
ἐλυόμεθα	ἐλυσάμεθα	ἐλελύμεθα
ἐλύεσθε	ἐλύσασθε	ἐλέλυσθε
ἐλύοντο	ἐλύσαντο	ἐλέλυντο
	ἐλύθην	
	ἐλύθης	
	ἐλύθη	
	ἐλύθημεν	
	ἐλύθητε	
	ἐλύθησαν	

Imperative

	Present	Perfect	Aorist
active	-	-	-
	λῦε	λέλυκε	λῦσον
	λυέτω	λελυκέτω	λυσάτω
	-	-	-
	λύετε	λελύκετε	λύσατε
	λυέτωσαν	λελυκέτωσαν	λυσάτωσαν
middle	-	-	-
	λύου	λέλυσο	λῦσαι
	λυέσθω	λελύσθω	λυσάσθω
	-	-	-
	λύεσθε	λέλυσθε	λύσασθε
	λυέσθωσαν	λελύσθωσαν	λυσάσθωσαν
passive			-
			λύθητι
			λυθήτω
			-
			λύθητε
			λυθήτωσαν

Infinitive

	Present	Future	Perfect	Aorist
active	λύειν	λύσειν	λελυκέναι	λῦσαι
middle	λύεσθαι	λύσεσθαι	λελύσθαι	λύσασθαι
passive		λυθήσεσθαι		λυθῆναι

Subjunctive

	Present	Perfect	Aorist
active	λύω λύῃς λύῃ	λελύκω λελύκῃς λελύκῃ	λύσω λύσῃς λύσῃ
	λύωμεν λύητε λύωσι	λελύκωμεν λελύκητε λελύκωσι	λύσωμεν λύσητε λύσωσι
middle	λύωμαι λύῃ λύηται		λύσωμαι λύσῃ λύσηται
	λυώμεθα λύησθε λύωνται		λυσώμεθα λύσησθε λύσωνται
passive			λυθῶ λυθῇς λυθῇ
			λυθῶμεν λυθῆτε λυθῶσι

Optative

	Present	Future	Perfect	Aorist
active	λύοιμι	λύσοιμι	λελύκοιμι	λύσαιμι
	λύοις	λύσοις	λελύκοις	λύσειας
	λύοι	λύσοι	λελύκοι	λύσειε
	λύοιμεν	λύσοιμεν	λελύκοιμεν	λύσαιμεν
	λύοιτε	λύσοιτε	λελύκοιτε	λύσαιτε
	λύοιεν	λύσοιεν	λελύκοιεν	λύσειαν
middle	λυοίμην	λυσοίμην		λυσαίμην
	λύοιο	λύσοιο		λύσαιο
	λύοιτο	λύσοιτο		λύσαιτο
	λυοίμεθα	λυσοίμεθα		λυσαίμεθα
	λύοισθε	λύσοισθε		λύσαισθε
	λύοιντο	λύσοιντο		λύσαιντο
passive		λυθησοίμην		λυθείην
		λυθήσοιο		λυθείης
		λυθήσοιτο		λυθείη
		λυθησοίμεθα		λυθεῖμεν
		λυθήσοισθε		λυθεῖτε
		λυθήσοιντο		λυθεῖεν

εἰμί (be)[1]

Indicative	Imperfect	Future	Sub-junctive	Optative	Imperative
εἰμί	ἤμην	ἔσομαι	ὦ	εἴην	-
εἶ	ἦς, ἦσθα	ἔσει	ᾖς	εἴης	ἴσθι
ἐστί(ν)	ἦν	ἔσται	ᾖ	εἴη	ἔστω
ἐσμέν	ἦμεν	ἐσόμεθα	ὦμεν	εἴημεν	-
ἐστέ	ἦτε	ἔσεσθε	ἦτε	εἴητε	ἔστε
εἰσί	ἦσαν	ἔσονται	ὦσι(ν)	εἴησαν	ἔστωσαν

εἶμι (go)

Indicative	Imperfect	Future	Sub-junctive	Optative	Imperative
εἶμι	ᾖα, ᾔειν	ἔσομαι	ἴω	ἴοιμι	-
εἶ	ᾔεισθα, ᾔεις	ἔσει	ἴῃς	ἴοις	ἴθι
εἶσι(ν)	ᾔειν, ᾔει	ἔσται	ἴῃ	ἴοι	ἴτω
ἴμεν	ᾖμεν	ἐσόμεθα	ἴωμεν	ἴοιμεν	-
ἴτε	ἦτε	ἔσεσθε	ἴητε	ἴοιτε	ἴτε
ἴᾱσῐ(ν)	ἦσαν, ᾔεσαν	ἔσονται	ἴωσῐ(ν)	ἴοιεν	ἰόντων

---

[1] Lots of variation.

Participles masculine NAGD

	Present	Future	Perfect	Aorist
active				
nom	λύων	λύσων	λελυκώς	λύσας
acc	λύοντα	λύσοντα	λελυκότα	λύσαντα
gen	λύοντος	λύσοντος	λελυκότος	λύσαντος
dat	λύοντι	λύσοντι	λελυκότι	λύσαντι
nom	λύοντες	λύσοντες	λελυκότες	λύσαντες
acc	λύοντας	λύσοντας	λελυκότας	λύσαντας
gen	λυόντων	λυσόντων	λελυκότων	λυσάντων
dat	λύουσι	λύσουσι	λελυκῶσι	λύσασι
middle				
nom	λυόμενος	λυσόμενος	λελυμένος	λυσάμενος
acc	λυόμενον	λυσόμενον	λελυμένον	λυσάμενον
gen	λυομένου	λυσομένου	λελυμένου	λυσαμένου
dat	λυομένῳ	λυσομένῳ	λελυμένῳ	λυσαμένῳ
nom	λυόμενοι	λυσόμενοι	λελυμένοι	λυσάμενοι
acc	λυομένους	λυσομένους	λελυμένους	λυσαμένους
gen	λυομένων	λυσομένων	λελυμένων	λυσαμένων
dat	λυομένοις	λυσομένοις	λελυμένοις	λυσαμένοις
passive				
nom		λυθησόμενος		λυθείς
acc		λυθησόμενον		λυθέντα
gen		λυθησομένου		λυθέντος
dat		λυθησομένῳ		λυθέντι
nom		λυθησόμενοι		λυθέντες
acc		λυθησομένους		λυθέντας
gen		λυθησομένων		λυθέντων
dat		λυθησομένοις		λυθεῖσι

Participles feminine NAGD

	Present	Future	Perfect	Aorist
active				
nom	λύουσα	λύσουσα	λελυκυῖα	λύσᾱσα
acc	λύουσαν	λύσουσαν	λελυκυῖαν	λύσᾱσαν
gen	λῡούσης	λῡσούσης	λελυκυίᾱς	λῡσάσης
dat	λῡούσῃ	λῡσούσῃ	λελυκυίᾳ	λῡσάσῃ
nom	λύουσαι	λύσουσαι	λελυκυῖαι	λύσᾱσαι
acc	λῡούσᾱς	λῡσούσᾱς	λελυκυίᾱς	λῡσάσᾱς
gen	λῡουσῶν	λῡσουσῶν	λελυκυιῶν	λῡσᾱσῶν
dat	λῡούσαῖς	λῡσούσαῖς	λελυκυίαῖς	λῡσάσαῖς
middle				
nom	λῡομένη	λῡσομένη	λελυμένη	λῡσαμένη
acc	λῡομένην	λῡσομένην	λελυμένην	λῡσαμένην
gen	λῡομένης	λῡσομένης	λελυμένης	λῡσαμένης
dat	λῡομένῃ	λῡσομένῃ	λελυμένῃ	λῡσαμένῃ
nom	λῡόμεναι	λῡσόμεναι	λελυμέναι	λῡσαμέναι
acc	λῡομένᾱς	λῡσομένᾱς	λελυμένᾱς	λῡσαμένᾱς
gen	λῡομενῶν	λῡσομενῶν	λελυμενῶν	λῡσαμενῶν
dat	λῡομέναῖς	λῡσομέναῖς	λελυμέναῖς	λῡσαμέναῖς
passive				
nom		λυθησομένη		λυθεῖσα
acc		λυθησομένην		λυθεῖσαν
gen		λυθησομένης		λυθείσης
dat		λυθησομένῃ		λυθείσῃ
nom		λυθησόμεναι		λυθεῖσαι
acc		λυθησομένᾱς		λυθείσᾱς
gen		λυθησομενῶν		λυθεισῶν
dat		λυθησομέναῖς		λυθείσαῖς

Participles neuter NAGD

	Present	Future	Perfect	Aorist
active				
nom	λῦον	λῦσον	λελυκόν	λῦσαν
acc	λῦον	λῦσον	λελυκότα	λῦσαν
gen	λύοντος	λύσοντος	λελυκότος	λύσαντος
dat	λύοντι	λύσοντι	λελυκότι	λύσαντι
nom	λύοντα	λύσοντα	λελυκότες	λύσαντα
acc	λύοντα	λύσοντα	λελυκότας	λύσαντα
gen	λυόντων	λυσόντων	λελυκότων	λυσάντων
dat	λύουσι	λύσουσι	λελυκῶσι	λύσᾱσι
middle				
nom	λυόμενον	λυσόμενον	λελυμένον	λυσάμενον
acc	λυόμενον	λυσόμενον	λελυμένον	λυσάμενον
gen	λυομένου	λυσομένου	λελυμένου	λυσαμένου
dat	λυομένῳ	λυσομένῳ	λελυμένη	λυσαμένῳ
nom	λυόμενα	λυσόμενα	λελυμένα	λυσάμενα
acc	λυόμενα	λυσόμενα	λελυμένα	λυσάμενα
gen	λυομένων	λυσομένων	λελυμένων	λυσαμένων
dat	λυομένοῖς	λυσομένοῖς	λελυμέναῖς	λυσαμένοῖς
passive				
nom		λυθησόμενον		λυθέν
acc		λυθησόμενον		λυθέν
gen		λυθησομένου		λυθέντος
dat		λυθησομένῳ		λυθέντι
nom		λυθησόμενα		λυθέντα
acc		λυθησόμενα		λυθέντα
gen		λυθησομένων		λυθέντων
dat		λυθησομένοῖς		λυθεῖσι

Participles masculine NGDA

active	Present	Future	Perfect	Aorist
nom	λύων	λύσων	λελυκώς	λύσᾱς
gen	λύοντος	λύσοντος	λελυκότος	λύσαντος
dat	λύοντι	λύσοντι	λελυκότι	λύσαντι
acc	λύοντα	λύσοντα	λελυκότα	λύσαντα
nom	λύοντες	λύσοντες	λελυκότες	λύσαντες
gen	λῡόντων	λῡσόντων	λελυκότων	λῡσάντων
dat	λύουσι	λύσουσι	λελυκῶσι	λύσᾱσι
acc	λύοντας	λύσοντας	λελυκότας	λύσαντας
middle				
nom	λῡόμενος	λῡσόμενος	λελυμένος	λῡσάμενος
gen	λῡομένου	λῡσομένου	λελυμένου	λῡσαμένου
dat	λῡομένῳ	λῡσομένῳ	λελυμένῳ	λῡσαμένῳ
acc	λῡόμενον	λῡσόμενον	λελυμένον	λῡσάμενον
nom	λῡόμενοι	λῡσόμενοι	λελυμένοι	λῡσάμενοι
gen	λῡομένων	λῡσομένων	λελυμένων	λῡσαμένων
dat	λῡομένοις	λῡσομένοις	λελυμένοις	λῡσαμένοις
acc	λῡομένους	λῡσομένους	λελυμένους	λῡσαμένους
passive				
nom		λυθησόμενος		λυθείς
gen		λυθησομένου		λυθέντος
dat		λυθησομένῳ		λυθέντι
acc		λυθησόμενον		λυθέντα
nom		λυθησόμενοι		λυθέντες
gen		λυθησομένων		λυθέντων
dat		λυθησομένοις		λυθεῖσι
acc		λυθησομένους		λυθέντας

Participles feminine NGDA

	Present	Future	Perfect	Aorist
active				
nom	λύουσα	λύσουσα	λελυκυῖα	λύσᾱσα
gen	λῡούσης	λῡσούσης	λελυκυίᾱς	λῡσᾱ́σης
dat	λῡούσῃ	λῡσούσῃ	λελυκυίᾳ	λῡσᾱ́σῃ
acc	λύουσαν	λύσουσαν	λελυκυῖαν	λύσᾱσαν
nom	λύουσαι	λύσουσαι	λελυκυῖαι	λύσᾱσαι
gen	λῡουσῶν	λῡσουσῶν	λελυκυιῶν	λῡσᾱσῶν
dat	λῡούσαῖς	λῡσούσαῖς	λελυκυίαῖς	λῡσᾱ́σαῖς
acc	λῡούσᾱς	λῡσούσᾱς	λελυκυίᾱς	λῡσᾱ́σᾱς
middle				
nom	λῡομένη	λῡσομένη	λελυμένη	λῡσαμένη
gen	λῡομένης	λῡσομένης	λελυμένης	λῡσαμένης
dat	λῡομένῃ	λῡσομένῃ	λελυμένῃ	λῡσαμένῃ
acc	λῡομένην	λῡσομένην	λελυμένην	λῡσαμένην
nom	λῡόμεναι	λῡσόμεναι	λελυμέναι	λῡσάμεναι
gen	λῡομενῶν	λῡσομενῶν	λελυμενῶν	λῡσαμενῶν
dat	λῡομέναῖς	λῡσομέναῖς	λελυμέναῖς	λῡσαμέναῖς
acc	λῡομένᾱς	λῡσομένᾱς	λελυμένᾱς	λῡσαμένᾱς
passive				
nom		λυθησομένη		λυθεῖσα
gen		λυθησομένης		λυθείσης
dat		λυθησομένῃ		λυθείσῃ
acc		λυθησομένην		λυθεῖσαν
nom		λυθησόμεναι		λυθεῖσαι
gen		λυθησομενῶν		λυθεισῶν
dat		λυθησομέναῖς		λυθείσαῖς
acc		λυθησομένᾱς		λυθείσᾱς

Participles neuter NGDA

	Present	Future	Perfect	Aorist
active				
nom	λῦον	λῦσον	λελυκόν	λῦσαν
gen	λύοντος	λύσοντος	λελυκότος	λύσαντος
dat	λύοντι	λύσοντι	λελυκότι	λύσαντι
acc	λῦον	λῦσον	λελυκότα	λῦσαν
nom	λύοντα	λύσοντα	λελυκότες	λύσαντα
gen	λυόντων	λυσόντων	λελυκότων	λυσάντων
dat	λύουσι	λύσουσι	λελυκῶσι	λύσᾱσι
acc	λύοντα	λύσοντα	λελυκότας	λύσαντα
middle				
nom	λυόμενον	λυσόμενον	λελυμένον	λυσάμενον
gen	λυομένου	λυσομένου	λελυμένου	λυσαμένου
dat	λυομένῳ	λυσομένῳ	λελυμένῃ	λυσαμένῳ
acc	λυόμενον	λυσόμενον	λελυμένον	λυσάμενον
nom	λυόμενα	λυσόμενα	λελυμένα	λυσάμενα
gen	λυομένων	λυσομένων	λελυμένων	λυσαμένων
dat	λυομένοῖς	λυσομένοῖς	λελυμέναῖς	λυσαμένοῖς
acc	λυόμενα	λυσόμενα	λελυμένα	λυσάμενα
passive				
nom		λυθησόμενον		λυθέν
gen		λυθησομένου		λυθέντος
dat		λυθησομένῳ		λυθέντι
acc		λυθησόμενον		λυθέν
nom		λυθησόμενα		λυθέντα
gen		λυθησομένων		λυθέντων
dat		λυθησομένοῖς		λυθεῖσι
acc		λυθησόμενα		λυθέντα

δίδωμι Indicitive

	Present	Future	Perfect
active	δίδωμι	δώσω	δέδωκα
	δίδως	δώσεις	δέδωκας
	δίδωσι	δώσει	δέδωκε
	δίδομεν	δώσομεν	δεδώκαμεν
	δίδοτε	δώσετε	δεδώκατε
	διδόασι	δώσουσι	δεδώκασι
middle	δίδομαι	δώσομαι	δέδομαι
	δίδοσαι	δώσει	δέδοσαι
	δίδοται	δώσεται	δέδοται
	διδόμεθα	δωσόμεθα	δεδόμεθα
	δίδοσθε	δώσεσθε	δέδοσθε
	δίδονται	δώσονται	δέδονται
passive		δοθήσομαι	
		δοθήσει	
		δοθήσεται	
		δοθησόμεθα	
		δοθήσεσθε	
		δοθήσονται	

Imperfect	Aorist	Pluperfect
ἐδίδουν	ἔδωκα	ἐδεδώκη
ἐδίδους	ἔδωκας	ἐδεδώκης
ἐδίδου	ἔδωκε	ἐδεδώκει
ἐδίδομεν	ἔδομεν	ἐδεδώκεμεν
ἐδίδοτε	ἔδοτε	ἐδεδώκετε
ἐδίδοσαν	ἔδωκαν	ἐδεδώκεσαν
ἐδιδόμην	ἐδόμην	ἐδεδόμην
ἐδίδοσο	ἔδου	ἐδέδοσο
ἐδίδοτο	ἔδοτο	ἐδέδοτο
ἐδιδόμεθα	ἐδόμεθα	ἐδεδόμεθα
ἐδίδοσθε	ἔδοσθε	ἐδέδοσθε
ἐδίδοντο	ἔδοντο	ἐδέδοντο
	ἐδόθην	
	ἐδόθης	
	ἐδόθη	
	ἐδόθημεν	
	ἐδόθητε	
	ἐδόθησαν	

ἐγώ, ἡμεῖς 1ˢᵗ and 2d Person Personal Pronoun *I/me, we/us, you*

NAGD

	1st person	2nd person
nom	ἐγώ	σύ
acc	με / ἐμέ	σέ
gen	μου / ἐμοῦ	σοῦ
dat	μοι / ἐμοί	σοί
nom	ἡμεῖς	ὑμεῖς
acc	ἡμᾶς	ὑμᾶς
gen	ἡμῶν	ὑμῶν
dat	ἡμῖν	ὑμῖν

NGDA

	1st person	2nd person
nom	ἐγώ	σύ
gen	μου / ἐμοῦ	σοῦ
dat	μοι / ἐμοί	σοί
acc	με / ἐμέ	σέ
nom	ἡμεῖς	ὑμεῖς
gen	ἡμῶν	ὑμῶν
dat	ἡμῖν	ὑμῖν
acc	ἡμᾶς	ὑμᾶς

αὐτός Third Person and Intensive Pronoun *self; him, her, it*

NAGD

	Masculine	Feminine	Neuter
nom	αὐτός	αὐτή	αὐτό
acc	αὐτόν	αὐτήν	αὐτό
gen	αὐτοῦ	αὐτῆς	αὐτοῦ
dat	αὐτῷ	αὐτῇ	αὐτῷ
nom	αὐτοί	αὐταί	αὐτά
acc	αὐτούς	αὐτάς	αὐτά
gen	αὐτῶν	αὐτῶν	αὐτῶν
dat	αὐτοῖς	αὐταῖς	αὐτοῖς

NGDA

	Masculine	Feminine	Neuter
nom	αὐτός	αὐτή	αὐτό
gen	αὐτοῦ	αὐτῆς	αὐτοῦ
dat	αὐτῷ	αὐτῇ	αὐτῷ
acc	αὐτόν	αὐτήν	αὐτό
nom	αὐτοί	αὐταί	αὐτά
gen	αὐτῶν	αὐτῶν	αὐτῶν
dat	αὐτοῖς	αὐταῖς	αὐτοῖς
acc	αὐτούς	αὐτάς	αὐτά

οὗτος Demonstrative pronoun *this, he, she, it*

NAGD

	Masculine	Feminine	Neuter
nom	οὗτος	αὕτη	τοῦτο
acc	τοῦτον	ταύτην	τοῦτο
gen	τούτου	ταύτης	τούτου
dat	τούτῳ	ταύτῃ	τούτῳ
nom	οὗτοι	αὗται	ταῦτα
acc	τούτους	ταύτᾱς	ταῦτα
gen	τούτων	τούτων	τούτων
dat	τούτοις	ταύταις	τούτοις

NGDA

	Masculine	Feminine	Neuter
nom	οὗτος	αὕτη	τοῦτο
gen	τούτου	ταύτης	τούτου
dat	τούτῳ	ταύτῃ	τούτῳ
acc	τοῦτον	ταύτην	τοῦτο
nom	οὗτοι	αὗται	ταῦτα
gen	τούτων	τούτων	τούτων
dat	τούτοις	ταύταις	τούτοις
acc	τούτους	ταύτᾱς	ταῦτα

ὅδε Demonstrative Pronoun *who, which, what*

NAGD

	Masculine	Feminine	Neuter
nom	ὅδε	ἥδε	τόδε
acc	τόνδε	τήνδε	τόδε
gen	τοῦδε	τῆσδε	τοῦδε
dat	τῷδε	τῇδε	τῷδε
nom	οἵδε	αἵδε	τάδε
acc	τούσδε	τάσδε	τάδε
gen	τῶνδε	τῶνδε	τῶνδε
dat	τοῖσδε	ταῖσδε	τοῖσδε

NGDA

	Masculine	Feminine	Neuter
nom	ὅδε	ἥδε	τόδε
gen	τοῦδε	τῆσδε	τοῦδε
dat	τῷδε	τῇδε	τῷδε
acc	τόνδε	τήνδε	τόδε
nom	οἵδε	αἵδε	τάδε
gen	τῶνδε	τῶνδε	τῶνδε
dat	τοῖσδε	ταῖσδε	τοῖσδε
acc	τούσδε	τάσδε	τάδε

τίς Interrogative Pronoun *which? who? what?*
τις Indefinite Pronoun *any one, some one, a certain one or thing*

NAGD

	M/F	Neuter		M/F	Neuter
nom	τίς	τί		τις	τι
acc	τίνă	τί		τινά	τι
gen	τίνος	τίνος		τινός	τινός
dat	τίνĭ	τίνĭ		τινί	τινί
nom	τίνες	τίνă		τινές	τινά
acc	τίνăς	τίνă		τινάς	τινά
gen	τίνων	τίνων		τινῶν	τινῶν
dat	τίσĭ(ν)	τίσĭ(ν)		τισί(ν)	τισί(ν)

NGDA

	M/F	Neuter		M/F	Neuter
nom	τίς	τί		τις	τι
gen	τίνος	τίνος		τινός	τινός
dat	τίνĭ	τίνĭ		τινί	τινί
acc	τίνă	τί		τινά	τι
nom	τίνες	τίνă		τινές	τινά
gen	τίνων	τίνων		τινῶν	τινῶν
dat	τίσĭ(ν)	τίσĭ(ν)		τισί(ν)	τισί(ν)
acc	τίνăς	τίνă		τινάς	τινά

ὅς, ἥ, ὅ Relative Pronoun *who, which, what*

NAGD

	Masculine	Feminine	Neuter
nom	ὅς	ἥ	ὅ
acc	ὅν	ἥν	ὅ
gen	οὗ	ἧς	οὗ
dat	ᾧ	ᾗ	ᾧ
nom	οἵ	αἵ	ἅ
acc	οὕς	ἅς	ἅ
gen	ὧν	ὧν	ὧν
dat	οἷς	αἷς	οἷς

NGAD

	Masculine	*Feminine*	*Neuter*
nom	ὅς	ἥ	ὅ
gen	οὗ	ἧς	οὗ
dat	ᾧ	ᾗ	ᾧ
acc	ὅν	ἥν	ὅ
nom	οἵ	αἵ	ἅ
gen	ὧν	ὧν	ὧν
dat	οἷς	αἷς	οἷς
acc	οὕς	ἅς	ἅ

ὅστις Indefinite Relative and Indirect Interrogative Pronoun
whoever, whichever, whatever

NAGD

	Masculine	Feminine	Neuter
nom	ὅστις	ἥτις	ὅτι
acc	ὅντινᾰ	ἥντινᾰ	ὅτι
gen	οὗτινος	ἧστινος	οὗτινος
dat	ᾧτινι	ᾗτινι	ᾧτινι
nom	οἵτινες	αἵτινες	ἅτινᾰ
acc	οὕστινᾰς	ἅστινᾰς	ἅτινᾰ
gen	ὧντινων	ὧντινων	ὧντινων
dat	οἷστισι(ν)	αἷστισι(ν)	οἷστισι(ν)

NGDA

	Masculine	Feminine	Neuter
nom	ὅστις	ἥτις	ὅ τι
gen	οὗτινος	ἧστινος	οὗτινος
dat	ᾧτινι	ᾗτινι	ᾧτινι
acc	ὅντινᾰ	ἥντινᾰ	ὅ τι
nom	οἵτινες	αἵτινες	ἅτινᾰ
gen	ὧντινων	ὧντινων	ὧντινων
dat	οἷστισι(ν)	αἷστισι(ν)	οἷστισι(ν)
acc	οὕστινᾰς	ἅστινᾰς	ἅτινᾰ

Printed in Great Britain
by Amazon